JN234966

ウソ発見

犯人と記憶のかけらを探して

平 伸二・中山 誠・桐生正幸・足立浩平 編著

北大路書房

はじめに

　ウソ発見が犯罪捜査に利用されて約100年。激動の20世紀を反映するように，ウソ発見を取り巻く状況もめまぐるしく変化を遂げてきた。本書は，2000年という節目にあたり，これまでのウソ発見の歴史を余すところなく紹介して，一般読者に幅広い知識を提供するとともに，ウソ発見に関する学術研究をまとめ，来る21世紀の研究発展をうながすことを目的としている。そこで，本書の構成は，読み物的要素の強い第Ⅰ部と研究者向けの第Ⅱ部に大別した。研究者向けといっても，執筆者は平易な文章を心がけており，最近の一般読者の科学的知識を考えると，知的好奇心を満たすに十分なレベルの内容である。

　第Ⅰ部は，堅苦しい学術研究の話はなるべく抜きにして，まずウソそのものの本質に触れていく。そもそもウソとは何か。人類はいつごろからウソに悩まされ，また，我々は成長過程でどのようにウソを身につけていくのか。そして，人間関係の中に存在するウソの善玉と悪玉。ウソも使い方によって人間関係を円滑なものとするという説に，異論を唱える人はいないだろう。ところが，自らの一方的な利益のために，不当な方法で相手を欺くウソを許すことはできない。そして，このようなウソが法に背くものであれば，それを正当な司法手続きで立証して，被害者の救済を図ることは法治国家の使命である。

　第1章では，このようなウソそのものの理解と人類のウソとの戦いを紹介する。したがって，ウソ発見に興味がない人でも，人間のウソという側面に興味のある読者には，十分に読みごたえがある内容になっている。ウソについての造詣を深めていただいた後は，第2章でわが国にウソ発見がどのように導入され，現在どのように活用されているのかを紹介する。実際の犯罪捜査でのウソ発見について読み進むうち，それまで描いていたウソ発見のイメージとのギャップに驚き，まさに目からウロコが落ちるような体験が起きるだろう。この体験は，筆者を含め，心理学を修めて科学捜査研究所に入り，ポリグラフ検査を担当した者のほとんどが共有するものであり，間違いなく読者をウソ発見の新世界へいざなう。その興味と好奇心は，続く学術研究主体となる第Ⅱ部を読ませずにはおかないだろう。

　第Ⅱ部では，一転して，ウソ発見の背景となる理論，最近の研究動向から今後の課題まで，学術的な話題が中心に展開される。そして，第Ⅱ部のキーワードは，第Ⅰ部の「ウソ」から「記憶」へとバトンタッチされている。

　本書の目玉ともいえる第3章は，ウソ発見の背景理論を詳細に検討している。

わが国の数ある関連著書の中でも，質量ともに類を見ないものであり，今後のウソ発見の理論的問題を語るうえで必ず引用されることとなろう。したがって，ウソ発見の研究を始めようとする人，職業としてウソ発見に携わる人にとって，貴重な資料となるはずである。第4章では，最近の研究トピックスとして，コンピュータがもたらす新たな展開を紹介する。心理学のみならず，あらゆる科学の進歩にとって，コンピュータは不可欠のものになっている。ウソ発見についてもそれは例外ではなく，生理指標の計測と多変量解析による自動判定，さらにはマイクロボルト単位という微少な脳電位活動の計測に，コンピュータは欠かすことができない。さらに，第5章では，隣接諸科学の研究者に門戸を開き，様々な情報を交換することによって得られた，ウソ発見の新たな課題が提示される。今まで，ウソ発見に対するイメージは，情報公開に積極的でなかったために，非科学的な印象を与えていたに違いない。それを学会で公表することで，心理学の理論に基づく方法であることが，隣接諸科学の研究者にも徐々に理解され始めた。とくに，記憶と密接な関係をもつことは，認知科学の研究者にも大いに刺激を与えた。また，記憶に基づく検査を主体とする日本の方法が，諸外国と大きく異なり，犯罪捜査の科学的方法として位置づけられていることに，再評価を与える法心理学者も少なくない。

　編者らが最も強調したいのは，このような隣接諸科学の研究者との交流と，彼らの厳しい監視の目が，ウソ発見の今後の発展を正しい方向へ導くということであり，「ウソ発見の現状と未来」として終章にまとめた。

　なお，各節の後には，1ページで完結する読み物として，ウソとウソ発見にまつわるトピックスを収録した。トピックスも話題豊富で，これを拾い読みするだけでもおおいに価値ありと思う。さらに，章末には「わが国の研究紹介」を掲載し，最近の研究動向がわかるようにした。これから研究を考えている方には必見である。

　それでは，ウソ発見の新しい世界へ。

2000年4月
編者を代表して
平　伸二

目　次

I部　人間のウソとウソ発見

第1章　ウソ発見小史とウソの心理学 …… 3

1節　現代ウソ論考　4
あふれるウソ／ウソの様相あれこれ／ウソの形と分類／ウソ発見前史と犯罪者のウソ／現代社会とウソ
トピックス　「阿古屋の琴責め」のウソ発見

2節　ウソという言葉―言語的側面へのアプローチ―　13
心理学におけるウソ研究／ウソとは何か／発言内容のウソ・本当
トピックス　テレビ，映画で見られた「ウソ発見」

3節　ウソと子ども―発達心理学的アプローチ―　22
子どものウソ，大人のウソ／子どものウソの芽ばえ／子どものウソの特徴
トピックス　ことわざでみるウソ

4節　対人関係の中のウソ　32
ウソはどこから漏れるか／非言語的行動からウソが漏れる／ウソを漏らしやすい人，見抜きやすい人
トピックス　医療現場の深刻な「ウソ」

5節　科学捜査におけるウソ発見の始まり　41
生理心理学の誕生／ウソ発見黎明期の研究者たち／アメリカでの隆盛／「実務家」対「学者」
トピックス　江戸川乱歩のウソ発見
わが国の研究紹介1　まばたきとウソ発見　52
わが国の研究紹介2　音声にみるウソの世界　57

第2章　犯罪捜査での「ウソ発見」～日本のポリグラフ検査～ …… 59

1節　ポリグラフ検査の日本への導入　60
早稲田大学でのウソ発見の試み／科学捜査への導入／科学捜査への定着／検査方法の改善
トピックス　小説の中の女性検査者

2節　多様なウソ発見の質問方法　69
ポップなウソ発見，アカデミックなポリグラフ検査（鑑定）／「あなたが犯人ですか」だけではダメ？／日本のポリグラフ検査の要「GKT」／犯人のみ知る事実を探る「探索質問法」
トピックス　視覚呈示の工夫

iv　目　次

- 3節　測定する生理指標　81
  - SRR／呼吸運動／脈波／生理指標における虚偽反応パターンについて
  - **トピックス**　汗の種類と皮膚電気活動の名称
- 4節　実際の検査例　90
  - 窃盗事件（ひったくり）／窃盗事件（ＣＤ盗）／強盗殺人事件／殺人・死体遺棄事件／交通ひき逃げ事件（業務上過失致死・道路交通法違反）／放火事件
  - **トピックス**　犯人と無実の人の心拍数
- 5節　公判廷での証拠能力　101
  - 証拠能力が認められた判例／前提条件としての関連性／証明力の評価／黙秘権との関連／伝聞性の排除と証人出廷
  - **トピックス**　実験方法の工夫と倫理的問題
- 6節　日本と諸外国との比較　109
  - ポリグラフ検査者の数／カナダにおけるポリグラフ検査数と研修制度／北アメリカのポリグラフ検査／公判廷におけるポリグラフ検査／フィルディのCQT批判／GKTは北アメリカでは不可能か／検査件数の中身の違い／２つの裁決質問／実務と実験／北アメリカでGKTが使われない理由
  - **トピックス**　インターネットに見る諸外国のウソ発見
  - **わが国の研究紹介3**　質問呈示方法の検討　124
  - **わが国の研究紹介4**　虚偽に伴う抑制性呼吸　127

Ⅱ部　犯人の記憶を探るウソ発見

第3章　虚偽検出（ウソ発見）の理論的問題 …… 133

- 1節　返答の作用　134
  - 「すべて，イイエでお答えください」とは言われない？／ウソの返答は，必要・十分条件か？／「ハイ」と答えるほうが反応が大きくなる？／質問されるから反応するのか，ウソの返答をするから反応が出るのか／被験者に自由に返答をさせたら？／質問もしない，返答もしない事態では／沈黙は金ならず／返答内容の作用
  - **トピックス**　気持ちひとつで変わる意味と定位反応
- 2節　ドキドキしていると犯人と間違われないか？　142
  - 虚偽検出時の心拍変化／心臓のメカニズム／ＨＲは何によって変化するのか／心拍変動／虚偽指標としてのＨＲの可能性について
  - **トピックス**　植物にも感情が！？
- 3節　虚偽検出検査と被験者要因　152
  - 動機づけの影響／パーソナリティとの関連／人種の違い／性別の影響／年齢の相違による影響／ラビリティ／その他の要因
  - **トピックス**　バイオフィードバックの正しい用法
- 4節　ウソ発見の原理とモデル　161
  - ポリグラフ検査への誤った認識／これまでの説明理論／裁決質問に対する反応の発現モデル／GKTの反応発現に関わる諸要因／GKTにおける反応喚起要因

トピックス 第24回国際応用心理学会議シンポジウム
わが国の研究紹介5 実際の犯行と伝聞の違い 177

第4章 コンピュータがもたらす新たな展開 179

1節 コンピュータによる計測技術 180
刺激制御／データの取込み／データの加工・分析／反応計測／データの保管
トピックス 実験刺激としての自我関与刺激

2節 多変量解析による自動判定 188
集団準拠判定と個体内判定／反応データの統計モデル／統計モデルに基づく判定／判別分析と仮説検定／ニューラルネットによる判定
トピックス わが国のウソ発見器（ポリグラフ）の変遷

3節 究極の鑑定登場!? ―脳波によるウソ発見― 197
末梢から中枢へ／事象関連脳電位を指標とした研究／今後の課題と実務導入の効用
トピックス P300パラダイムのいろいろ
わが国の研究紹介6 脳波でみるウソの世界 206

第5章 関連分野からの期待と提言 209

1節 ウソ発見から記憶研究への広がり 210
ウソと意識／生体反応で記憶を評価する／なぜウソが検出できるのか？／記憶と感情の統合モデル／結論：「ウソ発見」は美味しい
トピックス ウソ替え神事

2節 記憶と確信 ―質問作成のためのヒント― 219
人間の記憶／記憶の確認方法／確信度評定／確信度と再認成績の関連／確信度と再認成績の関連実験からの提言／記憶を確認するよい手続きとは
トピックス ウソ発見に関連のあるわが国の学会

3節 法学者からみたポリグラフ検査 229
判例の評価／学説の評価／今後の展望と期待
トピックス ウソ発見に関する図書 ―海外編―

4節 生理心理学の立場からみた虚偽検出 ―これまで，今，そしてこれから― 237
生理心理学誕生期と虚偽検出研究／生理心理学萌芽期と虚偽検出研究／生理心理学変革期と虚偽検出研究／現代の生理心理学と虚偽検出研究／応用生理心理学と虚偽検出／新たな反応指標の発見／検査プロトコル設計技術／制度の改革
トピックス ウソ発見に関する図書 ―日本編―
わが国の研究紹介7 「いかにも正解らしい」質問項目はシロをクロにしてしまうか？ 246

終章 ウソ発見の現状と未来 249
日本生理心理学会の評価／一般的偏見の払拭から関連諸科学との連携／研究成果の実務への応用／日本式鑑定の海外からの期待

文　献

I部

人間のウソとウソ発見

第1章
ウソ発見小史とウソの心理学

　「我々は幼児のごとく、天真爛漫ではないし、完全に偽装できるわけでもない。我々は嘘をつけるし、真実を語りもする。また、欺瞞を見抜き、見落としたりもする。ごまかされたり、真実を知りもするのである。我々にはいろいろな側面がある。これこそが人間の真の姿である」

ポール・エクマン『暴かれる嘘』

　太古より人間は、ウソを戒め、ウソを楽しみ、時として政略的にウソを活用し、文化や社会生活を築き上げてきました。ウソのない人生を送ることは難しく、ウソのない人間関係を貫き通すのも困難と思われます。しかしながら、ウソはすべて肯定されるわけでもなく、むろん罪にいたるウソは罰しなければなりません。

　ウソは様々な人間の営みに関係しています。そのため、ウソに対する心理学のアプローチも多種多様となります。主に本書では、ウソ発見を「精神生理学」の観点から、そこで扱われるウソを「認知心理学」の観点から論じていきますが、ウソの現象をこれら2領域だけからとらえることは困難です。

　そこで第1章では、様々な切り口からウソを詳しく紹介していきます。

　初めに、ウソの諸様相や言語的な側面からその現象に迫り、「ウソとは何か」の問いに肉薄します。ここでは、過去のウソの本にはなかった興味深い研究成果が紹介されています。

　次に、「人はいつごろからウソをつくのか」の問いに答えるため、子どものウソに関する研究を紹介します。子どもと大人の「ウソの概念」の違いや、子どもはどんな時にウソをつくのか、といったことにも答えてくれます。

　そして第4節では、どんな人がウソを漏らしやすいかについて言及されます。また、どんな非言語的行動（表情やしぐさといったもの）からウソが漏れやすいかなど、「対人関係の中のウソ」についての貴重な科学的資料が提供されます。

　最後は、科学的な「ウソ発見」が開始される前の歴史についてです。章末の年表とともに読み進めてもらえば、理解しやすくなるでしょう。

1節 現代ウソ論考

1 あふれるウソ

　もしあなたがこの本を本屋で立ち読みしているならば，怪しまれぬよう，こっそりと周りを見渡してほしい。もしあなたが図書館で読んでいるのなら，端末にそっと「Ｕ・Ｓ・Ｏ」と打ち込んで検索してみてほしい。そのとたん，ウソの本がいとも簡単に見つかり，予想以上にその数が多いので，あなたはとても驚かれる。これほど人間はウソに興味をもつものなのかと，そして当然のような戸惑いのような，感慨をもつこととなる。それらの多くは，ハーレクインのような恋愛小説であったり，医療，経済など社会的事象に対する常識と「ウソ」といった啓蒙本であったりする。しかしながら注意すべきは，心理学者の手による本も決して少なくない，というところにある。なぜ，心理学者が「ウソ」に関わるか。「サイコロジー」を「さいころ師」と悪い冗談を言った友人がいたが，そんな怪しげな理由から関わるわけではないだろう。真っ正直な心理学者は統計に強いがギャンブルには弱い。ウソに関わる理由は，たぶん以下のとおりだ。ウソは日常生活に欠かせない潤滑油のような役割ももつと考えられるが，悪意あるウソをつかれたりだまされたりするのは誰も好まない。そこで，ウソを見抜く方法の需要が高まる。この社会的要望に応えるべく有識者の一人に，心理学者が選ばれる。なにしろ，精神科医は病的なウソを，法学者は犯罪的なウソを，哲学者は「クレタ人のウソ」を明らかにしてくれるが，病気でも，犯罪者でも，クレタ人でもない我々には，それらの成果があまり役に立たない。それゆえ，普通の人々の心（多くは大学生の心だが）を研究する心理学者が尊ばれるのだ。さらに注意すべきは，それら研究の成果が恋人のウソを見抜く場面に使われたり，商売相手の心を見抜くノウハウとして引用されたりしているところにある。心理学のウソの研究成果は活用され，ウソの本の生産に貢献している。

　ウソの定義にもよるが，しかしいかなる定義であっても，世の中のほとんどの人はウソをついたことがあるだろうし，ウソをつかれた経験もあるだろう。大胆に予測すれば，そしてウソは，これから先も決してなくなることのない人間的行動であり，それが「心」から生まれくるものである以上，ウソは心理学の欠かせぬ友人なのである。

2 ウソの様相あれこれ

ところで，そもそもウソとは何であろうか。

心理学的な論議は次節以降にて行われるので，ここでは筆者 (桐生, 1999) が仮定した心理学的領域を除く 5 つのウソの領域（生物学的領域，医学的領域，論理学的領域，法学的領域，社会学的領域）にそって，ウソの諸様相を概観してみたい。この"友人"は，実に様々な顔をもって世の中に出没しているのである。

まず，生物学的にみたウソ現象である。ヴィックラー (Wickler, 1968) は，様々な動植物の「擬態」を呈示し，それら擬態を「お芝居をしている」ことにたとえている。日本語版の解説者である日高敏隆氏は，この「お芝居」に言及し，独自な匂いと味により鳥に食べられないベニモンアゲハになりきる，シロオビアゲハの雌の擬態例を出している。フワフワ飛んでいる時は，ベニモンアゲハとまったく区別できないシロオビアゲハを捕まえ損ねると，とたんにシロオビアゲハの本性が出て，本来の急速な羽ばたきで逃げていくという。

精神医学の領域をみてみると，深刻な意味合いのウソが多い。たとえば，次のとおりである (加藤ら, 1993)。

＜空想虚言＞「架空の事柄が，細部までわたって，いかにも本当らしく生き生きと物語られること。そのため，聞き手だけではなく，語り手自身すら，その話が事実であるかのように信じ込んでしまうという現象である。……このような空想虚言の特徴は，話者自身が，空想された架空の立場・役割になりきり，言動があまりにも自然なので，社会的経験の豊かな人も欺かれることが稀でなく，犯罪学的には高級詐欺師・欺瞞者などの類型にあたることが多い。……空想虚言者の大部分は精神病質人格者で，きわめて強く活発な空想性を特徴とし，これに意志の不定性，軽佻性，刹那性，高揚した自我感情，自己顕示性，情緒の不安定，思考のうつろいやすさ，支配欲，楽天性，活動性などが結合していることが多い」

＜詐病精神病＞「これは，拘禁下で病気の真似をしている者の病像が次第に自動化して，初めは意図的・意志的につくっていた病像が，最後には本人の意思とかかわりなく，非意図的・無意識的に生ずるようになってしまい，本当の精神病との区別が難しくなる現象をいう。拘禁下の特殊な心因精神病，反応性精神病の一種である」

論理学には，論理的パラドックスをもたらすウソがある。内井 (1987) は，「この文は偽である」を用いて，偽でありかつ真となる矛盾を説明している。「この文は偽である」を真と仮定すれば，この文の言っていることは正しく，結論は偽となる。しかし，「この文は偽である」が偽なら，この文の言っていることは本当となり，すなわち真となる。真偽は互いの否定であるが，真かつ偽である「この文は偽である」は真偽のすべての可能性を消去する論理的パラドックスを生じさ

せることとなる。

　法学的な領域には，法律できちんと定義されたウソがある。詐欺罪，偽証罪，虚偽告訴罪，文書偽造，通貨偽造，有価証券偽造，経歴詐称，称号詐称……などなど。ウソをつく者は手段を選ばない。インターネットを使用して，投資家に対し虚偽の投資情報を流す詐欺行為が出てきたりする。ウソは新たな技術に抜け目なくとけ込み，法律は新たなウソの同定に全力を注ぐ。なお，近年注目されている目撃証言の信憑性や虚記憶などの心理学的問題は，今後，法と心理学との学際的な領域として，中立に活発に論じられることとなろう。

　流言飛語やデマは，社会学的な領域に含まれる。双方とも，情報の内容を確かめられることなく，人から人へと伝わる連鎖的な伝達過程を指すが，流言が発生動機に意識的な悪意がないのに対し，デマは政治的宣伝であり故意である。流言は口から口へ伝わるだけではない。前述したように，インターネットのEメールや携帯電話の文字メールによっても伝わる。ある雑誌の記事（ダカーポ，1999）によれば，最近，男性アイドルグループを発信源とするウソのチェーンメールが，女性を中心に日本全国に広がったという（筆者にも届いた）。情報伝達媒体の変化と，ウソの形態の変化とは密接に関連しているのである。

3　ウソの形と分類

　さて，電子メディアに現われてきても，生きたウソをハードディスクに保存するのは難しい。ウソは音楽のように流れるが，それがウソだと気づいたとたん，事実と感情的なしこりだけを残して消えていってしまう。ウソは元来落ち着きがない。ウソをつく者の気持ちに，安らぎが決して訪れていないことがその所以である。そこで，ウソを形にし分類した試みを次に記したい。

　筆者（桐生，1990, 1992a）は，図式的投影法（図1-1）という方法でウソを形に表わすことを試みている。針金と円形駒と対象カードを使ってイメージや感情を表現す

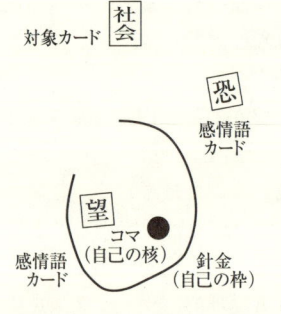

図1-1　図式的投影法の作成例
　　　　（千葉テストセンター「図式的投影法標準用具」使用）

被験者に対してコマを自己の核，針金を自己の枠とし，核の位置，枠の位置とその開き具合によって，対象カードに対する自己の姿を作成するよう教示する。この作図の場合，社会（対象カード）に対し，やや斜に構え，近づきたいけれど恐れが働いて近づけない，といった内容を表現している。

るこの方法は，操作的方法と現象学的方法，理論的理解と体験的理解の統合をめざすために開発されている(水島・上杉，1986)。

　この方法により，ウソの許容度（許せる－許せない）とウソをつく相手（上司－友人）が異なる4つのウソの事例を被験者に読ませ，それぞれの場面での自己の心のあり様を思い浮かべて作図を行わせた。図1-2で示すように，被験者ごとバラエティーに富んだ図が得られているが，総じて許容度の高いウソは低いウソよりも針金の枠は広がっており，友人へのウソは上司へのウソよりも自己核のコマが接近している。針金の開きが対象に対する心理的な開きに対応し，対象と核の距離が対象に対する積極性に対応していることが確認されていることから，友人に対する許容度の高いウソは，ある程度肯定されていることがうかがわれる。

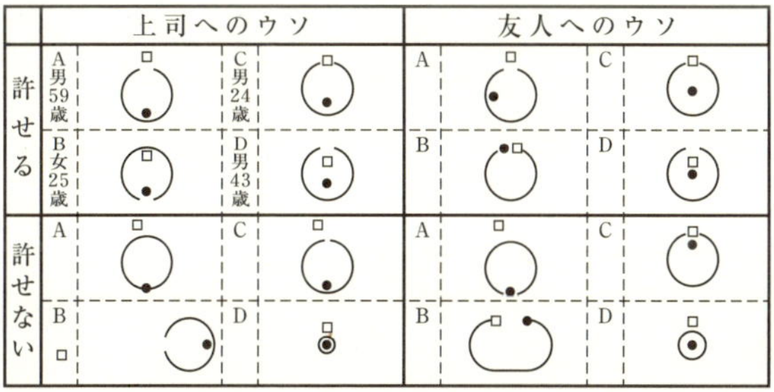

図1-2　図式的投影法による4種類のウソへの自己像の作図

　次に，ウソの類型である。彼らの生態をその属性にて明らかにしようとする試みである。渋谷ら(1993)は，質問紙法によって得られたウソの内容を分析し，ウソの類型化を行っている。その結果，予防線，合理化，その場逃れ，利害，甘え，罪隠し，能力・経歴，見栄，思いやり，ひっかけ，勘違い，約束破りの12のタイプが報告されている。また，自由回答で記載させた「ウソ」のイメージの分析結果から，ウソを否定的にとらえた「悪いもの」，消極的に認める「消極的肯定」，ウソも方便といった「積極的肯定」，人との摩擦を少なくするものといった「総論的記述」の4パターンが分類されている。

　また渋谷らは，ウソの事例を数多く列記している。たとえば，「洋服の値札をはさみで切る時，洋服の一部を切ってしまったので，欠陥商品だ，と言って持っていった」「友達と同じ人が好きになってしまったので，その友達に，そうではない，と言った」「書類の一部を，相手が直した，とウソをついて自分で直した」「年齢をいつも若く言っている。小学生の子供は，いつまでも年が増えなくて，どの年齢が本当か分からないらしい」「お菓子を勝手に食べたのに，知らない，と言った。顔にすぐ出て，ばれた」などである。

　筆者(桐生，1999)は，被験者にこれまでの自己のウソ体験を思い出してもらい，

ウソのつきはじめ，隠蔽中，発覚時の各段階の気持ちを自由記載させた。これより，ウソの進行に伴い，感情的な動揺の中でだまし通す方略を模索する心的過程がうかがわれた（表1-1）。なおエクマン(Ekman, 1985)によれば，欺瞞行為に伴う感情として，見破られるのではないかという不安，ウソをついたことによる罪悪感，うまく人をだませたという喜び，の3つがあげられている。

表1-1　ウソをついた時の心的内容

軽いウソ	重いウソ
ウソのつきはじめ	
不安，ウソも方便，申し訳ない，後ろめたい，ジョーク，うまくいった，まあいいか，特に変化なし，つきとおせると思った，罪悪感なし	心配，ばれなければいい，罪悪感なし，血の気が引く感じ，ついてからしまったと思った，黙っていよう，何とかしなければ，ウソをつくまでの過程の意味の大きさを考えた
隠蔽中	
嫌なことから逃れられ良い気分，気になる，後ろめたい，ばれたらどうしよう，言い訳を考える，ちょっと悪いかな，知らんぷり，普段どおり	罪悪感はない，いつばれるかドキドキ，謝りたいが謝れない，ばれなければよい，自己の正当化・合理化の試み・自責の念，心の痛み，嫌な気持ち，諦め
ウソの発覚	
反省，諦めた，ホッとした，申し訳ない，笑ってごまかす，少々気まずい，ムキになって自己弁護した，でもいいか，同僚への逆恨み	「どうしよう」と「しまった」の混合，ついてない，運が悪い，何となくホッとした，悔やみ，自己のプライドの揺らぎ，今後のつきあい方の模索，後悔の念，開き直り

　最後に，ウソの性差をみてみよう。男性より女性のほうが，質問紙に多くのウソ体験を記述しており(渋谷ら, 1993)，また村井(1998)の調査では，1日のウソをつく回数が，男性は1.5回に対し女性は2回となっている。しかしながら，女性のほうが男性よりウソをついた記憶が残りやすいと仮定されることや，女性のほうが男性より2人以上の他者と相互的なやりとりを行う回数が多かったことから，上記結果を単純に性差の傾向とすることは両者ともできないとしている。男と女とでは，一体どちらがウソつきなのかは永遠の謎かもしれない。

4　ウソ発見前史と犯罪者のウソ

　ウソは，ウソがばれた時に成立する。ウソ発見とは，真実を明らかにすると同時に，ウソを完成させる行為となる。

　ウソを見破る方法は，古代から試みられていた。しかしながら，その多くは非人間的な，非科学的なものであったのである。たとえば決闘法は，勝負や決闘な

図1-3　拷問法

どで生き残った者が真実とする方法であり，拷問法は，心身に苦痛を与え自白した内容が真実とする方法である。

　神裁法は，試練に対する特定の徴候や反応を真実の証拠と考える方法である。日本の「くがたち（盟神探湯）」は，正しい者，ウソをついていない者が神に誓って熱湯に手を入れれば，手に火傷をしないというものである。不正のない者はそれを信じて手を入れるが，ウソをついている者はばれることを恐れて手を入れられないため，真偽の判断がつく。

　また，インドにはこんな話がある。犯人がそのしっぽを触ると，大声で鳴く聖なるロバが暗闇の部屋にいるとして，容疑性の高い者たち一人ずつを入らせてしっぽを触らせる。そして，出てきたところで全員に手を出させ，汚れていなかった一人を犯人とした。しっぽにはあらかじめ炭が塗ってあり，犯人はロバが鳴くのを恐れてしっぽを触らなかったのである。

　ウソと発覚の不安などの情動との関係を仮定し，生理的変化によるウソ発見の方法も古くからみられる。中国の米噛み法は，米を噛ませながら尋問した後，吐き出した米が唾液で濡れていなかったら有罪とする（三宅, 1989；Goldberg, 1990）。ウソをついているのなら，その罪の意識や発覚の恐怖で唾液分泌が抑えられるとするものである。脈拍を観測しながら質問し，変化の有無でウソを見いだす試みも散見される。科学的なウソ発見の歴史は，19世紀末から本格的に始まる。詳しくはこの章の第5節をご覧いただきたい。

　さて，現代の犯罪に関連したウソについては，エクマン（Ekman, 1985）が引用した「犯罪を犯す精神病質者は専門家をだます」が，その特質を表わしていると考えられる。この引用に出てくるのが，元FBI捜査官であり「プロファイリング」という犯人像推定の基礎を築いたレスラーであるが，彼らは36人の猟奇的殺人者らのインタビューを通し，ほとんどの者が外見上も話をしていてもごく普通の人間に見えたと述べている（Ressler & Shachtman, 1992）。また，秩序型犯罪者（精神病質的犯罪者で計画的で冷酷な犯行を行う）は，犯罪現場を巧みに「偽装」することも

指摘している。ヘア (Hare, 1993) も，ウソつきで，ずるく，ごまかしがうまいのは，サイコパス（精神病質者）の生まれもった才能だと述べている。彼が呈示する精神病質者チェックリストの項目でもある「罪悪感や良心の呵責の欠如」は，近年の犯罪形態やウソがもつ意味に大きな影響を与えているようである。テレビや雑誌などのマス・メディアを通じて，平気でウソをつける犯罪者が増えているよう思われるのは，あながち間違いではないのかもしれない。ちなみに，サリンによる大量殺人で世界中を驚かせた日本のカルト宗教団体では，教団内のスパイ発見のため「ポリグラフ」が使われていたらしい (須藤, 1996)。現代は，人間以外の者が人間のウソを裁く時代の終焉により，科学がウソと対決する時代になってきている。

　筆者 (桐生, 1992b) は，死亡者が出た保険金詐欺目的の放火事件において，火災発生2日後に第一発見者として現場の状況を説明している犯人が撮影されていたビデオ録画を，事件終結後に分析している。明らかにウソとわかる説明部分と事実を説明している部分を比較したところ，捜査員の質問終了から犯人の説明開始までの時間はウソのほうが有意に長く，話しぶりも早口になる傾向がうかがわれた。この結果は，非言語的行動を指標とした欺瞞検知の実験結果と照らし合わせると興味深いだろう。

　なお，取調べにおけるウソを考える際には，グッドジョンソン (Gudjonsson, 1992) の詳細な研究レビューと事例の報告が参考になろう。彼の観点は，英国警察の取調べをも含む広い視野からの検討であり，今後の研究課題を多く指摘している。なお，日本における取調べと自供の心理については，渡辺 (1999a, 1999b, 1999c, 1999d) の基礎的研究がある。

5　現代社会とウソ

　犯罪者に限らず現代人の多くが，ウソをつくとえんま様に舌を抜かれることなど，すっかり忘れてしまっている。源信（942-1017年）の「往生要集」には8つの地獄が記されているが，ウソ（妄語）つきの地獄は大叫喚地獄というところである。「この地獄には，生前に嘘偽りをついたために，熱した鉄の鋭い針で唇と舌とをさし貫かれて，泣き叫ぶこともできない受峰苦処とか，熱した鉄の鋏（はさみ）で舌を抜かれると，抜かれたそばからまた舌が生え，生えるとまた抜かれる，眼もまた同じようにくり抜かれる,受無辺苦処などの小地獄が用意されているのである」(石上, 1988) といった，恐ろしいところである。「ウソも方便」は法華教から出た言葉だが，こちらは今も使われるのに対し，「ウソつき－舌抜き」のほうはえんま様すら死語となっている。ウソの悪さに目をつむり，都合の良いウソの解釈ばかり全面に出す現代の風潮がうかがわれるようである。

小林 (1997) は，1960年の"死語"として，政治家が言った「私は嘘は申しません」をあげている。同じ政治絡みでも1976年の死語「記憶にございません」と比較した場合，前者がウソに対し，よりいさぎよく微笑ましいウソと思えるのに対し，後者はより小賢しいウソと思われるのはなぜであろうか。ここにも，ウソに正面きって対処しかねる現代のひ弱さが見え隠れしている。悪いウソを正々堂々悪いと自覚できる健全さが失われつつあるようだ。

また現代は，社会を形作ってきた様々なウソがばれてしまった時代ともいえよう。たとえば父親は，これまで子どもから権威者と思われ，彼ら自身もその役割を無条件に演じていた。子どもにも自分自身にも「権威者であること」のウソを突き通せていた時代は，それでも良かった。しかし，「自分のウソは自分が責任をもつ」といった責任ある個人主義ではなく，「自分のウソを他者の責任にごまかす」といった身勝手な個人主義を行いだして似非権威者となる。コギャル語を「悪ノリ」の言葉ととらえた米川 (1997) は，その理由に「テレクラや援助交際などに関する情報を通じて，大人の男性（自分の父親くらいの年齢）の陰の姿を知り，冷たい目で世の中を見，人をくった発言をしているから」とし，「こうまで悪ノリさせた背景には日本社会全体のノリ化（その時その時を楽しく過ごそうとすること）の現象がある」と指摘している。真実もウソもごちゃごちゃにして，とりあえず楽しければ良いといった世の中に対し，えんま様をもう一度復活させることは十分意味があると思われる。

さて，4月1日（April Fools' Day）にかつがれる人を，エイプリル・フールとか4月ばかという。フランス語では4月の魚，スコットランドでは4月のカッコウという (Goldberg, 1990)。この日は万愚節（All Fool's Day）とも呼ばれ，ご存じの通り，人に迷惑をかけないウソを楽しんでもよい日となるが，ウソを楽しめるか否かは，その国の文化の成熟度にかかっているようだ (河合・大牟田, 1995)。たとえば芸術は，虚を通じて実を表わす表現作用といわれる。近松門左衛門も，虚構の中に人情の真実を表わすことが芸術の使命とし，それを「虚実皮膜の間」と表現している。ウソは人生を豊かにする重要な方法ともいえよう。また，悪質なウソでない限り，見破る努力よりも看過する寛容さが必要とされる時もある (工藤, 1988)。何より，ウソをつき通すことは難しい。

「だいたい，ひみつというものはおそかれはやかれ，じぶんでしゃべっちゃうものよ」

これは，頭が良く直感的に物事の本質を見抜くムーミン家の養女「ミイ」の言葉である (高橋・渡部, 1996)。隠しごとを隠し通すにはウソが必要になってくるが，その隠しごとが"ひみつ"となると，何やら心が落ち着かなくなる。ウソは自ら自白剤を飲んで，我々の心に宿っている。この友人を悪者に仕立てるか否かは，結

topics 「阿古屋の琴責め」のウソ発見

　文耕堂と長谷川千四の共作である浄瑠璃「壇浦兜軍記」(1732年9月9日，竹本座初演)の三段目に，「琴責め」という有名な舞台場面がある。物語の大筋は，平家の遺臣景清が平家の仇として頼朝を狙う話なのだが，この「琴責め」では彼の恋人である遊女阿古屋がメインである。

　景清が頼朝暗殺に失敗し逃亡したため，行方を隠していると疑われた阿古屋は，堀川御所にて取調べをうけることとなる。水責め，火責めを覚悟で阿古屋はお白州に連れてこられるが，そこに現われたのが名代官重忠である。重忠は，遊女ながらも阿古屋のき然とした態度を見抜き，水責めをやめさせ，琴，三味線，鼓弓を彼女の前に並べ，「これ女，その琴をひけよ。重忠がここで聞く」と言う。重忠の本心もわからぬまま，次々とこれらの楽器を弾く阿古屋に対し，重忠は曲の合間，景清とのなれそめやら，たびたび逢っていないかどうかを尋ねていく。阿古屋は己の気持ちを歌に託して弾き続けるが，その最後「誠意をあらわす一曲に重忠はほとほと感じ入り，『阿古屋の拷問はただ今限りで終わる。景清の行く方を知らぬというに偽りのないことを見届けた。このうえは釈放する』」と述べるのである。初めから疑ってかかっていた他の重臣（妊娠している彼女を子持ちの蟹にたとえ，塩煎責めなどという非道を思いつく重臣であった）は納得いかないが，重忠の言葉の勢いにぐうの音も出ない。

　安西二郎（1977，京都心理学散歩，東書選書）は，この「琴責め」を用いて，現在のウソ発見の原理を説明しようとしている。「嘘をついていたのであれば，心臓がドキドキし脈はくや呼吸のみだれはもちろん，手先の微妙なふるえなども加わり，どんな名手でも平静にひきこなせなかったろうとする―まるで今日の嘘発見器の原型が先取りのようになっているのだ」。

　さて，この本を読まれたあなたであれば，重忠の方法がポリグラフ検査よりも非言語的行動を手がかりとした欺瞞探知に近いことが理解できよう。ちなみに，17世紀の井原西鶴が作った「白波のうつ脈とり坊」という小品では，脈の変化でウソを発見する例が述べてある。「琴責め」同様，興味深い日本の古典文学である。

（桐生）

局，我々の社会や人生や心の豊かさにかかっている。人を楽しませるウソがつけることや，人のウソを楽しむ余裕があることは，"成熟した個人"の一つの証しといえるのかもしれない。

2節 ウソという言葉
―言語的側面へのアプローチ―

1　心理学におけるウソ研究

　心理学では，「ウソ」という現象に対して，様々なアプローチがなされている。本書では，その中でも生理心理学・精神生理学における成果が，主として紹介されていくわけだが，その他にもウソ研究は存在する。
　たとえば発達心理学では，古くはピアジェ（Piaget, J.）による，子どものウソについての論考が有名であるが，近年，「心の理論」研究の流れの中で，誤信念課題を利用したウソ研究などがなされるようになった。
　また，社会心理学においてもウソ研究はなされてきた。最も知られているのは，やはり，エクマン（Ekman, P.）であろう。この領域における主要な研究課題は，人がウソをついている時に示す行動的特徴を探ることにある。
　以上のように，ウソ研究は，主に生理心理学・精神生理学，発達心理学，社会心理学などにおいて，互いにほとんど交流をもたないまま，なされてきたわけであるが，そもそも「ウソ」とは何を指すのか，という点について言及しておくことはむだではない。各領域間の今後の研究交流を考えた場合，「ウソ」という言葉に関して，一応のコンセンサスを得ておく必要があると考えられるからである。

2　ウソとは何か

　まずは，「ウソ」という言葉，およびその関連語の意味内容に焦点を当てることにより，「ウソ」という現象に迫ってみたい。

(1)「ウソ」

　「ウソ」とは何か。こうした場合の常套手段ではあるが，広辞苑をひもといてみたい。「①真実でないこと。また，そのことば。いつわり。②正しくないこと。③適当でないこと」とある（広辞苑・第4版，岩波書店）。一方，専門的には，どのような定義が当てられているだろうか。心理学辞典には「意図的にだます陳

述をさし，たんなる不正確な陳述とは異なる」とある（心理学辞典，有斐閣）。ホッパーとベル (Hopper & Bell, 1984) によれば，「意図的に相手をだますような，真実でない言語的陳述」とある。広辞苑と専門的な文献の記述とを比較してみよう。両者に共通すると思われる点は，「虚偽性」という次元である。一方，相違点としては，後者の定義では，前者の定義に「意図性」という次元を加味していることがあげられる。この違い，ささいなことのように思われるかもしれないが，実は重要である。子どもを対象にしたウソ研究で用いられる例で「道を聞かれて，自分では正しいと思った方向を教えたものの，実は間違っていた」というものがある。このケース，広辞苑の定義に従うと「ウソ」になり，心理学辞典の定義に従うと「ウソ」ではなくなってしまう。

　さらに，国語辞典をあたってみよう。新明解国語辞典・第三版（三省堂）の「うそ」の項に興味深い記述がある。「ウソ」の定義として，「①事実でないこと」と，「虚偽性」が第一にあげられていることは同様であるが，文例としてあげられている「うそをつく」に対して，「（故意に）嘘を言う」と説明がついている。ここで注目すべきは，「故意に」という「意図性」を意味する記述である。単に「ウソ」といった場合には，先にみたように「意図性」を含む場合と含まない場合とがあるが，「ウソをつく」という形で動詞化した場合，「意図性」の次元が出現するようである。なるほど，我々がふだん「ウソつき！」と言う時，その言葉には，「意図的にだましたな」という非難の意味が込められているように思う。モンテーニュ（Montaigne）は，その著の中で，「ウソを言う」とは「誤謬としてのウソ」，「ウソをつく」とは「故意のウソ」であるとして，区別しているそうだが (亀山, 1997)，これも参考になる。同じ動詞化するにしても，「ウソを言う」の場合には「意図性」が含まれず，「ウソをつく」の場合には「意図性」が含まれてくるということである。

　ここでいったん，「ウソ」という言葉の意味内容について整理しておきたい。「ウソ」といった場合，「意図性」を含む場合と含まない場合とがある。すなわち，狭義の「ウソ」は「虚偽性」，広義の「ウソ」は「虚偽性」プラス「意図性」であり，「ウソを言う」「ウソをつく」と動詞化した場合も同様の関係にあるということになる（図1-4）。

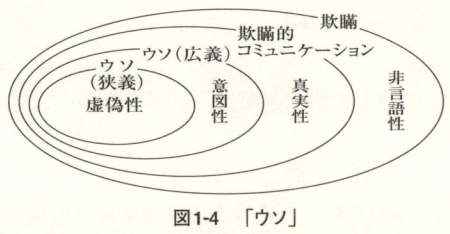

図1-4　「ウソ」

（2）「欺瞞(ぎまん)」

　今度は，「ウソ」に関連する言葉として，「欺瞞」に焦点を当ててみたい。「欺瞞」に相当する英単語は，deceptionである（「ウソ」に相当する英単語はlieである）。ウソをテーマにした英語の文献にあたるとしばしば出会うことになるこの単語，「欺瞞」と訳すと何だか堅苦しい感じがするし，何よりも，日本語で日常的に使用されるような単語ではない。思い切って「ウソ」と訳そうとすると，lieという，日本語の「ウソ」と対応した単語があるがゆえに，ためらいを感じてしまう。結論から言ってしまえば，deceptionには「欺瞞」という語をあてるのが最も適当であると考える。「欺き」「だまし」「ごまかし」などの訳もみられるが，いかにも歯切れが悪いだろう。また，「虚偽」と訳される場合もあるが，この「虚偽」という言葉，deceptionよりも，むしろlieに近い意味内容である（新明解国語辞典には，「虚偽」の項には，「うそ。偽り」とだけある）。実際，「欺瞞」という訳語が一番多いように思われる。

　それでは「欺瞞」とは何か。広辞苑によれば「人目をあざむき，だますこと」と，いたってシンプルである。一方，学術の世界では，「欺き手が間違っていると思っている信念や理解を，他者に引き起こそうとする行為」と多くの研究者によって操作的に定義されている (Zuckerman et al., 1981)。また，動物などにおける欺瞞研究では，「伝達者が利益を得ることになる，偽りのコミュニケーション」と定義される (Bond & Robinson, 1988)。「欺瞞」とは，広い概念であり，相手を言葉でだます場合だけではなく，たとえば嫌いな人に対して微笑むといったように，言葉以外の非言語的な手段を用いてだますケースも含まれるのである。

　一方，先に引用した，ホッパーとベルによれば，「ウソ」とは，「意図的に相手をだますような，真実でない言語的陳述」であり，「必ずしもすべての欺瞞が，ウソをつくという行為を含むわけではない」としている。「ウソ」は，あくまで言語的なものであるのに対し，「欺瞞」は非言語的なものまで含むのである。倫理学者のボク (Bok, 1978) も，「私はウソを，欺く意図で述べられたメッセージと定義したい。……欺瞞はより広い範疇であって，ウソはその一部を形成するものである」と述べている。

（3）「欺瞞的コミュニケーション」

　それでは，たとえば，真実でないことは言わない（つまり「ウソ」は言わない）ものの，曖昧なものの言い方をして相手を言語的にだます，などというケースはどうだろうか。そのような，「ウソ」と「欺瞞」の中間に位置する概念が「欺瞞的コミュニケーション」（deceptive communication）である。「欺瞞的コミュニケーション」とは，「伝達者が，自分自身信じていない信念を他者に抱かせると

いう意図をもって,意図的に情報を偽装・省略することによって生ずるメッセージの歪み」であり,「欺瞞」という語よりもやや狭く,「ウソ」という語よりもやや広い概念である (Miller et al.,1986)。

我々のふだんの生活を考えた場合,単に真実でないことを述べて相手をだます（つまり,ウソをつく）だけでなく,ウソは言わないものの,曖昧にしゃべったり,はぐらかしたり,肝心なことは隠しておいて言わなかったり,というように,この「欺瞞的コミュニケーション」を意外と多く使用しているのではないだろうか。真実でないことを言う場合と,ただ隠しておく場合とを比較すると,後者のほうが,非難される度合いが少ないだろうし,またでっち上げた内容を記憶しておく必要もないから簡単である (Ekman, 1985) というのが,その大きな理由であろう。なお,「欺瞞的コミュニケーション」という語は,ふだん使われる語ではない。あくまで学術用語と考え,通常は「ウソ」と「欺瞞」の2語だけ意識し,「欺瞞」のほうがより広い概念である,という程度の理解でかまわないであろう。

(4) 日常生活におけるウソ

以上,「ウソ」「欺瞞」「欺瞞的コミュニケーション」の3語について,おのおのが指し示す意味内容の違いについて述べてきた（図1-4を参照）。こうした点について留意することは,学術上有益であることはいうまでもないが,日常的にも有効かもしれない。以下,日常的な例を用いて,各語の意味内容を明確にしつつ,その有効性について示唆してみたい。

たとえば,今ここに,とある夫婦がいたとする。夜遅く帰宅した夫に対して「こんなに遅くまで何してたの？」と問い詰める妻,それに対して「仕事だよ仕事」と答える夫。実際のところ,夫は,同じ会社の好きな女性と「仕事の打ち合わせ」と称して,食事に行っていたとしよう。食事をしながら,仕事に関する打ち合わせをしつつも,デート同然の雰囲気であったとする。この場合,夫の「仕事だよ仕事」という言葉,「ウソ」ではない。実際,仕事がらみの話をしているからである。しかし,夫は,肝心な情報を隠すことにより,妻をだまそうとしている。一般に,「仕事」といえば,「会社でデスクワーク」というような信念があるから,妻の側のそうした信念を利用している。こうしてみてくると,夫が「欺瞞的コミュニケーション」を使用していることは明白である。さらに,「仕事だよ仕事」と発言する時,いかにも疲れた表情を見せるなどという非言語的行動をとったならば（本当は,好きな女性と楽しい時を過ごして元気満々なのにもかかわらず……）,「欺瞞」を使用していることになる。夫の「仕事だよ仕事」という発言,かなり強みがある。仮に,後になって女性と食事していたことが妻にばれたとしても,「実際仕事をしていたわけだから,自分はウソをついていたわけで

はない」と言い張ればいいわけだし，さらにまた，「あれも仕事といえば仕事だな」などと夫自身自分を納得させやすく，良心の呵責が少ないものだから，自信をもって「仕事だったんだから」と言い張れる。言われた妻は「たしかに，ウソじゃないけど……」と腑に落ちない感じで何も言えなくなってしまうかもしれない。こんな時こそ，「欺瞞」という概念の出番である。「ウソ」を言わなければ罪はないという考えが一般的かもしれない。しかしながら，「欺瞞」のほうが「ウソ」を言わない分，かえって罪深いような気がする。もしこの世に「ウソ」という概念しか存在しなかったとしたら，この妻は，もう泣き寝入りするしかないかもしれない。

(5) 学術上の補足事項

以上みてきた言葉の問題に関して，2点，補足をしておきたい。

まず第一に，先にも述べたことだが，「欺瞞」という語は非日常的である。よって，研究で，被験者に対してこの語を呈示するのは不適当である。そこで，「不正直」という語の使用を提案したい。新明解国語辞典によると，「不正直」とは「正直でないこと」とあり，「正直」とは「何かを隠して言わなかったり，うそ・ごまかしを言ったりすることがない様子」とある。すなわち，「不正直」とは「何かを隠して言わなかったり，うそ・ごまかしを言ったりする様子」ということになる。言語的であって，なおかつ「ウソ」に限定されていないという点で，「欺瞞的コミュニケーション」に相当する語であることがわかる。

第二に，英語のlieという単語は，日本語の「ウソ」よりはるかに露骨で相手の人格を否定する口調の強い語である（ジーニアス英和辞典，大修館）。そのため，ルイス (Lewis, 1993) などは，単にlieよりも丁寧な語としてdeceptionを位置づけている。また，同様に，liarという語も軽蔑的な意味をもっているが，欺瞞研究でこの語が用いられた場合には，単に「ウソをつく人」という中立的な意味で使われる (Frank, 1992)。このような背景があるためか，実際の欺瞞研究では，言葉の使用にルーズなところがある。とくに，lieとdeceptionとは，ほぼ同じような意味で使われていることが多い。たとえば，デパウロら (DePaulo et al., 1996) は，lie

ついて「意図的に誰かをだまそうとする試み」という定義を当てて研究を行っているが、この研究でlieが指し示す意味内容は、まさに「欺瞞」である。現実的には、このように、語の使用に関して判然としない場合が散見されるものの、言葉の問題について厳密に述べると、以上のようになるわけである。

(6) 言葉から探る「ウソ」の世界

以上、「ウソ」に関連する言葉に関して概念整理をしてきたわけである。言葉そのものに焦点を当てるアプローチは、ウソ研究の主流とは言えないものの、「ウソ」という現象に切り込むうえで有効である。たとえば、先に引用したホッパーとベルは、lie, dishonesty, untruth, などといった、deceptionに関連する語をクラスター分析にかけて、6つのクラスターを得ている。わが国では、桐生(1999)が「ウソ」に関わる43の語句を分類整理し、6つの領域に分類している。また、言葉そのものに直接アプローチするわけではないが、ストーリーを呈示して、おのおのがウソか否かを判定させるという方法で、「ウソ」という言葉自体の意味内容を探る研究もなされている (Coleman & Kay, 1981 ; 佐藤・杉山, 1994)。

今後は、日本語において、研究を蓄積していく必要がある。波多野(1976)によれば、アメリカは、建国のはじめから民主主義で立っていたから、ウソが極端にきらわれたのに対し、日本では、ウソということは、従来それほど悪いこととされていなかったそうである。こうした文化的背景が、言語に反映されているわけだから、日本語に関して詳細な検討を加える必要がある。

3 発言内容のウソ・本当

我々は、日々の生活において、他者の発言・行動に対して、今までにみてきたような言葉を適用する。最も一般的な場合は、他者の発言を「ウソである」と判断することである。ここでは、人が話した言葉（発言内容）の「ウソ」「本当」という問題について言及してみたい。

(1) 人間の行う欺瞞検知

「目は口ほどにものを言う」といわれる。実際、「ウソをついている人は目が泳ぐ」などと考える人は多いだろう。映画・ドラマなどでは、登場人物が相手の目の動きを根拠として、ウソを見破る（欺瞞検知）ような場面が見られる。「目の動き」のように、言葉によらない手がかりのことを、非言語的手がかりというが、この点については、4節で解説されることになる。ここでは、とくに言語的手がかり、すなわち発言内容の「ウソ」「本当」について述べていく。なお、筆者は、欺瞞の言語的側面に関する心理学的研究について、簡単な概観をすでに試みてい

る(村井, 1998a)。そのため,以降の記述は,これと重複する部分があることをあらかじめお断りしておく。

先に述べたように,我々が日常的に欺瞞検知を行う際には,たとえば,目に注目するといったように,非言語的手がかりに依存する傾向が強いように思う。そのため,人がしゃべった内容だけに注目したところで,はたして欺瞞検知に成功するのか,と思われるかもしれない。ザッカーマンら(Zuckerman et al., 1981)によるレヴューによれば,実験的には,人がしゃべった内容を文字に起こしたもの(transcriptという)を被験者に呈示するだけでも,欺瞞検知の正答率は低くはないという結果が得られている。その正答率は,たとえば表情だけを呈示されて欺瞞検知を行った場合よりも高いのである。これは我々の直感に反する結果であろう。彼らは,以下のようなことを述べている。「驚くべきは,言葉のもつ威力である。欺瞞のコミュニケーションにおいては,言語よりも非言語のほうが重要であるという前提は,正しくない」。

とはいっても,結局は人間の行う欺瞞検知であるから,何を手がかりとして与えられても,その正答率はたかが知れている。ミラーとスティフ(Miller & Stiff, 1993)のまとめによれば,欺瞞検知の正答率は「65％は滅多に越えない」「45％から70％の間」「チャンスレベル(まぐれ当たり)よりはよいが,それほどよいわけではない」などの知見があるという。デパウロら(DePaulo et al., 1985)は,欺瞞検知の正答率は「チャンスレベルは越えるものの,大きく越えることは滅多にない」としている。サックス(Sacks, 1987)は,『妻を帽子とまちがえた男』の中で,失語症患者が優れた欺瞞検知能力を示す例を紹介しているが(「大統領の演説」),通常であれば,我々の欺瞞検知能力は「まぐれ当たりよりはましであるが,それほどよいわけではない」といったところなのである。だからこそ,本書で詳述されていくように,ポリグラフ等の機器が必要とされるのである。

(2)欺瞞の言語的側面に関する研究

ここで,欺瞞の言語的側面に関して,どのような研究がなされているか,簡単に紹介しておきたい。とはいっても,欺瞞研究の研究対象の大多数は,非言語的側面であり続けている。言語的側面は,非言語的側面と同時に補足的に検討されるという形で研究されてきたため,十分な検討がなされていないのが現状である。

先に引用したミラーとスティフは,欺瞞の言語的側面に関する研究には,2つのアプローチがあるとする。ひとつは,欺瞞的メッセージの個別的特徴を探索しようとするもの,もうひとつは全体的特徴を探索しようとするものである。仮に,前者を個別的アプローチ,後者を全体的アプローチと呼び,以下,ミラーらの記述をもとに,各アプローチで得られた知見について紹介しよう。

①個別的アプローチ

個別的アプローチとは，たとえば「"自分についての言及"が欺瞞時に増加するか否か」というように，欺瞞に関連する個別的特徴を探索しようとするものである。ミラーらは，先行研究の結果に類似性が見られる点として，以下のような特徴をあげている。まずは，「返答における語数」である。すなわち，欺瞞時は，正直な時よりも，概して返事が短い。次に，欺瞞時の発言内容は，より一般的なものとなり，人・場所などについて具体的に言及することが少なくなる傾向にある。さらに，欺瞞時には，「レベリング」（「すべて」「まったく」などの語を用いて，過度の一般化を示す傾向）が多く出現する。

当然のことだが，以上の知見は確定的なものではない。主として，実験室研究で見られる傾向にすぎないことに留意する必要があろう。相反する研究結果も存在するのである。しかしながら以上の特徴は，少なくとも，注目に値するものである，ということはいえるだろう。

②全体的アプローチ

全体的アプローチとは，発言内容全体から受ける印象と，欺瞞との間の関連性を探ろうとするものである。スティフとミラー (Stiff & Miller, 1986) は，発言内容のもっともらしさ・確実性・明瞭性・簡潔性の4尺度の合計が，他の何よりも実際の欺瞞と強く関連していること，すなわち，欺瞞条件では4尺度の合計点が低い傾向にあることを見いだした。その他には，クラウト (Kraut, 1978) による具体性・もっともらしさ・一貫性，の検討，筆者による曖昧度 (村井, 1998b)，好意性 (村井, 1999)，の検討などがある。

ミラーらがいうように，我々は，会話内容を全体的にとらえて「ウソ」「本当」の判断を下すと考えたほうが自然であるから，この全体的アプローチは有効である。日常的には，「ウソである」との認知は，たとえば「返事の長さ」といったような明確な原因に基づくというよりは，むしろ「何となく」であることが多いように思う。たとえば「返事が短いから，ウソである」というように，原因・結果をはっきりと分離できるという意味では，個別的アプローチのほうが明快であるが，全体的印象に基づく判断のほうが現実的なのかもしれない。

（3）欺瞞の言語的側面へのアプローチの今後

以上，簡単に見てきた欺瞞の言語的側面に関する検討は，研究例が少ないからといって，必ずしも不毛であるとは思われない。発言内容を詳細に検討することで見えてくる側面も少なからず存在すると思われる。供述分析 (大橋, 1996) などはその一例である。結局のところ，和田 (1996) の指摘するように，「非言語的コミュニケーションのみならず，言語行動をも含めたコミュニケーションとしての統合

topics テレビ，映画で見られた「ウソ発見」

　「ウソ発見器」は，テレビのバラエティ番組やドラマ，そして，映画の中にしばしば登場する。

　バラエティ番組の代表格は，ビートたけしと所ジョージによる「ドラキュラ裁判」だろう。「ウソ発見器」を装着された芸能人が，テレビカメラの前で様々な質問を受け，すべて「いいえ」と答えてくださいと言われる。その質問はといえば，「あなたはお笑いタレントの○○さんが嫌いですね」といった質問であり，それが真実であろうが根拠のない事実であろうが，質問された当人にとって困惑する内容である。つまり，答えが「はい」であろうが「いいえ」であろうが関係なく，生理的変化が起こるように仕組まれているのである。さらに，このような質問を受けた芸能人は，ごまかしのために笑ったり，頭を抱え込んだりする。そうすると，体の動きが影響して生理指標にノイズが生じ，記録紙上のペンが大きく上下に振れるのがテレビ画面に映し出される。このペンの振れは，被検者となった芸能人のウソを暴く反応ではなく，ただのノイズにすぎないのだが，テレビの企画上は困った質問に対してペンが大きく振れるというビジュアル効果をもたらし，視聴者にとてもおもしろく映るのである。倫理的に問題はあるが，テレビのバラエティとして非常にうまく利用しているといわざるを得ない。

　テレビドラマでは，『犯罪心理分析官』シリーズで松方弘樹が検査者として登場，ドラマから映画になるという大ブームを巻き起こした『踊る大捜査線』でも「ウソ発見器」は登場した。これらの共通点は，検査者が犯人像推定のプロファイラーも兼ね，自らが推定した犯人像に当てはまる被疑者を検査している点である。

　また，「ウソ発見器」は，映画にもしばしば登場する。最初の登場は，あのポリグラフを考案したキーラー（Keeler, L.）が出演した"Northside 777"であろうか。最も有名なのは，シャロン・ストーンが被検者となった『氷の微笑』である。この他，『推定無罪』『ライアー』といった映画もある。

　ここで紹介した，テレビドラマや映画は，ビデオになっているものが多く，レンタルビデオで容易に借りることができる。興味のある方はぜひ鑑賞され，本書で紹介した日本の犯罪捜査における検査方法との違いを見比べていただきたい。

（平）

された新たなモデルの開発が必要である」わけだが，そのためには，ウソを研究する様々な分野の研究者間の学術的交流を活性化させる必要がある。

3節 ウソと子ども
―発達心理学的アプローチ―

1　子どものウソ，大人のウソ

「今日は遊園地に行くって言ったじゃないかあ～，パパのウソつき！！！」こんな子どもの涙ながらの罵声を背中にあびながら，急に入った仕事に出かけていくお父さんたちは大勢いるだろう。「パパはウソをついたんじゃないのよ。仕事だからしかたないのよ」と，なだめるお母さんの言葉も効果はない。

子どものつくウソと，大人のつくウソでは，その意味合い，内容，巧妙さなどにおいて，まったく異なった性質をもつ。しかし，それ以前に，上述の例からもわかるように，どのような行為をウソとみなすかという時点で，子どもと大人ではかなり異なった考えをもっている。子どものウソつき行動そのものについては，次の項「子どものウソの芽ばえ」で触れることにし，ここでは，子どもと大人のウソについての考え方の違いと，大人から見るとウソに見える子どもの言動についてみていくことにしよう。

（1）子どもにとってはこんなことがウソ

ピーターソンら (Peterson et al., 1983) は，子どもと大人のウソの概念の違いを調べるために，人形劇のビデオを見せ，主人公の言動がウソであるかウソでないかを判断させた。すると，多くの大人が単なる間違いと判断するような行為や，汚い言葉を使うような行為に対しても，子どもはウソをついたと判断する傾向があった。古くからピアジェ (Piaget, 1932) も指摘しているように，子どものウソ概念は，大きくなるにつれておおよそ，「悪い言葉を言うこと→事実とは違うことを言うこと→わざと事実とは違うことを言うこと」という経過をたどることが経験的に知られている。

次に，もう少し系統的に，子どもと大人のウソと本当の概念について検討したストリハルツとバートン (Strichartz & Burton, 1990) の実験を紹介しよう。彼らは，ウソと本当の判断に関わる3つの要因を操作して，8種類の人形劇を作成し，主人公（発信者）の言ったことがウソか本当かどちらでもないかの判断をさせた。3つ

の要因とは，①実際のできごとと発信者の発言が一致するかしないか，②発信者がそのできごとを事実と思っているかそうでないと思っているか，③発信者にだます意図があるかないか，である。8種類の劇の中で，とくに，4，6歳児と大人の判断に差がみられたのは，表1-2の（A）「発信者の発言が実際のできごとと一致するが，発信者は自分の言ったことは事実ではないと思っており，発信者にだます意図がある場合」と，（B）「発信者の発言が実際のできごとと一致せず，発信者は自分の言ったことは事実であると思っており，だます意図がない場合」である。下線部分のクリスのセリフをウソであると判断をした者は，（A）では4歳児：約18％，6歳児：約10％，大人：約70％で，（B）では，4歳児：約80％，6歳児：約80％，大人：約10％であった。このような結果から，4，6歳児のウソ判断の基準は，発信者の発言が実際のできごとと一致するかどうかに基づき，一致しない場合にそれをウソと呼ぶことがわかる。それに対して大人は，実際のできごとと一致しようがしまいが，発信者がどう思っているかや，だます意図の有無が重要な判断基準となるようである。

表1-2 ストリハルツとバートン (Strichartz & Burton, 1990) で用いた人形劇の内容の一部

(A)
――スポッツ（犬の名前）が外に遊びにいったあと，クリスが部屋に入ってくる。
クリス："スポッツはどこにいったんだろう？　犬小屋にいると思うんだけどな"
――ママが入ってくる。
ママ　："クリス，スポッツはどこなの？"
クリス：（ひとりごとで）"おっと，ママには教えたくないな"
　　　　（ママに向かって）"<u>スポッツは外に遊びにいったよ</u>"
　　　　（ママが去ったあと）"へへ。ああ言ってやろうと思ってたんだ"
(B)
――クリスは飲み物の入ったコップを置いて部屋をはなれる。その間にスポッツ（犬）がコップをひっくりかえして部屋を出ていく。
クリス：（部屋にもどってきて）"わ，さっき自分でこぼしちゃったんだ！"
――ママが入ってくる。
ママ　："クリス，誰がこぼしたの？"
クリス：（ひとりごとで）"やっぱり，言ったほうがいいよなあ～"
　　　　（ママに向かって）"<u>ボクがこぼしたんだよ</u>"
　　　　（ママが去ったあと）"ちゃんと言おうと思ってたんだ"

このように，単にウソか本当かと聞かれた場合，子どもの解釈と大人の解釈にはずいぶんズレがある。大人は子どもに，「ウソをついてはいけません」「本当のことを言いなさい」と口癖のように言うが，これだけウソや本当についての概念が異なれば，大人の意図するところは子どもにはあまり伝わっていない可能性がある。ストリハルツとバートンも指摘しているように，とくに，大人から「本当のことを言う」ように要求される法廷の場面などでは，この点は十分に考慮に入

れるべきことがらである。

　最近のシーガルとピーターソンの研究(Siegal & Peterson, 1996, 1998)は，上述した従来の研究とは異なり，質問の仕方を工夫すればほとんどの5歳児が「間違い」と「ウソ」を正しく（大人の基準を正しいとすれば）区別することを明らかにしている。従来の研究が，「ウソをついたのかつかなかったのか？」や，「ウソなのか本当なのか？」と質問をしているのに対して，この研究の異なっている点は，「ウソをついたのか間違えたのか？」という質問の仕方をしているところであった。このように，子どものウソをよく理解するためには，質問の仕方などの工夫によって大人のウソ概念に近づける，または，こちらが子どものウソ概念に歩み寄っていく必要があるだろう。

（2）大人からするとウソに見える子どもの言動

　現実には起こっていないことをまことしやかに人に話したり，明らかに今知ったことを，「前から知ってたもん」と言い張るような子どもを見ると，大人は，ウソつき常習犯の素質があるのではないかと心配するかもしれない。しかし，上述したような大人のウソ概念からすると，これはウソの範疇には入らない。なぜなら，このような子どもの言動には，だます意図がないからであり，大人がそれをウソとみなすのは，勝手に子どものその言動にはだます意図があるものと思い込んでいるからである。この，大人からするとウソに見える子どもの言動は，認知能力の発達と深く関連する。

　フォーリィとラトナー(Foley & Ratner, 1998)は，子どもは，実際にやったことと，想像しただけのことの区別がつきにくいことを実験的に検討している。この実験では，いくつかの動作（テーブルの下を見る，コップを持つ，など）について，実際にその動作をするか，その動作をしているところを想像させるかのどちらかを行わせ，しばらくして，それらが実際にやった動作であるか，想像しただけの動作であるかを判断させた。その結果，6歳児は大人に比べて成績が悪く，また，想像しただけの動作を，実際にやった動作であると判断するエラーが多いことが明らかになった。また，フォーリィら(Foley et al., 1994)は，自分の過去の行為が，実演したものであったのか，ふりやまねであったのかについて区別する能力を検討している。彼女らは，子どもに，実際のカメラで写真を撮る，カメラを持っているふりをして写真を撮るまねをする，などのいくつかの行為をさせ，しばらくしてそれらの行為について，実演したのか，ふりやまねであったのかを判断させた。その結果，3，4歳児は，ふりやまねをしただけのことを，実演したと判断するエラーが多く見られた。

　このような，実際にあったことと，想像やふりやまねをしただけのこととをは

っきりと区別する能力のことを,「リアリティモニタリングの能力」と呼ぶが,子どもは大人よりも明らかにこの能力が劣っている。それゆえ子どもには,だます意図なしに想像しただけのことを実際にあったと言う,といったような,大人から見るとウソにみえる言動が見られるのである。

このほかに,年少の子どもの,たった今知ったばかりのことを,「ずっと前から知っていた」と答える傾向について検討した研究などもある。テイラーら (Taylor et al., 1994) は,幼児であるならば今まで見たことのない新しい色〔例:シャルトルーズ(淡い黄緑色)〕とその名前を教え,その色と名前に関して,「あなたはそれを昨日,知っていましたか?」「3歳の時,知っていましたか?」「ずっと前から知っていましたか?」などの質問を行った。その結果,5歳児は,昨日,3歳の時,ずっと前は,知らなかったと答える者が多かったが,4歳児は,昨日も,3歳の時も,ずっと前から知っていたと答える者が大部分であった。このように,年少の子どもは,自分はその知識をいつ得たのかについての認識能力が劣るため,それが,「前から知ってたもん」というような言動につながるのである。法廷などの実際的な場面では,子どもの証言などを解釈するのは結局大人であることを考えると,このようなウソに見える子どもの言動のメカニズムを十分理解しておく必要があるだろう。

2 子どものウソの芽ばえ

大人は子どもに,部屋に置いてあるおもちゃの箱の中を見てはいけないと約束させ,部屋を出ていく。その子どもは,大人のいない間に約束をやぶって箱の中をのぞいてしまう。大人が部屋にもどって来て……

　大　人「箱の中のおもちゃ,見た? それとも見てない?」
　子ども「見てないよ。見てな〜い!」
　大　人「これって,ゾウさんのおもちゃなのかなあ……」
　子ども「ちがうよ,アンパンマンのおもちゃだよ!」

3歳くらいの子どもであっても,平気な顔をしてこんなウソをつくことができる。しかし,ウソをついたあとの事後処理やつじつまあわせにおいては,まだま

だ未熟であり，りっぱなウソつきとはいえない。ここでは，いつごろから子どもはウソをつけるようになるのかということに焦点を当て，それに関連する実験的研究についてもみていくことにしよう。

(1) りっぱなウソつきへの道

念のためにいっておくが，子どもは成長するとウソをつけるようになるのである。成長するとよい子になるので（？）ウソをつかなくなるのではない。多くの研究者の見解でも一致しているように，子どもは，おそらく2歳ごろからウソつきの片りんを見せ始め，小学校にあがるころには，ほぼりっぱなウソつきになっている（大人にはまだまだかなわないが）。これは大変喜ばしいことで，アスティントン(Astington, 1993)も述べているように，ウソをつくということは，自分の心や人の心を理解するようになった結果なのである。

リークマン(Leekman, 1992)は，りっぱなウソつきになるためには，3つのレベルをたどっていくとしている。彼女のいう3つのレベルを簡単にまとめると次のようになるだろう。

レベル1：聞き手の考えていることを操作しようという意図なしに，罰を避けたり報酬を得ようとしてウソをつく。このレベルの子どもは，否定をする方略や，事実と違うことを言う方略などの，いろいろな文脈で使えるような方略をもっている。しかし，事実と違うことを言った場合，聞き手が何らかの影響を受けることはわかっているが，聞き手の考えに影響を与えることは理解していない。また，聞き手にウソがばれないようにすることまで考えていない。

レベル2：聞き手の考えていることを操作しようとして，真実を隠したり，何かを知られないようにしようとしてウソをつく。このレベルの子どもは，自分のウソによって聞き手の考えが変わることだけでなく，そのウソが聞き手に通用したかしなかったかについても評価している可能性がある。また，聞き手のだまされた後の新しい考えに基づいた対応ができる。

レベル3：レベル2がもう少し発展する。聞き手が，自分のウソつき行動自体についてどう考えているかを考慮しながらウソをつく。このレベルでは，自分の言うことにいかにもだます意図がないということを聞き手に信じさせようとする。これに伴い，ウソの言い方のなにげなさや，説得力あるウソのつき方などの技術を身につけるようになる。

どのレベルが何歳ごろかという問題は難しいところではあるが，おおよそ，レベル1が2歳～4，5歳，レベル2が4，5歳以降といったところで，レベル3になると大人でも個人差が大きいのではないだろうか。とくに，レベル2の段階での，ウソによって聞き手の考えが操作されることの理解については，ここでは

詳しく触れないが，発達心理学における心の理論研究 (Perner, 1991 ; Wellman, 1990) の分野で実に多くの研究がなされている。

（2）いつごろからウソをつくのか──**実験的検討**──

ウソをつく状況はいろいろ考えられるが，ここでは主に，日常生活で実際にありそうな，自分の悪事（？）がばれるかばれないかという場面での，低年齢の子どものウソつき行動を検討した代表的な研究を取り上げよう。ルイスら (Lewis et al., 1989) は，2歳9か月から3歳1か月（平均2歳11か月）の子どもを対象として次のような実験を行った。まず，部屋の中のイスに子どもを座らせ，子どもの背後のテーブルの上におもちゃを置く。そして，実験者は，自分が部屋に戻って来るまで振り向いておもちゃを見ないことを約束させ，部屋から出る。最後に，子どもが振り向いておもちゃを見た時点か，5分経過した時点で実験者が部屋に戻り，子どもにおもちゃを見たかどうかを尋ねる。その結果，おもちゃを見てしまった子どものうち，「見てない」とウソをついた子どもは38％，「見た」と正直に答えた子どもは38％，黙ったままの子どもは24％であった。

同じような状況で，ルイスら (Lewis et al., 1989) の被験者より年齢の高い，3歳5か月から4歳3か月（平均3歳9か月）の年少児と，4歳4か月から5歳3か月（平均4歳9か月）の年中児の子どもを対象にして行った研究に，杉村ら (1998) の研究がある。この研究では，ルイスらの実験状況に，次のような，ウソがばれる可能性を操作するための3つの条件を加えている。それらは，うしろを向いておもちゃを見てはいけないことを約束させる際に，「棚の上のカメラから担任の先生が○○ちゃん（被験児の名前）を見ている」ことを言い添える①先生条件，「棚の上のクマのぬいぐるみが○○ちゃんを見ている」ことを言い添える②ぬいぐるみ条件，何も言い添えない③統制条件，であった。その結果，ウソをついた子どもの割合は，①先生条件，②ぬいぐるみ条件，③統制条件の順に，年少児は55％，50％，86％，年中児は70％，91％，100％であった。

これらの研究から，罰せられるのを避けるような，自分の守るためのウソの場合，3歳前後で約4割，4歳前後で8割強，5歳前後で全員がウソをつけるようになっていることがわかる。また，ばれる可能性がある場合，すなわち，①先生条件と②ぬいぐるみ条件ではウソを控え，そうでない場合，すなわち，③統制条件ではウソをつく傾向がみられる。

このほかにも，チャンドラーら (Chandler et al., 1989) やペスキン (Peskin, 1992) のように，ゲーム的な課題（たとえば，人の好きなものばかりを欲しがる人形に対して，わざと自分の本当の好みとは反対のことを言って人形をだまし，自分の好きなものを手に入れるような課題）でのウソつき行動を検討した研究などもある。それぞ

れの研究を比較すると，ウソつき行動がめだつようになる時期に若干のズレはあるが，いずれにせよ3歳から5歳にかけて，ウソつき能力が開花していくということがいえるであろう。

3　子どものウソの特徴

前項の最初に紹介した箱の中をのぞいた子どもは，おそらく，自分が約束をやぶったことをとがめられるのがいやでウソをついているのだろう。そして，ウソをついたのはよいのだが，すぐさまウソをついたのがばれるような情報を相手に提供してしまっているのである。ここでは，子どもはどんな時にウソをつくのか，ウソをついた時に表情や態度は変わるのか，ウソをついた後の言動についてどれくらいつじつまをあわせられるのか，というような観点から，子どものウソの特徴をみていくことにしよう。

(1) 子どもはどんな時にウソをつくのか

セシとブルック (Ceci & Bruck, 1993) によれば，従来の研究で検討されている子どもがウソをつくような状況には，①自分が罰せられるのを避ける，②ゲームを成立させる，③約束を守る，④自分の利益を得る，⑤きまりの悪さや気恥ずかしさを避ける，の5つがあるという。①・②・④に関してはおおよそ2の(2)で説明したような状況があてはまり，日常的な場面についてもイメージしやすいと考えられるので，③・⑤について説明を加えておこう。

③約束を守る：大人が誤って部屋にあったおもちゃを壊してしまい，大人は子どもに「このことは誰にも言わないでほしい」と頼む。その大人が部屋を出ていった後に，別の大人が来て，子どもに「おもちゃを壊したのは誰か知っているか」を尋ねると，子どもは「知らない」と答える。

⑤きまりの悪さや気恥ずかしさを避ける：大人がお手伝いのお礼に，その子どもが明らかに好きではないおもちゃをあげる。その子どもは，好きではないおもちゃだが，にっこり笑って「うれしいな。どうもありがとう」と言う。

子どもであっても，①や④の，自分が怒られるのがいやだとか，自分が得をしたいというような，自分のためにつくウソばかりではなく，③や⑤の状況のように，人をかばったり，人がどう思うかを考えた場合にもウソをつくのである。③に関連した研究としては，たとえば，ビュッシー (Bussey, 1992) が，報告しているものがあり，3歳児と5歳児が，グラスを壊してしまった大人からそのことを言わないでほしいと頼まれた時に，3歳児よりも5歳のほうが他の大人にそのことを言わなかった。他の研究でも同様の結果になっている。また，⑤に関しては，セシら (Ceci et al., 1993) の研究の，両親に入浴時にキスをされた子どもが，「裸の時にキ

スをされるのはよくない」と言われた後,「お風呂の時に誰にもキスをされなかったか」について聞かれると,本当のことを言わなくなるといったような,児童虐待や暴行時の証言に関連する場合が検討されている。

このように,人の悪事を見た時に,そのことを誰かに言うとその人が困った立場になるのではないかと考えてウソをついたり,自分がしたことではなく,自分がされたことがいけないことだとわかるとそれを隠すためにウソをついてしまうような感覚は,大人でなくても(幼児でさえも)十分にもっているのである。このような状況でのウソは,子どもの目撃証言の信憑性などに関わる重要な問題をはらんでおり,十分に検討されるべき課題であろう。

(2) 子どものウソは見破れるか?

ふだんからよく一緒にいるような子どもであれば,ウソをつく時の癖を知っていたりして,ウソを言っているかそうでないかすぐにわかるかもしれない。しかし,初めて会ったような子どもの場合,その子がウソをついているかどうかわかるのだろうか。ウソをついている子どもと,そうでない子どもで,その表情やしぐさに違いがあるのだろうか。

2の(2)で述べたルイスら (Lewis et al., 1989) の研究では,振り向いておもちゃを見たかどうかを尋ねられる時に,それに答える子どもの表情やしぐさなどについても検討している。ポジティブな表情やしぐさ2種類(リラックスした表情,ほほえみ)と,ネガティブな表情やしぐさ3種類(硬い口もと,目をそらす,髪や体などを触る)の出現頻度について分析をした結果,おもちゃを見てしまった子どものうち,「見てない」とウソをついた子どもと,「見た」と正直に答えた子どもとでは,差がみられなかった。また,おもしろいことに,おもちゃを見て「見てない」とウソをついた子どもと,おもちゃを見てなくて「見てない」と答えた子どもを比べると,ウソをついた子どものほうが,ポジティブな表情やしぐさが多くみられた。この研究では,表情やしぐさの違いを検討しているが,大人が,ウソをついている子どもと本当のことを言っている子どもを見分けることができるかを検討した研究には次のものがある。

川上と高井 (1993) は,ルイスらと同様の実験状況で,おもちゃを見てしまった子どものうち,「見てない」とウソをついた子ども10名と,「見た」と正直に答えた子ども10名のビデオテープを大人に見せ,その子どもがウソをついているか,本当のことを言っているかを判断させた。その結果,20個の判断について,正答数の平均値は8.7個(最高14個,最低4個)と,かなり低い値になることが明らかになった。このような研究から,ウソをついている最中の子どもについて,その表情やしぐさなどから,大人が,それがウソなのか本当なのかを見分けるこ

とはかなり難しいことがわかる。

ところで，先に紹介した箱をのぞいた子どもを思い出していただきたい。この子どもは，「見てない」とウソをついたが，その後，少し大人が水を向けただけで，それを見た人にしかわからない情報（アンパンマンのおもちゃだった）をうっかり提供してしまい，ウソがばれてしまっている。ポラックとハリス (Polak & Harris, 1999) は，3歳児と5歳児を対象にして，子どものこのような傾向を実験的に検討している。まず，おもちゃの家の中に入っている動物について，鳴き声で中の動物を推測した後，実際に家をあけて中の動物を確認するというゲームを何回か行う。当然，子どもは全問正解する。そのあと，家の中には実はブタが入っているが，アヒルの鳴き声を聞かせ，子どもにアヒルが入っていると思い込ませる。「さあ，家の中を見てみよう」というところで，実験者が，自分が戻ってくるまで家の中を見ないように約束させ，しばらく部屋を離れる。この間に，60名中57名が家の中をのぞく。戻ってきた実験者は，自分がいない間に家の中をのぞいたかどうかを尋ねると，57名中48名がウソをつく。そのあと，「家の中には何の動物が入ってると思ったんだっけ」と尋ねるが，この時ウソをついた子どもで，「自分は家の中を見ていない」というふりができなかった子ども，つまりブタが入っていると答えてしまった子どもは，3歳児で68％，5歳児でも62％であった。このように，子どもは，ウソをつく時の表情やしぐさはうまく演じることができたとしても，「自分はそのことを知らない」ことを大人に思い込ませる技術はまだ成熟していないので，ウソをついた直後にウソがばれるような情報をみずから提供してしまうことも多いのである。

この節では，主に，発達心理学の分野の研究を中心に紹介しながら，子どものウソについてみてきた。子どものウソつき行動には，記憶や推論などの認知能力の要因や，対人関係などの社会的な要因が複雑に関与していることは言うまでもない。現在では，主に，心の理論研究や，目撃者証言研究からのアプローチがなされているが，大人を対象とした研究に比べると研究の数は少なく，さらなる実験的検討やケーススタディが望まれる。

topics ことわざでみるウソ

　ウソに関することわざで，誰もがまっさきに思い浮かぶのは，「ウソつきは泥棒の始まり」だろう。子どものころを思い出した時，祖父母や両親，あるいは先生に，この言葉で戒められた経験はほとんどの人があるのではないか。わが国では，まだ社会的に未発達な子どもに対し，「平気でウソをつく人間は良心がくもっているのだから，盗みでも平気でするようになり，挙げ句の果てには捕まえられて，牢屋へ入れられてしまうぞ」と，幼い心に恐怖心を植えつけて正直な心が育つように使ってきた。英語では，"Lying and stealing are next-door neighbours."（ウソつきと盗みは互いに隣り合わせに住んでいる）という表現がなされ，洋の東西を問わず法や規則に従って生活する社会では，ウソはまず第一に戒められるべきことのようである。

　また，「ウソをいえば地獄へ行く」ということわざは，仏道におけるウソをつくなという戒めである。仏道ではウソをいうと地獄へ落とされてえんま大王に舌を抜かれると伝えている。子ども心に，舌を抜かれるさまを思い浮かべて，非現実的ながらも恐い思いをした経験のある読者も多いだろう。

　ところが，このようなことわざで子どもを戒める一方，ウソを賛美することわざが多いのも事実である。仏様でも悩んでいる人を救うためには，方便としてウソをついたのだから，人間がウソをいうのは当然だと，「ウソも方便」，あるいは，「ウソをつかねば仏になれぬ」というのである。たしかに，我々が生活するうえで，すべてを正直に話すことが，人間関係を円滑にするとはいえない。自分が不当な利益を得るため，他人を陥れるウソは困りものだが，他愛のないウソは日常生活に潤いを与える言葉の文化であろう。しかし，犯罪者が自分の罪を正当化するために，「ウソも方便」「ウソは世の宝」「ウソも世渡り」「ウソも誠も話の手管」などと，のたまうのを許すわけにはいかない。やはり，ウソはどんなに上手についても，第三者から冷静にみればつじつまの合わないところがあり，またたくまに相手にばれてしまうという「ウソは後からはげる」，こういう言葉がまかり通る世の中でなくてはいけない。そして，「正直は一生の宝」という人生を歩みたいものである。

　この他にも，「ウソから出たまこと」「ウソと坊主の頭はゆったことがない」「ウソとぼた餅ついたことがない」など，ウソに関することわざが豊富にあるのは，我々の生活にウソが密着していることの証なのだろう。

（平）

4節 対人関係の中のウソ

ここでは，対人関係におけるウソについて考えていく。

ウソとは，「受け手が偽った信念や結論を育成するように，送り手によって故意に伝えられるメッセージ」である (Buller & Burgoon, 1996)。つまり，送り手が真実とは異なる意味を伝えようとして，メッセージに含まれる情報をコントロールする時にウソは生じるのである。したがって，ミスした結果のウソや意図しないウソは，ここでは含まれない。いずれにせよ，こういったコミュニケーションは，相手と自分の関係が壊れるのを防ぐためにウソをついたり，セールスマンが商品を買ってもらおうとして誇大宣伝を行う時などに生じ，また必要となる。

1 ウソはどこから漏れるか
——言語行動と非言語的行動の一貫性——

人間関係は，主として対人コミュニケーションを通してなされる。すなわち，対人コミュニケーションを通して，関係の形成，発展，維持，さらには崩壊が生じる。対人コミュニケーションもコミュニケーションの一種であるので，送り手が受け手にメッセージ（送り手の目的や意思の表現）を何らかのチャンネル（メッセージの伝達通路およびそのシステム）を通して伝える「符号化（encoding）」と，受け手がそれを解読する「符号解読（decoding）」からなる。それらがくり返されて，コミュニケーションが成立するのである。メッセージは，視覚，聴覚，嗅覚などのチャンネルを通して伝えられる。そのメッセージを構成する内容は，言葉によるコミュニケーション（言語的コミュニケーション）と言葉によらない行動（非言語的行動）によるコミュニケーション（非言語的コミュニケーション）に大きく分けることができる。ただし，どのような方法でコミュニケーションをとるかによって，用いることのできるチャンネルは限定されてしまう。たとえば，直接会って会話をするのであれば，話の内容だけでなく，表情やしぐさからも何らかのメッセージを解読するのが可能であるが，電話や手紙でのコミュニケーションとなると，表情やしぐさは何の情報ももたらさない。

ここで，具体的な場面を思い浮かべてもらいたい。たとえば，Aさんがあなたに「好きだよ」と，直接，告白してきたとしよう。しかしその時，何ら感情がこもっていないような話し方で，しかも話す時にはまったくあなたと視線を合わさなかった場合を考えてほしい（これほどわかりやすい場面に出会うことはめった

にないであろうが）。このような時に，あなたはAさんから本当に好かれていると感じるであろうか。おそらく，Aさんは本心からではなく，友人どうしでのゲームか賭事で負け，罰ゲームとしていたずらで言いに来たのではないか，などと考えるであろう（もちろん，告白された状況，時間なども影響するが，ここでは非言語的行動と言語行動の関係についてのみで考えている）。このように，人には相互作用中に他者が真実を話しているかどうかを査定する強い傾向がみられるのである。

　青年や大人は，言語行動－非言語的行動の一貫性原理を，真実かウソかを推論するのに用いる (Friedman, 1979)。すなわち，言語行動で示された感情と非言語的行動で示された感情の間の一貫性の関数として，人の知覚された真実さが変わるのである。両方が一貫していれば，その人は誠実でその人の言っていることは真実であると推論されるが，両方が一貫していなければ，その人は非誠実でその人の言っていることはウソであると推論されるのである。また，ローテンバーグら (Rotenberg et al., 1989) によると，知覚者は「増大ルール（incremental rule）」（ウソの推論は非一貫性の程度と直接的に比例する）を採用するという。実際，真実を話す時よりウソをつく時のほうが言語行動と非言語的行動間により大きな非一貫性が示されることが見いだされている。そして，表情やしぐさといった非言語的行動によって本当の気持ちが"漏れ出す"と考えられている。

　大人や青年においては，言語行動－非言語的行動の一貫性原理を用いるという考え方が支持されている。それでは，何歳ぐらいからこの一貫性原理が用いられ始めるのであろうか。ディパウロら (DePaulo et al., 1982) は，6，8，10，12年生，および大学生を対象としてこの点を調べている。その結果，年齢とともにウソを見つけ出す能力が増大することを見いだした。すなわち，偽りの好意の表現を実際の好意の表現よりもポジティブでないように知覚し，偽りの非好意の表現を実際の非好意の表現よりもネガティブでないように知覚し，その割合が年齢とともに増えたのである。また，ウソと知覚したメッセージの種類と年齢に系統的な変化もみられた。低年齢レベルでは，ネガティブ感情の表現をポジティブ感情の表現よりも欺瞞的と判断したのに対し，高年齢レベルではその逆の傾向がみられ，ポジティブ感情の表現をネガティブ感情の表現よりも欺瞞的と判断したのである。

　以上のように，我々は，相手の真意を探る時には，言語と非言語的行動が一貫しているかどうかに注目し，両メッセージが矛盾している時にウソと判断するのである。

　それでは，我々はどちらのメッセージをより信用するのであろうか。これまでに，この点に関する数多くの研究がなされている。そして，一般に言語行動よりも非言語的行動のほうが真実の意味を伝えるとする結果が多くみられる。非言語

的情報と言語情報に関する研究概観を行ったバーグーン(Burgoon, 1994)によると，次のことが明らかになっている。
①一般的なパターンとして，大人は社会的意味を決定する際に「言語行動手がかり」よりも「非言語的行動手がかり」により信頼をおいている。
②子どもは「非言語的行動手がかり」より「言語行動手がかり」に重きをおいている。
③大人の「非言語的行動手がかり」への信頼は，言語行動メッセージと非言語的行動メッセージが矛盾する時に最も大きい。両メッセージが一致するにつれ，「言語行動手がかり」は徐々に重要になる。
④コミュニケーション機能がチャンネル信頼性を媒介する。すなわち，「言語行動手がかり」は，事実に関する，抽象的な，そして説得的なコミュニケーションで重要である。一方，「非言語的行動手がかり」は，関係的，帰属的，感情的，態度的メッセージでより重要である。
⑤個々人がチャンネル信頼性に一貫したバイアスをもっている。すなわち，一貫して，非言語的行動を重視する者，言語行動を重視する者，および状況に適応的な者がいる。

以上のように，個人差はあるものの，多くの意味が非言語的行動から伝わり，大人は非言語的行動を重視しており，関係的，態度的メッセージにおいてとくに重要なことがわかる。

2 非言語的行動からウソが漏れる

ウソは言語と非言語的行動が伝えるメッセージ内容の矛盾から漏れ，その場合，大人においては非言語的メッセージが重視されることが明らかとなった。それでは，ウソが漏れることに関して，いずれの非言語的行動も同じなのであろうか。あるいは漏れやすい非言語的行動があるのであろうか。次に，この点を検討していこう。

これまでの実験的研究は，人は偶然レベル以上にウソと真実を弁別できることを示している。ウソをつく際に，非言語的行動がいったいどのように変化するのかを知れば，相手の真意を探るのに役立つと考えられる。そこで，ウソをつく，もしくはつかれる際に，我々は非言語的行動がどのように変化すると思っているかという信念と，実際にウソをつく際の行動変化とのズレを検討する。こうすることにより，どの非言語的行動からウソが漏れるのかが明らかになるはずである。

(1) ウソをつく時に変化すると思っている非言語的行動

まず，我々はウソをつく時に，どの非言語的行動がどのように変化すると考え

ているのであろうか。この点について筆者(和田, 1993)が調べている。ある専門学校の女子学生に非言語的行動を呈示し，自分がウソをついている時，親友がウソをついている時，知人がウソをついている時について，それぞれ別の人に回答させた。非言語的行動は，目を通して知覚できる視覚的チャンネルと耳を通して知覚できる聴覚的チャンネル，それぞれ10行動からなっている（表1-3）。回答は，ウソをついていない時の非言語的行動と比べて，ウソをついている時は，それぞれの非言語的行動がどのようになるのかを「まったく変化しない（1）」～「非常に変化する（7）」の7段階で回答させている。さらに，「変化する」ほう（7段階評定の5, 6, 7）に回答した者には，その行動が「増大する」のか「減少する」のかについても回答させた。

表1-3 欺瞞者別の非言語的行動変化についての信念の平均値と検定結果

	自分	親友	知人
視覚的チャンネル			
1. 瞳の大きさ	3.57	3.72	3.98
3. 視線（視線の交錯）	4.58	4.79	4.98
5. まばたき	3.60^a	3.98	4.14^b
7. 微笑	4.37	4.71	4.53
9. 頭の動き	3.58	3.56	3.70
11. ジェスチャー（しぐさ）	3.88	4.13	4.30
13. 身体操作（体をいじること）	3.30^a	4.17^b	4.37^b
15. 足・脚の動き	3.08^a	3.51	3.86^b
17. 姿勢変化	3.38	3.58	3.82
19. うなずき	3.62^a	3.98	4.28^b
視覚的チャンネル全体	3.70	3.98	4.21
聴覚的チャンネル			
2. 発言潜時（答えるまでの時間）	4.45	4.87	4.89^b
4. 発言時間（発言の長さ）	4.40	4.66	4.72
6. 発言数	4.38	4.72	4.79
8. 話のスピード	4.17^a	4.53	4.81^b
10. 会話での言い誤り	4.19^a	4.51	4.74^b
12. 口ごもり	4.00^a	4.34	4.79^b
14. 音声の高低	3.45^a	3.75	4.18^b
16. ネガティブな陳述	3.79^a	4.00	4.19^b
18. 不適切な情報	3.94	4.32	4.77^b
20. 自己言及（自分について述べる）	3.72^a	4.14	4.42^b
聴覚的チャンネル全体	4.05	4.38	4.63^b
行動全体	3.88^a	4.15	4.42^b

注）1. 和田（1993）の表1から平均値と下位検定結果のみを取り出した。得点は1～7で，高得点ほど変化するとみていることを表わす。添え字（a, b）が異なるものの間に有意差がある。
　2. まばたき，発言潜時，および不適切な情報の親友と知人，および聴覚的チャンネル全体の自分と親友の間は，有意傾向である。

欺瞞者（自分，親友，知人）別に，各非言語的行動の変化の認知についての平均値と検定結果を表1-3に示した。視覚的チャンネル全体，聴覚的チャンネル全体，行動全体をみると，自分がウソをつく時に行動は最も変化しない，つまり，平常の相互作用中と変わらないと考えていることがわかる。その次に，変化しないと考えられているのが親友である（ただし，聴覚的チャンネルのみに，自分と親友間に差のある傾向がみられるにすぎない）。そして，各行動が最も変化すると考えられているのは，知人がウソをつく時である。すなわち，相手との関係によっても行動変化の信念が異なることがわかる。
　各行動をみると，自分がウソをついている場合と親友の場合では，身体操作（体をいじること）に有意差がみられ，自分の場合は変化しない方向にあるのに対し，親友のほうでは変化するという方向にある。また，親友より知人がウソをつくほうが不適切情報はより変化すると考えられる傾向にある。最後に，自分がウソをつく場合と知人の場合の行動差についてみると，9つの行動に有意差がみられ，いずれも知人のほうが変化の程度が高いと考えられている。さらに，まばたき，発言潜時，およびネガティブな陳述では，自分より知人がウソをつく場合のほうがより変化すると考えられている傾向にある。
　そこで，変化するとされた非言語的行動は増大するのか，減少するのかについてみていこう。行動が変化するとした者は，それを増大，減少のいずれとみているかについてのχ^2検定結果を表1-4に示した。増減の有意な効果は16の行動で得られ，ウソをつく時には増大すると考えられている。一方，視線（視線の交錯）は，ウソをつく時に減少すると考えられている傾向がある。欺瞞者の効果は5つの行動で有意差がみられ，いずれも自分よりも親友，知人のほうが多くなっている。また，発言数も同じような傾向がある。

(2) ウソをつく時の非言語的行動の変化

　次に，ウソをつく時の実際の行動変化について検討しよう。筆者(和田, 1995)がこの点を調べている。被験者に写真を見せ，ビデオに向かって見たままの写真（美しい景色の写真）の説明をさせる（真実を話す），見ている写真の内容とはまったく逆の内容（美しくないものを見ているように）を伝える（ウソをつく），の両方を行わせた（順序効果が生じないようにカウンターバランスされている）。結果によると，発言時間，発言回数，視線時間，視線回数，視線の平均時間，およびまばたき回数において，発言内容による相違があった。すなわち，視線回数とまばたき回数は，真実を話すよりもウソをつく時のほうが長かった（多かった）。一方，発言時間，発言回数，視線時間，および視線の平均時間は，真実を話すよりもウソをつく時のほうが短かった（少なかった）のである。

表1-4 欺瞞者別の非言語的行動変化方向についての信念の検定結果

	行動の増減	欺瞞者種別
視覚的チャンネル		
1. 瞳の大きさ	*	
3. 視線（視線の交錯）	+	
5. まばたき	***	
7. 微笑		
9. 頭の動き	**	
11. ジェスチャー（しぐさ）	***	
13. 身体操作（体をいじること）	***	**
15. 足・脚の動き	***	
17. 姿勢変化	**	
19. うなずき	***	*
聴覚的チャンネル		
2. 発言潜時（答えるまでの時間）	***	
4. 発言時間（発言の長さ）		
6. 発言数		+
8. 話のスピード	***	
10. 会話での言い誤り	***	
12. 口ごもり	***	*
14. 音声の高低	***	
16. ネガティブ（否定的）な陳述	***	
18. 不適切な情報	***	**
20. 自己言及（自分について述べる）	*	*

注）和田（1993）の表2から検定結果のみを取り出した。
$+ p<.10$, $* p<.05$, $** p<.01$, $*** p<.001$

　また，ウソをつくまでの猶予時間も調べている。指示を与えられてからウソをつき始めるまでの時間が長いか短いかの検討である。その結果，猶予時間の影響が言い直し回数でみられた。すなわち，猶予が短い群は真実よりもウソをつく時のほうが言い直しが減るのに対し，猶予が長い群では逆にウソをつく時のほうが言い直しが増えたのである。これは，時間的猶予が与えられることにより，どのようにウソをつくかの順序をあらかじめ用意することができたので，それからはずれると言い直すということをしたからではないかと考えられる。オヘアら (O' Hair et al., 1981) は，準備してからウソをつく場合は，真実を話す場合よりも発言時間が短いことを見いだしている。これも，あらかじめ考えていたことを話し終えてしまったために，発言時間が短くなったものと考えられよう。

（3）コントロールしにくい微妙な動きにウソが現われる

　最後に，ウソをつく時の非言語的行動の実際の変化と信念の比較をしてみよう。実際の行動変化のレビューが大坊 (1990) やザッカーマンら (Zuckerman et al., 1981) によって行われている。ジェスチャー，足・脚の動き，うなずき，自己言及において，

実際にウソをついている時のコミュニケーション行動と筆者 (和田, 1993) の信念についての結果との間に差異がみられる。これらの行動は，実際はウソをつく時に減少するにもかかわらず，増大すると考えられている。これはその行動の意識的な統制可能性から説明される。音声や身体よりも顔面のほうが意識的に統制しやすい (Zuckerman et al., 1982)。統制しやすい行動は現実と信念の間に差異がみられないのに対し，統制しにくい行動は現実と信念の間に差異がみられるのである。すなわち，実際に自分がウソをつく時に意識して統制している行動は信念との間に差異がみられないのである。

また，ウソをつく時に視線が減少すると考えられているのも同じ観点から説明できるであろう。すなわち，実際のコミュニケーション時に減少しており，視線行動は統制しやすいので，信念と実際の間に差異が生じていないのである。さらに，「目は口ほどにものをいう」と言われるように，(実際はそうではないが) 最も真意が伝わる（漏れ出す）と考えられているので，それを避けるということも考えられよう。

以上のように，本当の気持ちが漏れ出しやすいのは視線や表情といったコントロールしやすい非言語的行動よりも，むしろコントロールしにくい手足の微妙な動きに現われるといえよう。

3 ウソを漏らしやすい人，見抜きやすい人

(1) コミュニケーションスキル

これまでウソが漏れやすい非言語的行動について検討してきた。ここでは，どういう人がウソを漏らしやすいのか，どういう人がウソを見抜きやすいのかについて検討していこう。

明らかに，コミュニケーションスキル（社会的スキル）がウソをつくことやウソを見抜くことと関連することが予想される。コミュニケーションスキルが高い人は，情報，行動，イメージを管理するために，戦略的な行動にうまくつくことができるであろう。すなわち，スキルのある人はよりポジティブな感情や関わりを作りだし，神経質，口ごもり，ためらい，といったネガティブな印象を与えるものをコントロールすることができる。

実際に，リッギオら (Riggio et al., 1987a) は，彼ら自身が作成した社会的スキル尺度との関連を検討している。スキルとして情報の符号化，解読，および統制の3つを設定し，さらに，それぞれに主として非言語的コミュニケーションに関するものか，言語的コミュニケーションに関するものかに分けた。したがって，6つからなるそれらは（当初 (Riggio, 1986) は7つであったが，その後は6つとしている），

表1-5 社会的スキルと信じられ度との相関関係

	ウソをつく	真実を話す
情緒的表出	.15	.18
情緒的感受性	-.10	-.07
情緒的統制	-0.4	.35
社会的表出	.15	.44**
社会的感受性	-.33	-.22
社会的統制	.40*	.44**
スキル全体	.10	.41*

注) Riggioら (1987a) のTable 1の一部を取り出した。
*p<.05, **p<.01

非言語的情報に関するものとしての「情緒的表出」「情緒的感受性」および「情緒的統制」，言語的情報に関するものとしての「社会的表出」「社会的感受性」および「社会的統制」である。

　彼らは，まず大学生を使って，自分の態度に一致した話をさせるか，自分の態度に反する話をさせるか，という状況を作り，それをビデオに撮った。その後，そのビデオを別の大学生に見せて，どれくらい彼らが言っていることが信じられるかを評定させている。ビデオを見る評定者側のスキルを問題にしているのである。社会的スキルと信じられ度 (believability) との関係は表1-5のようになった。この表から明らかなように，社会的統制は真実とウソのメッセージ両方の信じられ度と関連した。一方，情緒的統制と社会的表出は，真実のメッセージの信じられ度に影響を与えるが，ウソのメッセージには影響を与えなかった。

　さらに彼らは，社会的スキルのある者はスキルのない者よりも，より流暢な会話をすることを明らかにしている (Riggio et al., 1987b)。社会的スキルのある者は，より効果的にロールプレイをし（社会的統制），他者との会話中に心地よさを感じる（社会的表出）からである。

　なお，これまでのスキルの高低とウソをつく（あるいはウソを見抜く）スキルの研究のほとんどは，送り手側のみ，あるいは受け手側のみの観点からしか研究されていない。当然，コミュニケーションであるから，送り手のスキルと受け手のスキルの関連を検討していく必要があろう。たとえば，低スキルの送り手でも相手の解読スキルが低ければ，うまくウソがつけるはずだからである。

(2) コミュニケーションスキル・トレーニング

　最後に，どうすればコミュニケーションスキルを向上させることができるのか

topics 医療現場の深刻な「ウソ」

　「ウソ」というと「悪いこと」というイメージがつきまとう。たしかにウソをつかないですむなら，それにこしたことはない。しかし，「嘘も方便」という言葉があるように，医療現場においては，ウソをつくことが必ずしも「悪いこと」にはならない。その最たることが「癌告知」に関する「ウソ」である。

　「胃癌を胃潰瘍と偽る」などのウソがなぜまかり通るのか。早期発見・早期治療ができにくかった時代には，癌が「不治の病」とか「死」を意味し，「癌告知」すなわち「死の宣告」だったからである。たしかに，世の中には，「癌です」と真実を告げるだけで，精神的に落ち込み病気が悪化する人がいるし，「告知」したために自殺されてしまうケースもままある。

　「死生学」という耳慣れない学問をライフワークとしている上智大学のアルフォンス・デーケン教授は，「死への準備教育（Death Education）」（アルフォンス・デーケン編集，メヂカルフレンド社，叢書全3巻）ということを提唱している。死に対してふだんから関心をもつことがQOL（Quality of Life；人生の質）を高めるという考え方である。この「Death Education」が十分になされていない日本において，「死」に対し心の準備ができていない者がいきなり「告知」されたら，どう対処してよいかわからなくなる。したがって，周りの者は，その人のためによかれと思い，そのほうがよいと信じて，「ウソ」をつくことになる。

　しかし，現代において，この「ウソ」をつき通すには，少々無理がある。3〜4人に1人が癌で死ぬ時代，近くには必ず癌で死んだ人がいる。テレビや雑誌では癌のことが詳しく紹介され，本屋に行けば医学書がすぐ手に入る。いったん入院すれば，病棟の中ではあらゆる情報が飛び交っている。このような情報過多の時代に，本人が痴呆症でもない限り，隠すのは実に難しい。むりやり隠そうとすれば，患者と医療者あるいは家族との間に不信感が芽ばえこそすれ，ラポール（rapport；信頼関係）は成立しない。患者へのインフォームド・コンセントがなければ，誰もが納得する十分な医療を行うことも難しくなる。

　さらに問題となるのが，「知る権利」「知らないでいる権利」であろう。「知らないでいる権利」を行使する人はともかく，「知る権利」を主張する人，真実を知りたい人にとって「ウソ」は迷惑以外の何者でもない。

　世の動向は「告知する」方向ではあるが，「告知するかどうか」は，結局「ケース・バイ・ケース」との結論に落ち着いてしまう。医療現場の「ウソ」は，人命がかかった実に深刻な「ウソ」なのである。

（松永）

について簡単にふれておこう。ただし，解読能力に関するものしかない。たとえば，フェルドマンら (Feldman et al., 1991) は，子どもを対象にトレーニングの実験的研究を行っている。彼らは5，6年生を対象に，まずビデオの人物が3つの情動（幸福，悲しみ，恐怖）のうち，どの情動を示しているかを判断させた。第二段階で，実験群は正解を教えられ，同じ場面のビデオをもう一度見た。統制群は回答後，同じ場面のビデオをもう一度見たが正解を教えてもらわなかった。そして，小休憩後の最終実験段階で，あらためてビデオ場面を見て，どの情動が示されているかを判断した。この際には，どの被験者も解答のフィードバックはなく，各場面は一度示されるのみであった。その結果，トレーニングの効果が現われたのである。トレーニングを受けた（正解のフィードバックが与えられた）被験者は，トレーニングを受けなかった被験者より解読の正確さが有意に増していたのである（77％ vs. 68％）。しかも興味あることに，解読される情動によって訓練効果が異なり，恐怖刺激で訓練効果が大きかった。いずれにせよ，このような簡単なトレーニングを通して，ノンバーバル解読能力が向上するのである（ただし，この実験ではトレーニング効果が長期にわたって持続するものかどうかについては，いっさいわからない）。

解読トレーニングには次のものが利用できる。まず，エクマンとフリーセン (Ekman & Friesen, 1975) による表情の記号化システム（FACS：Facial Action Coding System）である。これは，顔の微妙な動きをチェックすることにより，表情の理解度を高めようとする試みである。また，アーチャー (Archer, 1980) は，社会的スキルと同じような意味で社会的知能（social inteligence）という言葉を使っているが，写真をもとに二者の関係を探りながら，自分の社会的知能を高めさせようと試みている。

5節 科学捜査におけるウソ発見の始まり

1 生理心理学の誕生

心の変化と身体の変化の相互作用に関する研究は，長く哲学の領域で扱われてきた。生命科学領域の研究が盛んになるのは19世紀に入ってからであり，生理学は19世紀初めごろ，そして心理学は，それから遅れること約半世紀にして，実験科学としての成立をみた。生理心理学の始まりは，ドイツの心理学者ヴント

(Wundt, W.M.) が1874年に著した『生理学的心理学綱要』において確立された実験心理学にあるとされている。『生理学的心理学綱要』は，ヴントが1867年以来，ハイデルベルグ大学で行っていた生理学的心理学の講義録を中心に編集した本である。この本によって，生理心理学は哲学という観念科学からも，実験生理学からも独立したといえるだろう（ただし，ヴントの生理学的心理学はあくまで実験心理学であり，現在の生理心理学とやや性格が異なるとして区別する向きもある）。ヴントは，1875年にライプチヒ大学に移り，1879年，最初の心理学実験室を開設。その後の生理心理学の興隆に多大な影響を与えた。その後，生理心理学の領域では，1884年のジェームス（James, W.）の説に，さらに1885年のランゲ（Lange, C.）の説を併せた，いわゆる情動に関するジェームス・ランゲ説や，1927年のキャノン（Canon, W.B.）の視床説などが展開された。そして生理心理学は，感覚刺激に対する身体反応や感情・行動の変化を観察し，さらに，それらを引き起こす脳や神経などの生理機能と構造の解析を主とする学問として発展していった。

ところで，感覚刺激に対して身体変化が起きる，という生理心理学的現象は，古くから『米噛み法』（交感神経の興奮に伴う唾液分泌活動の抑制の応用）のように，「ウソ発見」の手段として用いられてきた。その生理心理学的現象を，科学的手法として犯罪被疑者の尋問に用いたのが，19世紀末のイタリアの犯罪学者，ロンブローゾ（Lombroso, C.）であった。

科学的「ウソ発見」の歴史の幕開けである。

なお，現在，警察などで行われている虚偽検出検査，いわゆるポリグラフ検査は，精神生理学（心理生理学）に属する分野とされている。1964年のSociety Psycophysiological Reserch（SPR）発足と「Psychophysiology」誌の創刊によって一領域をなした精神生理学は，生理の操作によって行動の変化を観察する生理心理学に対し，心理的・行動的操作によって自律的・中枢系の反応を観察・計測することを旨とする，比較的新しい学問である（第5章4節参照）。

2 ウソ発見黎明期の研究者たち

緊張や興奮といった心理的要因が，身体の生理活動に影響を及ぼすことは，古来より知られていたことと，それを科学的な意味で犯罪被疑者のウソ発見に適用したのはロンブローゾが最初であることは，先に述べた。しかし，実験室的研究に限るならば，心理的要因と身体変化についての科学的研究は，1875年，イタリアの生理学者モッソ（Mosso, S.A.）によって，すでに行われていた。モッソが身体変化の観察指標として用いたのは，脈拍や血圧の変動であった。彼は，脈拍・血量変化を計測するプレチスモグラフ（充盈計）と，筋肉の収縮を記録す

ロンブローゾ

るエルゴグラフを考案し，恐怖によって引き起こされる情緒的興奮が，心臓や呼吸の活動に及ぼす影響について研究を行った。同様の研究は，モッソのみならず，同時代の研究者によっても行われ，情緒的な興奮が，血圧の上昇といった変化を生じさせることが確認された。しかし，モッソが開発した測定機器は，今の機器とは比べものにならない，精度の悪いものであった。生理活動の変化を測定する技術は，1900年代に入ってから電気技術の発展に伴って急速な発達をみせることになる。

モッソの研究から20年後の1895年，近代犯罪学の父として著名なイタリアの犯罪学者ロンブローゾは，犯罪被疑者の尋問時における身体変化を観察し，その結果を発表した。

彼はその発表で，犯罪被疑者の尋問に際し，ハイドロプレチスモグラフ（水脈波描写器）およびプレチスモグラフを用いて血圧・脈拍の変動を測定し，それによって，被疑者の有罪，無罪を判定できると述べた。その手法は，1911年のロンブローゾの娘フェレロ（Ferrero, G.L.）の記述に詳しい。

> 「Lombrosoの娘 Gina L. Ferrero は Lombroso の実験について次の様に述べている。—より強力な証明を得るために，私の父は，Plethysmographを使用した。被疑者はTosettiと云われ，6歳の少女を殺害したことで告訴された。Tosetti が先ず計算をした時，脈拍は極く僅か減少したことが分った。併し傷だらけの小供の頭の肖像が彼の前に提示された時，急激な変化は見られなかった。少さな被害者の写真を一寸見せた時でさえ変化は見られなかった。以上の結果から結論的にTosetiの無罪を判定した。—この検査は1902年に行われた。嘘発見のテクニックの発達の初期の段階にありながら試験者は視覚的刺激（写真）を利用し，また被験者の感応性を確かめるためにコントロール・テストを行ったと云うことは特に興味あることである」(今村, 1953)

ロンブローゾは，1876年の著書『犯罪人論』で，人体測定の結果，犯罪者には，正常人とは異なる一定の身体的・精神的型があり，それは隔世遺伝によるも

のである，という「生来性犯罪者」「犯罪資質」説を掲げた。彼は終生この多分に非科学的な考えを捨てることはなかったが，その人体測定学とは一風異なる，犯罪被疑者尋問時の血圧・脈拍の変動の測定によるウソ発見は，しかし，初めての科学的ウソ発見検査として記録されることになった。

ところで，生理心理学的ウソ発見の展開と併走するように，心理学的ウソ発見手法も一つの展開を見せていた。言語連想反応時間検査（連想診断法）がそれである。

「心理学にあって連想は古くから大変興味深い問題として取り上げられている。何故なら，ある一つの単語を読み上げ，これに関連する別の単語を頭に浮かぶ順に答えさせると，個人によって答えはまちまちであるが，答え方や，答える単語は，その個人によってそれぞれの規則性があるものである。その規則性は個人の経験，体験の中から生れたり，その人の性格によって形づくられる。だからこそウソ発見への応用価値があるのである」(三宅，1989)

1879年，イギリスのゴルトン（Golton, F.）は，従兄弟である博物学者ダーウィン（Darwin, C.R.）の進化論の研究から，遺伝的才能や，個人差の問題に興味をもった。そしてその研究の一環として連想実験を行い，連想反応時間を測定してその重要性を提唱した。この研究は先のヴントに伝わり，心理実験室の研究テーマとなるなど論議の広まりをみせたが，それをさらに発展させたのが，スイスの精神病理学者で心理学者，ユング（Jung, C.G.）であった。

ユングは，被疑者に対し，間隔をおいて単語（刺激語）を呈示すること，単語を呈示されたら，すぐにその単語に対して思い浮かんだ言葉（反応語）を言うことを教示した。そして，犯罪に関係ある刺激語と，犯罪に関係ない刺激語を巧妙に整列させて呈示し，それに対する反応語の内容，反応語を発するまでの反応時間，反応の状況を検査した。その結果，被疑者が犯罪に関する刺激語に対して反応語を発するまでに，精神的に葛藤を起こしたならば，反応時間が遅れたり，逆に極端に早まったり，刺激語や反応語をくり返したり，刺激語と関係ない反応語をあげたり，反応語を発しなかったりといった状況がみられるとした。そして，この連想診断法によって，被疑者がウソをついているか否かを判断できるとした。

この連想診断法を，生理的諸反応の測定と組み合わせ，ウソ発見の手法として犯罪捜査に適用することを暗示したのが，アメリカの心理学者，ミュンスターベルグ（Munsterberg, H.）である。ミュンスターベルグは，ジェームス・ランゲ説と著書『心理学原理』で有名な心理学者ジェームスによって，ドイツからアメリカのハーバード大学に招かれ，1892年からジェームスの跡を継いで同大学の心理学実験室教授となっていた。ミュンスターベルグは，精神治療の他，証言の

信ぴょう性などの裁判心理や，交通機関従業員の適正などの産業心理に強い関心を示した。そして1908年，著書『On The Witness Stand』において，連想検査中の血圧，呼吸，筋肉運動，GSR（皮膚電気反射）などの生理的諸反応を測定し，これらによってウソ発見が可能であることを提唱した。

連想診断法は，その後，1923年にロシアの心理学者ルリア（Luria, A.R.）によって，指先で特定の装置を押す運動と組み合わされて研究され，その結果，犯罪に関係ある刺激語によって情緒的動揺が起こると，指頭運動にも障害が起こることが観察された。ルリアの手法は，後にアメリカにおいても広く論議され，バート（Burtt, H.E.）の研究に使用されたりした。さらには1932年，ダーロー（Darrow, C.W.）の「精神電気反射，血圧および脈拍，呼吸，刺激呈示，言語刺激と反応の時間，一方の手の無意識的震動および他方の手の意識的反応を写真に記録する」「行動研究写真描写装置（Behavior Research Photpolygraph）」（今村, 1953）に組み込まれるなど，実験室的研究の手法として発展していった。

ところで，先に述べたように，生理的諸反応の計測技術は，1900年代に入って急速に進歩したのであるが，それに伴って，ウソ発見における生理心理学的指標の有効性が，続々と報告されていた。1780年，ガルバーニ（Galvani, L.）の動物電気の発見に端を発するGSR（皮膚電気反射あるいは反応）は，1888年ごろ，フランスの医師フェレ（Fere, C.）によって，痛刺激を与えた時の皮膚の電気抵抗の変化現象が発見された。さらに，1907年，スイスの医学者フェラグース（Veraguth, O.）によって，初めて連想検査と併用され，情緒動揺から起こる精神電流現象のいくつかが指摘された。また，1914年，オーストリアの医者で心理学者のベヌッシ（Benussi, V.）は，ウソ発見検査における呼吸測定の効果について報告した。

> 「数字，文字，記号を書いたカード数十枚を非検査者に渡し，一定の印のあるカードについては嘘を答えるように命じ，5個の質問（文字，数字などの配列に関する質問，書かれている内容に関する質問，など）について答えさせその際の呼吸を測定した。彼の研究によれば，呼吸比を，
> 　　呼吸比＝吸う息気の時間／吐く息気の時間
> とすると，供述が真なる場合には，供述後の呼吸比が供述前の呼吸比より小となり，供述が偽である場合には，それが大となる。嘘をついた後には呼吸比が増大する。ベヌシによれば，肉眼による鑑定者の判断では，真なる供述に対して55％強，偽の供述に対しては57％強の的中を示すにすぎないが，呼吸測定はこの的中率を73％（実験室）から100％近く（現場）に高めることが出来たという」（植松, 1955）

すなわち，吸気時間の長さ（I）と呼気時間の長さ（E）の比率（I/E率）を用いたベヌッシのウソ発見法は，通常時のI/E率が3/5であるのに対し，ウ

マーストン

ソをついた後はこの比率が大きくなる，というものであった。ただし，ベヌッシの実験は，取り扱った事例の数が少なく，その妥当性には疑問が残された。

血圧の変動によるウソ発見法について研究を行ったのは，アメリカのマーストン（Marston, W.M.）である。マーストンは，1915年，ハーバード大学で，師ミュンスターベルグの指示により収縮血圧の研究を開始し，1917年，最高血圧の変化を指標としたウソ発見についての論文を発表した。マーストンは，連想検査において，返答時に12mmHg以上の血圧の上昇がみられた場合をウソの兆候とし，これによって96％の正答率が得られたと報告した。

ベヌッシとマーストンの測定法は，1921年にバートによって検証されたが，その結果は，ベヌッシの呼吸のI/E率による的中率（73％）より，マーストンの血圧の変動による的中率（91％）を評価するものであった。マーストンのウソ発見法は，その後1925年，ランディス（Landis, C.）の集団的実験によって反証されたが，逆にチャペル（Chappell, M.N.）の追試験では，偽返答群に，より血圧上昇がみられ，血圧上昇13mmHgを境界として真偽を分離すると，的中率は約87％という結果が得られた。ただし，チャペルは，この結果から「血圧上昇は虚言の徴候というよりむしろそれに随伴する情緒変化の徴候」（植松, 1955）と考察した。実際，血圧変動には，マーストンのいうような特定数値を境とする「ウソ反応」なるものは存在しないのだが，この「ウソ反応」説の影響は，後の虚偽検出理論の展開に大きな弊害として残ることになった。マーストンは，血圧変動に基づくウソ発見技術を，犯罪関係以外にも，銀行，商業，政治，結婚および家庭問題，精神分析に適用することを提言し，自身も，みずからが生みだしたヒロイン「ワンダーウーマン」の如く，さっそうと犯罪事件の解決に乗りだした。しかし，リンドバーグの息子の誘拐事件ではウソ発見検査を申し出て断られ，「フライ事件」では，不完全なウソ発見検査を裁判所に持ち込んで棄却の憂き目にあい，逆にそれが判例となってしまった。このことは，その後，約60年間にわたってポリグラフ検査の裁判への採用を阻むという皮肉な結果を生んだ。

3 アメリカでの隆盛

ところで，アメリカには，ヨーロッパと異なり，ミュンスターベルグやマーストンが提案したウソ発見技術の実務への応用を，実際に受け入れる土壌があった。1921年，ラーソン（Larson, J.A.）は，カリフォルニア州バークレイ警察署にて，署長オーガスト・ヴォルマー（August Vollmer）の後援のもと，ウソ発見技術の実務化を開始した。ラーソンは，マーストンが開発した非連続的血圧測定法を発展させ，血圧，脈拍，呼吸の3現象を，同時に，かつ連続的に測定し記録することができる，初めての「ポリグラフ」と呼べる装置を考案した。そして，この装置を用いて，多数の実務検査を行った（なお，「ポリグラフ」という呼称は，1908年，『ブリティッシュ・メディカル・ジャーナル』誌にすでに登場していたが，これは医学・生理学的用途のために血圧や呼吸を記録する装置であった）。また，ラーソンは，連想検査をもとに，RI（関係－無関係質問法：Relevant-Irelevant Question）を考案した。RIは，1950年ごろまで実務で使用され続け，今なお一部の検査者に使用されている。ラーソンは，その後，1923年から1928年にかけて，イリノイ州のエバンストン警察署および刑務所・裁判所で，犯罪容疑者に対するウソ発見検査の研究を続け，科学的ウソ発見技術の向上に貢献し，1932年には『虚偽とその発見』を著した。

ラーソンのポリグラフ検査をさらに実務方向に発展させたのが，バークレイ警察署時代のラーソンの助手，リー（Lee, C.D.）とキーラー（Keeler, L.）である。リーは，携帯型ポリグラフの開発を手がけるとともに（1938年製品化），ポリグラフ検査者のための教本を執筆した。一方，キーラーは，自身がハイスクールの生徒だったころからラーソンの研究に参加して基礎的研究を行い，1926年には携帯型ポリグラフを開発した。その後，1930年には，シカゴのノースウエスタン大学に新たに設立された科学的犯罪捜査研究所の一員として招かれた。それから8年間，インボウ（Inbau, F.E.）たちとともに，多数の事例についてポリグラフ検査の実施と研究を行い，また，リード（Reid, J.E.），トロヴィロ（Trovillo, P.V.）など，多くの学生を指導した。彼らは，後のウソ発見研究に大いに活躍することになった。キーラーは，1932年，フォードハム大学心理実験室のサマーズ（Summers, F.W.G.）の考案した皮膚電気反射測定器（Fordham Recording psychogalvanometer），いわゆる精神検流計を，自分のポリグラフ機器の中に組み入れた。現在使用されているポリグラフ機器の原型として知られる「キーラーポリグラフ」あるいは「ウソ発見器」と呼ばれる装置の誕生である。また，当時の検査法はラーソン由来のRIが主であったが，それを補強する目的で，現在「カードテスト」と呼ばれる検査方法と，「POT：Peek of Tension Test（緊張最高点質問法）」の原型となった「Hidden Key Question」を考案したのも，キ

ーラーであった。キーラーは、その後、職を辞し、キーラーポリグラフの製造会社を設立させた。そして第二次世界大戦中は、シカゴの原爆工場で秘密漏れのチェックにウソ発見器を用いるなど、1949年に45歳の若さで逝去するまでに、2万人以上の検査を行ったとされ、ウソ発見器を、政府や裁判所のみならず、銀行、チェーンストア、保険会社などの商業方面にまで大きく進出させた。

聖バレンタインデーの虐殺をきっかけに設立されたノースウエスタン大学科学的犯罪捜査研究所は、後にシカゴ警察の一部門、犯罪捜査研究所となったが、同研究所の法学者インボウと弁護士リードは、キーラーに学んだウソ発見技術をさらに発展させた。二人は、実務事例を数多く検討し、無実の被検者をも有罪と判定しやすいという欠点をもっていたRIを改良して、1947年、「CQT：Control Question Test（対照質問法）」として発表した。この質問法は、APA（American Polygraph Association／1966年発足）に属する検査者に採り入れられ、現在にいたるまで、アメリカにおけるポリグラフ検査法の主流となっている。さらに、ポリグラフ技術の法的側面についても整備し、イリノイ州公認のポリグラフ検査者になるには、リードの学校で6か月の専門教養課程を経なければならない、などの条件統制を行った。またリードは、1945年、キーラーポリグラフに、ルリアの手法を取り入れて、筋肉運動を記録する装置を付加したポリグラフ装置を考案し、1953年には、CQTと行動兆候を組み合わせた判定法を考案、発表した。なお、インボウとリードは、CQTを用いた判定の正解率を92％とし、また、GSRはあまりあてにならない、と発表している。実際には、この説は妥当性に欠けていたのであるが、現在でもしばしば引用されるなど、大きな影響を残すことになった。

インボウとリードによって標準化されたCQTは、さらに発展を続けた。リードに教育を受けたバクスター（Backster, C.）は、1962年、CQTのさらなる洗練化を図って、ZCT（Zorn Conperson Test）を考案した。バクスター自身は、GSRを用いてサボテンの葉や鶏の卵と会話しようとするなど、いくぶんユニー

クな発想の持ち主でもあったが，彼の考案したZCT，すなわち数量的判定法は，ポリグラフ検査に客観的判定手法への道を開くことになった。

ところで，1965年，空軍の機密漏洩事件に対するポリグラフ検査の要請をきっかけにして，下院議員モス (Moss, J.E.) を中心に行われた，ポリグラフ検査の実状に関する調査報告，いわゆる「モス・レポート」が議会に提出された。そこでは，ポリグラフは生体の生理反応を取り出す器械であってウソ発見器ではないこと，ポリグラフ検査の民間使用を法的に禁止し，使用者を限定することが主張された。そして，ポリグラフ検査は，ラーソン以後，実務家によって研究されてきており，今後は学者によって研究される必要があることが提言されていた。実際，1960年代から，ポリグラフ検査の利用は，犯罪の尋問より，むしろ企業の雇用審査に用いられることが多くなっており，1970年代初頭には，従業員による着服や横領の被害に悩むアメリカの商社，銀行，小売りチェーン店，ファーストフード業界などが，ポリグラフ検査を雇用審査に乱用する傾向にあった。1973年3月19日の「タイム」誌は，1972年，全米の企業の約1/4が，従業員にポリグラフ検査を受けさせたいと思い，結果，年間約40万件に及ぶ検査が実施された，と報じている。ポリグラフ検査業界も，産業界の要請に伴って，商業的な意味合いで大きく発展していた。

4 「実務家」対「学者」

そのような中，バクスターの教示を受けたユタ大学の心理学者ラスキン (Raskin, D.C.) は，犯罪捜査を対象にしたポリグラフの研究を始めた。そして，アメリカ司法省の委託を受けて研究を進め，1981年にはCQTの質問構成を改良し，さらに現在でも，コンピュータによるCQTの数量的判定法の開発などを行っている。現在，ラスキン以外のCQT支持派の研究者には，バーランド (Barland, G.H.) やポドレスニー (Podlesney, J.A.) たちがいる。

一方，ミネソタ大学の心理学者リッケン (Lykken, D.T.) は，ポリグラフ検査を，犯罪に関する知識の有無を精神生理学的指標を用いて検出する検査だとした。そして，1959年にキーラーのPOTから発展させた「GKT：Guilty Knowledge Test（有罪知識質問法）」を考案し，CQTを激しく批判した。リッケンは1981年，SPRの会長に選出されている。

CQTは実務で発展した検査法であり，GKTは実験室で研究された検査法といえる。CQT派とGKT派の論争は現在でも続いているが，この争いは，いわば「実務家」対「学者」の争いともいえよう。現在，リッケン以外のCQT批判派には，ペンシルバニア大学のオーン (Orne, M.T.)，カナダ・トロント大学のフィルディ (Furedy, J.J.) や，イスラエルヘブライ大学のベヌ・シャハール

(Ben-Shakhar, G.) らイスラエルの研究者グループたちがいる。なお，アメリカにおけるポリグラフ検査は，1988年以降，民間での雇用等に関する使用が禁止され，政府機関や民間の限定された用途でのみ使用されるよう制限されている。

表1-6　虚偽検出検査の歴史（世界編）

1780	ガルバーニの動物電気の発見　GSRの端緒
1874	ヴント，『生理学的心理学綱要』を著す 生理心理学の始まり
1875	モッソによる情緒的興奮時の脈拍・血量変化の計測 プレチスモグラフの考案
1879	ヴント，ライプチヒ大学にて最初の心理学実験室を開設 ゴルトンによる連想実験
1885	ジェームス・ランゲ説
1895	ロンブローゾ，犯罪被疑者の尋問に血圧・脈拍変動の観察を併用 初めての科学的ウソ発見検査
1907	フェラグース，連想検査中の情緒動揺の測定指標にGSRを使用
1908	ミュンスターベルグ，連想検査中の血圧，呼吸，筋肉運動，GSR等，生理的諸反応の測定によるウソ発見を提唱 医学的「ポリグラフ」，『ブリティッシュ・メディカル・ジャーナル』誌に登場
1914	ベヌッシ，呼吸時間比率（I/E率）を用いたウソ発見を提唱
1917	マーストン，最高血圧の変化を指標としたウソ発見を提唱 「フライ事件」
1921	ラーソン，ウソ発見技術の実務化を開始 「ポリグラフ」を開発，RIを考案
1923	ルリア，連想検査に指頭運動の観察を併用
1927	キャノンの視床説
1932	キーラー，「キーラーポリグラフ」を開発 「カードテスト」「Hidden Key Question」（→POT）を考案
1947	インボウとリード，CQTを考案
1959	リッケン，GKTを考案
1962	バクスター，ZCTを考案
1964	Society Psycophysiological Research（SPR）発足 「Psychophysiology」誌創刊 精神生理学の始まり
1965	「モス・レポート」
1966	American Polygraph Association（APA）発足
1981	ラスキン，CQTを改良し，コンピュータによるCQTの数量的判定法を開発

topics 江戸川乱歩のウソ発見
――連想検査の反応時間

　みなさんは江戸川乱歩の『心理試験』（大正14年）なる小説をご存じだろうか。この小説には，本書の主要なテーマである生理反応によるウソ発見技法とともに，昨今の実務の世界では使用されることのない言語連想検査という方法が登場している。この検査では，呈示された刺激語から連想される単語（反応語）に被検者が応答する。通常，100語前後の刺激語が用いられ，そのうちのいくつかは当該犯罪場面に関連した単語である。応答に要する時間ならびにその内容が記録されるが，もしも被検者が実の犯人であれば，犯罪に関連した刺激語に対しては応答の遅延ならびに犯罪内容に直接関連した反応語が期待される。もともと観念連合の法則を見いだすための実験法として開発されたが，ユング（Jung, C.）はこれにウソ発見技法としての可能性を見いだし，さらに実際の犯罪捜査での使用例をも報告している。

　さて小説『心理試験』では，蕗屋（ふきや）精一郎なる苦学生が，学友斎藤勇の下宿先の家主である老婆を絞殺した。老婆が貯めていた大金をねらっての犯行である。あらかじめ斎藤から金の隠し場所を探り出していた蕗屋は，まんまとその大金を手にする。用意した財布に盗んだ金を入れ，ナイフで老婆にとどめを刺した後に，彼は何くわぬ顔でその下宿屋をあとにした。途中，社の石垣のすきまに，犯行で使用した手袋とナイフを落とし込み，その後公園で時間をつぶした彼は，落とし物を拾得したと例の財布を警察署に届け出た。もちろん財布の遺失主は現われるはずもなく，1年後には蕗屋のものとなるという算段であった。

　容疑者として下宿人の斎藤が挙げられた。しかし確たる証拠があるわけでもなく，捜査は困難をきわめた。そこに，事件の当日に蕗屋が大金を拾得していたという情報がもたらされる。これにきな臭さを感じた事件担当者の笠森判事はさっそく蕗屋を取り調べることになるのだが，彼にはまったく追求の余地がない。そこで笠森判事は，前述した連想検査ならびに脈拍を利用したウソ発見検査を，蕗屋ならびに斎藤の両名に実施することにした。しかしながらあらかじめ判事が心理試験なるものを使用することを知っていた蕗屋は，これについての猛勉強をして尋問に備える。そして首尾よくこれを切り抜けたかと思われたのだが，ここでわれらが名探偵明智小五郎が登場する。さて，名探偵明智による検査結果の解釈はいかに。名作として名高い『心理試験』のご一読をお薦めする。

（古満）

わが国の研究紹介 1　まばたきとウソ発見

福田恭介

1．研究のねらい

　これまでの生理心理学的研究において，脳波，瞳孔，眼球運動などの生理指標を測定する時，被験者は実験の間，まばたき（瞬目）を止めるように言われていた。なぜなら，瞬目によってこれらの測定ができなくなってしまっていたからである。瞬目が生じると，脳波のように小さい電位変化は見えなくなってしまい，瞳孔や眼球の動きは瞬目によって覆われてしまっていた。瞬目活動は生理指標の測定を邪魔する単なるノイズにすぎなかったのだろうか？　瞬目活動から心理的な意味を取り出すことはできなかったのだろうか？

　瞬目は随意にも不随意にも生じるし，実際に瞬目数を測定しても個人差が大きく，少ない人は1分間に2，3回から，多い人は1分間に100回前後と散らばっており，実験者の意図したデータを出しにくいという欠点がめだっていた。ところが最近になって，様々な実験データをもとに瞬目，とりわけ自発性瞬目は，心理状態を反映して生じているということが明らかにされ，個人差の少ない信頼性のあるデータを抽出するにはどのような分析方法が望ましいのかが議論されてきた (田多ら，1991)。

　テレビゲームに取り組んでいる人の瞬目をながめていると，ひとつのステージが終了するのと同期するかのように瞬目が発生することが多い。このような瞬目発生のようすを明らかにするために考えられたのが瞬目率時間分布に表わす方法である。瞬目率時間分布とは，呈示する刺激のオンセットやオフセットを起点として瞬目発生の頻度を時間分布に表わすものである (Fukuda & Matsunaga, 1983)。刺激呈示を何回もくり返し，その刺激に対する瞬目発生を重ね合わせていくと瞬目時間分布が作られ，刺激の前後でいつ瞬目が集中し，いつ瞬目が抑制されるのかが明らかにされ，刺激と瞬目との時間関係が明確になる。

　これまでの瞬目研究によると，被験者にとって関連の深い事象の直前に瞬目発生が抑制され，その後0.5秒から1秒にかけて瞬目発生が集中し瞬目率時間分布でピークを形成する (Fukuda & Matsunaga, 1983)。このピークの高さが刺激への関連度 (Fukuda, 1994) や認知過程や感情状態 (Ohira, 1995, 1996；大平, 1999) によって異なったり，ピークの時間的なズレが認知過程によって異なることが明らかにされている (福田ら，1990)。また，画面を見ながらキィーを押すという行動も瞬目発生に影響を及ぼし，刺激呈示に対してできるだけ速いキィー押し反応を求めた時，キィー押しの直前で瞬目は抑制され，その直後に瞬目が発生し，課題への関連度によってキ

ィー押しから瞬目発生までの時間が異なることも明らかにされている（福田・松尾，1997）。

　この瞬目率時間分布は脳波における事象関連脳電位と似ているところが多く，しかも脳波によく現われるアーティファクトやノイズに悩まされることなく測定が可能である。そういう意味で，自発性瞬目は事象関連瞬目（ERB：event related blinking）とでもいうべき特性をもっているといえよう。瞬目率時間分布をもとに，瞬目潜時や瞬目同期率などといった新たな瞬目パラメータを作り出すことも可能である。

　このように心的過程を探る指標として可能性に満ちた瞬目であるが，ウソ発見と瞬目との関係を扱った研究は数少なく（Cutrow et al., 1972；水谷，1991），瞬目率や瞬目潜時などを用いてウソ発見の妥当性を検討しているが明確な差を見いだせないままある。なぜなら，瞬目は刺激が呈示された直後に発生しやすく，1分間あたりの瞬目率で求めると条件間の変化は個人差の中に埋没してしまい，瞬目潜時も変化しにくいからである。呈示された刺激の直後に瞬目が発生するのなら，刺激が呈示されていてもその存在に気づきにくいような選択的注意課題を準備し，瞬目発生のようすを瞬目時間分布で探れば，瞬目がウソ発見の道具になるかどうかの妥当性を検討できるだろう。

　ここで提案するのが，2重モダリティ注意課題である。この課題は，視覚ディスプレイと音響スピーカから次々に呈示される刺激のいずれかのモダリティに注意させる選択的注意課題である（図1-1-1）。いずれかのモダリティに注意を向けている時，視覚遮断の機能をもつ瞬目は2つのモダリティ刺激に対して異なった発生の仕方を示すと考えられる。ここでは，その際の瞬目率時間分布がどのように変動するかを検討した。

2．実験方法

　視覚ディスプレイの中央部に1，2，3，4，5，6，7，8，9，0の1桁数字が呈示され，音響スピーカから女性の声で同じ1桁数字が次々に呈示された。

図1-1-1　二重モダリティ注意課題

被験者は，画面の文字，スピーカから聞こえてくる音声のいずれかのモダリティに注意を向け，指定された刺激を数える。被験者にとって音声の聴覚モダリティに注意を向けている時は，画面の文字は無意味な図形になり，画面の視覚モダリティに注意を向けている時は，スピーカからの音声は無意味な騒音となる。

被験者にとっては、どちらのモダリティが呈示されるか予想できないが、2秒おきにいずれかのモダリティの1桁数字が次々に呈示された。刺激の持続時間は約0.25秒であった。被験者の課題は、視覚ディスプレイと音響スピーカのいずれかに注意し、さらに前もって指定された2種類の数字を数え、課題終了後にいくつあったかを実験者に口頭で報告することであった。そこで、数えてもらう刺激を標的刺激、数える必要がない刺激を非標的刺激、もう一方のモダリティに注意しているために注意が向いていない刺激を無視刺激と名づけた。

3．実験結果

図1-1-2は、視覚刺激を呈示した時の瞬目率時間分布である。刺激呈示中、一時的に瞬目発生はほとんどゼロまで低下し、その後大きな瞬目率のピークを形成している。この図から、瞬目発生は刺激後約0.3秒から0.8秒付近に集中していることがわかる。また、呈示されるたびに数えなければならない標的刺激の後において瞬目率ピークは最も高く、ついで非標的刺激、無視刺激となった。このことから、視覚刺激を呈示すると、注意を向けていてもいなくても刺激後に瞬目発生は集中し、その度合いは注意のレベルが高くなるほど高くなることがわかった。

図1-1-3は、聴覚刺激を呈示した時の瞬目率時間分布である。視覚刺激の場合とは異なり、刺激呈示が瞬目発生を低下させることはないが、刺激後0.7秒付近から1.5秒付近にかけて、なだらかな瞬目率ピークが形成され、瞬目発生が刺激後1秒前後に集中していることがわかる。しかしながら、注意の向いていない無

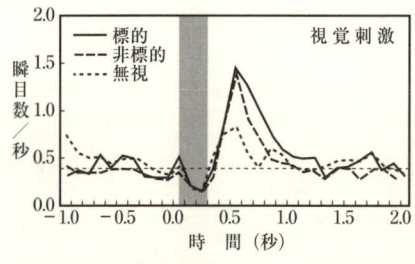

図1-1-2 視覚刺激を呈示した時の瞬目率時間分布

灰色の部分は刺激が呈示されている時間、水平の破線部は実験全体において発生した平均瞬目数を示す。

図1-1-3 聴覚刺激を呈示した時の瞬目率時間分布

灰色の部分は刺激が呈示されている時間、水平の破線部は実験全体において発生した平均瞬目数を示す。

視刺激の場合は瞬目率にほとんど変化がない。このことから、聴覚刺激を呈示した時、注意を向けると刺激後に瞬目が発生しやすいが、注意を向けないと瞬目発生にはほとんど影響を与えないことがわかった。

図1-1-2および図1-1-3から、刺激後1.5秒間に瞬目発生が集中していることがわかった。そこで、この間に発生した瞬目へのモダリティや注意の影響を調べるために、刺激呈示後1.5秒間に発生した瞬目数を合計すると、図1-1-4のようになった。ここで破線は、実験全体において発生した平均瞬目数を示している。このことから、視覚刺激を呈示した場合は、いずれの条件においても平均瞬目数を上回っているのに対し、聴覚刺激を呈示した場合は、無視刺激後において平均瞬目数レベルまで低下していることがわかる。つまり、視覚刺激後1.5秒間においては、注意を向けようと向けまいと瞬目が発生しやすく、その程度は標的刺激後がもっとも大きいのに対して、聴覚刺激後1.5秒間においては、注意を向けた場合は瞬目が発生しやすいが、注意を向けていない場合は、瞬目発生はほとんど変化がないことがわかった。

図1-1-5は、視覚刺激および聴覚刺激を呈示してから1.5秒以内に発生した瞬目までの時間（瞬目潜時）をまとめたものである。視覚刺激の場合は刺激の立ち上がりは正確だが、聴覚刺激の場合は実験者が録音スイッチを入れてから各数字を発声したので刺激の立ち上がりは不明確である。そのため、視覚刺激中と聴覚刺激中の瞬目潜時の比較はできない。各モダリティ別に比較すると、視覚刺激においては、注意の有無にかかわらず瞬目潜時は一定であった。それに対して、聴

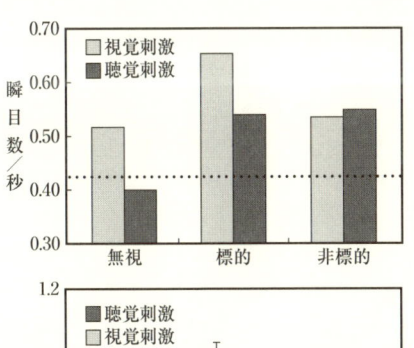

図1-1-4　刺激呈示後1.5秒間に生じた瞬目数
破線は実験全体において発生した平均瞬目数。

図1-1-5　刺激呈示後1.5秒間に生じた瞬目潜時
瞬目潜時とは、刺激呈示から瞬目発生までの時間のことをいう。

覚刺激においては，注意を向けた標的刺激に対して瞬目潜時が遅れることがわかった。以上のことは統計的にも裏づけられている。

4．今後の展望と期待

本実験では，2重モダリティ注意課題を用いて刺激直後の瞬目発生のようすを調べてきた。その結果，瞬目発生はモダリティと注意の2つの影響を受けることがわかった。すなわち，視覚刺激の場合は注意に関係なく瞬目潜時も一定で，刺激後瞬目が発生しやすいのに対して，聴覚刺激の場合は，注意が向いている時は瞬目が発生しやすく瞬目潜時が遅れるが，注意が向いていない時は瞬目発生に変化がなかったのである。

このことから，2重モダリティ注意課題を用いて，瞬目をウソ発見の指標として利用する場合，次のような場合が考えられる。

（1）被験者が聴覚刺激に注意を向けている場合

無視刺激として視覚刺激を呈示し，その中に被験者にとって関連の深い刺激を紛れ込ませておく。この場合，無視された視覚刺激後においても瞬目は発生しやすいので，関連深い視覚刺激後の瞬目発生があるレベルを超えたら，この刺激に対する認識があったと推定できる。ここでのレベルとは，視覚標的刺激後の瞬目率と同程度あるいはそれを超えたら，その刺激に認識があったと瞬目によって推定できるだろう。

（2）被験者が視覚刺激に注意を向けている場合

無視刺激として聴覚刺激を呈示し，その中に被験者にとって関連の深い刺激を紛れ込ませておく。無視された聴覚刺激後において瞬目発生は影響を受けないので，関連深い聴覚刺激後の瞬目率がピークを形成し，かつ瞬目潜時が他の無視刺激より明らかに遅れれば，関連刺激に対する認識があったと推定できるだろう。

これらのことは，上記の実験結果から導き出された仮説の段階なので，はっきりと確かめられたわけではない。しかしながら，2重モダリティ注意課題という手法を用いることで，瞬目によってウソ発見を行える可能性が開かれたという点で今後のさらなる研究が望まれる。

＊謝辞：この研究は，筆者の指導のもとに行われた福岡県立大学人間社会学部4年生村上寿美さんの1999年度卒業研究における実験データを元にしています。ここに記して深く感謝いたします。

わが国の 研究紹介 2	音声にみるウソの世界
	安木博臣

1. 緒言

　実際の犯罪捜査で実施されているポリグラフ検査（虚偽検出検査とも呼ばれている）では，無実者は検査者からの質問すべてに真実を語ることになる。しかし，犯罪者でありながら犯罪行為を否認している者は，裁決質問に対しては虚偽（ウソ）の返答をしなくてはならないのである。そのため，真実を返答する場合と虚偽の返答をする場合，そこには何らかの相異なった心理的情動が働くことは容易に想像がつく。もしウソをつくことで平常心でいられなくなり，通常以上の緊張が生じると仮定するならば，裁決質問に対して返答した声は，高くなるのではないだろうかということが考えられる。

　これまで人の感情と声に関する研究は多方面から報告されているが，虚偽が音声に及ぼす生理心理学的側面からの研究はあまり多くなされていないようである。牧 (1968) は声の振幅に虚偽の兆候を見いだせると述べており，鈴木ら (1973) は音声に虚偽との関連性を見いだすことは希薄であるが，資料収集が容易であること，音声分析機の発展性を考えると暗にその可能性を否定するものではないと報告している。アルパートら (Alpert et al., 1963) は，100〜250Hzの狭帯域フィルターをかけて分析した場合，音声の振幅に虚偽と真実の差が認められたと報告している。セスタロとドリンズ (Cestaro & Dollins, 1996) は，カード検査をした際の音声を虚偽と真実のグループに分けて比較検討しているが，差は認められなかったと述べている。このように，音声と虚偽との関連性を求めた研究報告に一貫性は認められていないのが現状である。そこで，虚偽の返答をした場合，その音声にどのような変化が生じるのか，実務のポリグラフ検査の際に記録した被検者の音声を分析し，検討してみる。

2. 方法

　被検者は実務でポリグラフ検査を受けた男性6名で，検査結果からその虚実が判明した犯罪者3名と無実者3名である。いずれの被検者に対しても1質問表に対して3〜4系列の質問を呈示し，各質問項目に対してすべて否定の返答をしている。その音声は，小型マイクロホンを通してカセットテープレコーダに録音した。録音した音声は各質問表の裁決質問と非裁決質問の際に返答した基本周波数の平均値をそれぞれに算出し，KAY社製の音声分析装置を用いて比較検討した。

3．結果

結果は図 1-2-1，図 1-2-2 に示すとおりであり，各被検者の裁決質問と非裁決質問の平均基本周波数を示している。無実者 3 名には裁決質問および非裁決質問の平均基本周波数に有意差は認められなかった。また，無実者の場合，両質問の平均基本周波数の分散は小さくほぼ一定しているけれども，犯罪者の場合は分散が大きいように思われる。これは，無実者であれば，両質問とも等価値の質問であるため，心理的動揺をきたさないのではないかと考えられる。

犯罪者 3 名のうち 2 名は裁決質問の平均基本周波数が非裁決質問より低い値を示し，有意差が認められたのはそのうちの 1 名であった。犯罪者の場合，裁決質問を認知している可能性がきわめて高く，虚偽の返答をしなければならなくなることから，不安，緊張が生じ，音声が高くなるのではないかと推測されたが，それとは逆の方向性を示す結果となった。

4．今後の展望

音声がポリグラフ検査の新しい生理指標になり得るかどうかを目的に研究をはじめ，現在その基本的な部分を実験検討中である。これまで，音声の基本周波数分析を中心にその可能性を求めてきているところであるけれども，まだ他にも違った側面からの分析が，十分可能であると思われる。

諸外国では官公庁や民間の会社などにおいて，心理的ストレス測定器（PSE：psychological stress evaluator）(Brenner et al., 1979)，音声ストレス分析器（VSA：voice stress analyzer）(Janniro & Cestaro, 1998) なるものを使用して，人の心理と音声との関連が研究されてきている。いずれの器械も人のストレス度を測定する器械として製造されているようである。日本の犯罪捜査においては今のところ，そのような器械は使用されていないが，その信頼性等がはっきりしてくるならば，将来使用される可能性もあるかもしれない。

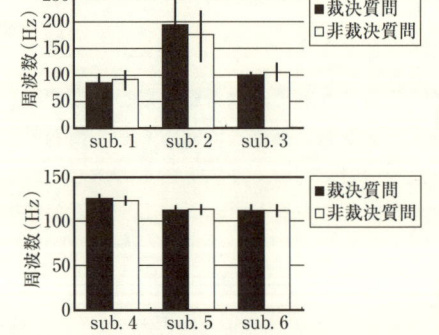

図1-2-1　犯罪者 3 名の裁決，非裁決質問における平均基本周波数

図1-2-2　無実者 3 名の裁決，非裁決質問における平均基本周波数

第2章
犯罪捜査での「ウソ発見」
～日本のポリグラフ検査～

　第2章では、いよいよ、日本のポリグラフ検査について詳しく紹介していきます。まず、1節では、ポリグラフ検査の日本への導入をふりかえります。戦後まもなく、科学捜査の推進が叫ばれる中、精神検流計が大きな期待をもって迎えられました。しかし、機械を導入するだけでは成果はあがらず、心理学の素養をもった検査者を養成することで、徐々にその評価は向上しました。昭和30年代からは、現在とほぼ同等のポリグラフが導入され、検査者の養成はもちろんのこと、検査者の研究による質問法の改善などが功を奏し、犯罪捜査の中にポリグラフ検査が定着してきたようです。

　2節では日本のポリグラフ検査で最も誤解の多い、質問法に関する説明をします。一般には、ポリグラフ検査は「金庫からお金を取ったのはあなたですね」というような質問だけで、検査していると思われがちです。また、このような質問に対して、ウソ特有の反応（ピノキオ反応）が現われるので、ウソ発見ができるのだという誤解も多いようです。現段階では、ウソそのものと1対1に対応した生理反応はないというのが定説ですから、あくまでも質問法を工夫して、様々な質問間に生じる生理反応の違いから検査結果を導いています。この質問間の差異を検討できる妥当性の高い生理指標として、現行のポリグラフ検査では呼吸、皮膚電気活動、脈波を測定しています。各生理指標の特性および特異反応（犯行に関連した質問に対して犯人のみが見せる特異な生理反応）の種類については3節で紹介します。そして、4節では、実際の犯罪捜査における記録例を紹介します。少しでも生理反応を測定したことのある経験者ならば、大学などの実験室では見ることのできない、犯人の劇的な特異反応に目を奪われることでしょう。

　5節はポリグラフ検査の法的地位です。ポリグラフ検査が犯罪捜査に導入され、それが定着するには裁判において証拠採用されることが重要な課題でした。現在、ポリグラフ検査は一定条件が整えば、裁判で証拠能力を認められています。その条件とは何か、ここではそれに答えてくれます。

　最後の6節では、日本のポリグラフ検査の独自性を浮き彫りにするため、世界の中でも最もポリグラフ検査を多用する北アメリカの現状が紹介されます。

1節 ポリグラフ検査の日本への導入

1 早稲田大学でのウソ発見の試み

　わが国におけるウソ発見の研究は，1931～1932年ごろから早稲田大学の心理学教室で開始されたといわれている。戸川は，『早稲田大学心理学教室50年史』(1981)で次のように述べている。いささか長くなるが，ウソ発見研究のスタートの経緯をよく示しているからあげておこう。

　　戦前の心理学教室の仕事としてはいわゆる嘘発見器の研究を言及しないで終えるわけにはゆかない。この試みは内田先生が神田の学士会館でアメリカの雑誌ライフに載っているキーラーの嘘発見器の記事を読んでこられて，これをやってみようといわれたのがふり出しである。ライフの記事には，被験者にトランプのカードを1枚ぬきとらせてそれをキーラー・ポリグラフで当てるということが書いてあるだけであったが，内田先生が思い出されたのは寺田寅彦さんの随筆に，GSR（Psycho-Galvanic Reflexとよばれた）の測定で相手の心の中のことがあてられるかもしれないとあったことで，それをやってみようというわけである。もちろん教室にはそんな器具があったわけではないので理工科にいって，いろいろと教えてもらい，ミラー・ガルバとブリッジとU字管と硫酸亜鉛とを借りてきて組み立てたのが早稲田式嘘発見器といわれた皮膚抵抗の測定器であった。硫酸亜鉛の溶液を二つのU字管に入れ，片手の親指と中指とをそれに入れて1.5ボルト程度の直流電流を通電しブリッジに接続して抵抗器を操作するとガルバノメーターの鏡が正面を向くようになるので，そこで，「あなたの持っているのはハートですか」といった問を与え，これにすべて「ノー」と答えさせていると，ある問に際してガルバノメーターの鏡が大きく動く。それがその時の「ノー」という答えが嘘であること，すなわちその人の持っているトランプがそれであることを示す。しかけはこれだけである。ところが後でわかったことはキーラーがポリグラフで測っていたのは呼吸と血圧とであってGSRではなかったのであって，内田先生の寺田寅彦崇拝がわれわれの嘘発見法の発見にとどまらず戦後のGSR研究の振り出しになった次第である。

　当時のことについて，新美も『早稲田大学心理学教室50年史』の「精神電気反射・皮膚電気反射・皮膚電位反射」の項で，次のように述べている。

　　戸川行男講師がうそ発見器を発明したと新聞を賑わせ，その変化を音に変換してラジオ放送，あるいは警察で犯人に試みて成功したとか，頭の三重奏と称するながら族の男が，自分は絶対見破られないと挑戦してきて見破られた，などとい

う記事のスクラップ・ブックは教室保管のものも，筆者個人のものも見当たらなくなってしまって，何年か明確でない。

第1回報告での装置は，二指間の皮膚抵抗の変化をホイストン・ブリッジでとらえ，真空管で増幅して反射検流計の鏡を偏位させ，その鏡が反射した1m前方から発せられた光束の移動を1m前の磨きガラスに投影させて読み取ると同時に，カイモグラフ上の光点の移動を手で追跡して記録するというものである。若い人は幼稚だと思うかもしれないが，その電極の不分極性に関しては50年後の現在，電気生理学の専門家に見せても恥ずかしくないものである。

昭和12年の第3報告では，一層高感度の反照検流計の使用により増幅器は使われていない。さらに昭和13年の第4報告では，ブリッジとランプ・スケールとを組み合わせた携帯可能の「改良型 Lie Detector」が使用されている。

その頃は，うそ発見や連想検査と併用して特にコンプレックスの発見などに用いられた。成果が実証困難である心理現象が，年齢あて，所持品検査のような実験的うそ発見を行えば，あたったか否かで成果が確認でき，後の研究にフィードバックできるという点が最大の魅力であったらしい。小人数であったその頃の学生は，何らかの意味でこの研究に参加している。

昭和12年頃，戸川講師は満州で日本語の分からないと称しているスパイ容疑者に対して，検流計をセットして，日本語で「こいつ殺してしまえ」という刺激を与えたところ検流計の指針が大きく振れ，日本語を理解していることが発見できたという。

こうして早稲田大学心理学教室で日本最初のウソ発見の研究がスタートし，関連の研究論文は，『フィロソフィア』第3号 (1933) の「精神電気的反応の測定（第1回報告）」を皮切りに，続々と第7報告まで出された。

このうち第2報告の一部では連想実験が行われているが，追想，虚偽による実験を報告している (赤松ら, 1934)。ここではランシュブルグ記憶器の用紙に文字，形，色等を記入させ，これを同記憶器によって呈示して，それに対する虚偽の陳述を行わせ，精神電気反射の変化を測定している。

第3報告は，精神電気反射をウソ発見器として使用する研究である (赤松ら, 1937)。トランプ，将棋の駒，数字を使ったいわゆるカード検査や数当て検査のような基礎的な実験を200例以上を行って，的中率80％をあげており，残りの20％について詳細な検討を加えている。またここではふつうの尋問に際して，どの程度ウソが発見できるか，実際犯罪容疑者に当たって克明な追求がなされている。

第4報告では精神障害者を対象としたウソ発見の研究が報告されている (赤松ら, 1938)。某施設に収容されている者および精神病院の患者92名について，知能方面の障害は，ウソ発見の的中率を低下させる傾向があるが，変質傾向にはこれがないことから，知能の障害がない限り，犯罪者にもふつうと同じような的中率が期待されるということを報告している。また性格型，体格型との関係についても，

詳細な検討が行われている。

第5報告では対照質問に様々な工夫検討を加えるとともに，真偽指数を算出して真偽の判断を行う方法を開発して，実用化の方向に一歩進める研究が報告された(赤松ら，1939)。この技法は，キーラー早稲田式検査と称されて，その後，警察のウソ発見検査にも踏襲されている。

早稲田大学心理学教室における精神電気反射による研究が，日本におけるウソ発見検査の皮切りとなって，警察や憲兵隊の一部から注目されるようになり，前述のようなラジオ放送やスパイの摘発等のエピソードとなったわけである。こうした話は，人づてに聞くのみで，資料は終戦時に散逸，焼却されて残っていない。本当に残念である。

精神電気反射の測定装置については，1944年には国立東京第2病院研究検査科の藤森聞一によって，測定回路中にコンデンサーを入れることによって，皮膚抵抗のゆるい変化を除いてしまい，反応だけを取り出そうとする画期的な測定法が考案されて発表された。早稲田大学に藤森氏設計の検流計が寄贈され，反照検流計によらずに指針検流計で読めるようになり，その後の心理学教室の種々な実験研究に使用された。

2　科学捜査への導入

第2次世界大戦が終わって，日本国内にあらゆる面で未曾有の変化が起こった。アメリカ進駐軍の指図によって，わが国の警察制度も大きく変貌することになった時期であり，すなわちアメリカの警察制度にのっとって国家警察と自治体警察とに分かれ，新しい民主警察の誕生をみたわけである。1948（昭和23）年7月，刑事訴訟法の改正によって「事実の認定は証拠による」ことになり，勢い物的な証拠の追求，科学的証拠の追求が捜査活動の眼目となった。ここにクローズアップされてきたのが科学捜査である。その一環として早稲田大学心理学教室におけるウソ発見の研究が注目され，藤森聞一によって開発された精神検流計が大きな期待のもとに登場した。

当時，警察で精神検流計を操作してウソ発見検査を行うような専門家は皆無だったので，必然的に捜査や鑑識関係の警察官や理化学関係の担当者に，検査を頼らざるを得なかった。率直に言って，専門的な訓練を受けていない検査者は，器械の構造や操作に対する十分な理解もなく，質問の作成や質問の仕方等，検査に対する心理学的な配慮もなされなかった。そのために十分な成果を収めることができず，期待が大きかっただけに批判も誤解も免れ得なかったのが実情であった。検査の結果，成功事例も多少はあったが，形式的，機械的に算出された真偽指数だけで単純に判定が下され，心理的な配慮がなされなかったために，判定不能が

続発したり，誤りを犯したりといったことも少なくなかった。このようなことから，検査に対して不利な面のみが強調されるようになり，精神検流計によるウソ発見検査には，期待が強かっただけに，批判も強く，不信感が高まり，精神検流計は鑑識機材の片隅に追いやられてしまった。

このような現状の中で，国家地方警察本部科学捜査研究所犯罪学課（現在の科学警察研究所の心理研究室）では，1951（昭和26）年から，ウソ発見検査についての汚名をばん回すべく，筆者（今村, 1952, 1953）が中心になって，挑戦的にこの分野についての検討がなされ，初心にかえって研究が開始されたのである。その手始めとして，埃に紛れて鑑識機材の片隅にかたづけられ，忘れ去られようとしていた精神検流計を実際事件に利用するための試みが進められた。精神検流計については，当時の早稲田大学戸川教授，新美助教授などの指導を受けて研究を進め，実際に事件にも応用して，心理学的配慮のもとで，適切に実施することによって，きわめて効果のあることを再確認した。

ウソ発見検査に対する不信感は，器械に対してではなく検査者側の問題，すなわち質問構成，質問法など，検査に対する心理学的配慮の欠如が引き起こしたということがはっきりしてきたので，この課題を克服すべく，検査者の資質向上のための講習会が計画された。

精神検流計講習会が1953年から1956年まで4回行われた。各都道府県警察から受講生を募って，科学捜査研究所犯罪学課で筆者らを中心に，まず3日間の講習会を行った。短期間の講習であったが，期待以上の好評を博して，数回の講習会を行うにいたった。その後，受講生が全国に散って，埃をかぶっていた精神検流計が再びよみがえったのである。検査についての依頼も少しずつ増加したが，検査に対する信頼性をすべて回復するということは困難であった。しかし検査件数が伸びるにつれ，これもだんだんと見直されてくるようになった。

精神検流計講習会では，早稲田大学で開発された真偽指数を算出して判定を下す方法が「一般質問法」ないしは「キーラー早稲田式検査」と称されて，これを中心に講習が進められたが，現在使われている「緊張最高点質問法」についての指導もなされた。

同時に筆者らは，精神検流計によるウソ発見の研究と実際的応用，および警察における検査者の養成とともに，ポリグラフ研究にも手を染め積極的に活動を開始した。同研究所では，1953（昭和28）年アメリカからキーラー・ポリグラフを導入し，同時に筆者を極東犯罪調査研究所（Far East Criminal Investigation Laboratory）に派遣した。6か月間，同研究所のポリグラフ技師ジョセフソン中尉（Josephson, A.M.）からポリグラフ技術の指導を受けることになったのである。

これが日本におけるポリグラフによるウソ発見検査の幕開けとなった。

3　科学捜査への定着

徐々に精神検流計によるウソ発見についての認識が改まり，実際事例も科学捜査研究所に送付されて，そこで種々検討がなされた。それらはまとめられて教養資料や犯罪学資料，および『科学と捜査』，『犯罪学雑誌』等に発表された。各地の現場にフィードバックされた検討結果は，地方の現場の検査者にとっては，貴重な資料となった。

精神検流計に関する研究 (山下, 1955) に加えて，ポリグラフに関する研究が進むにつれて，技術講習会の要請が高まってきた。そこで最初の「第1回ポリグラフ検査者講習会」が1956（昭和31）年4月25日〜5月2日，1週間にわたって実施された。これを機に，日本におけるウソ発見は精神検流計からポリグラフに代わった。

精神検流計も徐々に効果をあげ，検査件数も少しずつ増えてきてはいたが，それまでの誤解を完全に払拭し，批判を圧倒するまでにはいたらなかった。そのためにかえってポリグラフという新しい器械の出現で，これに関心が余計に高まったものと思われる。

その後，精神検流計の講習会は打ち切られ，ポリグラフの講習会のみとなった。講習会開催に先だって，ポリグラフの装置の開発が関連製作会社に依頼され，筆者らの指導で試作された。1955（昭和30）年には山越製作所でKYSポリグラフが完成し，引き続いて竹井機器工業株式会社からTKKポリサイコグラフが製作された。これらの装置が，まず講習会で使用された。

講習会終了後，講習会で使用されたポリグラフが配布されて，各受講生が所属の都道府県に持ち帰って，次々と地方の警察本部にポリグラフが設置されるようになった。講習会の初期には，KYSポリグラフが主として使われた。当時の装置は，故障を起こしやすく，絶えず製作会社の担当者と連絡を取って，修理また修理の連続であった。その後，KYSポリグラフは製作会社の都合で姿を消し，TKKポリサイコグラフが主として使われるようになった。

精神検流計の場合は検査をする者にめぐまれなかったため，効果をあげ得なかったことを反省し，ポリグラフの場合は，検査の専門性が重視され，検査者の養成に力が入れられることになった。当時の状況として講習期間は長期間とることが無理であったので，とりあえず講習期間を1週間とした。そして，講習会終了後，実際現場で事件について検査体験を積み，1年後，検査事例を持ち寄って，事例の検討を徹底的に行った。検査者の技術の向上と専門性の統一確保を図る意味で，講習会と連動させてポリグラフ技術研究会が計画された。

ポリグラフ検査者講習会終了1年後,実際に3日間の第1回のポリグラフ技術研究会が1957(昭和32)年6月に開催された。第1回ポリグラフ検査者講習会に参加した地方の検査者12名全員が,講習会で身につけた技術を使って検査した1年間の検査事例を持って再び顔を会わせ,熱のこもった討論が続けられた(昭和32年9月,教養資料第59号,科学警察研究所)。講習会の期間は1957(昭和32)年には10日間,1958(昭和33)年から20日間,1962(昭和37)年からは1か月間となり,年を経るごとに充実していった。講習会と研究会を通じて,全国のポリグラフ検査者が科学警察研究所の心理研究室の研究者と協力して,相互に新技術の向上に切磋琢磨した。このことが,とかく警察部内で批判的だったウソ発見技術が改めて認められ,検査者がポリグラフ技術の専門家として信頼されるようになり,警察活動の中でその地位を確立した一因となったものと思われる。

第1回ポリグラフ講習会に先だって,筆者は「うそ発見検査に関する研究」(今村, 1955) をまとめたが,さらに昭和28年に採用したキーラー・ポリグラフを使っての研究,引き続いて完成した国産の TKK ポリサイコグラフによる研究をまとめて「ポリグラフ技術に関する研究」(今村, 1958) を発表した。

科学捜査研究所が1958(昭和33)年,機構改革によって科学警察研究所となったため,ウソ発見研究は犯罪学課から科学捜査部心理研究室で行われることになった。ポリグラフ検査者講習会も心理研究室で担当された。1956(昭和31)年に第1回めが開催されてから1967(昭和42)年までの11年間に17回開催されている。1970年の時点で受講生の数は,警察部内だけで合計185名に達した。警察以外の他官庁(郵政監察局,陸上・海上・航空自衛隊,海上保安庁)から,また外国(韓国,台湾,エチオピア)からの留学生を含めると230人に及んでいる(ポリグラフ検査資格者名簿,昭和45年3月)。

警察における当時の受講生の身分は,精神検流計講習会では,警察官がほとんどであったが,ポリグラフ検査者講習会では,警察官が減り技術官が徐々に増える傾向にあった。それでも初期には警察官が検査者の約3分の1を占めていた。警察官の場合は,転勤でポリグラフ業務から離れてしまうということも少なくなかった。検査者の専門性という立場から警察官の場合は問題があるが,こうした警察官で初期に講習を受けた者がポリグラフの理解者となって,種々の部署で協力したことが,ある意味ではかえって,ポリグラフが部内で認められてきた一因となったことも否定することはできない。科学捜査研究所宛てに,検査事例を参考資料として送付する規定が盛り込まれている「ポリグラフ精神検流計使用上の留意事項について」(昭32.4.3 警察庁研総発第46号,捜研所長から管区局長,総監,府県本部長あて)という通達が出されているが,その中で,検査者につい

ては次のように記されている。「本器による検査は器械の操作だけでなく，質問構成，質問検査，検査結果の解釈には心理学，生理学等の知識が必要であるから，できるだけ当所における技術者としての講習を受けた者に実施させること」。また，翌年には，「ポリグラフ（うそ発見器）の積極的利用について」（昭33.6.26警察庁丙鑑発第5号捜発第22号，研務発第110号，刑事局長，捜研所長から管区局長，総監，府県本部長あて）という通達が出ている。ここでは「ポリグラフの検査者は科学捜査研究所において必要な講習を受けた者に限るとともに，常時技術の研さんを怠らないように配慮すること」となっている。

　ウソ発見検査における検査者の役割の重要性を考慮して，検査者については当初から専門家の充当が考慮され，1958（昭和33）年ごろから，大学で心理学を専攻した者がポリグラフ検査者として採用されるようになってきた。

　検査事例については，1956（昭和31）年から1962（昭和37）年までは，科学警察研究所で，全国のウソ発見検査事例の集計を行っていたが，1963（昭和38）年からは通達によって，警察庁鑑識課で検査事例の取りまとめの事務が行われるようになった。当時の初期の検査状況は，最初51例であったが，倍増に倍増を重ねて，急激な伸びを示している（表2-1参照）。

　なお，実際の検査事例については，研究所心理研究室で重要，適切な事例が選ばれて，「ポリグラフだより」にまとめられ，№1から№5まで全国の検査者に配布されている。これは謄写版刷りのものであったが，その後印刷されるようになって，検査事例だけではなく検査者の実践的な研究も収録されるようになった。そのタイトルを科警研資料，そして「ポリグラフ資料」と替え，定期的に作成し広く配布されている。

　1971（昭和46）年には，犯罪捜査において，ポリグラフ検査の適正な運用を確保するため「ポリグラフ検査取扱要綱（昭46.5.1 丙鑑発第8号 刑事局長から管区長，総監，府県本部長あて）」が定められ，同時に，運用上誤りないよう留

表2-1　年別ポリグラフ検査状況　（全国，判定別）

年＼判定	陽性判定（％）	陰性判定（％）	判定困難（％）	合　計（％）
31年5月～12月	19（37.3）	22（43.1）	10（19.6）	51（100）
32年	53（38.1）	61（44.0）	25（17.9）	139（100）
33年	173（36.9）	235（50.1）	61（13.0）	469（100）
34年	387（37.4）	508（49.1）	140（13.5）	1035（100）
35年	669（31.5）	1309（61.8）	141（6.7）	2119（100）
36年	1115（38.4）	1581（54.5）	206（7.1）	2902（100）
37年	1302（36.9）	2044（57.9）	182（5.2）	3528（100）
38年	1524（34.8）	2699（61.6）	157（3.6）	4380（100）

科警研資料第28号　昭和40年1月　ポリグラフ検査技術に関する研究より

意事項が鑑識課長から通達されている（昭46.5.1　丁鑑発第108号　鑑識課長から管区公（保）安部長，警視庁刑事部長，府県本部長あて）。要綱の第4条の検査者の項には「検査は，心理学，生理学その他ポリグラフ検査を行なうについて必要な知識および技術を修得した者がこれを取扱わなければならない」としてあり，留意事項の1項には，「ポリグラフ検査（以下「検査」という）は，科学警察研究所におけるポリグラフ検査者養成講習を修了した者に限定して取扱わせること」と決められている。このように検査者の立場が明確になり，検査件数も増加し，ポリグラフ検査が捜査の段階にその地位を確立するにいたった。

1965（昭和40）年，筆者らは「ポリグラフ検査技術に関する研究」（科学警察研究所, 1965）をまとめ，それまでの研究と実践を総括している。この研究の「はしがき」には，科学捜査への定着の経緯がおおむね次のように記されている。

> ポリグラフによる虚偽検査については，実際に警察活動に利用されるようになってから日が浅い。しかし，この10年間における，この普及は目覚ましいものがあった。昭和31年5月，数名の検査者が科学警察研究所において，ポリグラフの訓練を受け，実際の犯罪捜査に活動を始めた。当初の検査例数はわずか50例に過ぎなかったが昭和38年度には4,380例にもなり，さらに増加の傾向を示している。もはや，ポリグラフ技術は犯罪捜査の過程でその地位を確立し始めたということができよう。

4　検査方法の改善

わが国における科学的なウソ発見は，早稲田大学心理学教室における研究からスタートしたということは言うまでもない。ここでは精神電気反射の測定装置が使われ，質問方法としては，関係質問（X）の前後に適切に選ばれた対照質問（KX,KX'）を置き，この3質問の間に当面の問題と無関係な質問（K）でつないで適切な長さの質問表（K,KX,X,KX',K,……）を作成して，検査がなされた。さらに真偽指数（2X/KX+KX'）を算出して，指数が1.0以下ないしはそれに近似的な値であればXに対する答えは真，指数が1.6以上ならば偽と判定されるとしている。

真偽指数については早稲田大学で詳細に検討され，科学警察研究所でも多くの追試が行われた。実験室的実験および対照質問が適切な場合は，その妥当性が確認されたが，前にも触れたように，実際事件ではいろいろと問題があった。

戦後，警察で精神検流計が採用され，ウソ発見に使用されたが，当時は警察の現場に専門家が皆無で，質問構成や質問方法等に心理学的な配慮がなされないまま利用されていた。真偽指数も形式的に算出され，指数に基づいて機械的に真偽

topics 小説の中の女性検査者

　地下鉄サリン事件，和歌山毒物混入事件を通して，科学警察研究所（警察庁）ならびに科学捜査研究所（各都道府県警察に1か所）の名前は，一般に広く知れわたることとなった。連日の報道から，警察部内での略称であった科警研，科捜研も一般の人々に認知されているようである。また，沢口靖子主演の『科捜研の女』（テレビ朝日系列）のように，科捜研がTVドラマのタイトルに使われるまでになった。筆者がこの世界に入った15年前には，科学捜査研究所の存在すら知らない人が多かったのに，今では略称の科捜研で通用するようになった。まさに隔世の感がある。

　ところで，科学捜査研究所を舞台とした有名な小説として，島田一男著『科学捜査官』（光文社，1973）がある。小説では科学捜査研究所となっているが，実際には科学警察研究所がモデルで，当時の古畑種基所長，復顔法（ガーピング）の長安周一技官，毛髪研究の須藤武雄技官に取材し，研究所の場所や建物の構造，研究所の仕事内容，果ては一風変わった職人気質の研究者像まで，科学捜査のことを知るには格好の1冊である。ストーリーは，殺害されて土中に埋められた女性の頭蓋骨から，復顔法で生前の顔を作成し，それを新聞で公開することで身元を割り出し，ポリグラフ検査や毛髪の鑑定を含め，犯人を追いつめていくというものである。

　この「科学捜査官」の中でポリグラフ検査を担当するのは，心理班の医学博士牧村香那子である。もちろん，この当時，女性のポリグラフ検査者は実在せず，まったく架空の人物である。しかし，牧村香那子は対照質問法のみならず緊張最高点質問法でも検査を行っており，ポリグラフ検査についてもかなりの取材があったことがうかがわれる。そして，強盗・強姦未遂事件を自首してきた男に7つの緊張最高点質問法で検査した結果，この男に裁決質問に対する特異反応が認められないことから，強盗・強姦未遂事件は無関係で，殺人事件を逃れるための偽りの自首であることを見抜き，見事に事件解決に貢献している。

　さて，現在，女性のポリグラフ検査者は実在しているのだろうか。答えは「イエス」。現在までに少なくとも5名以上の女性が，ポリグラフ検査の養成科を修了して，第一線の犯罪捜査に従事している。彼女たちの活躍を見ると，女性検査者がますます増えることは間違いないと思われる。

（平）

が判別されたので誤判定や判定不能が多くなされたため，精神検流計による検査には強い批判がわきおこって，現場から見はなされていった。このような批判の中で，筆者らによってウソ発見に対する研究挑戦がなされ，精神検流計の講習会が進められるとともに，ポリグラフによる研究が開始されたのである。検査者の講習を機に，検査についての理解が徐々に高まってきたことは確かであったが，前述のような背景から，逆にポリグラフに対する期待が高まりウソ発見の体制はポリグラフに向かい，精神検流計方式からポリグラフ方式に急展開した。

当初の精神検流計時代は，早稲田式の対照質問法がもっぱらであったが，緊張最高点質問法が理解されやすかったので，警察ではこの両質問法が併用された。ポリグラフが使用されるようになってからは，「ポリグラフ技術に関する研究」(今村, 1958)にあるように対照質問法と緊張最高点質問法が使われた。その後，昭和35年ごろから緊張最高点質問法については裁決質問法（KS-POT）と探索質問法（PR-POT）に分けて検討が進められ，対照質問法については関係質問に対して合理的で適切な照応事項の検討が種々試みられ，バクスター（Backster, C.）のZCT（zone of comparison test）等についての検討がなされてきた。

最近，ウソ発見の分野では，コンピュータによる自動判定など先端的な試みが急速に進行し，この現象の本質には，記憶，認知，情動などの面からの研究への関心が高まってきている。

こうした時点で，真偽指数に対する考え方はもちろん，戸川教授の「嘘の発見というものを成功させる裏づけは，精神検流計を動かす技術ではない」，「照応の質問をどのように入れてゆくかということが一つの技術になる」，「本人－被験者－の自覚において明白でないようなことを調べるというようなことは頭からやめてしまわなければならない」など（昭和29年6月科捜研教養資料第30号），初期の講習会で述べられた言葉は今でも生きていると思われる。

2節 多様なウソ発見の質問方法

1 ポップなウソ発見，アカデミックなポリグラフ検査（鑑定）

（1）ウソ発見のイメージ

警察で行われている「ウソ発見」には，「あなたが犯人ですか」とくり返し

"尋問"するようなイメージがないだろうか。すなわち，

　　こわおもての捜査官が待っている薄暗い検査室に入る。電気椅子のような椅子に座る。無数のセンサーが取り付けられる。身動きができなくなる。質問には「イイエ」とだけ答えるよう告げられる。被検者の心臓はドキドキと高鳴る。突然，「あなたが犯人ですか？」と尋ねられる。ドキドキが加速する。「イイエ」と返答すると，機械本体のランプがピカピカ点滅し出す。数秒後，また「あなたが犯人ですか？」と尋ねられ「イイエ」と答えるが，ランプのピカピカは消えそうにない。何度か質問をくり返された被検者は耐えきれなくなり，ついに「私が犯人です」と自供してしまう。

　また「ウソ発見」には，ポップで娯楽的なイメージも見え隠れする。テレビ番組で芸能人に対する「ウソ発見コーナー」があったり，オモチャ屋に「ウソ発見器」が売られていたり，ゲームセンターにできのよいセンサー付きマシーンが置いてあったりする。犯罪捜査に活用されるDNA鑑定や薬物鑑定といった他の分野に比べ，ポリグラフ鑑定のイメージには重みが足りないらしい。

　　ポリグラフを見学に来る人達に説明をする機会がある。見学者は見学者仲間をからかいながら，「○○君が，昨夜浮気をしたかどうかテストして下さい」というようなことを言う。その場の雰囲気は穏やかになる。技術の行商人じゃあるまいし，内心は穏やかではない。この人達には，うそ特有の生理反応パターンも存在しないし，うそ特有の生理反応程度もあり得ないことが分かっていないらしい（鈴木，1985）。

　一般の人がいだくポップな「ウソ発見」と，実際のアカデミックな「ポリグラフ検査」のズレの現象は，占いや心霊現象をも心理学の範疇とイメージされてしまう現代日本の心理学事情（佐藤・尾見，1994）の典型的な事例といえるかもしれない。
　この節では，このようなポリグラフ検査のイメージのズレを払拭し，ポップなイメージのみをもつ読者にも正確な情報をお伝えするために，質問法を中心とした日本のポリグラフ検査の実際を紹介していきたい。

（2）ポリグラフ検査者と検査手順
　1956年にポリグラフ検査が導入されて以来，検査者の技能・知識，検査の手順，機器の性能など，一定のレベルを保つ努力がなされており（山村，1999），関連学会の評価も高い（たとえば，宮田洋監修『新生理心理学3巻』巻末の座談会）。まず，検査者や検査に関わることがらを記そう。
①ポリグラフ検査者
　全国の科学捜査研究所には最低1人の心理担当者がおり，採用と同時に科学警

察研究所にて長期研修を受け，検査者資格を得る。その後も，一定期間ごとの研修があり，また国内外の研究機関に留学する制度もある (TRIGGERの記事，1996：Foresightの記事，1999)。各検査者は日本心理学会，日本生理心理学会，日本応用心理学会，日本犯罪心理学会，日本心理臨床学会，日本鑑識科学技術学会などの関連学会のいずれか，もしくは重複した学会員である。なお，検査者は警察官ではないので取調べの権限はない。もちろん，けん銃も手錠も持たない。

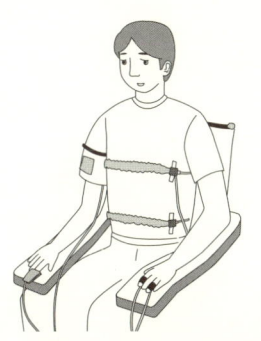

②典型的なポリグラフ検査の手順

　ポリグラフ検査の手順は，3つの段階に分かれる (山岡，1989)。犯罪情報の収集と分析を経た質問作成段階，面接と記録測定段階，判定段階の3段階である。各警察署から地元の科学捜査研究所にポリグラフ検査の依頼があると，ポリグラフ検査者は質問作成のために，事件現場の観察，関係書類の閲覧，担当捜査官との打ち合わせなどを行う。作られたいくつかの質問案は，他の検査者などと検討され，精査された後に検査時に呈示される。精神面，身体面の障害事由による検査禁止事項に該当する者は対象にならない。検査を承諾した後，被検査者は検査室に入室し検査者から，検査前面接を受ける。面接では，検査の目的を説明し，対象事件に関する被検査者の知識を確認し，簡単な被検査者の心身状態についての質問などを行う。

　次に各センサーを装着し，カードテストを行う。各質問はあらかじめ読み聞かせを行い，質問内容についての被検査者の理解を確かめる。質問は検査者の口頭による聴覚刺激呈示や，写真や図面による視覚刺激呈示などで行われる。被検査者に疲労が見られた場合は，随時休憩時間を設ける。検査時間は2時間前後，7問前後の質問内容にて終了する。センサーをはずし，検査全体に対する質問や感想を被検査者に求め，その後退室する。検査者は，口頭ないし書面にて検査結果を鑑定依頼署に回答する。

図2-1　ポリグラフ検査状況

③ポリグラフ機器と判定

日本におけるポリグラフは現在,アメリカのラファイエット社製携帯型ポリグラフC4,E4,E5型が主流である(小杉・久我,1998)。医療用ポリグラフが導入されている研究所もある。

判定は主に視察判定による。鈴木ら(1973)は,この視察判定の信頼性を検討している。30例の記録紙を他の検査者26名にブラインドにて視察判定をさせたところ,正判定・誤判定・判定不能の3分類のスピアマン・ブラウンの信頼度係数は 0.987 が得られたと報告している。なお現在,ポリグラフに自動解析ソフト(Adachi, 1995)を搭載したパーソナルコンピュータを接続し,測定された生理指標をデジタル記録し計測する試みがなされている。

④検査対象となる罪種と検査件数

小杉・久我(1998)は,判定結果と被検者の記憶内容が一致した,12名の検査者による100例の記録を紹介している。これら事例の罪種をみると,殺人,放火,詐欺,横領,強盗,窃盗,強姦,強制わいせつ,覚せい剤取締法違反など多岐にわたっている。また,日本の警察におけるポリグラフ検査数は,年間約5,000件である(三井,1998)。

2 「あなたが犯人ですか」だけではダメ？

現時点では,「あなたが犯人ですか」とだけ尋ねる質問法は,ポリグラフ検査には存在しない。なぜなら,ピノキオの鼻のようにウソと1対1で対応する生理反応が今のところ見つかっていないからである。ポリグラフ検査では,生理指標の変化から心理的要因を特定するという「逆問題」を解くため,様々な質問法の工夫がなされている。

表2-2 ポリグラフ検査にて使用される質問法の名称

間接的質問法：裁決質問と非裁決質問にて構成される
有罪知識質問法（GKT: Guilty Knowledge Test）
緊張最高点質問法（POT: Peak of Tension test）
裁決質問法（KS-POT: Known Solution-POT）
探索質問法（PR-POT: PRobing-POT　SPOT: Searching POT）
秘匿情報質問法（CIT: Concealed Information Test）
カードテスト（card test; card stimulation test）
直接的質問法：関係質問や対照質問にて構成される
対照質問法（CQT: Control Question Test）
対比較対照質問法（PCQT: Paired CQT）
バクスター式対照質問法（ZCT: Zone of Comparison Test）
その他，DLT: Directed Lie Test, PCT: Positive Control Test, TCT: Truth Control Test

ポリグラフ検査にて使用される質問法は，直接的な質問法と間接的な質問法に大別される（表2-2）。間接的質問法では，探索質問法を除き各名称は異なるものの，日本では同一の方法を指している。また日本における直接的質問法の主流は，リード（Reid, J.E.）によって開発された対照質問法である。ここではまず「対照質問法」「カードテスト」の方法を説明する。なお，北アメリカの直接的質問については，マッテ (Matte, 1996) に詳しく紹介されているので参照されたい。

（1）対照質問法

　対照質問法とは，「あなたがこの事件の犯人ですか」と直接的に質問した時の生理反応と，その質問と同程度の内容をもつ質問（すなわち対照となる質問）への生理反応を比較検討する質問法である。対照質問法の例を下記に示そう。

〈仮想事件の概要〉
　今年4月13日の午後11時ごろ，A市郊外にある凸凹スーパーの手提げ金庫（現金8万円在中）が盗まれた事件である。侵入口はスーパー裏の事務所の出入り口であり，ドライバー様のものでこじ開けられていた。また，手提げ金庫が保管してあった従業員の引き出しには鍵がかけてあったが，その部分が壊された形跡が見られず，鍵を使用したと思われる。この引き出しの鍵の保管場所は従業員でなければわからないロッカーの中であった。捜査の結果，元従業員のX（26歳）が浮上した。Xは，卒業後に〇〇会社に勤めていたが，勤務態度が悪く会社を首になり，凸凹スーパーに転職したが，ここでも店長と折り合いが悪く，今年3月に辞めた者である。

〈対照質問法の質問作成例〉
① あなたは，Xさんですか　　　　　　　　　　　　　　（無関係質問）
② あなたは，26歳ですか　　　　　　　　　　　　　　（無関係質問）
③ 今年の4月13日に，凸凹スーパーの8万円が入った手提げ金庫を盗んだ犯人を知っていますか　　　　　　　　　　　　（関係質問）
④ あなたは，大手町に住んでいますか　　　　　　　　　（無関係質問）
⑤ 今年の4月13日の夜に，凸凹スーパーの手提げ金庫を盗んだのはあなたですか　　　　　　　　　　　　　　　　　　（関係質問）
⑥ 以前勤めていた〇〇会社の売り上げ金をごまかしていたのはあなたですか　　　　　　　　　　　　　　　　　　　　（対照質問）
⑦ あなたは，昭和の生まれですか　　　　　　　　　　　（無関係質問）
⑧ 今年の4月13日に，×△スーパーの大型金庫から30万円を盗んだのはあなたですか　　　　　　　　　　　　　　　　（対照質問）
⑨ 凸凹スーパーから盗まれたお金が，どうなったか知っていますか　　　　　　　　　　　　　　　　　　　　　　　（関係質問）
⑩ あなたは，10月の生まれですか　　　　　　　　　　（無関係質問）

「無関係質問（irrelevant question）」とは，対象事件とは関係のない，被検者個人に関する事項で被検者が必ず肯定の返答をする内容で作成される。質問番号①，②，④，⑦，⑩がこれにあたる。「関係質問（relevant question）」とは，検査の対象となった犯罪の内容を直接的に表現した質問である。質問番号③，⑤，⑨がこれにあたる。「対照質問（control question）」とは，検査対象の犯罪とほぼ同じ犯罪に関する内容で，この質問に対し被検者は偽りの主張を行うことが確かである質問，ないしほぼ同じ内容で真実の主張を行うことが確かな質問である。関係質問に対応する生理反応と比較対照するのが対照質問である。質問番号⑥は，〇〇会社から裏づけがとれた事実でありXが否認している内容で構成されている。質問番号⑧は，架空の事件であり被検者が確実に否定する内容で構成されている。

〈検査前面接の重要性〉
鈴木 (1986) は，対照質問法による検査時の心理過程をリードとインボウ (Reid & Inbau, 1966) を引用して次のように仮定している。「すなわち，被検査者が関係質問に対して真実を述べているとしたら，被検査者の懸念は，すでに検査前の面接において引き出された対照質問の内容に向けられるだろう。被検査者が関係質問に対して虚偽を述べているとしたら，検査中の彼の懸念は関係質問に集中し，対照質問の内容は副次的な重大さしかない。したがって，検査者は検査前の面接において個々の被検査者に適した対照質問の内容を察知し，被検査者の懸念を対照質問の内容に向けさせる必要がある。検査者の熟練した面接技量が，この質問法による検査の成否を決定する重要なポイントである」

〈判定〉
犯人であっても無実であっても関係質問には何らかの生理反応が生じるであろうから，対照質問に対応する反応を基準に関係質問の反応が比較検討される。関係質問に対する生理反応が，対照質問に対する生理反応と比べより特異的であれば，被検者が当該被疑事件に関与する可能性は高く，反対に対照質問のほうが関係質問より特異的であれば，その可能性は低いと判定される。山岡 (1982) は，実務の検査経験が3年未満と3年以上の検査者それぞれ9名に，40の対照質問法の記録紙を与えブラインドにて判定させている。記録紙は，無実であった人の記録が20枚，犯人であった人の記録が20枚であり，それぞれの判定結果は確認ずみのものである。その結果，検査経験に関係なく正判定が行われ，無実の人を犯人と誤判定してしまう「フォールスポジティブ」はみられなかったこと，対照質問の質問番号⑥と質問番号⑧の間には，関係質問との比較対照尺度としての機能にほとんど差がみられなかったことが報告されている。

なお，実務で対照質問法による質問を作成する際，対照質問を見つけるのは容易ではない。そのため，PCQT (山村ら, 1985) などの対照質問法の改良が試みられて

いる。

（2）カードテスト

カードテスト（card test・card stimulation test）は，一般的に最初の面接が終了し，対照質問法やGKTの質問呈示前に実施される。連続する数字が記載されているカードやトランプのカードを5〜7枚用意し，検査者にわからないよう被検査者が任意に1枚抜き取り，その数字を記憶する。検査者は，これから尋ねる質問にすべて「イイエ」といった否定の返答を行うことを教示し，「今，あなたが選んだのは1ですか」「今，あなたが選んだのは2ですか」「……3ですか」……と質問する。昇順，降順，ランダムの順に反復呈示し，記録された生理反応から選択したカードの数字を判定する。

実務検査におけるカードテストの目的として，鈴木 (1986) は次のことをあげている。
　①正常に作動するかといったポリグラフ装置の最終点検
　②被検査者への検査方法の具体的な説明
　③被検査者の適格性の確認
　④本検査判定の際の参考資料的役割
また，検出結果を被検査者に告知した場合は，
　⑤被検査者が無実であれば，検査に対する不必要な不安が除かれることとなり，反対に犯人であれば虚偽検出への動機づけが高まる
といった，心理的効果も期待できるとしている。

筆者 (桐生, 1999) は，事象関連脳電位（ERP）のP3成分を指標としたカードテストを試みている。被験者が選択したアルファベット1文字の出現数を数えさせる2刺激オッドボール課題を用いたところ，11名中10名の的中が得られた。実務検査にERPが導入される際に，この方法は有効となろう。

さて，この単純なカードテストの手続きは，被験者に記憶させた数字や文字を生理反応で観察できるといった，認知・生理心理学的興味を大いに喚起させる。従来の記憶研究の知見をふまえながら，カードテストのパラダイムを活用した実験が，今後多くの成果をもたらすものと思われる。

3　日本のポリグラフ検査の要「GKT」

（1）「犯人ですか」とは問わない質問法

GKT（有罪知識質問法）は，犯人しか知り得ない当該被疑事件に関する犯罪事実の認識の有無を検討する質問法である。対照質問法が被検査者と当該犯罪全体

との関連を判定しようとするのに対し，GKTは当該犯罪の個々的事実に対する被検者の認識の有無を判定しようとするものである。すなわち「あなたが犯人ですか」とは尋ねず，「盗まれた手提げ金庫は，引き出しの3段めにありましたか」と尋ねる。1段めか，2段めか，3段めか……との各質問の内容は，無実の人にとって犯罪に関連するような意味を見いだしにくく，それゆえフォールスポジティブ（無実の人を犯人と判定する誤り）の危険性はきわめて少ない。また，GKTの特徴は，対照質問法では対照質問の作成が困難であるのに対し，コントロールとなる質問（犯罪事実の「3段めか」に対して「1段めか」「2段めか」「4段めか」といった質問）が比較的容易に選定できるところにある。以下に，簡単な作成例をあげてみよう。

（2）GKTの作成例

〈仮想事件の概要〉
　今年6月から8月にかけて，人口約6万人のW市で起こった4件の連続強姦事件である。被害者は全員，就寝中に侵入してきた犯人に薬物（クロロホルム）を嗅がされ，昏睡状態で被害にあっている。最も最近の被害者は，部屋にあったぬいぐるみを口にくわえさせられていた。

〈GKTの質問作成例〉
　検査者は当該事件管轄の警察署に行き，現場写真，被害届，実況見分書といった関係書類を読み，担当取調官の説明を受ける。また，新聞記事の内容の確認もする。可能な限り犯行現場に行き，書類記載以外の質問作成のための情報を入手する。たとえば，ぬいぐるみが置いてあった箇所の状況や，ぬいぐるみ以外にくわえさせることが可能な品物についての情報である。現場にはメモ帳以外にも，テープレコーダーやデジタルカメラを持参することもある。採取されたこん跡などの情報をもとに，検査者は，犯行当時の犯人の動きや記憶したであろう事象を推定する。検査者は，まだ見ぬ犯人を思い描き，その犯人になりきってGKTの質問材料を探し出す。下記例以外にも「侵入口」，「犯行時間帯」，「使用した薬物の種類」，「被害者が寝ていた場所」，「被害者の特徴」などといったGKTが作成される。
　今年の8月15日深夜，W市T町のマンション高田104号室の女性がいたずらされた事件について尋ねます。
① 犯人が女性の口に入れたのは化粧ビンですか　　　　（非裁決質問）
② ……タオルですか　　　　　　　　　　　　　　　　（非裁決質問）
③ ……カセットテープですか　　　　　　　　　　　　（非裁決質問）
④ ……ぬいぐるみですか　　　　　　　　　　　　　　（裁決質問）
⑤ ……ヘヤーブラシですか　　　　　　　　　　　　　（非裁決質問）
⑥ ……文庫本ですか　　　　　　　　　　　　　　　　（非裁決質問）

「裁決質問（critical question）」は，犯人であれば記憶していると仮定できる内容，すなわちこの犯罪行為を実施したことでしか知り得ない内容により作成される。質問番号④がこれにあたる。裁決質問の内容は，被害者や目撃者の証言などを含む捜査情報，現場鑑識から得られた証拠品などの鑑定結果やその他の物的情報が基本となる。マスコミによる報道，被検者と被害者との面識による情報取得，捜査員からの被検者になされた説明など，犯罪行為者以外でも知り得る情報は裁決質問に使用しない。「非裁決質問（non-critical question）」は，通常1質問表中に4質問から6質問が含まれ，裁決質問と同程度のカテゴリー内容で作成される。これは，無実の人が裁決質問がどれであるかを容易に推定できないよう，判定のフォールスポジティブを防止する役目をもつ。質問番号①，②，③，⑤，⑥がこれにあたる。これらの質問への返答内容は，被検者の自由であり「いいえ」でも「知りません」でも「わかりません」でもかまわない。

なお，裁決質問と非裁決質問との関連は検出率に影響を及ぼす(足立・山岡，1985；中山・水谷，1986)。裁決質問と非裁決質問との非類似性が小さいほど裁決質問の再認が困難になり，特異的な反応生起が妨げられるのに対し，非類似性が大きいほど再認は容易になり，特異的な反応生起はうながされる。適切な非裁決質問の選択は，ポリグラフ検査の重要な作業といえる。

(3) 呈示法と判定

質問呈示は，前述したように検査者の口頭によるものばかりではない。須川と石川(1997)の全国調査によれば，視覚呈示を用いる検査は多く，一枚の図面呈示，複数の図面や写真を並べて一括呈示，紙芝居形式にて呈示，といった方法で質問が行われているという。実務での写真や図面を用いたGKTの検出精度を呼吸時間にて分析した中山と岩見(1998)は，口頭のみの質問に比べ効果的であることを明らかにしている。実務検査でのパソコン制御による視覚刺激呈示装置の開発も行われている(須川・石川，1999)。

呈示前には，各質問の読み聞かせを行い被検者の理解を確認する。1質問表は，呈示順を変えて3回以上呈示され，その間隔は15秒〜30秒である。そして，非裁決質問と比べ裁決質問に，より特異的な生理反応が生起すれば裁決質問の内容である犯罪事実の認識を有すると判定される（具体的な判定は本章3節を参照）。

(4) 事実の記憶と質問内容の選択

質問内容は，犯行時間，犯行場所，犯人の特徴，被害品・被害者の特徴，犯行手段，犯行中の言動・出来事といった内容で作成される。しかしながら，罪種の特質，その事件固有の形態，捜査の状況によって，これら内容は取捨選択される。

その選択要因のひとつとして，この事実を犯人は記憶しているかどうか，といった記憶の符号化に関わる要因があると考えられる。東島と木崎 (1978) は，質問内容と検出成績の関連を実務の結果にて分析したところ，犯行中，犯行後の行動や犯行場所に関する質問の検出成績が優れているとの結果を得ている。これに関し筆者 (桐生, 1991) は，記憶の精緻化 (Craik & Tulving, 1975) による説明を試み，連想課題および自由再生の実験から，行動や場所に関する記憶情報には，他のことがらよりも自動的な情報付加が多いために検索されやすく，GKTにて検出されやすいと考えた。この検証も含めて今後，たとえば仮想犯罪場面を用いて被疑者自身に記銘語に付加する情報を生成させる実験 (豊田, 1998) など，より多くの研究が必要と考える。

　次に，検査者が質問内容を選択する際の的確性についてである。倉持ら (1999) によれば，実務検査にて作成された質問内容の追跡調査を行ったところ，9割近くの内容が被検者に記憶されていた内容と一致していたことを報告している。検査者は，犯人ならばその事実を記憶しているであろうと推定し，GKTの質問内容を選択しているが，それは，ほぼ的を射ているということになる。この結果は，これまで質問作成が検査者の主観的・名人芸的作業であるととらえられ，低い評価をされがちだったのに対し，検査者の裁決質問の選択能力，GKT作成能力が，かなり高いことを客観的に示唆したものと考えられる。

　さて，グッドジョンソン (Gudjonsson, 1992) は，GKTの正確性を認めながらも北アメリカのポリグラフ事情を鑑み「たしかに現場の検査者は実際の犯罪ケースについて，いまよりはもっとGKTを用いてよいと思うのだが，そうするためには事実上，CQT（対照質問法）を用いる時よりも作業量はずっと増えるし，またテスト項目の洗練にも力を注がねばならない」と述べている。対照質問法が中心の北アメリカと比べ，GKT中心の日本においてはGKT作成の基礎的知識と能力が，前述したように検査者に十分備わっていると思われる。「テスト項目の洗練」とは，いかなる犯罪事実を選択し裁決質問として整えるか，様々な事件に対し柔軟に判断できる能力に根ざしていよう。今後は，これらの能力を，より客観的に示す尺度の開発や検証をした研究が望まれるところである。

4　犯人のみ知る事実を探る「探索質問法」

(1) 探索質問法とは

　探索質問法は，GKTと同様に犯人しか知り得ない当該被疑事件に関する犯罪事実の認識ないし心理的関与の有無を検討する質問法である。GKTと異なるのは，GKTではあらかじめ検査者が裁決質問をわかっているのに対し，探索質問法では裁決質問がわからない点である。そのため，探索質問法では「質問表の中

に含まれている質問項目のいずれかが，検査の対象になった事件における詳細事実であることが高い確度をもって推定できる」(山岡, 1989) ことが前提となる。また，「今聞いた以外の……ですか」といった質問を最後に追加し，裁決質問の取りこぼしを防ぐ場合もある (渡辺・鈴木, 1972)。

(2) 探索質問法の作成例

この質問法は，たとえば「遺体なき殺人事件」では下記のように作成され，その効果が発揮される。

〈探索質問の質問作成例と判定〉

遺体なき殺人事件の捜査本部にて，犯人しか知り得ない犯罪事実がGKTにて確認された後，捜査幹部が検査者に要望する質問事項は，「遺体」の遺棄場所となる。質問は，これまでの捜査から得られた情報をもとに，可能性の高い地域を地図上で5つに分け，それぞれを呈示しながら遺棄場所を質問する。

図面を呈示しながら
1　遺体は，①の地域に処分されたことを知っていますか
2　　②の地域
3　　③の地域
4　　④の地域
5　　⑤の地域
6　　これら地図以外のところ

この質問表以外に，遺体の処分方法（埋めたか，沈めたか，など）や遺棄した時間帯（午前0時から午前1時までの間か，午前1時から2時までの間か，など）などが作成される。判定に際しては，全質問が裁決質問である可能性があるため，それぞれが裁決質問である確率を考慮しなければならない。視察判定では，全質問の中で最も特異的な生理反応を表出した質問項目を指摘する。

---

(3) 探索質問法の課題

探索質問法では，質問作成者である検査者にとって犯罪事実が不明であるために，①裁決項目と非裁決項目との非類似性が事前に統制できないこと，②裁決項目と犯罪事実が必ずしもぴったり一致しないこと，が判定に悪影響をもたらすと考える。そのため，経験則的に探索質問法の検出率は，GKTと比べて劣ると考えられている (上野・奥野, 1994)。筆者 (桐生, 1991) は，探索質問法の検出率を，自供などにより事実が確認できた74名の実務検査から質問内容ごとに分析したところ，場所に関連した内容（たとえば入手場所，犯行場所など）の検出率が最もよかっ

topics 視覚呈示の工夫

　GKTでは，被検者に質問を呈示する際，検査者が口頭（肉声）で質問を行うのがふつうである。聴覚刺激は遮断することが難しく，妨害工作を防ぐ優れた方法である。しかし，質問はいつも聴覚呈示だけとは限らず，しばしば視覚呈示も併用される。視覚呈示は，言葉では説明が困難であったり，言葉にすると長すぎる場合に使用し，被検者が質問内容を把握するのを助ける。

　たとえば，セカンドバッグから財布が取られた事件があったとしよう。このような事件では，取られたバッグの種類について質問を行う。GKTの質問構成は，裁決質問がセカンドバッグ，非裁決質問がハンドバッグ，トートバッグ，ウェストバッグ，ショルダーバッグなどになる。この時，高齢の男性が被検者の場合，上記のような言葉だけで呈示しても，それぞれのバッグの言葉と実際の形態が結びつかない場合が考えられる。そこで，言葉に加えて，各種類のバッグの現物を呈示する。少し手間がかかるが，被害者からセカンドバッグを借り受けるとともに，非裁決質問に該当するバッグを用意する（事件発生の警察署員から借りる場合が多い）。そして，被検者の目の前に机を用意して，それぞれを1～5までの番号札の後ろに置き，「1のセカンドバッグを取りましたか。2のハンドバッグを取りましたか。……」と聞いていく。

　このような現物呈示は，犯人の犯罪記憶の再認をうながす効果も期待できる。ただし，凶器のように現物を呈示すると危険な場合，自動車のように検査室に入れることができない大きな物，このような場合には写真や絵を用いる。また，家屋の平面図に番号を記入して盗品の保管場所を質問したり，道路図面に番号を記入して交通ひき逃げの衝突地点を質問する方法もよく用いる。

　さらに，最近では，デジタルカメラやイメージスキャナで取り込んだ画像を，コンピュータで画像呈示する方法も開発されている（第4章1節参照）。要は，裁決質問の再認をうながし，裁決質問と非裁決質問の識別性を向上させる方法として，視覚呈示がいろいろと工夫されている。このような視覚呈示は，外国人の検査や聴覚障害者の検査においても威力を発揮する。

　ところで，視覚呈示は最近始まったことではない。1895年に最初にウソ発見を実施したロンブローゾは，少女殺害事件の被疑者に対し，殺された少女の顔写真を呈示して脈波を測定，被害者を知っているかどうかを確かめている。この検査の実施は1902年。その時から100年の歳月が流れようとしている。

(平)

た。また，被検者が記憶する犯罪事実と裁決質問となる質問との間の非類似性を操作した実験では，両者間の非類似性が小さい場合に検出率がよく(桐生, 1993)，犯罪事実と非裁決質問となる1質問との関連性が高い場合は検出率は低下した(桐生, 1996)。また，奥野と八木(1998)は，同一写真，類似写真，非類似写真といった画像刺激条件を用いて実験を行い，質問内容と被検者の表象との不一致が検出率を低下させることを明らかにしている。

　GKTの研究に比べ，探索質問法に関する研究は少ない。GKT研究の多くの知見は，探索質問法に生かされるものの，まさに「犯人しか知り得ない事実」を明らかにしようとするこの質問法の精度を高めるためには，探索質問法独自のパラダイムを駆使した実験を行う必要があろう。

3節 測定する生理指標

　実務で用いられる携帯型のポリグラフでは，通常，皮膚抵抗反応（SRR：skin resistance response），呼吸運動（胸部および腹部の2チャンネル），脈波の3種類の指標が測定される（個々の指標についての詳細は，宮田洋監修『新生理心理学　第1巻』を参照）。

　以下に示す事例は，検査の対象となった事件について，終了後に被検者から自供が得られ，裁決質問を記憶していたことが確認されているケースである。

1　SRR

　図2-2はGKTを実施した際のSRRの記録例で，図中には質問ならびに返答のマークがあわせて示されている。実務場面でのSRRは系列内でのみ，反応振幅が比較されるので，安定した基線の得られる交流増幅（時定数約2秒）で測定されることが多い。図2-2では，記録紙上の質問の開始マークに比べて，SRRの立ち上がりが早いように見えるが，ラファイエット社製のポリグラフではペン書き記録の際，他のペンとの衝突を避けるために，SRRのペンだけが他よりも長くなっている（ペンのズレ幅を図中に示した）。また，図2-2では，それぞれSRRの感度が異なるので，個々の事例について1kΩの較正を図中に示した。

(1) 裁決質問に対する反応

　図2-2の事例1で，裁決質問は3番めに呈示されているが，裁決質問にのみ

図2-2 SRRの変化

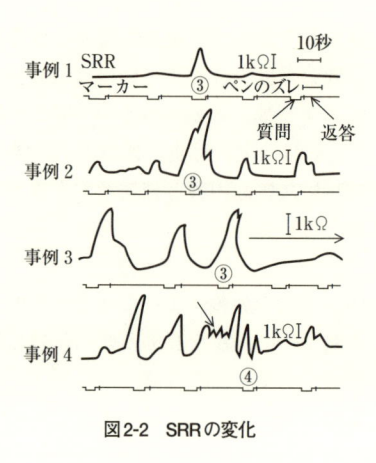

SRRが認められ，非裁決質問にはほとんど変化のみられない事例は最も判定しやすいケースである。

事例2も，裁決質問は3番であるが，実務事態ではこの例のように，非裁決質問の呈示に対しても何らかの反応が起こることが多く，また，裁決質問に対しては単発の反応ばかりではなく，複合した波形がみられることも多い。

（2）系列内の変化

GKTでは，裁決質問後の一過性の反応ばかりではなく，系列内の裁決質問経過前後の生理的変化も重視される。裁決質問を認識していたことを示すパターンとして，最もしばしば認められる例は，図2-2の事例3に示した裁決質問経過後にSRRが急に減少するケースである。すなわち，事例3では，裁決以前の非裁決質問の呈示に対して，比較的大きな振幅の反応が起きていたにもかかわらず，裁決後のふたつの非裁決質問に対しては反応が認められない。このように裁決前後でSRRの反応性が異なるのは，ひとつの質問系列内では，裁決質問が1度しか呈示されることがないことを被検者が確信しているためである。すなわち，系列内で裁決質問が呈示された後には，非裁決質問しか呈示されないことを被検者が認識していると，持続的な水準で質問呈示に対する注意の低減が起こるので，SRRの反応性が低下すると考えられる。

また，被検者に質問の呈示順序が明らかにされている場合には，裁決質問の呈示前に予期反応が起きることがある (軽部, 1999)。

事例4で，検査対象となった罪種は窃盗であるが，被害者方の家屋の平面図を模造紙大に作成し，侵入口となり得る5か所に数字を書き込んで，「①に示した

場所から侵入しましたか。②に示した場所から侵入しましたか……」と質問を行った。この場合，図中の数字に従って質問が呈示されているので，被検者は確実に裁決質問の呈示位置を予期することができる。事例4では，④の裁決質問の直前に予期性SRRが発現している。このような場合，裁決質問呈示直前に，単発のSRRの立ち上がりが認められることもあるが，事例4のような多峰性の反応がみられるケースも少なくない。

（3）反応の慣れ

　実務事態の場合，ひとつの質問表が反復呈示される回数は，通常，3回である。3回で裁決質問に反応が出ていると判断されれば，別の質問表に移るし，3回で判別がつかない場合でも，くり返されるのはせいぜい4回で，それ以降に，顕著な反応が出てくるということはほとんどない。したがって，同一の質問系列をどの程度，反復実施すれば，SRRに慣れが認められるかという問題については，実務場面で系統的に調べられたことはない。

　そこで，この点について明らかにするために，同一の質問系列を実務の検査で意図的に7回反復呈示した1例について，図2-3にSRRの記録を示した。裁決質問は4で，1，2回めは質問の呈示順序を被検者に告げているが，3回め以降は呈示順序を知らせていない。1，2回めとも系列内で最も大きな振幅のSRRが裁決質問に認められ，3回めの呈示では図2-2の事例3で示した場合と同様に，裁決質問経過後に急にSRRが消失する現象も認められている。さらに，系列4でも裁決質問の呈示に対し，最大振幅のSRRは維持され，系列5では全体に反

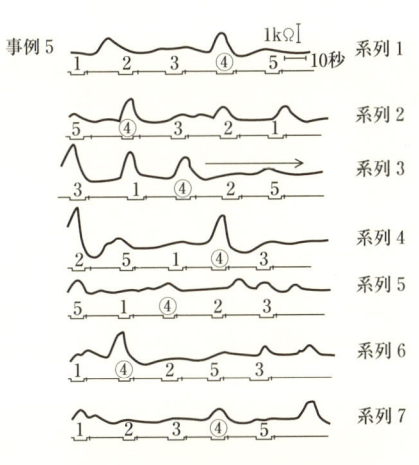

図2-3　7系列反復に伴うSRRの慣れ

応が小さくなって裁決質問に対する反応も顕著ではなくなるが，系列6では裁決質問に対する反応が再び回復している。そして，7回めの呈示で裁決質問に対する反応は小さくはなるものの，系列内での相対的な比較において，識別可能な程度の反応振幅は維持されている。図2-3の場合，1－7系列を通じて，感度は一定に保たれているので，系列間で振幅を比較することは可能であるが，試行の反復に伴って，裁決に対するSRRが一次関数的に減少することはないようである。

また，反応の慣れについて，中山と木崎 (1990) は，同一質問を連続して呈示すると，通常のGKTに比べて非裁決質問に対するSRRが抑制されるのに対し，裁決質問の第1回めの呈示にはきわめて顕著な反応の増大が認められると報告している。この結果については，同一質問の連続呈示は刺激変化に乏しいうえに，ひとつの非裁決質問から異なる非裁決質問への変化は定位反応の回復をもたらさないので，非裁決質問に対する反応は抑制される一方，非裁決質問から裁決質問への変化は明らかな刺激変化となって，反応量は著しく増幅されると説明されている。しかしながら，裁決質問の2，3回めの呈示では，急速な反応の慣れを示し，非裁決質問との差が消失することも確かめられている。

図2-4には，この研究の手続きを実務事態で実施した結果が示されている。この事例では，第1系列めは通常のGKTを実施した後，次の系列では同じ質問を継続して3回反復呈示した。したがって，図2-4は1系列内で15の質問が連続呈示された際の記録であるが，紙面の都合上，反応の記録は各質問ごとに3回分の結果を横に並べて表示している。

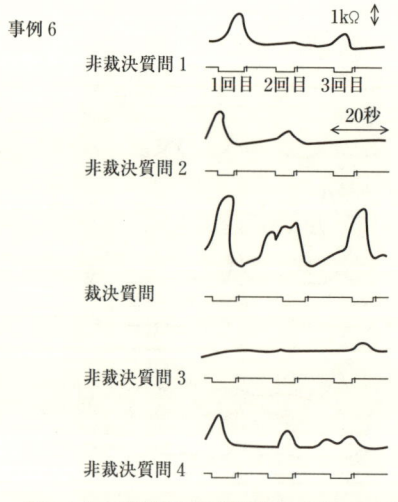

図2-4　同一質問の3回連続呈示に伴うSRRの慣れ

上から4番めの非裁決質問を除けば，他の質問の1回めの呈示にはいずれもSRRの立ち上がりが認められる。しかしながら，裁決質問の場合には，1回めから非裁決質問に比べて大きな振幅のSRRが認められるとともに，2，3回めにおいても慣れによる反応振幅の減衰はほとんど認められない。すなわち，実験事態で，裁決質問に明らかな慣れを示した研究結果（中山・木崎，1990）と異なり，実務では同じ質問を連続呈示した場合の2，3回めでもSRRの反応は明らかに大きく，非裁決質問との反応差は歴然としている。

図2-3，2-4に示された実務の検査記録の結果から，質問を反復呈示しても，裁決質問に対するSRRは，きわめて慣れを示しにくい成分であるといえよう。

2　呼吸運動

（1）裁決質問に対する反応

ラファイエット社製の携帯型ポリグラフは，呼吸測定のために胸部および腹部にひだのあるゴムチューブを巻きつけ，その伸縮で生じる空気圧の変化をベローズによって機械的に増幅記録する方式である。図2-5に示したのはすべて胸部呼吸運動の記録であるが，機械的な増幅法はセンサーの伸縮を電気的に増幅する方法に比べて，胸郭の動きとの直線性は高いようである。

ところで，虚偽検出において，最も確実で，最もバリエーションの多い変化を示すのが呼吸運動である（中山，1997）。基本的に，虚偽の返答時に，呼吸は浅く，緩

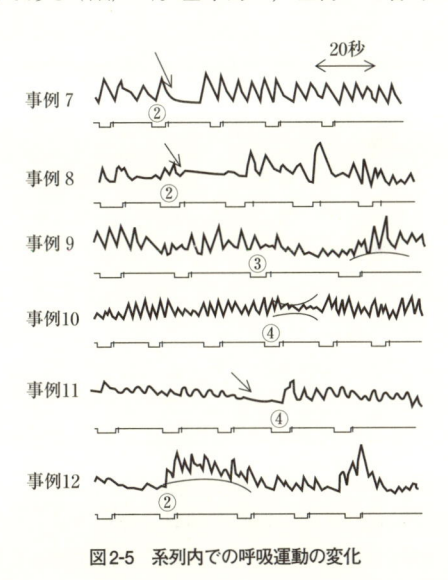

図2-5　系列内での呼吸運動の変化

徐になる。最も極端な変化の例としては，図2-5の事例7に示すような裁決質問呈示後の呼吸停止である。この例では15秒程度の呼吸停止が認められるが，試行間間隔がさらに長くなれば，より長い呼吸停止が得られることもある。一方，質問の呈示時間間隔が短く，いわゆる矢継ぎ早に質問されるような状態では呼吸の変化は起こりにくいようで，質問の呈示間隔は最低でも20秒以上であることが望ましい。

呼吸停止の多くの場合，呼気の終了後，次の吸気が開始されないといったパターンが観察されることが多いが，稀に吸気のピークあるいは，呼気や吸気の途中で，数秒間，停止した状態を示すこともある。

また，図2-5の事例8は，裁決質問に対する返答の後，呼気時間が長くなるケースである。事例8の場合，裁決直前の質問でも返答後の呼吸振幅の減少が認められるが，裁決後の呼気時間の延長は，系列内で明らかに特異といえるほど顕著である。実務の50事例の呼吸記録を再集計した中山 (1987) の結果によれば，裁決質問後の呼吸時間の増加（呼吸率の低下）は，吸気時間が変化することなく，呼気時間の増加に起因する現象であるとされている。

次に，図2-5の事例9では，3番めに呈示された裁決質問後に呼吸振幅の抑制が認められた例である。このように，裁決質問に対して呼吸振幅が抑制された場合には，その後の非裁決質問の開始に伴い，これを補償するかのように，生理的跳ね返りが起こり，一時的に呼吸振幅が増大することが多い（リバウンド現象）。事例9でもこのことが確認でき，裁決後の非裁決質問の開始とともに，大きな振幅の呼吸が認められる。

（2）系列内の変化

系列内で起きる呼吸運動の変化として，事例9に示したリバウンド現象もそのひとつであるが，呼吸基線の変化も重要である。事例9では裁決質問で呼吸基線が最も低い位置まで下がり，その後の非裁決質問で呼吸基線が裁決質問以前のレベルまで上昇するという基線変化も観察できる。

また，事例10では，裁決質問に対して，振幅の減少とともに，呼吸基線の上昇も同時に生じている例である。

さらに，裁決質問の呈示前に起きる予期反応に関しては，呼吸振幅の減少あるいは呼吸率の低下が認められることがある。図2-5の事例11では，3番めの質問で顕著な呼吸振幅の減少が認められ，一見すると3番が裁決質問であるようにもみえる例である。しかしながら，この質問系列では4番めに呈示された質問が裁決質問である。この被検者の場合，他の質問表で得られた記録もあわせて検討したところ，質問の呈示順序が開示されていて裁決質問の呈示位置を予期すること

が可能な質問系列では，一貫して裁決直前の非裁決質問に呼吸振幅の減少が起きていることが確認された。そこで，このパターンは裁決質問に対する予期反応であると判定されたが，このような判定は1系列のみの質問呈示では困難で，必ず質問の呈示順序を変え，あるいは被検者が呈示順序について既知である手続きと，未知である手続きで反応を比較する必要があるといえよう。

　ところで，実務事態では，生理反応を適切に記録すること自体が困難なこともある。無罪群の被検者であっても，過度に緊張していて，SRRの自発反応が頻発する事例もあるし，殺人事件など，凶行事件の真犯人の場合には，120拍以上の脈拍に加えて，不規則な呼吸曲線を示すことも少なくない。図2-5の事例12はそのようなケースのひとつであり，全体に呼吸曲線が不規則である。すなわち，系列の開始時の質問には振幅の抑制が認められ，2番めの質問には基線上昇，5番めの質問では急激な振幅の増大といったいくつもの「特異反応」がひとつの系列内で発現している。このような場合に，1系列の記録をみただけでは裁決質問に対して認識があると判定することはできないが，事例12では，検査中に実施したほぼすべてのGKTの質問系列において，裁決直前の試行では予期性の振幅減少，裁決質問に対しては基線上昇という反応パターンがくり返して観察された。したがって，裁決質問呈示前後の反応にある程度，一貫して発現するパターンを指摘できる場合には，裁決質問の認識を示す反応として重視すべきであろう（個体反応の恒常性）。

3　脈波

（1）裁決質問に対する反応

　図2-6には，上腕部に装着したカフに空気を送って加圧する方法で測定した脈波の記録が示されている。

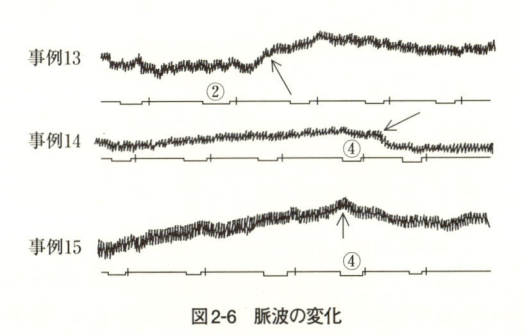

図2-6　脈波の変化

事例13は，裁決質問に対する返答後，脈波基線の上昇が認められる。

（2）系列内変化

事例14は裁決質問の経過後，脈波基線が下降を示すパターンである。これは裁決質問に対する一過性の変化というよりも，系列内で，裁決質問後の質問呈示に対する注意の低減に伴う反応で，図2-2の事例3あるいは図2-3の第3系列に示された裁決後の質問に対するSRR消失のパターンに類似した変化であると考えられる。

また，事例15は，裁決質問に向かって，脈波基線が徐々に上昇し，裁決後に低下する系列内の変化を示している。

このほか，脈波基線においても，裁決質問呈示以前から始まる予期反応（脈波基線の上昇）が認められる場合もあるが，SRRや呼吸運動に比較して，脈波に顕著な変化が認められる例は少なく，現在では指尖で測定した血管運動反射から，脈拍数の変化を解析する方法が重視されている（足立，1993）。

4　生理指標における虚偽反応パターンについて

ウソの返事をした時に，決まって現われるような，いわゆる虚偽に特有の生理的変化といった反応は存在しない，というのがポリグラフ検査の実務家の間では定説になっている。たしかに，ピノキオの鼻が伸びるように，ウソをついた時に一義的に起きるような便利な生理的変化は今のところ発見されていない。しかしながら，ウソをついたことを示す特定の生理反応パターンがないというのであれば，不安にも，ストレスにもそのような特定反応は存在しないのであって，虚偽に特有の反応がないというのは，いかにも精神生理学に無知な実務家の言葉らしい。

また，ポリグラフ検査の実務家は，しばしば裁決質問に対する反応の特異性を質問系列内で検討しているというが，これには裁決質問に対して認識ありと判定する幅を広げようとする意図が感じられる。系列内で，裁決質問に対する反応の特異性を検討するのであれば，たとえば，裁決質問呈示に対して呼吸の振幅が小さくなるのも特異，振幅が大きくなるのも特異といえないだろうか。さらに，拡大解釈すれば，裁決質問にのみSRRが生起しないケースも特異ということもでき，際限なく，特異反応の幅が広がる一方で，何を基準に認識の有無を判定しているのか，その基準がきわめて不明確なものになってしまう。

そこで，本節では，実務のGKTで得られた代表的な波形を，指標ごとに分類して列挙した。たとえば，呼吸に関しては，振幅は小さく，時間は長くなるパターンが虚偽の返答と最も結びつきが強いのであるが，これは，刺激呈示に対して

topics 汗の種類と皮膚電気活動の名称

　発汗には大きく分けて温熱性発汗と精神性発汗がある。温熱性の発汗部位はほぼ全身に分布しているのに対し，精神性の発汗部位は主に手のひらや足の裏といった部分に集中している。この分布の違いを見ても，両者の目的が異なることは容易に察しがつく。

　全身に分布する温熱性の発汗は，気温や身体運動によって上昇した体温を下げ，我々の体温を恒常的に維持してくれる。これに対し，精神性の発汗は，緊急時に求められる闘うか逃げるか（fight or flight）といった行動に密接に関連している。たとえば，手のひらの湿潤は，棒などの武器を持って闘う時に，武器を手になじませて滑らないようにする。また，足の裏の湿潤は，走って逃げる際に地面との摩擦抵抗を大きくして，滑ることなく駆け抜けるのに役立つ。さらに，これら手足の湿潤は，切り傷を受けにくくするという効果も合わせもつ。つまり，温熱性の発汗は生命活動維持，精神性の発汗は種を維持するために作り上げられた，環境に対する進化の行動的適応と考えられている。

　そして，これら精神性の発汗を電気的にとらえたものが皮膚電気活動である。皮膚電気活動の測定法には，一対の電極間に微弱な電流を流し，皮膚の抵抗変化を調べる通電法と，一対の電極間の電位差を測定する電位法がある。通電法，電位法ともに変化としては，緩徐な水準変化と一過性の反応が生じている。これらの中からポリグラフ検査では，皮膚抵抗反応もしくは皮膚伝導度反応という一過性の反応を測定している。両者は測定単位系が異なるのみで，ともに通電法である。皮膚電気活動の分類と名称については下図を参考とされたい。

（平）

皮膚電気活動(EDA) electrodermal activity
- 【通電法】皮膚抵抗変化(SRC) skin resistance change
  - 皮膚抵抗水準(SRL) skin resistance level
  - 皮膚抵抗反応(SRR) skin resistance response
- 【通電法】皮膚伝導度変化(SCC) skin conductance change
  - 皮膚伝導度水準(SCL) skin conductance level
  - 皮膚伝導度反応(SCR) skin conductance response
- 【電位法】皮膚電位活動(SPA) skin potential activity
  - 皮膚電位水準(SPL) skin potential level
  - 皮膚電位反応(SPR) skin potential response

皮膚電気活動の分類と名称

ストレスを感じている場合の呼吸変化と類似している (Cohen et al., 1975)。今後は，特異反応の発現といった現象面を追うばかりではなく，本節に示した裁決質問に対する基本的な反応パターンを，他の実験事態で得られた知見と比較しながら，虚偽反応の発現機序を明らかにしていくことが必要であると考えられる。

4節 実際の検査例

　この節では，わが国のポリグラフ検査が，どのように活用されているのかを理解してもらうため，様々な罪種についての実際の質問構成例と記録例を紹介する。ポリグラフ検査はあらゆる分野の犯罪に適用されているが，ここでは窃盗事件，強盗・殺人事件，殺人・死体遺棄事件，ひき逃げ事件，放火事件についての記録を紹介する。事件概要は質問構成に必要な情報にとどめ，事件特定できないように一部修正して記述している。なお，ここで紹介する事例は，ポリグラフ検査の結果が陽性判定であり，かつ本人の自供および他の証拠によって犯罪が立証され，公判で刑が確定している事件である。

1　窃盗事件（ひったくり）

（1）事件概要

　午後10時過ぎ，残業で遅くなった若い女性が，C小学校前付近の人通りの少ない夜道を歩いていた。後ろからゆっくりと近づいてくる自動車に気づき，不安を募らせながら家路を急いでいたその時，追い越していく自動車の運転席から手が伸び，左肩に提げていたショルダーバッグを奪い取られてしまった。バッグの中には，現金約1万5千円の他，身分証明証や運転免許証といった重要な物が入っていた。自動車は走り去ったが，被害者は自動車に詳しい女性で，逃走した自動車の車種と特徴をよく覚えており，まもなく同種の自動車を所有する，一人の男が容疑者として浮上した。

（2）質問内容

　この事件では，報道がされておらず，被検者も事前の面接で，「ひったくり事件にはまったく何の心あたりもなく，いつ，どこで，誰が，どのような被害にあったのかまったくわからない」と話したため，多くの質問を実施することができ

た。実施した質問は，犯行場所，奪い取った方法，バッグの種類，バッグの中身などであるが，ここではその中の一例について質問表と記録例を紹介する（○印が裁決質問）。

【質問表】
被害者のバッグに入っていた身分証明証の会社名について
　　1．身分証明証はA電力でしたか。
　　2．身分証明証はB証券でしたか。
　　3．身分証明証はC病院でしたか。
○4．身分証明証はD自動車でしたか。
　　5．身分証明証はEデパートでしたか。
　　6．身分証明証はF保険でしたか。

（3）記録例

図2-7が質問表に対する記録例である。まず，記録紙の見方であるが，この携帯型ポリグラフは5チャンネル構成であり，上から胸部の呼吸，腹部の呼吸，皮膚抵抗反応，脈波，マーカーとなる。記録紙の横軸が時間軸で，1目盛りが1秒間（紙送り速度は1秒間に2.5mm）である。マーカーに書き込んだ番号は，質問表の質問番号であり，○で囲んだ番号が実際の事件事実である裁決質問を表わしている。なお，皮膚抵抗反応のペンは，呼吸波と交錯しないようにするため，他のペンよりも記録紙の目盛りで7目盛り分長くなっている。したがって，皮膚抵抗反応を判定する場合には，マーカーよりも7目盛り左の波形を分析対象と

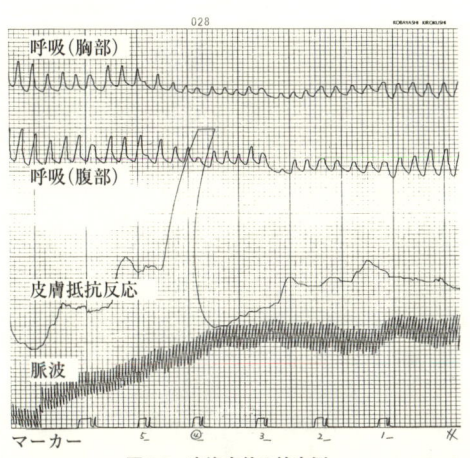

図2-7　窃盗事件の検査例

する必要がある。

　図2-7を見て明らかなように，4の裁決質問に対してのみ，きわめて大きな皮膚抵抗反応の生起が認められる。また，裁決質問呈示とともに，呼吸振幅の抑制も認められている。

　犯人は前歴に強制わいせつがあり，現金以外にも被害者に興味がある可能性を考慮して作成した質問であったが，案の定，犯行を認めた犯人の供述通り，この身分証明書は彼の部屋のタンスから発見された。

2　窃盗事件（CD盗）

（1）事件概要

　町内の運動公園を管理する老夫婦が，広大な公園内の雑草の草抜きをしていた。午後の作業に入って数時間経ち，疲れた身体を休ませるために管理棟へ帰り，バッグの中からお茶菓子のどら焼きを出そうとしたが，部屋の畳の上に置いたはずのバッグが見あたらない。人里離れたのどかな田舎のことで，管理棟は無人のうえに施錠もしていなかった。不安になった夫婦は，すぐに警察に届け，在中のキャッシュカードの金融機関に対しても手配を行った。しかし，時すでに遅く，犯人はキャッシュカードを使用し，同じ町内にある現金自動支払機から，現金40万円を引き出して逃走していたのである。ところが，防犯カメラは犯人の姿をとらえており，この日，町内へ営業に来て運動公園の便所を使用していた男が容疑者として浮上した。

（2）質問内容

　この事件も，報道がされておらず，被検者も事前の面接で，「確かにあの日，運動公園で便所を借りたが，盗みについても現金引き出しについても，まったく心あたりがない」と話したため，多くの質問を実施することができた。実施した質問は，犯行場所，バッグのあった場所，暗証番号の確認方法などである。次はその一例である（○印が裁決質問）。

【質問表】
暗証番号である生年月日の確認方法について
　　1．健康保険証で確認しましたか。
　　2．手帳で確認しましたか。
　　3．診察券で確認しましたか。
○ 4．運転免許証で確認しましたか。
　　5．身分証明証で確認しましたか。

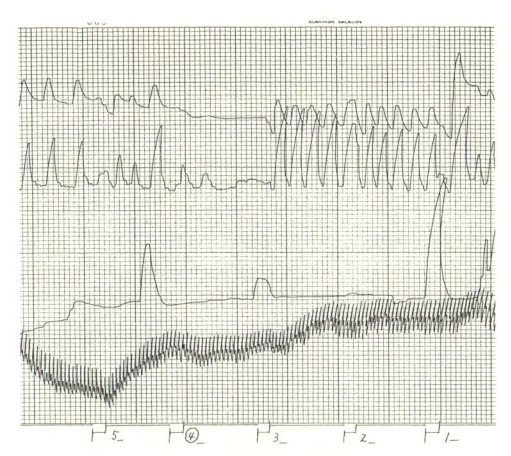

図2-8 窃盗事件の検査例

（3）記録例

　図2-8が質問表に対する記録例である。図2-8を見て明らかなように，4の裁決質問に対して，皮膚抵抗反応の生起が認められる。最後の質問1に対しても皮膚抵抗反応は生起しているが，質問呈示から7秒経過した時点で生起していることから，質問に関係して生起した反応とは考えられない。むしろ，呼吸波を見ると，返答後に大きく深呼吸をしており，深呼吸が誘発した質問とは無関係な反応（アーチファクト）と考えることができる。さらに，呼吸波形を見ると，裁決質問呈示後，息をひそめるように呼吸が停止している。そして，停止した呼吸波は，次の非裁決質問が呈示されると回復し，振幅，サイクルともに規則的な波形に変化している。通常，我々の呼吸は，胸郭の筋運動による意識的な調節がない限り，呼吸中枢により自動的に調節されている。実務では，自分の犯行を隠そうとして一生懸命に取り組むあまり，このような呼吸変動がしばしば観察される。

3　強盗殺人事件

（1）事件概要

　被害者は市内の中心部の賃貸マンションに住む，一人暮らしのキャリアウーマンである。ある日，何の連絡もなく，いつまでたっても出勤してこない彼女に，職場では様々な憶測が飛び交った。電話にも応答がないことに不安をもった同僚がマンションを訪ね，管理人に事情を説明して玄関のドアを開けたところ，変わり果てた絞殺死体を台所で発見した。室内には空になった財布が放置され，金庫

も物色された形跡があり，現金を狙った犯行であることが推測された。検視の結果から犯行が出勤直前であることが判明し，侵入できるのが玄関だけで争いの声を聞いた者もなく，被害者が顔見知りの者を部屋に入れた可能性が高く，被害者の交友関係を中心に捜査が行われた。このような中で，被害者に以前借金を申し込んだ事実があり，事件当日に遅刻して出勤している，関連会社の若い男の存在が明らかとなった。

（2）質問内容

強盗殺人事件では，社会的反響の強さから，テレビ・新聞などの報道で大きな扱いを受けるのが常である。しかし，犯人が経験したのと同じように，事件全体の細部まですべてが報道されるわけではない。この事件でも，部屋の状況や絞殺に使った凶器は，報道されていなかった。したがって，財布の放置場所，金庫の位置（図面呈示），凶器の種類，凶器の処分方法，玄関の鍵の特徴など7問の質問を実施した。次はその一例である（○印が裁決質問）。

【質問表】
絞殺に使った凶器の種類について
　1．ベルトで首を絞めましたか。
　2．スカーフで首を絞めましたか。
○3．タオルで首を絞めましたか。
　4．ストッキングで首を絞めましたか。
　5．ネクタイで首を絞めましたか。

（3）記録例

図2-9は，皮膚抵抗反応の系列内変化が認められた記録例である。図からわかるように，皮膚抵抗反応は裁決質問以外にも生起しているし，裁決質問で明らかに最大であるともいえない。しかし，皮膚抵抗反応は裁決質問まですべての質問に対して同等に生起している。そして，裁決質問が呈示された後の非裁決質問に対しては，皮膚抵抗反応はわずかしか生起していない。この現象は，裁決質問に対する注意の集中が，裁決質問の呈示により課題完了するために起きる現象であると推察される。裁決質問を事件事実と認識しているがゆえに，裁決質問を境とした系列内変化が観察される。このような皮膚抵抗反応の系列内変化は，実務の中で頻繁にみられる現象である。なお，図2-9からは，呼吸速度が非裁決質問と比較して，裁決質問に対する返答後，遅くなっている（呼吸波のサイクルが長い）ことも見いだせる。

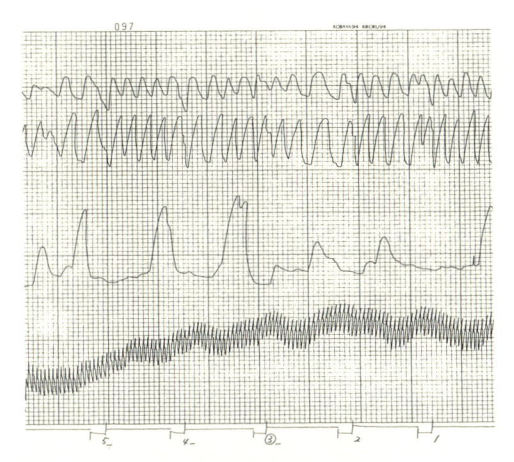

図2-9 強盗殺人事件の検査例

4　殺人・死体遺棄事件

（1）事件概要

　事件は静かな川沿いの分譲マンションで発生した。驚いたことに，全裸の女性がマンションのエレベーター内で，絞殺死体として発見されたのである。全裸死体をわざわざ他の場所から持ち込むことは考えにくく，被害者はマンションの一室で殺害され，死体の処分に窮した犯人が共有部分であるエレベーター内に遺棄したものとして，マンション住人を中心に捜査が行われた。しかし，マンション住人の中に被害者との交友者は把握できず，捜査は進展のないまま1年以上が経過した。そのころ，犯行のあったマンションを離れ，遠い他県で暮らしている，当時から独身の若い男性が容疑者として浮上してきた。

（2）質問内容

　この殺人・死体遺棄事件は，事件内容の特異性から大きく報道された。そして，被検者は当時，マンションの住人であったため，報道を通して事件の多くを知っていると述べていた。したがって，質問の多くは探索質問法となったが，検査の過程で犯行場所，殺害状況，凶器の種類，被害者の着衣の処分方法，エレベーターへの運搬方法などが明確になっていった。ここでは，検視の結果を参考に作成した，凶器の種類に関する質問表とその記録例を示す。検視結果は，首に残った痕跡から，絞殺に使用した凶器の種類が，柔らかい，やや幅広の布製品の可能性が高いことを示唆していた。そこで，過去の殺人事件を参考に，柔らかい布製品

で絞殺を行っているものを抽出し，次のような探索質問表を作成した。

【質問表】
絞殺に使った凶器の種類について
　　1．ネクタイを使って首を絞めましたか。
　　2．着衣を使って首を絞めましたか。
　　3．シーツを使って首を絞めましたか。
　　4．ストッキングを使って首を絞めましたか。
　　5．布紐を使って首を絞めましたか。
　　6．タオルを使って首を絞めましたか。

(3) 記録例

　図2-10は，呼吸，皮膚抵抗反応，脈波のすべての指標に強い特異反応が認められた記録例である。この記録では，質問1の「ネクタイ」の質問呈示に対し，皮膚抵抗反応および脈波の大きな変動に加え，返答後の呼吸の停止（10秒以上）が認められる。静止した座位姿勢の被検者に生起するこれらの劇的な反応は，認知要因のみでは説明できず，そこに認知から派生する心理的要因の存在を推察することができる。この被検者の心境については知るよしもないが，絞殺に使用したネクタイを取り去った後，処分することなく隠し持っていたことが，このような劇的な反応を生む，様々な要因になっていたのかもしれない。

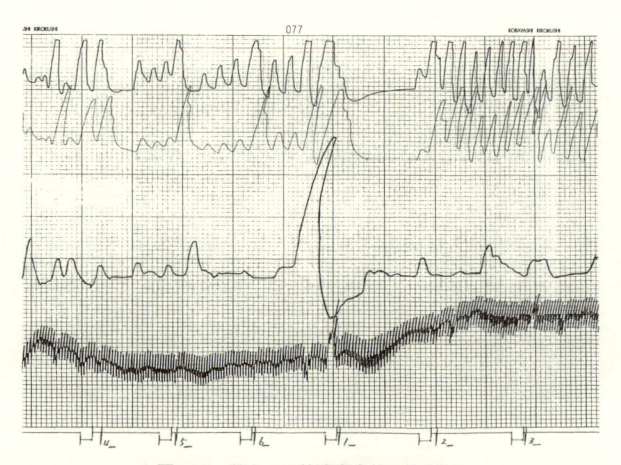

図2-10　殺人・死体遺棄事件の検査例

5 交通ひき逃げ事件（業務上過失致死・道路交通法違反）

（1）事件概要

　深夜1時過ぎ，峠の山道を走行するジープ型の自動車が，カーブを曲がりきれずに対向車線にはみ出した。自動車は偶然通りかかったバイクの男性を右側前部で跳ね飛ばし，被害者の救護や警察・消防への通報をせず，そのまま走り去った。路上へたたきつけられた被害者は，治療のかいもなく尊い命を奪われた。この事件では，事故発生現場から少し離れた駐車場で，右側前部が破損した自動車が発見された。この自動車を調べたところ，破損した箇所の部品が現場に遺留された断片と合致すること，自動車に被害者の着衣の繊維が付着していたことから，加害車両に間違いはなく，あとは所有者を特定すれば事件解決かと思われた。
　ところが，所有者は「昨晩，友人宅に遊びに行って，付近の路上に無断駐車していたところ，車を盗まれた」と申し出て，ひき逃げ事件についての関与を否定したため，ポリグラフ検査を実施することとなった。

（2）質問内容

　この時点では，まだ新聞報道が行われておらず，ひき逃げ事件については何も知らないという供述であったため，被害者の特徴，被害者の服装，被害場所の道路形態などの質問を実施した。次はその一例である（○印が裁決質問）。

> 【質問表】
> 跳ねられた被害者の状況について
> 　1．道路脇に立っている人を跳ねましたか。
> 　2．自転車に乗っている人を跳ねましたか。
> ○3．バイクに乗っている人を跳ねましたか。
> 　4．歩いている人を跳ねましたか。
> 　5．自転車を押している人を跳ねましたか。

（3）記録例

　図2-11は，呼吸，皮膚抵抗反応に特異反応が認められている。裁決質問の質問3の呈示とともに，呼吸の振幅がそれ以前の約半分になっていることがわかる。また，皮膚抵抗反応も裁決質問で最大であるが，裁決質問以降の非裁決質問にはほとんど生起していないことから，系列内変化としても分類することができる。さらに，皮膚抵抗反応は，裁決質問呈示直前に若干の立ち上がりを見せ，裁決質問呈示とともに再度大きく立ち上がっている。この裁決質問直前の立ち上がりは，読み聞かせ手続きにより，次に裁決質問が呈示されることを熟知した被検者の予

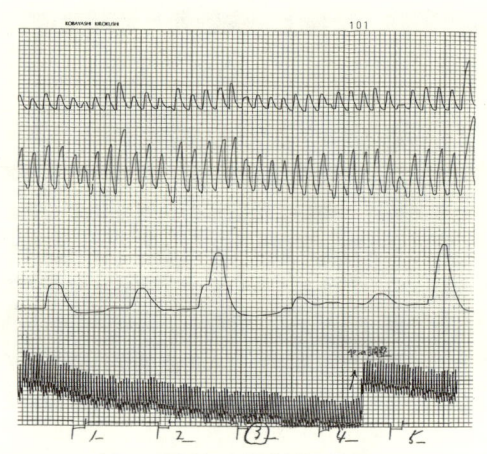

図2-11 交通ひき逃げ事件の検査例

期反応として説明できる。
　交通事故は，故意に行う犯罪ではなく，それまで犯罪とは縁のない人が引き起こすこともしばしばある。このような不測の事態に直面した時に，被害者を助けなければという救護義務を忘れ，逃走してしまうのはなぜだろうか。そこには，運転手が飲酒をしていたり，無免許や免許停止処分中であったために，発覚を恐れて自分を守ろうとする機制が働いている場合が多い。ここで紹介した犯人も，やはり飲酒運転の発覚を恐れての逃走であった。

6　放火事件

（1）事件概要
　ＪＲ駅構内およびゴミ集積所における連続放火事件である。午後11時30分ごろ，火災報知器のベルが鳴ったため駅員が駆けつけたところ，駅構内北側のファーストフード店資材置場の段ボール箱が燃えているのを発見し，消し止めた。また2日後，警ら中の警察官が南側職員出入り口側にあるゴミ集積所から炎が出ているのを発見し，消防署に連絡，消し止めたものである。この放火犯人はこの駅に何らかの恨みをもつ者と考えられ，先月まで駅構内で寝泊まりしていた初老の男が容疑者として浮上してきた。

（2）質問内容
　住所不定のこの被検者は，「火事騒ぎの時には駅の待合室に居たが，どこが燃えたか知らない」と検査前面接では話したため，着火物，放火場所，現場の状況

といった GKT，着火方法などの探索質問法による質問が作成された。次はその一例である（○印が裁決質問）。

【質問表】
最初の放火場所について
　　1．通路の側でしたか。
　　2．地下道の途中でしたか。
○3．ファーストフード店の裏でしたか。
　　4．待合室の中でしたか。
　　5．男子トイレの前でしたか。

(3) 記録例

　図2-12は，裁決質問に対応して呼吸振幅の抑制，呼吸基線の変化が認められた記録例である。直前に行った現場の状況（裁決質問「火をつけた所にガスボンベがあったか」）では，裁決質問に対応し特異的な皮膚抵抗反応が生起していたが，この質問では呼吸運動の変化が特異的であった。放火した場所を質問されたのが最も嫌だったとの自供内容から，被検者にとってはこの質問内容が直前の質問内容より隠蔽しようとする行為があったようだと考えられる。このような心理的要因が，皮膚抵抗反応よりも呼吸運動に多く反映したのかもしれない。

　なお，質問番号「2」呈示直後にカフを巻いていた腕が動いたため，動きによるアーチファクトが脈波に記録されている。

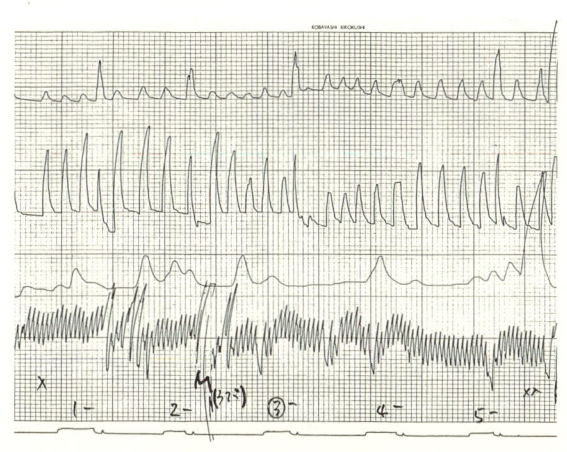

図2-12　放火事件の検査例

topics 犯人と無実の人の心拍数

　面接や試験などの緊張する場面で，胸がドキドキと高鳴る経験は，誰もがお持ちのことだろう。それでは，犯罪捜査の中でポリグラフ検査の被検者となる人の心拍はどのような状態にあるのだろうか。犯人と無実の人ではやはり差があるのだろうか。

　そこで，筆者が過去に担当した検査の中から，有罪群47名（本人の自供と他の証拠から有罪が確定）と無罪群27名（真犯人の出現から無実が確定）の検査開始時と終了時の1分間の心拍数を比較してみた。

　図を見てわかることは，両群ともに検査開始時の心拍数が多いこと（通常，成人の心拍数は約70拍），無罪群よりも有罪群の心拍数が開始・終了時ともに多いこと（90拍を越えている!!），さらには，無罪群のほうが検査開始時から終了時に向けて心拍数の減少が大きいことである。これらのことは統計的にも有意であった。つまり，持続的な状態で見ると，犯人は検査開始から終了時まで緊張が続くのに対し，無実の人は時間の経過とともに慣れが生じ，緊張がほぐれてくるようだ。ちなみに，検査終了時に100拍を越えていた被検者は，有罪群で47名中20名（43％）に対し，無罪群では27名中4名（15％）だった。

　我々の生理反応には，このような持続的な（tonic）成分と，質問に対する一過性の（phasic）成分があり，ポリグラフ検査では後者の一過性の成分を判定の対象としているので，検査中の心拍数が多いことが有罪の証拠とはならないが，犯人の心理状態をよく反映しているデータだと思われる。

(平)

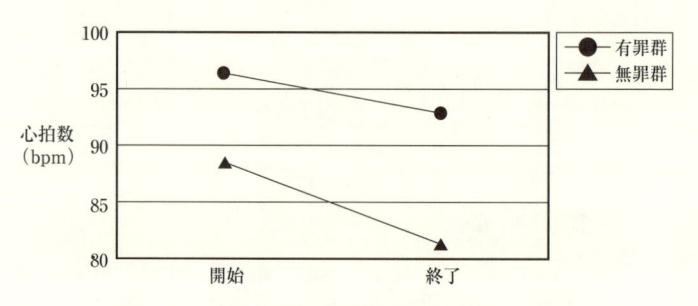

実務における有罪群と無罪群の検査開始時と終了時の心拍数

5節 公判廷での証拠能力

1 証拠能力が認められた判例

　ポリグラフ検査結果回答書の証拠能力については，昭和30年代初めに，証拠として採用された判例を初めとして，今日にいたるまで数多くの回答書が証拠標目に掲げられてきた。そして，昭和43年2月8日，最高裁判所はポリグラフ検査結果回答書について，その検査結果が検査者の技術経験，検査器具に関して信頼できるものであり，検査の経過および結果が忠実に記載されているときには証拠能力がある，という決定を行っている(最高裁刑事判例集, 1968；坂本, 1968)。したがって，この問題に関してはすべて解決しているとも考えることはできる。しかし，ポリグラフ検査技法と法理論の接点はかなり複雑であるために，その調整にあたっては慎重な配慮が必要であることは言うまでもない。主要な問題点について考えてみることにしよう。

　先にあげた最高裁決定にいたる論議の一部を紹介しておく。本件の被告人は窃盗，私文書偽造，同行使，詐欺により起訴されたものである。

　地裁における有罪判決を受けて，被告人は控訴し，控訴審において弁護人は次のように主張した。「ポリグラフ検査結果の確実性は未だ科学的に承認されていないから，これらはすべて刑事裁判の本質に照らし，証拠能力を有しないものであって，原判決がこれを右各ポリグラフ検査の際の質疑応答を録音した録音テープの取調べをすることもしないで，直ちに証拠としたのは，採証の法則を誤ったものであり」(最高裁刑事判例集, 1968；坂本, 1968)とその趣意を明らかにしている。

　これに対し，東京高等裁判所は，「ポリグラフ検査の確実性は未だ科学的に承認されたものということはできず，その正確性に対する（第三者の）判定もまた困難であるから，軽々にこれに証拠能力を認めるのは相当ではない」という慎重な見解を述べると同時に「ポリグラフ機器の規格化及び検査技術の統一と向上に伴い，ポリグラフ検査結果がその検定確率の上昇を示しつつあることなどをかんがみると，一概にこれが証拠能力を否定することも相当ではない」と一般論として肯定し，さらに「各書面はいずれも検査者が自ら実施した各ポリグラフ検査経過及び結果を忠実に記載して作成したものであること，検査官は検査に必要な技術と経験とを有する適格者であったこと，各検査に使用された器具の性能及び操作技術から見て，その検査結果は信頼性あるものであることが窺われ，これによ

って各書面が作成されたときの情況に徴し，所論ポリグラフ検査施行状況の録音テープの取調をなすまでもなくこれを証拠とするに妨げないものと認められるので，同法第326条第1項所定の書面として証拠能力があり……」(最高裁刑事判例集, 1968；坂本, 1968) と判示している。

本件は控訴棄却という判決を受けて，上告の申立てが行われ，審理の場面は最高裁判所に移った。昭和43年2月8日最高裁判所第1小法廷において，本件上告は棄却された。理由のうち，ポリグラフ検査に関連のある部分を要約すると「ポリグラフ検査結果を被検査者の供述の信用性の有無の判断資料に供することは慎重な考慮を要するけれども，原審が，刑訴法326条1項の同意のあったポリグラフ検査結果回答書二通について，その作成されたときの情況等を考慮したうえ，相当と認めて，証拠能力を肯定したのは正当である」(最高裁刑事判例集, 1968；坂本, 1968) と判示している。

この決定要旨をみるかぎりにおいては，ポリグラフ検査結果回答書の証拠能力は肯定された，と理解できる。ただし，判断資料として供する場合には，「慎重な考慮」を前提としていることに配慮すべきである。

2　前提条件としての関連性

ポリグラフ検査結果回答書が刑事訴訟法第326条第1項の書面として証拠能力を認めた判例を紹介した。この最高裁決定は画期的な判例であるだけに，法曹界に与えた影響は大きく，多くの論議の対象となった。この判例が出るまでには，ポリグラフ検査結果回答書の証拠能力に関する下級審の態度はおおむね肯定的ではあったが，否定的な見解もあり，この問題ははっきりとした結論を得ないままに流動的に解釈されていた。この最高裁決定が明確な方向づけを行ったとみなすことができる。

ただし，これですべての問題が解決したわけではない。「回答書の証拠能力を肯認したので，一見ポリグラフ検査をめぐる証拠能力の問題はすべてパスしたように読めないことはないが，それは誤りである」という見解がある (田宮, 1971)。続いて，「上告趣意の問題にした信用性の限度で肯定的判断（厳密にいえば関連性の肯認）をしたのにとどまり，伝聞性や黙秘権の問題には端的にふれられていないのである」と述べている (田宮, 1971)。関連性の肯認については，「ポリグラフ検査の結果に証拠能力を認めるためには，それが要証事実に対して必要最小限度の証明力としての関連性を持つものであることを必要とする」と条件があきらかにされている (山崎・内藤, 1963)。

この必要最小限度の証明力としての関連性とは何か。具体的内容をあげてみよう。

山崎・内藤 (1963) はその具体的要件として,「この関連性をみとめるためには,(イ) この器械と技術をもってすれば,予測されたとおりの正確度を一般的に実現できるという意味の信頼性がこの分野の専門家によって一般に承認されていること,(ロ) 当該検査に使用した器械が一定の規格に合った製品であって,使用したさい信頼できる状態にあったこと,(ハ) 当該検査が必要な技術をもった適格者であったこと,が立証されなければならないであろう」と述べている。ほかに,西本 (1980) および大谷 (1981) は同じ趣旨の項目をあげている。ただし,大谷は第4の要件として「検査が被検査者の真の同意の下になされたものであること」を加えている。この「被検者の同意」の問題は黙秘権との関連について述べた項において説明する。

まず,正確度について述べることにする。ポリグラフ検査に対する最も一般的な質問は「この検査はどのくらい当たるものか」という妥当性に関することがらである。この質問に対して,完全に答えることは難しい。検査条件を理解してもらうことが前提となっているからである。検査条件の中でも,とくに検査質問項目の質と量が重要な問題となる。

多数にわたる正確度についての報告の中から,わが国において公刊されている実務のデータを紹介する。そのひとつは奈良県警察本部において,昭和39年から昭和45年までの7年間に実施した検査結果をまとめたものである。被検者総数は1889人であり,そのうちの1063人 (56.3％) を陽性,748人 (39.6％) を陰性と判定した。78人 (4.1％) が判定困難とされた。判定結果の確認のための基準は捜査および鑑識活動の物的証拠により検査対象となった事件が解決した結果をもってあてた。陽性判定例1063人のうちの932人 (87.7％),陰性判定例748人のうちの234人 (31.3％) についての事件解決が確認されている。ポリグラフ検査による判定と事件解決の結果が一致した例数については,陽性判定例932人のうちの928人 (99.6％),陰性判定例234人のうちの215人 (91.9％) と報告されている。

茨城県警察本部において実施したポリグラフ検査結果については,仁瓶と舘野 (1983) が報告している。昭和48年から昭和55年までの8年間に実施した検査例925人についての判定結果は,569人 (61.5％) が陽性,308人 (33.3％) が陰性,48人 (5.2％) が判定困難である。奈良県警察本部の調査結果と同じ手続きによって,ポリグラフ検査の判定結果と検査の対象となった事件の解決結果が照合された。すなわち,陽性判定例569人のうちの491人 (86.3％) についての事件解決が確認されている。これらの事例における検査結果と捜査結果はすべて一致していた。他方,陰性判定例308人のうちの172人 (55.8％) についての事件解決が確認されている。これらの172人について,検査結果と捜査結果を照合したと

ころ，170人（98.8％）が一致していた，と報告されている。

これらの調査結果によってポリグラフ検査結果の正確度が確認されたとみることができよう。

この正確度および正確度についての信用性をさらに向上させるために配慮すべきことは何か，を考えてみよう。

たとえば，「判定困難」という判定領域を考慮する必要がある。被検者は検査の対象となった事件に関与しているか，いないかの二者択一であり，その中間というのはあり得ない。しかし，結果的に検査条件が不十分であれば，ポリグラフ検査結果には「陽性」あるいは「陰性」のどちらにも判定できない「判定困難」という結論が出ることがある。この判定困難について，疋田 (1971) は検査総数のうちの4.1％，仁瓶と館野は5.2％としている。理論上は，判定困難の範囲を広くすれば，正確度は向上することになる。したがって，高い正確度を得るためには，判定困難の範囲をあえて広くするという基準を一般化することが必要である，と考えられる。さらに，全般的な検査技法の向上が検査の正確度を高めることは言うまでもない。とくに理論的な背景については，1960年代から盛んに行われるようになった精神生理学領域での多くの研究結果と1930年代にアメリカにおいて始まった実務検査の実績や実験研究の結果が密接な関連を保ちながらわが国においても着実な成果を得ており，今後も多くの成果を積み上げていくことが十分に期待できる。

第2の要件である検査装置については，皮膚電気活動のみの精神検流計から始まり，ラファイエット社製ポリグラフにいたるまでの間に，数々の改良が行われてきたし，今後の改良発展が期待できる。また，定められた規格に合った機器が実務検査において使用されている。さらに，実務検査前あるいは検査開始にあたって，機器が信頼できる状態にあることを確認することが検査手順として定められている。したがって，この要件は満たされている。

第3の要件である検査者の適格性については，大学において心理学を専攻した者か，あるいはそれに準ずる学識を備えた者が科学警察研究所附属機関法科学研修所において養成科課程の研修を受けた後に実務につくことが定められている。同研修所には，養成科に続いて，現任科，専攻科，研究科の課程が設けられている。各課程において，研修があり，その後も研修を受け，研究を行うことができる。また，関連領域の学会に出席し，研究成果の発表を聴講し，さらには，みずからの研究成果を発表することができる。このように，実務検査の経験を積むことと並行してより高度な検査理論や実務技術を修得することによって，検査者としての適格性を高める努力を重ねている。

以上，述べてきたように，関連性の問題については，今日までの成果に基づい

て十分に対応できると考えている。ただし，関連性に関する諸条件をいっそう整備することによって証拠能力をさらに強固なものとする努力を続ける必要はある。

3 証明力の評価

　ポリグラフ検査結果回答書の証拠能力は肯定された。その結果，公判廷に提出されたポリグラフ検査結果回答書はすべて証拠として採用されるかというと，決してそういうことはない。証拠能力と証明力は異なる次元の要件である。

　半谷 (1970) はポリグラフ検査結果回答書の証拠能力を肯認した最高裁決定について論じた意見において「事柄の性質上或る程度やむをえないといえるが，より実用に耐える明白な基準が生まれるまでには，なお多くの事例の積み重ねが必要と思われる」と述べたのちに「ポリグラフ検査書に関しては，その証拠能力の存否が問題となる以上に，これを肯定した場合におけるその証明力の評価の点に，実務上の真の難問がひかえていることを付言しておこう」と証明力の問題に言及し，一般的な要件としての証拠能力の肯定と個々の事例における証明力は別であり，一つひとつの裁判事例に提出されたポリグラフ検査結果回答書についての証明力が厳密に評価される必要性が強調されている。証拠における証明力とは証拠の実質的な価値を意味している。

　また，刑事訴訟法 318 条に「証拠の証明力は，裁判官の自由な判断に委ねる」と明記されているように，裁判官は自己の心証形成にあたって，提出された証拠の証明力を自由に判断することができる。言い換えると，ポリグラフ検査結果回答書の証拠能力が肯定されていても，個々の裁判において提出されたポリグラフ検査結果回答書の実質的な証明力については，その裁判を担当する裁判官の判断に任されている。裁判官が証明力が低いと判断すれば，そのポリグラフ検査結果回答書の証拠価値はなくなる。

　過去における判例において証明力が低いと判断された検査条件について検討してみよう。

　たとえば，裁決質問表における裁決質問の内容や呈示方法が適切でない，と判断され，証明力が低いと評価されたことがある。裁決質問法は犯人，被害者および警察のみが知っている犯罪の詳細事実を裁決質問とし，検査事件に関与していない第三者にとっては同等の意味内容をもつ複数の非裁決質問の中に含めて被検者に呈示し，それぞれの質問に対応して発現した生理反応を比較対照して，裁決質問に対する認識の有無を判定する検査法である。したがって，検査実施前に，被検者が裁決質問の内容を知り得る機会があったのではないか，と判断されると，そのポリグラフ検査結果回答書における証明力は低いと評価されることになる。

　しかし，実際の検査場面においては，検査事件には関与していない被検者であ

っても裁決質問の内容を認識していることがある。たとえば，被検者が検査事件の被害者と親しい関係にあり，被害者から詳しい事件内容について聞かされている場合などがある。

検査者はこのような事例があることを想定して，検査前面接を十分に行い，被検者における検査事件の内容に関する認識の程度を確認し，さらに，質問表の読み聞かせを行う手続きをしている。また，その実施の事実をポリグラフ検査結果回答書に明記するなどの具体的対策が必要となる。そのほか，検査結果の信用性を低めるものと評価されるおそれのある検査手続き上の条件を整備するとともに，この検査技法に対する一般の理解を深めるために豊富な資料の提供をはかるべきである。

4　黙秘権との関連

憲法第38条第1項には「何人も自己の不利益な供述を強要されない」とあり，いわゆる黙秘権が明記されている。人間が内心で他人には知られたくないと思っていることについての供述を拒否する権利が保証されている。仮に，ポリグラフ検査が他人の内心に踏みこんで，秘密を暴露できるかのような効果をもっているとするならば，この権利の保証がおびやかされることになる。しかし，ポリグラフ検査の機能を「他人の内心に踏みこむ」とする評価はどのように考えても過大であり，人間の心に自由に立ち入ることができる心理検査を人類が入手できるのは遠い将来のことであろう。ただし，現行のポリグラフ検査技法が黙秘権との関連においての論議がなされるのは，ポリグラフ検査の結果に関して供述証拠説と非供述証拠説との2説があるためである。

まず，供述証拠説は，ポリグラフ検査における質問呈示とそれに対する被検者の応答との関係は供述にあたるという見解である。たとえば，検査者が「あなたは犯人が建物の裏手のドアから入ったことを知っていますか」と質問し，被検者は「いいえ」と答えたとする。この質問と応答の関係は，被検者が「私は犯人が建物の裏手のドアから入ったことを知りません」と供述したのと同様の意味があるとする考え方である。したがって，ポリグラフ検査の根幹となる質問呈示と応答を記載してあるポリグラフ検査結果回答書は供述証拠とみなされるべきであり，黙秘権との関連を厳格に論議されなければならないとする意見がある。たとえば，久米 (1979) は「生理反応自体が独立に証拠となるのではなく，質問との対応関係で，採取した反応の分析を通じて心理を推測し，被検者の内心の表出として評価され証拠となるのであるから，全体として供述的証拠たる性質をもつとみるべきものであり，黙秘権侵害の問題が生じうると考えるのが正しいと思われる」と述べている。

他方，非供述証拠説は検査場面において呈示される質問は，被検者の返答の内容が真実であるか否かを証拠とするためではなく，それぞれの質問に対応した生理反応を発現させるために呈示される。そして，これらの生理反応が証拠として用いられるのであるから，ただちに黙秘権を侵害しているとはいえないとする立場である。たとえば，平野 (1958) は「ライ・ディテクターのテストは質問を発する場合も，これを，その供述内容の真実性を証明するために用いるのではなく，その際の生理的変化を証拠として用いるにすぎない。その性質は非供述証拠である。したがって，直ちに黙秘権の侵害とはいえない」としている。

対照的な位置にあるこれらの2説は，被検者の同意（承諾）を必要要件としている点は共通している。たとえば，供述証拠説を主張する田宮 (1963) は「黙秘権を放棄してテストを受けることができる」という見解を明らかにしている。他方，非供述説の立場をとる平野 (1958) は「しかし，単なる身体検査ではなく，心理の検査であるから，現行法上は，同意がない限り許されないと解すべきである」と検査実施にあたって，被検者の同意（承諾）を得ることを前提としている。

現行のポリグラフ検査実施の手続きにおいては，承諾書の形式で被検者の同意を得ることを原則としている。したがって，この黙秘権との関連の問題は解決していると理解できる。

5　伝聞性の排除と証人出廷

公判廷の外で作成された供述証拠は，伝聞証拠であり，その証拠能力を原則として否定される。ポリグラフ検査の経過および結果を記載した回答書について，山崎と内藤 (1977) は「検査者が経験した事実とそれに基づく意見の公判期日外の供述書として一つの伝聞であるが」と規定している。したがって，公判廷において，内容の真実性について反対尋問を受けたのちに証拠能力が認められる。これが伝聞性の排除という手続きである。ポリグラフ検査の実施およびポリグラフ検査結果回答書の作成は公判廷の外で行われているのであるから，この伝聞性の排除という手続きを経過したのちに，ポリグラフ検査結果回答書における証拠能力の要件を満たすことになる。すなわち，検査を担当し，ポリグラフ検査結果回答書を作成した者が公判に証人として出廷し，尋問を受け，そのポリグラフ検査結果回答書が真正に作成されたことを供述する。

公判廷における尋問は主として検査経過および結果についての理解と評価をめざしている。日本の裁判制度は自由心証主義を骨幹としているので，証拠の証明力については裁判官の判断に委ねられている。そして，証明力の評価にあたっての判断材料は，証人として出廷している検査担当者が尋問に対する答弁の内容を通じて提供しなければならない。検査担当者であれば，日常的に使用し，その意

topics 実験方法の工夫と倫理的問題

　心理学では，新しい方法の開発のため，あるいは，理論的問題の解明のため，様々な条件を統制したもとでの実験研究が行われてきた。ポリグラフ検査の研究も例外ではなく，実験研究で信頼性と妥当性が確認された生理指標や検査方法が，実際の犯罪捜査に採用されてきた。

　ポリグラフ検査に関する実験では，できるだけ実際の犯罪と状況が似てくるように工夫する。たとえば，模擬窃盗犯罪と呼ばれる課題は，検査前に別室であらかじめ指定された品物をひとつ盗んでもらい，あたかも窃盗を行ったような臨場感を被験者に与える。また，仮想スパイ犯罪は，作戦命令の書いてある封書を渡され，封書の中に書いてある仮想のスパイ活動に従事させるものである。これらの方法は，実際に行為を伴うことから，行動自体が被験者の記憶に深く刻まれるという利点がある。また，模擬的，仮想的といえども窃盗やスパイ活動に従事する経験は非常に珍しいことなので，被験者も新鮮な気持ちで実験に臨むことができる。ただし，いくら模擬的・仮想的といっても，反社会的行為に従事させることになるので，実験前には実験の主旨をよく説明し，実験協力に理解を示した人だけを対象とする，いわゆるインフォームド・コンセント（説明と同意）が不可欠となるのである。

　この他，被験者の動機づけを高めるために，実験報酬として現金を支払うこと，さらに，検出回避できたならばボーナスを支払うことも行われる。また，「情動統制力と高い知性をもっている者は実験者を欺くことができる」といった教示を行い，動機づけを高める方法もよく使われる。ただし，この教示による方法は，被験者慣れした人には根も葉もないことと簡単に見破られてしまう場合もあり，これでは実務のような臨場感を実験室で出すことができない。そこで，「もし検出されたら電気ショックを与える」という教示をした実験も過去にはあった。実際には，電気ショックは与えないが，教示によって電気ショック（慣れることのない身体的・精神的苦痛を伴う）をかけられると言われた被験者は，一時的にせよ深刻な脅威にさらされる。このような状態に追い込むだけで，倫理的観点からは許されないことであろう。研究に一生懸命になるあまり，このような倫理的問題をおろそかにすることがないように，最善の注意を払って研究を進める必要がある。

（平）

味も十分に理解している検査技法の用語であっても，予備知識のない人々に対して，これを説明し，理解を得ようとすると，案外難しいということを経験している。とくに，公判廷という場面では，証人に心理的な負荷がかかるのは当然であり，それだけに，答弁にあたって十分に意をつくしえないということもあり得る。誠実な態度をもって終始し，簡潔ではあるが理解しやすい内容の答弁をするように努めることが肝要である。

たとえば，「裁決質問法とは何か」という尋問に対する答弁は，裁決質問と非裁決質問の相違点，これらの組み合わせの方法，実施の結果などの説明が内容となる。このような場合には，証人として出廷した検査担当者が誰であっても，裁決質問法の構成条件は比較的に簡単明瞭であるから，答弁内容には大きな差異は出てこない。しかし，前提となる条件によって結果が異なることがあるような問題に関しては，説明内容が不十分であると，証人の意図が完全に表現されないという可能性がある。この点に十分配慮する必要がある。

一例をあげてみよう。測定指標のひとつである皮膚電気活動は刺激に対して敏感に反応する特性があることが知られている。その敏感性を強調すると，不安定な反応であるかのような印象を与え，この測定指標の信頼感を低める結果をもたらすことになる。したがって皮膚電気活動の反応特性や被検者における反応の個人特性などについても説明するとともに，ほかの測定指標である呼吸や脈波における反応特性をも説明して，こうした複数の測定指標の組み合わせが効果をもつということへの理解をはかり，判定結果の信頼性を確保するように努める必要がある。

6節 日本と諸外国との比較

本書で扱われているGKTを実際の犯罪捜査で使用しているのは，世界中で日本のみである。一方，アメリカやカナダ，そしてイスラエルなどで犯罪捜査に用いられているのはCQTである (CQTの詳細についてはMatte, 1996)。日本のGKTがどのように実施されているのかということが，海外ではほとんど知られていないのと同じくらいに，日本では海外のポリグラフ検査について知られていない。そこで，CQTについて詳しく調べたいと考えていたところ，警察庁の研修制度により，1996年9月からカナダに3か月間滞在し，トロント大学のフィルディ（Furedy, J.J.）教授のもとで実態調査をする機会を得た。

以下の内容は，この際に得られた情報を中心にして記述したものである。

1 ポリグラフ検査者の数

1996年にアメリカポリグラフ協会（American Polygraph Association：以下APA）から発行されたニュースレターには，世界中にいるポリグラフの検査者数の推定値が示されている。それによれば，ポリグラフの検査者が最も多いのはアメリカで5000人，次いでカナダ120人，以下，トルコ・日本・ロシアが100人，イスラエル60人，韓国51人，中華人民共和国40人，南アフリカ共和国30人で，2桁以上の検査者がいるのは16か国と報告されている。このほか，各国の人口，1000万人に占めるポリグラフの検査者の比率で，多い順に，シンガポール・エルサルバドル・クロアチア・ボリビア・中華民国・サウジアラビア・クウェート・ポーランド・メキシコ・パキスタン・インドとされている。地域別でも北アメリカが筆頭で，以下，アジア443人，ヨーロッパ172人，アフリカ36人，南アメリカ18人，オーストラリア2人で，全世界では57か国に5866人の検査者がいると記述されている。

しかしながら，西ヨーロッパでは，ドイツなど，犯罪捜査を目的としたポリグラフ検査を禁止している国も多く (Ben-Shakhar & Furedy, 1990)，ヨーロッパに関してAPAのニュースレターにポリグラフの検査者数が記載されているのは，ハンガリー，ポーランド，ルーマニアなど，ほとんどが東ヨーロッパの国々である。

また，APAの名簿をもとに検査者の所属について推定すると，アメリカでは国防総省など政府関連施設に勤務する検査者は500人程度，警察関係者は2000人あまりで，あとはすべて，保険会社などに雇われている民間のプライベートポリグラファーである。

ところで，ニュースレターに掲載された日本の100人という推定値には，警察ばかりではなく，郵政監察官・自衛官も含まれていると推定されるが，国別の人口比で18番めという日本の検査者数は世界の中で決して多いほうではない。日本では，民間でのポリグラフ検査の需要がほとんどなく，犯罪捜査に限定して用いられているため，北アメリカなどと比べて，検査者の数が多くはないのであろう。

2 カナダにおけるポリグラフ検査数と研修制度

アメリカでは民間でもポリグラフ検査が行われているし，国防総省・FBI，そして警察機関でも使われているが，横断的にこれらの検査件数を掌握している機関はない。また，カナダでも，王立カナダ騎馬警察隊（アメリカのFBIにあたるもの），自治体警察がある一方で，日本の警察庁のような機関が存在しないか

ら，実質的にどの程度の数のポリグラフ検査が行われているかは公的に明らかにされてない。

この点に関して，オンタリオ地区警察のポリグラフ検査者であるヤング（Young, C.）の調査結果が参考になる。彼は国内のポリグラフ検査者に電話し，1995年1年間にカナダ国内で実施された件数について個別に調べたところ，犯罪捜査に関連した検査総数は，4215件とのことであった。日本とカナダでは，殺人事件の発生件数が年間1500件程度とほぼ同じくらいであるが，ポリグラフの検査件数もかなり似た数字を示している。なお，トロント警察での検査拒否は年間15%程度であると聞いているが，この数字は日本に比べていくぶん多いのではないかと推察される。

ところで，カナダではポリグラフの検査者はすべて警察官である。検査者となるには，刑事としての取調べ経験が5年以上あり，コミュニケーション能力が高いという条件があげられている。したがって，カナダの検査者は刑事として十分な実績を積んだ人間ばかりであり，30歳以下の者は存在しない。一方，日本の場合は，検査者の身分は警察官ではなく，心理学の専攻者が最初からポリグラフ検査専務の研究職員として都道府県警察に採用され，科学捜査研究所に配属される。

他方，カナダでは，1996年当時のトロント警察でポリグラフ担当者は知能犯（詐欺）係に，そして1999年現在では性犯罪課に所属しているが，オンタリオ地区警察の場合は行動科学課であるなど，必ずしも検査者の所属が一定していない。

また，北アメリカでポリグラフ検査を実施するためには，APAが認定しているスクールで研修を受ける必要があるが，このような施設は国防総省など，北アメリカには12か所ある。カナダの場合，警察に勤務するポリグラフの検査者は全員，オタワにあるポリグラフ研修所で13週間の訓練を受け，さらに警察署に派遣されて2週間のインターン期を経なければならない。研修期間は現在の日本とほぼ同じであるが，北アメリカでの研修内容はほとんどがCQTの実習である。

3　北アメリカのポリグラフ検査

(1) 政府関連機関でのポリグラフ検査

アメリカ国内では，犯罪捜査とは別に様々な政府機関でポリグラフ検査が使われている。FBI，CIA，国家安全保障局，国防総省，財務省，原子力研究所などでは，新規採用時や昇進時にポリグラフ検査が実施され，その他にも秘密の漏洩など，職員の不正な行為の摘発に用いられている。このような場合には，不正の掘り起こしが目的であるから，CQTでもGKTでもなく，事実を特定しないまま，

「お金を持ち出したことがありますか」「外部に秘密を漏らしていますか」「セクハラをしたことがありますか」といった形式の質問が行われているようである。

一方,捜査機関以外でのポリグラフの民間使用は,かつては銀行などの金融機関でも不正防止に用いられていたが,アメリカでは1988年に,連邦政府職員などの公務員を除く一般会社への求職者に対するスクリーニング目的もしくは,被雇用者に対する業務上の目的でポリグラフ検査を行うことが法律で制限された。

(2) CQTによるポリグラフ検査
① CQTの質問例

ある会社で,朝,出勤した社員が金庫を開けてみると,前日の売上金がすっかりなくなっていたとする。出入り口の施錠は完全であるし,夜間はセキュリティ会社と契約しているので,異常発報があればすぐにわかるはずだが,当夜は何ら,異常が報告されていない。しかも,金庫が壊されていないことから,金庫の鍵を持ち,ダイヤル番号を知っている人間でなければ,金を持ち出すことは困難である。

以上の点から,犯人として最も疑われるのは,この会社の内部の人間である。それも,ふだん,金庫に金を出し入れしている経理の関係者が,前夜の退社時か,早朝,出勤した直後に金を持ち出した可能性が大きい。むろん,第一発見者も容疑者のひとりである。

このような場合,北アメリカでは発生とほぼ同時に,金庫の置いてあった部屋に出入りする人間に対して,警察からポリグラフ検査を受けるように依頼される。

質問例は以下のようになる。

```
1  あなたは（名前）さんですか。
2  私があらかじめ言ったこと以外に,何か聞かれるのではないかと思っていますか。
3  この検査の各質問に,本当の答えをしようとしていますか。
4  今まで聞いたこと以外に,誰かをだましたことがありますか。(対照質問)
5  ○月○日,会社の金庫からお金をとりましたか (関係質問)。
6  今まで聞いたこと以外に,誰かをだましたことがありますか。(対照質問)
7  ○月○日,会社の金庫からお金をとりましたか (関係質問)。
8  今,○○市に住んでいますか。
9  今まで聞いたこと以外に,あなたは人に知られてはずかしい行為をしたことがありますか (対照質問)。
10 ○月○日,会社の金庫からお金をとりましたか (関係質問)。
```

以上の質問系列を3回くり返し,関係・対照の質問対ごとに,どちらかに反応

が強く出ていると判断された場合には，呼吸・SRR・脈波の指標別に1から3までの得点をつけていく（関係質問側に反応が強い場合はマイナス，対照質問側に反応が強い場合はプラスであるが，ほとんどの場合，＋1または－1で，それ以上もしくはそれ以下のスコアはつけられない）。そして，3回の合計が＋6から－6までの場合には判定不能，－7以上が虚偽，＋7以上は真実の返答をしていると判定される。

　生理反応の測定に要する時間はわずか20分程度である。この後，検査者はわざわざ別室に移って，判定作業を行う。実際には，コンピュータによる自動判定も導入されているので，検査の終了と同時に，ほぼ結果は出ているはずである。それはともかく，被検者はひとり，検査室に放置されるのだが，これは被検者自身に自分のことを考えさせる時間であるらしい。簡単に言えば，自供するかどうかを被検者自身に決断させるための処置である。

　10分ほどで，「判定作業」を終えた検査者は検査室に戻ってくる。もし，上記の質問で容疑性がないと判断されれば，「君の協力に感謝する」と検査者は被検者と握手して別れることになり，そうでない場合，検査者は刑事として，「検査結果に基づいた」取調べを開始する。もちろん，日本では，検査者が検査の結果を被検者に直接，告げることもないし，警察官ではないから取調べをする権限もない。

②事前面接
　日本でもCQTは実施されているが，CQTの手続きに関して日本と北アメリカの大きな違いは，事前面接にある。

　北アメリカでの面接は，主として被検者と対話しながら，対照質問を探し，それを練りあげていくような作業で，その時間は2時間にも及ぶ。CQTには必ずこうした作業が必要であるが，日本にはこの面接法が正確に伝えられていない。

　ところで，実務を中心に発展した北アメリカのCQTには，実験室から育ったGKTとはまったく違った考えがある。すなわち，ウソの返事をした時と，本当のことを言った時には，生理反応に必ず違いが出るはずだという考えがそれである。

　そのために，すべての被検者が確実にウソの返事をする，コントロール条件を用意しなければならない。いわゆる，ノウン・ライ（known lie）という対照質問がその役割を果たす。面接段階で，検査者は「今まで聞いたこと以外に，あなたは人に知られて，はずかしい行為をしたことがありますか」と質問し，被検者が「ノー」と答えると，「じゃあ，聞くけど，会社のものを無断で持ち出したり，私用に使ったりしたことはないかい」と尋ねる。それでも，「ノー」と答えると，今度は「子どものころを思い出してごらん」という。被検者は考え込んだ挙げ句，

「小学生のころに，お母さんの財布から5ドル抜き取ったことがある」と答える。ここで，検査者はニコニコしながら「正直に話してくれてありがとう。でも，そんな昔のことはいいんだ。ところで，話を戻すけど，最近のことでは，どうだい……」とまた話を続ける。このようにして，被検者がはっきり「ノー」と答えられないような質問を探し，被検者が「イエス」と答えた時点では，また，質問内容を若干，修正するという作業をくり返す。これによって，被検者の注意を対照質問に向け，対照質問にウソをつくことを被検者自身に意識させることが，2時間にもおよぶ事前面接の最大の目的である。そして，対照質問によってウソの返事をした際に生じる反応を確保したうえで，関係質問に対する反応と比較し，なお，関係質問に対する反応が顕著であれば，検査対象となった事件に虚偽の返答をしていると判定されるのである。

最近では，CQT以外にも，いくつかの検査法が考案されている。たとえば，
「あなたはジョンと自分からすすんで性的関係をもちましたか」
「ジョンに脅されてむりやりに性的関係を結ばされたのですか」
という2種類の質問に1系列めは「ノー」という答えをし，2回めには「イエス」と答える手続きはポジティブコントロールテストと呼ばれている (Forman & McCauley, 1986)。また，「2×2は4ですか」と質問し，故意に「ノー」と虚偽の返答を被検者にさせ，これを対照質問とするといった方法も実験的に研究されている (Honts et al., 1995)。対照質問にウソの返事をさせるということが，北アメリカの実務家の頭からは，はなれないようである。

4　公判廷におけるポリグラフ検査

アメリカでの犯罪捜査におけるポリグラフ検査の証拠採用状況は，州によってまちまちである。アンズレイら (Ansley & Beaumont, 1992) によれば，弁護側の同意がなくても証拠として認められた例があるのは，ミシガン，ニューメキシコの2州のみで，弁護側の同意がある場合に証拠採用例がある州は，アラバマ，アリゾナ，アカンソー，カリフォルニア，デルウェア，フロリダ，ジョージア，アイダホ，インディアナ，アイオワ，カンサス，ネバダ，ニュージャージー，ノースダコタ，オハイオ，ユタ，ワシントン，ワイオミング（アルファベット順）の18州である。証拠として認められていないのはアラスカなど29州，ポリグラフ検査結果の証拠採用に関連した上訴審の判例がないのは2州（バーモント，バージニア）である。

また，カナダの刑事裁判では，ポリグラフの検査結果が有罪の証拠として採用されたことがない (Ben-Shakhar & Furedy, 1990)。

5　フィルディのCQT批判

　GKTの実験室的研究を盛んに行っていたリッケンは，CQTが科学的に容認できない方法であるとし，他方，犯罪捜査の実務でCQTを改良したラスキン (Raskin, D.C.) はGKTが実務では使えないと反論して，1970年代にはポリグラフ検査で用いる質問方法の大論争が行われた (Lykken,1979；Lykken,1978；Raskin, 1978；Raskin & Podlesny,1979)。この論争は70年代の終わりにいったん，終結したが，カナダのフィルディとイスラエルのベヌ・シャハールが共同研究を始めた80年代の終わりから，再びラスキンおよびその後継者とフィルディらの間で，CQTの是非をめぐって活発な討論が展開されるようになった (Ben-Shakhar & Furedy, 1990；Honts et al., 1995；Furedy,1996)。

　フィルディのCQT批判は，次の3点に要約される。

①CQTの対照質問は適切なコントロールとはなっていないため，検査結果が信頼できない

②数量的評価法（スコアリング）は，「客観的」ではなく「主観的」判定で信用できない

③心理学的知識のない警察官がたった30分の検査をして，その後に長い取調べをすることは，誤った自白を生みだすことにつながる

　フィルディのCQT批判の最大の理由は，対照質問がコントロールの役目をしていないという点にある。すなわち，面接でいくら対照質問に注意を集めるような操作をしても，実際にそのような操作が成功したかどうかを確認する手段がない。したがって，そのような内容をコントロールとして，関係質問に対する反応と比較しても意味がないという見解である。フィルディがとくに問題にしているのは，ポリグラフ検査の結果に証拠能力が与えられていなくても，CQTによる検査後に得られた自供には証拠能力があるという点である。被検者が承諾した生理反応の測定はたった30分程度であるのに，その前に2時間にもおよぶ事前面接があり，検査後には不正確なCQTによる検査結果をたてにとって，検査後面接という名目で，実質的には取調べが果てしなく続く。そこで，CQTによる検査には誤った自供を促進するような機能があると指摘しているのである。

　ところで，GKTでは，事件内容の知識のない被検者にとって，どの質問に反応が出れば犯人として疑われるかということ自体がわからないはずである。他方，CQTの場合には関係質問に反応が出れば，犯人として疑いをかけられることは，無罪群の被検者にもわかることであるから，関係質問に反応が出ても，それだけで事件に関与しているとはいいきれないであろう。しかも，GKTでは5質問で1系列が構成された質問系列を3回反復呈示するから，犯人でないのに3回とも，偶然に，裁決質問に反応が出るのは $(1/5)^3$ ときわめて小さな値となるが，CQTでは関係・対照の一対比較であるから，偶然，関係質問に強い反応が出る確率は

GKTの裁決質問に比べてかなり大きくなる。さらに，GKTの場合には，ひとつの事件でいくつもの質問系列を構成可能であるが，CQTの場合はひとつの質問系列しか構成できないから，CQT単独の検査では明らかにフォールスポジティブを招く確率が大きくなるといえよう。

このことを裏づけるように，フィルディのもとには，CQTで陽性判定された被検者がいったんは犯行を自供しながら，後にこれをくつがえし，裁判でも無罪になったケースファイルがいくつも保管されている。すべて，フォールスポジティブの事例である。このほか，最近の調査でもCQTに比べてGKTは科学的であることが十分に認められているのに (Iacono & Lykken, 1997)，なぜ，北アメリカでは，GKTに比べてフォールスポジティブの確率が大きくなるCQT単独での検査が多用されるのであろうか。

6　GKTは北アメリカでは不可能か

最近でもアメリカの原子力研究所では，核開発に関連した機密事項が流失するという事件が起き，ポリグラフ検査で陽性判定された職員が捜査協力を拒否して解雇されている（1999年4月8日U.S.A. TODAY）。このような場合には，誰に対し，どのような方法で秘密が漏らされたかということについて，裁決質問を見つけだすことは不可能であると思われる。また，犯罪捜査についても，裁決質問になるような情報が，北アメリカではすべて公開されてしまっているということが，GKTを実施できない理由としてしばしばあげられている。

O.J.シンプソンが元妻の殺害を疑われた事件では，リッケン (Lykken, 1998) が早期にGKTによるポリグラフ検査を実施すべきであったと，のちに述懐しているように，世の中に注目される事件ほど，裁判の進行過程で次々に事件内容の詳細が明らかにされてしまうので，公判段階にいたると犯人しか知り得ないような裁決質問はもはや残されていないであろう。また，逮捕後には被疑事実の要旨を被疑者に告げるので，裁決質問が減少するという事情は日本でも同じであるが，GKTが実施できないのははたしてそれだけの理由であろうか。

ここで，筆者がカナダ滞在中に起きた象徴的な事件について紹介しよう。

図2-13に示した新聞記事は，1週間という短い期間に，隣接地域で4件発生した連続強姦事件について報道されたものである。この場合，発生場所を地図入りで紹介するとともに，犯人の似顔絵を公開して注意を呼びかけているので，記事の内容はかなり詳細である。しかしながら，この新聞に載っていない事実で，まだ他に犯人でなければ知り得ない事実を警察が把握しているはずだから，そのような事項を裁決質問とするGKTの質問構成は可能であると推定された。そこで，次回，トロント警察に出向いた時に，筆者がこの事件に関するGKTを構成

してみせようと思い，その参考にするため，新聞記事を残しておいたのである。
　ところが，トロント警察へ行く前に，犯人は隣接のヨーク警察に逮捕されてしまう。さらに，逮捕から5日めの新聞にはDNA型検査の結果，容疑者はシロとなり，釈放されたと書かれている。逮捕の当日，この容疑者は事件発生場所付近を深夜にうろついていたことから，職務質問された後，警察署に連行され，午前5時になってCQTによるポリグラフ検査を受けさせられた。その結果は陽性判定で，犯行をいったん自供したが，その後，一連の事件で採取されていた犯人のDNA型と，この容疑者の型が相違したことから釈放されたのである。したがって，ポリグラフの結果は，明らかにフォールスポジティブである。
　以上のことはすべて新聞報道による情報である。このように，カナダではきわめて報道が詳しいが，日本の場合でも，殺人事件となれば，かなり詳細な部分まで公開されてしまい，場合によっては，屋内での死体の位置が図で示されていることもある。それでも，ポリグラフの検査者が実際に現場を訪れて，捜査員や，

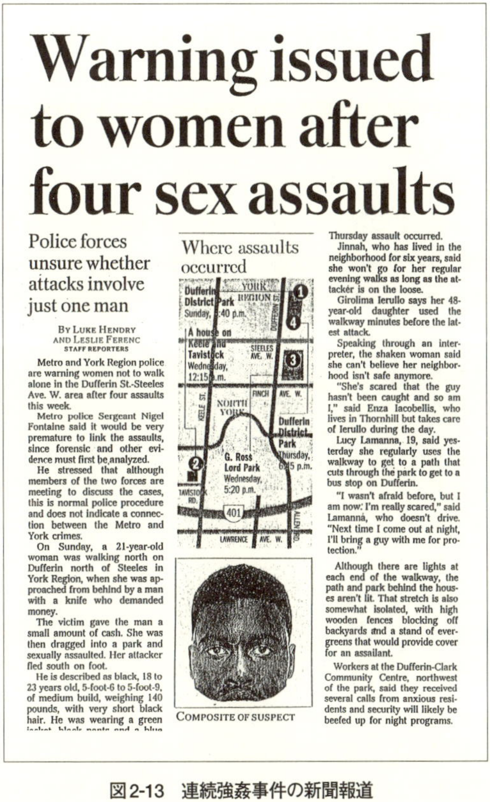

図2-13　連続強姦事件の新聞報道

被害者・目撃者などの事件関係者から詳しく状況を聞くことができれば、犯人にしかわからないような現場の詳細事実はいくつか発見することができるものである。

少なくとも、筆者が3か月の滞在中に見たカナダの新聞やテレビニュースでは、すべての事件においてマスコミの報道が詳しすぎて、裁決質問がまったく残されていないということは感じられなかった。他方、そもそもカナダではGKTを実施しようという考えが根本的に欠落しているのではないかと思われる。オタワでの3か月におよぶポリグラフの研修中に、GKTに関する講義はたった1時間しかなく、どのようなことが有効な裁決質問になるかについて、犯罪捜査に従事する現場の検査者には十分な知識がないのであろう。このことを裏づけるように、FBIのポドレスニーは、過去に起きた実際の事件について検討した結果、GKTを実務で使えるケースは全体の13.1%にすぎないと述べている (Podlesny,1993)。

また、日本では午前5時にポリグラフ検査を実施することはないし、誤逮捕ともなればいっせいにマスコミは警察批判を開始するであろうが、カナダでは1,2日でこの騒ぎも終わってしまった。「疑わしきは罰せず」という日本に比べて、カナダでは「疑わしい人間」を逮捕して取調べることに日本ほど抵抗はないようである。

この時の誤判定について、トロント警察でも、オタワのポリグラフ研修所でも意見を求めたが、「こういうことは稀なことだし……」といった曖昧な答しかかえってこなかった。CQTの精度は90%という彼らの考えからすると、全体の1割程度は、結果を間違う危険があることを折り込みずみということなのだろうか。

7　検査件数の中身の違い

ヤングが行ったカナダ国内での実施件数についてはすでに述べたが、ここではその内訳について検討してみよう。ヤングが調査した4215件のうち、陽性判定は1260件（29.9%）、陰性判定は2110件（50.1%）、その他は845件（20.0%）であった。また、オンタリオ州の警察に所属する9名のポリグラフ検査者の会議において、筆者が独自に調査した722件の結果も、陽性24.1%、陰性66.9%、その他9.0%であった。

カナダでのポリグラフ検査は、総数では日本とあまり大きな差はないが、1990年から10年間の日本の平均件数の内訳を見てみると、陽性38.5%、陰性45.3%、その他16.2%と、カナダに比べて陽性判定の比率が高く、陰性判定が少ない。これはどういうことを意味するのであろうか。陽性判定よりも陰性判定が多くなるという現象には、どのような原因が考えられるのであろうか。

この点について明らかにするために、トロント警察に嘱託された事件の内容に

ついて詳しく調べることにした。検査嘱託のうち，最も多い罪種は窃盗であるが，その手口はほとんどが職場盗である。職場盗に関して，作成されたポリグラフ検査結果の回答書には以下のように記述されている。

「ポリグラフ検査の結果，ジョンをのぞく残りの全員は，A会社における窃盗事件の容疑者から除外できる」

CQTの質問事例のところで示した職場盗のようなケースでは，1人の犯人を見つけだすために，場合によっては従業員全員を検査することになる。この結果，うまく解決したとしても，陽性判定1件に対し，その何倍もの数の陰性判定がなされることになる。

日本では，ある程度，容疑性の高い人間に対して，ポリグラフ検査を実施することが多い。むろん，職場盗のような場合には必ずしもそうではないが，それでもある程度，基礎的な捜査によってポリグラフ検査の対象となる人数を絞り，容疑の濃い人間だけを検査するのがふつうである。一方，カナダでは，事件に関係ないものを「ふるい落とす」ためにポリグラフ検査を行うことのほうが多いようである。換言すれば，カナダではポリグラフ検査でシロとなった人間をのぞいて，初めて身辺をあらう基礎捜査が開始されるのである。このような使い方では，結果がシロっぽく出やすいGKTのような方法は確かになじまない。多少，クロっぽく結果が出るCQTでも，シロいものをふるい落とすのに使うなら，納得がいく。そして，このような使い方をするから，カナダでは日本に比べて陰性群と陽性群の差がかなり大きくなると考えられる。

また，オンタリオ州で行った筆者の調査結果で，ポリグラフ検査の対象事件として2番めに多かった性的暴行も，やっかいな内容である。つまり，家庭内での事件が多いのである。たとえば，同居の叔父が幼い姪に性的なイタズラしたということもあれば，実の父親が娘を強姦したというケースも少なくはない。

この他，性犯罪に関して北アメリカでポリグラフ検査の対象となるのは，被害者と被疑者が顔見知りであることが多いようである。性的行為そのものは認めたうえで，一方は，合意のうえでのセックスであると主張し，他方は強姦であると主張するといったケースである。

家庭内強姦，そして顔見知りどうしの同意のうえでの性行為かどうかといった事件では，裁決質問を見いだすのは相当に困難である。いわば，カナダでは，日本であまり積極的に使われないような事件内容について，ポリグラフ検査が使われている。したがって，そういう事件でGKTを実施することはほとんど困難で，CQTによる質問呈示しかないというのが調査の結果，判明した事実である。すなわち，ポリグラフ検査の対象となる事件が，日本と北アメリカではかなり異な

るのである。

　トロント警察の検査者によれば，膣内から精液を検出できるような強姦事件ではDNA型検査で犯人を特定できるし，指紋で解決するような窃盗事件ならば，ポリグラフ検査など必要ないということであった。いわゆる家庭内強姦や職場盗のように，物証の少ない事件で，ポリグラフを使って自供させてこそ，この手法の意味があると考えているようであった。したがって，ポリグラフ検査は，科学的鑑定というよりは，尋問方法のひとつであると考えられているようである。少なくとも，GKTのような事件内容の認識の有無を検査する間接的手法は，自供を導くまでが仕事である彼らの要求にそぐわないようであった。

　そして，実務上は現在，北アメリカで行われているCQTでも，ある程度，正確な結果を出せるということもまた事実であり，対照質問の設定に改良を加えるべき点はあるにしても，CQTが犯罪捜査にまったく使えないというフィルディの主張は，やや極端すぎるといえるかもしれない。そして，ベヌ・シャハールらによれば，GKTによる無罪群の識別率が94％ときわめて高いのに対し，有罪群の識別率は84％程度にとどまっている (Ben-Shakhar & Furedy 1990) ことを考えると，フォールスポジティブの少ないGKTと，フォールスネガティブの少ないCQTの併用が実務上では有効であるといえよう。

8　2つの裁決質問

　ところで，実は，北アメリカでもGKTは使われているのである。
　たとえば，殺人事件で「38口径」のけん銃が使われたとする。
　検査前の面接で，検査者は，さりげなく「32口径」のけん銃が使われたようだと被検者に対して意図的に偽の情報をリークする。そして，そのあとの何番めかの質問の中で，使用されたけん銃の口径についてGKT方式で「22口径ですか，32口径ですか，38口径ですか，45口径ですか……」と質問し，「32」にしか反応しないようであれば，シロ判定の有力材料にするというのである。
　この場合，38口径が裁決質問であるのに対し，32口径はフィクシャス・キーと呼ばれ，無罪群を判定するための裁決質問である。
　しかしながら，被検者に，「さっき，あなたがこの事件では32口径のけん銃が使われたと言ったではないですか」と言われた時に，どのように対応するのであろうか。そして，ここでもまた，検査者がリークしたフィクシャス・キーを被検者がどの程度，信用したかどうかを確かめる方法がないのである。

9　実務と実験

　ところで，筆者がカナダで出会ったポリグラフの検査者は，尋問技術を磨き，

供述分析に精通し，言語以外のしぐさやボディランゲージを含めて，ウソを見破るあらゆる徴候について研究することに熱心であった。たとえば，面接時の被検者と検査者の椅子の位置，最初の話の切り出し方，質問する際の体の傾け方，そういったことのすべてが詳細にマニュアル化されている。惜しむらくは，彼らが身につけている技術には，科学的に証明されたことと，そうでないものが混在している点である。このことについてはトロント警察の検査者自身も認めており，彼のポリグラフ検査は，厳密には科学的ではないかもしれないが，自供を得るための「アート」であるらしい。

さて，日本の検査者は，実務の検査を実施しながら，学会にも積極的に参加し，警察に所属する研究者が中心になって，1996年以降は毎年，学会レベルでGKTのシンポジウムが開催されてきた。また，1999年だけに限ってみても，学会で警察職員が虚偽検出関連の口頭発表をした数は13題にもなる（日本心理学会：5題，応用心理学会：2題，生理心理学会：4題，犯罪心理学会：2題）。

これに対して，アメリカではポリグラフの研究者と検査者は完全に独立していて，警察に所属する実務の検査者がアメリカの学会で口頭発表したケースは過去にない。トロントの検査者は，ベヌ・シャハールの名すら知らないというのが実情であって，彼らがサイコフィジオロジー（Psychophysiology）のような学術雑誌を読むこともないのであろう。他方，APAのような実務家の年次集会には，大学で基礎実験を行っている研究者が参加することはほとんどない。

筆者は1997年に，サンジエゴで開催されたAPAの年次集会に参加したことがあるが，このような会議は毎年，アメリカ国内の様々な場所で開催されている。サンジエゴではひとつのホテルを借り切っても収容できないほどの参加者があり，開催期間も1週間に及ぶものであったが，大変な賑わいを呈していた。しかしながら，その内容は「セミナーとワークショップ」という名が示すとおり，実務のポリグラフの検査者にとって，「講習」のような色彩が強く，検査者が自らの研究成果について公表する場ではない。したがって，たとえ彼らがGKTの必要性を認識し，現場でこれを実施したいと考えても，具体的なGKTの手続きについての情報を得る方法がないであろうし，系統だったGKTの基礎実験を行うことも困難であろう。このような北アメリカの状況では，国防総省にあるポリグラフ研究所などの教育機関が，GKTの使用を推進する方策を打ち出さない限り，CQT一辺倒の北アメリカの現状が変化することは考えにくい。

10　北アメリカでGKTが使われない理由

以上の点からGKTが北アメリカで使われない理由を要約すると以下のようになる。

① 3か月の講習期間中にGKTについてはほとんど教えられていないので，GKTは最初から実務では使えないものと考えられている。実際に，どのような内容が有効な裁決質問になり得るかということについて，検査者にはほとんど知識がない。
② 検査依頼される事件には，職場盗や家庭内での性的暴行事件など，GKTで質問表を作成できないような内容が多い。
③ 職場盗などでは，ポリグラフによる検査結果を容疑者の絞込みではなく，無関係なものをふるい落とすために使うので，GKTよりも，結果が多少，クロっぽく出やすいCQTのほうが好都合である。
④ ポリグラフ検査が科学的な鑑定方法としてよりも，物証の少ない事件を解決するための尋問方法のひとつとして使われるので，GKTのような具体的，間接的質問法よりも，直接的なCQTが必要とされる。

topics インターネットに見る諸外国のウソ発見

http://www.polygraph.org/
1966年に設立されたアメリカポリグラフ協会（APA: American Polygraph Association）のホームページ。ポリグラフ検査の一般的解説ならびにその法的な位置づけに関する情報が豊富である。

http://www.wordnet.net/aapp
アメリカ警察ポリグラフィスト協会（AAPP: American Association of Police Polygraphists）のホームページ。今のところ見るべき情報はないが，いわゆる司法ポリグラファーたちの動向を知ることができる。

http://www.polygraphplace.com/
アメリカ国内における民間ポリグラファーの所在情報提供を主たる目的とするページであるが，ポリグラフ検査の入門的解説は詳しい。チャットルームでのポリグラフに関する討論も興味深く，The Polygraph Chronicles と題するニュースレターの無料配信サービスもある。

http://truth.boisestate.edu/honts/
アイダホ州立ボイジー大学のホンツ（Honts, D.R.）教授が運営するホームページ。ウソ発見を中心とした電子雑誌，Journal of Credibility Assessment and Witness Psychology を閲覧可能。また彼の主催するメーリング・リストでは，ポリグラフ検査をめぐって現在活発な議論が進行中である。このページから直接リンクされていないが，http://truth.boisestate.edu/polygraph/では，ポリグラフ検査の妥当性・信頼性をめぐる法廷での専門家証言の記録が掲載されている。

http://www.dodpoly.org/
アメリカ国防省ポリグラフ研究所（DoDPI: Department of Defense Polygraph Institute）のホームページ。これまでに当研究所で実施されたポリグラフ研究の要約が閲覧できる。

http://www.nopolygraph.com/index.htm
FBI局員の採用過程でポリグラフ検査が実施されていることに対して反対意見を掲載した匿名のホームページ。ポリグラフ検査の信頼性・妥当性に関する情報量は現在までのところこのページが最も豊富であり，一見の価値がある。

（古満）

| わが国の
研究紹介
3	質問呈示方法の検討
	谷口泰富・軽部幸浩

1. 研究のねらい

　実務場面でしばしば用いられる虚偽検出法としてのGKT（guilty knowledge test）では，犯人しか知り得ない情報を被検者が認識しているか否かということが検討される（鈴木，1986）。この方法では主に生理学的指標上に出現する裁決質問と非裁決質問に対する反応の差異からこの認識の問題が言及される。

　中山ら（1988）は，虚偽検出検査において呼気と吸気の時間が変化し全体的には裁決質問呈示に対する呼吸数が減少することを報告している。また，渡辺ら（1972）は裁決質問に対する心拍数の減少を報告している。一方，皮膚電気活動については虚偽検出の指標としてその鋭敏さの側面から否定的な報告（Reid & Inbau, 1977）もあるが，実験場面での有用性（Bradley & Janisse, 1981）のみならず実務場面においても特異反応の出現などその有用性が多く報告されている。しかしながら，従来の虚偽検出検査（実務場面または仮想犯罪場面）では通常質問内容が肉声で呈示されることが多く，とくに緊張最高点質問法とも呼ばれるGKTにおいて検査者が裁決質問の内容を認識している場合，検査者の音声（肉声）による質問呈示のあり方（音圧，抑揚，速度など）が被疑者（被験者）の反応の変動要因となり得る可能性がある。そこで，本研究は虚偽検出場面における質問の呈示を音声（質問内容を人工合成音化）と文字（コンピュータ・ディスプレイ上に質問内容を文章化）を採用し，裁決質問と非裁決質問に対する反応を検討した。

2. 実験方法

　（1）被験者　　大学生12名（男子5名，女子7名）
　（2）測定指標　　呼吸，心拍，皮膚電位反応（SPR : skin potential response）
　（3）手続き　　それぞれお金（2,000円）が入っている5つの箱を用意した。そこから被験者は1つの箱を選び，そのまま実験室のシールドルームまで運んで，そこで箱の中身を確認する。したがって，いずれの箱を選んでも中身はすべて「お金」である。なお，残りの箱の中身についての情報は提供されていない。被験者には，「自分が選んだ箱から中身（お金）を取り出し，自分の洋服のポケットなどに入れて隠そう」に指示した（模擬窃盗）。質問はお金，印鑑，通帳，指輪，腕時計の5種類とし，選択された品物（お金）の質問の順番が中央（3番め）に位置するような系列を作成した。いずれの被験者にとっても裁決質問の呈示位置は3番めであるが，その他の非裁決質問の呈示位置は被験者ごとにランダ

ムとした。また各質問の呈示間隔は30秒以上の時間をあけた。

実験は，被験者を2群に分け，「あなたがとった品物は，○○○○○ですか」の音声をコンピュータにより人工合成し，それを被験者の背後2mに位置するスピーカから呈示（60dB±2dB）する音声条件（男子3名，女子3名）と，質問内容を含む文章を被験者の眼前のディスプレイに表示する文字条件（男子2名，女子4名）で実施した。各条件とも同一被験者に任意の系列の質問を7回くり返した。また，被験者にはすべての質問に対し「イイエ」で返答するように求め，反応はポリグラフ計により増幅しレコーダに記録した。なお，シールドルーム内の明るさは被験者の眼前で約110lxであった。

3．結果

（1）呼吸　　図2-3-1は，音声条件および文字条件において，所定の系列における各質問が呈示された直後から30秒間の呼吸数を分時値に換算して示したものである（裁決質問は7回，非裁決質問は28回の平均値）。分析の結果，音声条件における裁決質問呈示後の呼吸数は，非裁決質問に対する呼吸数より少なくなっている（$p<.05$）。一方，文字条件においては，裁決質問呈示後の呼吸数と非裁決質問呈示後の呼吸数に差は認められなかった。

（2）心拍数　　図2-3-2は，両条件下の心拍数について示したものである。音声条件においては，呼吸数の場合と同様に，裁決質問呈示後の心拍数は非裁決質問呈示後の心拍数より少なくなっている（$p<.05$）。また，文字条件においても同様の傾向が認められ，裁決質問呈示後の心拍数は非裁決質問呈示後の心拍数より少なくなっている（$p<.05$）。

（3）SPR　　図2-3-3は，裁決質問および非裁決質問に対するSPRの最大変動量を平均値として示したものであり，図2-3-4は同様に質問に対するSPRの消去所要時間（刺激に対する反応が基線±1.5mV以内に収束し，それが5秒以上持続した場合に反応消去とみなした。その場合，刺激呈示から反応が基準内にはじめて回復した時点までを消去所要時間とした）を示したものである。

分析の結果，音声条件における裁決質問に対するSPRの最大変動量は，非裁

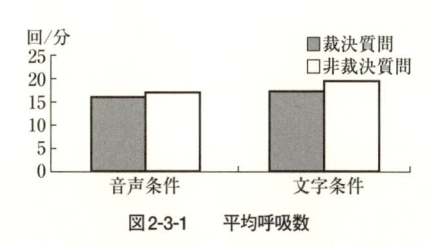

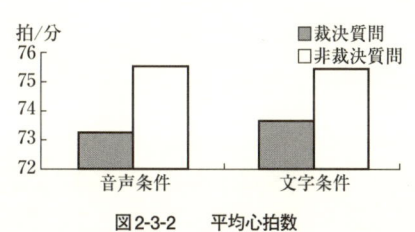

図2-3-1　平均呼吸数

図2-3-2　平均心拍数

図2-3-3 SPRの最大変動量

図2-3-4 SPRの消去所要時間

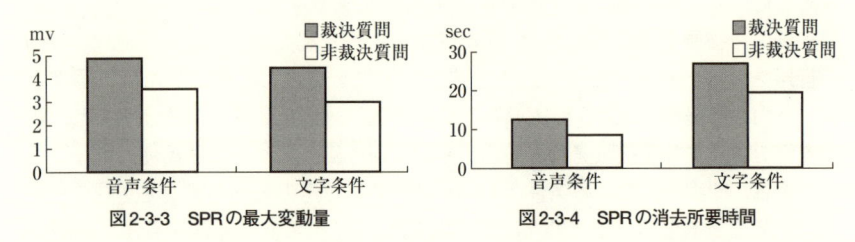

決質問に対する最大変動量より大きくなっている（$p<.05$）。同様に，文字条件においても裁決質問に対する最大変動量が非裁決質問に対する最大変動量より大きくなっている（$p<.05$）。また，SPRの消去所要時間についてみると，両条件ともいずれも裁決質問に対する消去所要時間が長くなる傾向が認められる（$p<.01$, $p<.01$）。

本実験の結果は，文字条件における呼吸数を除けば，従来の虚偽検出に関する実務報告や実験報告の結果とほぼ軌を一にしている。なお，文字条件下における条件刺激質問（裁決質問直前の非裁決質問）呈示期の呼吸数は，必ずしも有意ではないものの，非裁決質問呈示期の呼吸数より少なくなっていた。これらの結果は，全体的には機械的に統制された質問呈示方法が虚偽検出場面に適用され得る可能性を多分に示唆するものである。

4．展望

生理学的指標を用いた虚偽検出の研究は，その手続きや結果の信頼性・妥当性に主眼をおいて展開されてきた。その測定手続きや結果の解釈については，数多くの議論がなされ，その信頼性・妥当性がほぼ容認されているものの，GKT場面などにおける質問呈示については，必ずしも科学的な手続きに準拠して行われているとは考えにくい。一方，実務場面において本実験のような手続きを採用することは，時間的な制約などの問題が出来することが予想される。しかしながら，虚偽検出の科学的なアプローチには，これらの質問呈示方法の検討も避けて通ることができない問題であると考えられ，比較的簡便な科学的方法の検討が待たれる。

わが国の研究紹介 4

虚偽に伴う抑制性呼吸

黒原　彰・梅沢章男

1．研究のねらい

　実務の虚偽検出検査では，呼吸は有効な測定指標として用いられている。呼吸に現われる虚偽の兆候は，呼吸の抑制であると考えられている。我々の検査事例においても，自供等で事件の内容について認識があることを確認できた68事例（のべ359系列）に関して，裁決質問に対する呼吸反応を分類したところ，図2-4-1に示すような結果が得られた。すなわち，裁決質問に対して呼吸振幅の減少が最も多く，呼吸時間の延長，基線変化（吸った量を吐いていない時に生じる），呼吸時間の短縮，そして呼吸停止と続く。このように裁決質問に対する呼吸反応は，振幅の減少や呼吸時間の延長などの抑制的な変化を示すことが多い。呼吸は有効な虚偽検出の指標であるが，これまでの研究は視察によって定性的な変化をとらえているものが多く，定量的な検討が不足している現状にある。そこで我々は，虚偽検出における呼吸変化を定量的にとらえることを試みている。以下にその一例(黒原ら, 1999 ; Kurohara et al., 1999)を紹介することにする。

　これまでストレスと呼吸についての研究は着実に成果を上げており，ストレス刺激が換気量を増加させることが確かめられている(梅沢, 1998)。呼吸生理学には呼吸中枢制御機構(Milic-Emili & Grunstein, 1976)という古典的なモデルがある。このモデルでは，呼吸中枢に2つの機構を仮定している。一つは吸気ニューロンの発火強度をコントロールするドライブ機構であり，もう一つは吸気と呼気の切り替えを行うタイミング機構である。たとえば動脈血中のCO_2が増えると，ドライブ機構の働きが高まり，換気が増加する。我々の研究室における最近の知見では，ストレス刺激は主にドライブ機構に影響を及ぼし，タイミングには影響を及ぼさないことが確認されている(梅沢, 1999)。虚偽検出事態もまた被験者にとって間違いなく「ストレス」事態であろうから，裁決質問呈示中にドライブ測度は増加すると予想した。

2．実験方法

　模擬窃盗場面は，住宅模型の部屋から盗み出した品物を検出する課題とした。住宅模型は，居間，台所，寝室，応接間，書斎からなり，各部屋には家具が置かれた。被験者には，この住宅に侵入した空き巣事件の犯人として，それぞれの部屋に隠された品物（指輪，時計，ネックレスなど）から1つを盗み，用意した箱の中に隠すように教示した。検査者は口頭で「あなたが盗んだ品物は，指輪です

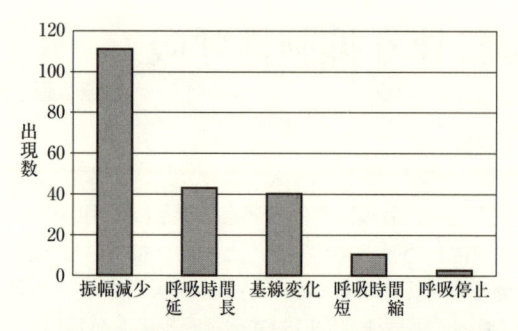

[グラフ: 実務検査の裁決質問における呼吸変化の出現数]
- 振幅減少: 約110
- 呼吸時間延長: 約43
- 基線変化: 約40
- 呼吸時間短縮: 約10
- 呼吸停止: 約3

図2-4-1 実務検査の裁決質問における呼吸変化の出現頻度

か」のように質問し，いずれの質問にも否定の返答を求めた。質問は，呈示順序を変えて3系列行った。実験終了後，被験者が選んだ品物を確かめ，その品物を問うたものを裁決質問，それ以外を非裁決質問に分類した。この実験では，他にカードテストを行い，ストレス刺激として，暗算，ビデオゲームを課している。各課題の呈示順序は，被験者間でカウンターバランスをとっている。

呼吸は流量計により換気量波形を，胸部と腹部に巻いたピックアップにより呼吸運動をそれぞれ測定した。定量的な分析を行うために，得られた換気量波形について，1サイクルごとに呼吸時間，吸気時間，呼気時間という時間パラメータ，吸気量，呼気量という量パラメータを求めた。これらをもとに分時換気量（その呼吸を1分間続けたとしたら何リットル換気を行うかという量，60×呼気量／呼吸時間として計算する），ドライブ（吸気量／吸気時間）およびタイミング（100×吸気時間／呼吸時間）測度を求めた。

3．実験結果

暗算やビデオゲームというストレス課題に対しては，分時換気量とドライブ測度が増加した。ストレス刺激によって換気が促進されるという結果である。次に，模擬的な虚偽検出場面のデータについては，裁決質問と非裁決質問について，質問前，質問呈示，返答の3つの区間における呼吸サイクルを分析し，質問前からの変化量を求めた。ストレス刺激に対して鋭敏に増加したドライブ測度は，我々の予想に反して，裁決質問に対してまったく変化を示さないことが判明した。図2-4-2は，分時換気量，呼気量について，質問前から質問呈示，返答への変化量を裁決質問，非裁決質問ごとに示したものである。裁決質問を呈示している時に，分時換気量と呼気量は有意な減少を示した。また，その程度は，非裁決質問のそれを有意に上回った。このことは，虚偽検出は呼吸活動に抑制的な変化をもたら

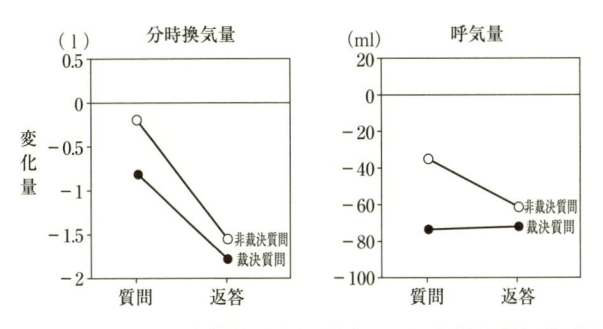

図2-4-2 裁決,非裁決質問呈示中と返答時における分時換気量と呼気量の変化

すことを示している。実務検査における虚偽マーカーと一致した結果が得られたことになる。以上の結果から,虚偽検出とストレス刺激とは,抑制と促進というまったく逆の変化をもたらすことが明らかにされた。

4．今後の展望

　ストレスは,怒り,恐れ,喜びなどの特定の感情で色づけられてはいない,非特異的な情動と考えられている。そもそも情動とは,生命体が食うか,食われるかという緊急事態に直面した時,相手に襲いかかるか,逃走するかの選択を迫られた時に体験される。これを闘争－逃走反応と呼ぶ。襲いかかる時には怒りが,逃走する時には恐れが体験される。ストレスとはこうした闘争－逃走反応の準備状態と考えることができる。ストレス刺激によって,分時換気量やドライブ測度,あるいは血圧,心拍という心臓血管系反応が増加するのは,その後に予想される運動量と酸素消費量の増加への準備なのである。血圧や心拍が増加するのは,酸素と栄養分を多く含んだ血液を体中に素早く運ぶためであり,呼吸はガス交換の効率を高めるために変化する。

　容疑者にとって,虚偽検出検査は非常にストレスフルな状況であることは間違いないことであろう。したがって,分時換気量が増大し,ドライブ測度も増加するだろうと我々は予測した。しかし,結果は予測を裏切るものであった。なぜこのような結果が得られたかを解釈してみると,呼吸の抑制は虚偽を検査者にさとられないように隠蔽する行為の現われと理解することができる。表情を抑え,声も平常に保つという行為が呼吸を抑制したと考えられる。こうした変化が自律的に呼吸をコントロールする呼吸中枢の関与によって生じたとは考えにくい。むしろ,より上位中枢が呼吸抑制を引き起こしていると考えられる。ストレスと虚偽検出では呼吸反応の背後にある生理的メカニズムが質的に異なっていることが考

えられる。ストレスであろうと，虚偽検出検査であろうと，どちらの事態でも増加する皮膚電気活動と比較すれば，呼吸反応のユニークさが理解できるだろう。

　いずれにせよ，虚偽検出における呼吸変化について，定量的なデータを蓄積していく必要がある。加えて，呼吸抑制というユニークな反応がどのようなメカニズムで出現するかを解明することは，人間行動の研究としても興味あるテーマと考えられる。

Ⅱ部
犯人の記憶を探るウソ発見

第3章
虚偽検出（ウソ発見）の理論的問題

　早朝，会社へ行く準備に忙しいあなたの家で，玄関のチャイムが突然鳴ります。ドアを開けてみると，目の鋭い男性が二人。「ちょっと，お尋ねしたいことがあるので，署まで来ていただけませんか」と言われます。二人の男性は，あなたが住む地域にある警察署の刑事です。
　悪いことをした覚えはないはずのあなたですが，どぎまぎした表情は隠すこともできません。心の中では，何かの間違いに決まっていると思っていても，具体的な容疑があって，刑事が来たのでしょう。不安で不安で仕方がないが，ここはひとつ警察署まで出向いたほうがよさそうだと，しぶしぶ任意同行に応じます。そして，警察署に着いたとたん，「ウソ発見の検査を受けてもらえないですか」と言われたとします。
　さあ，あなたなら，どうしますか。
　自分は結構，小心者なので，たとえ犯人ではなくても，そういう検査を受けることだけで緊張してしまい，精神的動揺が器械に出てしまいそうだと思いませんか。それなら，ぜひ，上のような場合に備えて，ウソ発見についての正しい知識を身につけておきましょう。
　この章では，ウソ発見の原理について詳しく紹介します。
　ウソ発見の検査では，被検者がすべての質問に「イイエ」と答えるものだと思っている方が多いようですが，実際にそうなのでしょうか。検査中の質問に，全部，「ハイ」と答えるような，へそ曲がりの人には，ウソ発見ができないのでしょうか。「沈黙は金」とよく言われますが，返答しないで黙秘する人に，ウソ発見器は役に立たないのでしょうか。こういった点については，1節で詳しく説明されています。
　また，ドキドキするという身体反応はどのような現象なのでしょうか，実際にウソをついた時に心拍数は増えるのでしょうか，あるいは血圧も上がるのでしょうか，といった点については，2節で詳細が明らかにされます。
　さらに，3節では，ウソ発見に関わる個人差について触れられます。ウソを検出されやすい性格というのは実際にあるのでしょうか。自分に自信があり，剛胆な人の場合，何を聞かれてもポリグラフの針はピクリとも動かないのでしょうか。
　そして，最後の節はウソ発見の原理に関する仮説的モデルの紹介です。

1節 返答の作用

1 「すべて,イイエでお答えください」とは言われない?

　テレビのバラエティ番組では,ウソ発見器がしばしば登場する。それなりに人気のコーナーらしい。番組で使われているポリグラフは,アメリカからの輸入品で実際の犯罪捜査で使われているラファイエット社の器械である。白衣を着てポリグラフとともに登場するのは,それを警察に納めている代理店の社長である。いかにもポリグラフ検査の権威者のように紹介され,センサーを装着された芸能人相手に準備された質問を読み上げる。もちろん,衆人環視のもとであるし,質問されている芸能人が途中でゲラゲラ笑ったり,勝手に話をしたりする。皮膚抵抗反応(SRR : skin resistance response)の針が振れるのは,ほとんどこうした体の動きに起因するもので,どの質問でウソをついたかを判定できるような記録が取れているとは思えない。しかし,原因が何であろうと,針の振れについて社長はもっともらしい説明をする。

　「ウソをついてドキドキするから反応が出るのです」

　この説明はたいていの人を納得させる。こうしてますます,ポリグラフ検査は精神の動揺を測るものだという認識が世間に広まっていく。

　この場面,実際は裁決質問の連続であって,非裁決質問との比較というものがない。多少でも科学を学んだ人であれば,実験条件に対して,コントロール条件を設けることが必要だとわかるはずだが,お笑い番組だから,それでもいいのであろう。

　ともあれ,この社長のおかげでポリグラフ検査は結構,世間に知られるようになった。中でも,「すべて,イイエでお答え下さい」という台詞が一般の人の記憶には深く刻まれているようで,そういうものだと思っている方が多い。

2 ウソの返答は,必要・十分条件か?

　GKTでは,実際の被害品が指輪である窃盗事件の場合に,指輪を裁決質問として,たとえば,時計,ネックレス,ブレスレット,イヤリングという項目を加えて,ひとつの質問系列が構成される。そして,これらの質問を呈示すると,無罪群であろうと有罪群であろうと,被検者は通常,すべて「イイエ」,あるいは「知りません」という否定の返答をくり返す。

ここで，被害品が指輪であることを知っている被検者について，返答の真偽を考えてみよう（表3-1参照）。まず，「〇〇をとりましたか」という形式で呈示される非裁決質問に対する「イイエ」という答えはすべて真実である。一方，裁決質問に対する「イイエ」という否定の返答だけが偽りである。したがって，裁決質問に対する虚偽の返答に対してのみ，生理的変化が起きるのであれば，GKTの手続きはウソ発見であるといえよう。

表3-1 返答の内容と返答の真偽

被害品について尋ねます		返答（真偽）	
1 ネックレスがとられたかどうか知っていますか	（非裁決）	いいえ（真）	はい（偽）
2 ブローチが	（非裁決）	いいえ（真）	はい（偽）
3 指輪が	（裁　決）	いいえ（偽）	はい（真）
4 ブレスレットが	（非裁決）	いいえ（真）	はい（偽）
5 イヤリングが	（非裁決）	いいえ（真）	はい（偽）

ところが，手続き上，全部の質問に肯定の返答，すなわち「ハイ」と答えさせるとしたらどのようになるであろうか。裁決質問に対する「ハイ」という返答は，本当のことを言っていることになり，非裁決質問に対する「ハイ」という返答は，いずれもウソをつくことになる。この場面でも，生理反応がウソの返答に依存して発現するならば，4つの非裁決質問には反応が出て，裁決には反応が出ないことになる。はたして，そうなるのであろうか。

GKTにおいて，すべての質問に「イイエ」と答えさせる条件と，すべての質問に「ハイ」と答えさせる条件で測定したSRRの結果を図3-1に示した (坂東・中山, 1999a)。

図3-1から明らかなように，「イイエ」という否定の返答でも，「ハイ」という

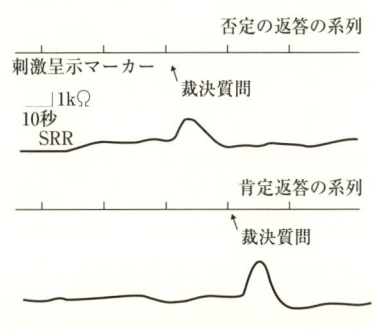

図3-1 裁決質問に対するSRR (坂東・中山, 1999a)

肯定の返答でも，反応が出るのは裁決質問のみである。非裁決質問に対する「ハイ」という肯定の返答は，内容がウソであってもSRRを誘発しないのである。あまり知られていないことであるが，このような返答の真偽に関わるGKTの最初の実験は日本で行われ (大川, 1963)，それ以来，何度かくり返されているが，返答の真偽にかかわりなく，裁決質問に対して最大の生理的変化が起きる点では，一貫した結果が得られている (Ellad & Ben-Shakhar, 1989; Furedy & Ben-Shakhar, 1991; Gustafson & Orne, 1965; Horneman & O'Gorman, 1985; Jannise & Bladley, 1980; Kugelmass et al., 1967)。

このように，GKTではウソの返答に依存して反応が出るわけではないので，すべての質問に「イイエ」と答えようが，「ハイ」と答えようが，結果は同じである。だから，TV番組の中で言われる，「すべて，イイエでお答えください」という台詞に，実は何の意味もない。被検者は自分の意志に従って任意の返答をすればいいのである。実務では質問に対する返答をなるべく単純に行うように指示されるが，検査者が常に「イイエ」と答えるように教示されることはないのである。

3 「ハイ」と答えるほうが反応が大きくなる？

返答の内容が否定でも肯定でも，反応が出るのは裁決質問であることは明らかにされたが，肯定・否定の質問文が混在する様式で呈示された場合に，生理反応はどのようになるであろうか。この問題について検討するために，16名の被験者にあらかじめ，文房具を盗む模擬窃盗課題を行わせておいて，その後，たとえば「鉛筆をとったのですか」，あるいは，「消しゴムはとらなかったのですか」という質問を呈示した (中山・木崎, 1989)。もちろん，被験者には何もとっていないことを装うように教示しているので，「○○をとったのですか」という質問には「イイエ」，「○○はとらなかったのですか」という質問には「ハイ」と答えることになる。

実験の結果，質問文の様式を変化させた場合でも，非裁決に比べて裁決質問に対するSCR (skin conductance response) が有意に大きくなるということが確かめられた。また，分散分析の結果では，質問文の主効果も有意で，「○○はとらなかったのですか」という質問に「ハイ」と答えるほうが，「○○をとりましたか」「イイエ」に対する条件よりも，有意に反応量が大きくなっていた。この結果は，否定文で呈示される真の命題（たとえば，「クジラはサカナではない」）に肯定の返答をする条件は，肯定文で呈示される命題に比べて真偽を判断することが難しいという実験結果 (Katayama et al., 1987) に一致している。我々の実験結果 (中山・木崎, 1989) は，「ハイ」という肯定の返答条件で否定の返答条件における生理反応を上回ったことから，「イイエ」と答えることが一義的に裁決質問に対する反応

量を増幅するとは限らないことを示しているといえよう。

4 質問されるから反応するのか，ウソの返答をするから反応が出るのか

　裁決質問に対する生理的変化は，質問の呈示時点ですでに起きているのか，あるいは返答をしてはじめて反応が出るのかという点について確かめるには，SRRの反応潜時が長すぎるので，通常の手続きでは不可能である。そこで，CQTに関してドーソン (Dawson, 1980) が用いた遅延返答の手続きにより，GKTの質問時反応と返答時反応の分離測定が試みられた (中山ら, 1988)。すなわち，被験者は質問呈示後，即座に返答するのではなく，質問の8秒後に呈示される合図（純音の呈示）を待って，返答をする手続きが用いられた。この操作によって，裁決質問に対する反応は，質問呈示か，返答行為か，どちらに依存して生起しているのかを確かめることが可能になる。このほか，同じく質問と合図を呈示するが，被験者には質問直後に返答をさせ，合図には何もさせない直後返答群を設けて，返答を遅延させることの効果についても，あわせて検討された。被験者は各群12名，指標はSCRで，質問内容は窃盗事件の侵入口に関する内容であった。

　実験結果は図3-2に示されている。まず，遅延返答群では，質問呈示時点で裁決・非裁決に有意な反応量の差が認められる一方，返答時点では差がないことが確かめられた。したがって，裁決質問に対する反応は虚偽の返答に伴って発現するのではなく，質問呈示時点で生じていることが明らかにされたのである。

　また，質問呈示時点での全体的な反応量は直後返答のほうが大きくなるものの，遅延返答手続きにおける質問呈示時点での裁決・非裁決質問間での反応量の差は，直後返答群よりも，有意に大きくなることが確かめられた。すなわち，返答を遅延させると，直後返答条件よりも反応の識別性が高くなるということが明らかにされたわけである。

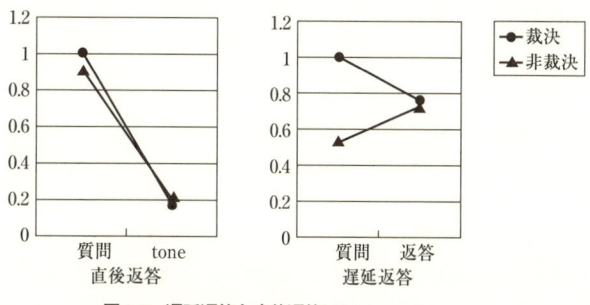

図3-2　遅延返答と直後返答 (中山ら, 1988)

5 被験者に自由に返答をさせたら？

坂東と中山 (1999b) は，実験者が質問を行うのではなく，被験者が自発的に返答を行うことの効果を検討した。

この実験では，あらかじめ5種類の装飾品から被験者に任意に1点を窃取させる模擬窃盗課題を行わせる。そして，系列の開始時には装飾品5点を写真でCRT上に表示し，被験者には一定時間ごとに画面上の1点を選んで「○○はとっていません」と自発的に返答するように教示された。たとえば，被験者が自発的に「指輪はとっていません」と返答すると，指輪の写真は画面から消え，時間間隔をおいて次の試行に移る。画面上の写真がすべて消えると1系列が終了で，全6系列が20名の被験者に対して実施された。この実験では，裁決事項をどの時点で選択するかについて，被験者の意志に任されているので，実験者の質問に一定の返答をくり返すだけのGKTに比べれば，課題に対する被験者の注意が高くなり，裁決質問の検出率も上がるのではないかと期待された。

実験の結果，自発的な返答手続きによっても，裁決・非裁決質問間での反応差が維持されることが確かめられた。しかしながら，被験者が自発的に返答をする条件では，裁決・非裁決間の反応量の差が通常のGKTの実験結果に比べて，明らかに小さくなっていた。したがって，ここでも，虚偽の返答が検出率を高める方向での効果を確認できず，むしろ，自発的な返答行為は裁決・非裁決間で反応の識別性を低下させることが確かめられた。

6 質問もしない，返答もしない事態では

これまでは，末梢系の指標について，裁決質問に対する反応を検討してきたが，中枢系の指標ではどのようになるのだろうか。事象関連電位の中で，P3と呼ばれる成分は稀で，有意味な課題関連刺激に対して発現する電位といわれているが（P3についての詳細は第4章3節），GKTにおける裁決質問はこの要件を満たしている。

そこで，模擬窃盗を被験者に行わせた後で，被験者が選択した被害品の写真を含む5種類の装飾品を1.5秒間隔で呈示し，P3によって盗んだ品物を検出可能かどうかを検討した (坂東・中山, 1998)。この実験では，盗んだ品物を検出されないようにすることが課題であると教示されたうえで，「○○をとりましたか」といった質問文の形式もとらず，また，被験者に返答を行わせることもなく，写真呈示に対して行うキー押しのみが課題として与えられていた。その結果，刺激呈示後の400-600ミリ秒付近の陽性電位に裁決・非裁決間で有意な差が認められ，P3による裁決事項の検出が可能であることが確かめられた。このように刺激の呈示間隔は1.5秒と短い手続きで，しかも末梢系に比べて短い潜時で発現するP3を指標

とする無返答事態でも情報検出が可能であることを考えると，ウソの返答や，その結果として生じる情動の変化が，GKTには関与していない可能性が大きいといえよう。

7 沈黙は金ならず
── 返答をしない時が，いちばん反応しやすい ──

中枢指標では無返答で裁決事項を検出可能であることが示されたが，末梢指標を用いた場合でも無返答条件で裁決質問は検出できるのであろうか。

そこで，模擬窃盗を行わせたうえで，20名の被験者に対し，系列内のすべての質問に「イイエ」，もしくは「ハイ」と返答する系列，および無返答という3種類の条件を設けて，返答内容の効果を比較するためにSRRを測定した(坂東・中山，1999a)。

図3-3はその結果である。分散分析の結果，質問内容の主効果，質問内容と返答内容の交互作用が有意であり，裁決質問に対する反応は返答内容にかかわらず非裁決質問に対する反応を上回っていた。また，各返答条件間で，裁決・非裁決の反応量の差を比較すると，無返答条件で最も差が大きくなることが確認された。

以上の結果は平均値による比較であるが，個別に反応量を検討すると，否定または肯定の返答条件で裁決・非裁決質問間の反応差が最大になる被験者がいることが確認された。内省報告によれば，「イイエ」という返答条件で裁決質問に対する反応が最大になった被験者の場合，裁決質問に「ウソをついた」という意識があり，裁決質問に「ハイ」と答える条件で反応が最大になる被験者は「自分が犯行を認めているようで嫌な感じがした」と述べている。そして，無返答条件の場合には，「返答をする条件では何らかの主張をすることができ，返答の仕方を変えることで別の品物を盗んだように装うこともできたかもしれないが，返答をしない条件では対処方法がない」といったことを主張する被験者が多い点が注目

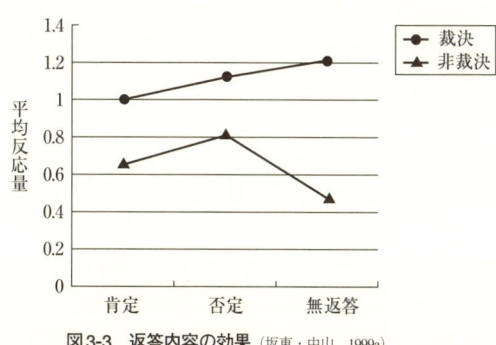

図3-3 返答内容の効果 (坂東・中山，1999a)

される。無返答条件で最大反応差を示す被験者の場合，裁決質問の呈示が対処不能なストレス刺激となっていたことがうかがわれる。

8　返答内容の作用

返答内容の効果については，これまでの研究で一貫した結果が得られていない。無返答条件で最大の反応差が得られるという研究結果 (坂東・中山, 1999a) の他に，無返答でも裁決質問を検出することは可能であるが，返答をする条件のほうが検出率が高まるという結果も示されている (Bladley et al., 1996 ; Gustafson & Orne, 1965)。また，否定の返答をする条件では，肯定の返答をする場合よりも裁決質問に対する反応は大きくなるという報告もあれば (Furedy & Ben-Shakhar, 1991 ; Ellad & Ben-Shakhar, 1989 ; Horneman & O'Gorman, 1985)，返答条件に差がないという報告もある (Jannise & Bladley, 1980 ; Kugelmass et al., 1967)。

これらの結果の不一致は，教示とそれによって形成される被験者の構えに依存するのではないかと考えられる。

実験前の教示で，裁決質問に「イイエ」という否定の返答を行うことはウソをつくことになり，「ハイ」という肯定の返答は真実を答えることになるということを被験者に意識させた場合には，「イイエ」という虚偽の返答が生理反応を増幅している可能性が大きい。一方，無返答条件で裁決・非裁決間の反応差が最大になった実験 (坂東・中山, 1999a) では，否定返答・肯定返答・無返答の3種類の条件をすべての被験者に行わせているが，実験の目的が模擬窃盗で盗んだ品物名を隠し通すことであるとされているだけで，「ウソをつく」ということを意識させるような教示が行われていない。したがって，返答内容の効果に関する実験結果の不一致は，このような教示の違いによる影響が大きいのではないかと推定された。

ところで，返答という行為が生理反応に及ぼす効果についてはどうであろうか。裁決質問に「ハイ」と真実の返答をした場合でも系列内で最大の生理的変化が喚起されることから，裁決質問に対する反応がウソの返答に依存して発現する成分でないことは明らかである。しかも，遅延返答をさせると，直後返答よりも，生理反応の識別性が高くなることから，返答行為は一種の運動反応として生理的変化を全体に押し上げる作用があるものの，裁決質問に対する反応を選択的に増幅する作用はない。同様に，自発返答のような能動的な情報処理はかえって裁決・非裁決質問間での生理反応の識別性を低下させるので (坂東・中山, 1999b)，むしろ被験者の処理負荷が少ない無返答条件のように，実験者が呈示する質問に対して，被験者は受動的であるほうが，反応差が得られやすいと結論できる。

一般にウソをつくと，気がとがめるとか，良心の呵責が起きるようにいわれる。法曹関係者においても，この点をとらえて，「第一，ウソをつくこととある感情的態度との間の規則的関係，第二，これらの感情の状態と身体における変化との

topics 気持ちひとつで変わる意味と定位反応

定位反応（OR：orienting response）とは，他からの突然の刺激によって引き起こされたり，注意している特定の刺激対象に変化が生じた時にみられる反応である。

視覚的な手がかりを用いて，音刺激の呈示が予想できる事態を設定して，被験者には音刺激に呈示規則を発見する課題を与えた。規則発見後も，音刺激に慣れ（habituation）が成立するまで同じ手続きで音を与え続けてから，本来，音が与えられるところで呈示されない刺激欠落（stimulus omission）試行を実施した。片方の9名の被験者群には，規則を発見したらボタンを押して発見したことを知らせるようにとだけ教示した。もう一方の9名の被験者群には，規則を発見したときのボタン押しと，「規則は途中で変わるので注意して音を聞き，新しい規則を発見したら再びボタンを押すように」という教示を付け加えた。音の呈示規則など実験事態はまったく同じであった。先の被験者群では，刺激欠落試行で皮膚伝導度反応（SCR：skin conductance response）を示したのは9名中1名のみだった。それに対して，後の被験者群では9名中7名がない刺激にSCRを示した。実験が終わってから，それぞれの被験者に音がしなかったことに気づいたかどうかを尋ねたところ，先の被験者群では気づかなかったと答えた者が6名，後でおかしいと思った者が2名，その時におかしいと思ったのはたったの1名であった（この被験者は反応あり）。それに比べて後の被験者群では気づかなかったとした者は1名にすぎず（この被験者は反応なし），残りの8名は気づいたと答えた。そのうちの1名は，刺激欠落に気づいたとしながら，反応はみられなかった。

同じ事態で，ないものでも刺激が変化したという意味となったのは，「規則は変わる」という意識の働きによる。ちなみに先の被験者群の多くは，規則発見が課題であったので，ボタンを押した時に実験は終わりだと判断していて，実験終了が告げられるのを待っていたということだった。同じものでも，意識の働きの違いで意味のあるものになったり，無意味なものであったりし，これらの意味を反映して随意性の定位反応（voluntary OR）が出現することが確認された。裁決質問には，犯行に関わった者だけがもつ固有の意味があり，それがGKTでの反応性に影響すると解釈することができ，随意性の定位反応的側面をもつと考える。

（道広）

間の規則的関係のふたつの仮説を実証する必要がある」という見解がある（光藤, 1968 ; Skolnick, 1961）。ウソをつくことと，それに伴う精神的動揺がポリグラフ検査における反応発現の根本的要因として，頭から離れないようである。しかしながら，裁決質問に真実の返答を行っても，ウソの返答を行っても得られる反応に違いはないことから，ウソと精神の動揺に基づくGKTの解釈は明らかに間違いである。

また，ポリグラフ検査を受ける時点での真犯人の気持ちは，何とかその場を切り抜けたい，助かりたいという一心であって，呈示された質問にウソの返答をして気がとがめるということもないであろう。それよりも，真犯人にしかわからないような事件内容の詳細な核心部分が，裁決質問として呈示されることに，彼らは対処不能なストレスを感じ，その結果，不随意的な生理反応が生じているのではないかと考えられる。少なくとも，この節で考察したように，ウソの返答や，ウソをついたという意識に伴う情動の変化によって裁決質問に対する反応が喚起されるわけではなく，GKTは事件内容の詳細事実に関する記憶の検査として認識されるべきであろう。

2節 ドキドキしていると犯人と間違われないか？

我々は，日常場面において緊張したり興奮したりすると，自分の心臓がドキドキするのを感じることがある。このような心臓の活発な動きが内的な心理状態と関連していることは，十分自覚できる。そのため，心臓の拍動の速さを示す心拍数（HR：heart rate）は，精神生理学領域においても古くから測定されてきた反応のひとつである。HRと心理状態の関係については，従来，その水準が覚醒や不安の程度を表わすと考えられてきた。現在でも，一般にストレスや不安，恐怖などの情動反応によって，心拍は速くなると考えられている。そのため，一般的には虚偽検出（ウソ発見）の場面においても，ドキドキしていることが虚偽（ウソ）の指標であると考えられがちである。さらに，たとえ犯人でなくとも，検査状況のストレスや不安からドキドキしていると，そのことによって犯人と間違われてしまうのではないかとの疑問が生じてくるかもしれない。この節では，実際に虚偽検出の場面において，一般に信じられているように，心拍加速が虚偽の指標として有効であるのかという点について検討を加え，さらに虚偽検出における心拍反応の指標としての有効性について考えていこう。

1　虚偽検出時の心拍変化

　実際の虚偽検出場面において，心拍はどのように変化するのであろうか。実務場面における視察判定では，HRの変化はとらえにくく，主要な指標としては扱われていないのが現状であろう。そこでまず，虚偽検出場面での心拍変化に関してこれまでに報告された本邦でのGKT法の研究結果について概観してみる。

　渡辺と鈴木 (1972) は，虚偽検出事態における心拍の反応形態を検討する目的で，擬似的虚偽検出事態における実験を行っている。その結果，裁決質問にあたる刺激に対してはHRの有意な減少が認められている。同様の傾向は実務場面でのデータでも報告されている。渡辺と梶谷 (1973) によると，実務検査事態での心拍反応データを分析した結果，陽性被検査者（犯人と確認されたケース）では，裁決質問に際してHRが減少する傾向がみられている。このHR減少傾向は刺激呈示前のHRが低い被検査者群において認められるのに対し，呈示前のHRが高い群では認められにくくなっており，この傾向が単純な初期値の法則による影響でないことも示唆している。また，この報告では犯人群と無実群の被検査者の平均HRを比較すると，前者のほうが有意に高いことも示されている。渡辺ら (1981) は，指尖容積脈波と心拍の変化について実務場面のデータを分析したところ，質問に対するHR変化はおおむね増加を示すものであったが，裁決質問に関してはHRの減少を示す例が多くみられたことを報告している。また，廣田ら (1998) は，模擬窃盗を用いた実験室場面における心拍の変化を検討しており，犯人群の被験者において裁決質問でのHRが非裁決質問と比べて最小値を示し，虚偽返答時に心拍が低下する傾向にあることを報告している。一方，中山 (1984) の実験では，質問開始前後のHRを測定して，裁決質問と非裁決質問の反応を検討している。HRは質問開始前の一定水準から質問後，緩やかな増加を示すが，質問間に差は認められていない。ただし，裁決質問の次の非裁決質問から質問開始前のHRが有意に減少するという，質問系列内における反応変容が認められた。また，質問の呈示順序をあらかじめ被験者に知らせたうえで，さらに質問開始前に予告刺激を付加した実験を行ったところ，非裁決質問ではHRが増加するのに対し，裁決質問では質問開始前の水準を持続していた。そして，多数の生理指標間について虚偽検出精度を比較した足立と鈴木 (1991) の報告によると，心拍に関しては，平均心拍や最低心拍における減速方向への変化が，最も高い精度を示していた。

　これらの報告結果から，虚偽検出における心拍変化には，以下のような傾向が認められることがわかる。まず，虚偽検出場面で質問された場合，HRの一般的反応は加速方向であるが，裁決質問と非裁決質問を比較すると，裁決質問時にHRの減速方向への変化が多く認められる。第二に，裁決質問呈示以後の非裁決質問では，とくに質問開始前のHR水準が，それ以前の質問呈示時と比較して低

下する，といった質問系列内での変化も認められる。一方，系列内を通じて，陽性被検者（犯人群）でHR水準が高いことを示すデータも報告されている。

以上の知見から，虚偽の反応が単純に心拍加速ではないことがうかがえる。HRの増加は必ずしも裁決質問に対する特異的な反応ではなく，逆に多くの場合でHRの減少傾向がみられている。虚偽検出場面においてはHR増加が実際には必ずしも虚偽の指標とはなっておらず，またそのような判断も行われていないのである。確かに犯人群において全般的なHR増加の傾向もみられるが，系列を通じてのHR水準の高低によって，有罪・無罪の判定が試みられているわけではない。このような識別を行えば，緊張や不安などから高いHRを示す無罪の被検査者に対して，誤った判断をしてしまうことになる。GKT法のもとでは，あくまで各質問に対する一過性の反応を扱っていくのである。

ただし，系列内でのHR水準の変化には，虚偽の判別の指標となり得る情報がある。すなわち，裁決質問の前後で非裁決質問に対するHRの反応水準が異なる場合である。この場合においても，HRの水準の変化は裁決質問の呈示に関わって起きたものと考えられるわけであり，検査事態全般に関わる水準を扱う場合とは異なる。

このように，少なくともGKTの手法にのっとって検査が行われる限り，犯行情報を知らない無罪の者が，単に緊張や不安によってドキドキしているからといって，犯人と間違われてしまうことは決してない。一般にドキドキしていると犯人と間違われないかと思ってしまうのは，心臓の反応（ドキドキ）が他の身体反応に比べて比較的感知しやすいからであり，しかもある程度感知できることによって，それがさらに本人の心理状態に影響を及ぼすことも考えられるからであろう。しかし，我々は心拍を感知できるとはいえ，それはさほど正確なものではないのである。

ところで，先にまとめた反応傾向は，各研究の手続きやデータの処理法が異なることを考慮に入れても，一貫してみられる明確な反応であるとは言いがたい。単にHR増加が虚偽の指標とならないことは明らかだとしても，ではどのような変化を，虚偽行動に特異な生理的反応と考えればよいのであろうか。虚偽検出場面に限らず，刺激に対するHRの反応が複雑な変化を見せる背景としては，心臓活動が汗腺活動など以上に，生物学的基礎をおいた過程であるため，心理的な刺激に対する単一的な反応を示しにくいからであろう。このような心拍の変化を適切に評価するためには，まず心臓のメカニズムを理解する必要があるだろう。

2　心臓のメカニズム

本来，心臓の機能とは血液を肺と全身に送り出すポンプとしての役割であり，

それにより血液循環を維持し，全身組織に酸素と栄養分を供給して代謝による老廃物を取り除くことである。ヒトの心臓は，心筋により構成され，肺循環に血液を送り出す右心系と，体循環に血液を送り出す左心系からなる。上部にある心房は静脈によって心臓へ戻ってきた血液を受け取り，下部の心室は血液を動脈により肺（右心室）および全身（左心室）へ送り出す。心臓活動の内的制御は，右心房に位置する洞房結節の規則的な放電によるもの（ペースメーカー）で，それにより心臓全体の律動的な収縮が生じる。しかし，心臓は独立して拍動しているのではなく，神経系を通じて脳とつながり，その外的制御を受けている。心臓には交感神経と副交感神経（迷走神経）の両方が分布し，二重支配を受けており，この神経支配によって，HRの変化および心筋の収縮力の変化が起こる。ただし，上部の心房には両神経系とも分布しているのに対し，下部の心室への神経分布はほとんどが交感神経であるため，HRの変化には，交感・副交感の両神経系が関与しているのに対し，収縮力はおもに交感神経の支配である。心臓交感神経の活動が増せば心機能は促進され，心臓迷走神経の活動が増せば心機能は抑制される。心臓の交感神経と迷走神経の活動は逆方向に変化することが多いが，両者ともに常にある程度の興奮を持続しており，どちらか一方のみの変化によって心臓活動の促進や抑制が起こることも，両者がともに興奮することもあり得る（稲森，1998）。

このようなメカニズムからみると，これまで用いてきた「ドキドキする」という状態は，迷走神経系の抑制と交感神経系の賦活により，心拍が速くなり，心収縮力が強くなった状態であるといえるだろう。ドキドキが自覚されるのは，主としてこの心収縮力の増加といえるかもしれない。厳密には「ドキドキ」と「HR増加」は区別すべきであろう。ただし，心収縮力を直接測定することは容易ではなく，実務的に計測できる指標として扱えるのはHRであるため，今後もHRを中心に話を進めていくこととする。なお，迷走神経の作用は交感神経に比べ早く働くため，数秒以内に生じるHRの変化は迷走神経の関与が大きい（迷走神経系の抑制によるHRの増加または亢進による減少）。であるならば，質問に対するHRの一過性で速い潜時の反応は主として迷走神経系の影響といえるであろう。

心拍はこのようなメカニズムを背景に，刺激に対して加速あるいは減速の異なる方向への変化パターンを示す可能性がある。

3 HRは何によって変化するのか

HRは何によって変化するのだろうか。精神生理学的見地から心理的変数とHRの関係について考察し，虚偽検出での心拍反応を解釈していきたい。

初期の精神生理学的研究においては，皮膚電気活動測度がそうであったように，心臓血管系の測度はしばしば覚醒の指標として考えられていた。HRの水準は覚

醒や不安の程度を表わすものとしてとらえられてきた。このようないわゆる全般的な覚醒概念は，とくに持続的なHR水準においてはおおむね道理にあったものであるが，刺激に対する一過性のHR変化については，それほど単純なものではないことを示す多くの研究が報告されている。古くは，刺激に対する定位反応がHRの減少を，防御反応がHRの増加を伴うとされた報告(Graham & Clifton, 1966)はその代表的な例である。

やがて，レイシー(Lacey, 1959)は刺激事態の差異が，HRをはじめとする生理的反応のパターンに違いを生じさせることを示した。そして，心拍に関しては刺激に注目するなどの「環境の取り入れ」を要する課題はHRの減少を生じさせ，暗算のような心的集中や認知的努力を要する事態等の「環境の拒否」とつながる課題はHRの増加と関係すると主張した(Lacey & Lacey, 1963)。

この主張に対して，オブリストら(Obrist et al., 1970)は，HRの決定には全身の代謝要求が重要であるとし，HRと身体活動には強い関係があるという「心臓—身体結合」を強調した。心臓は血液を必要としている組織へ多くの血液を供給するためにより速く鼓動するというものである。後にオブリストは，受動的対処と能動的対処といった状況を区別することの重要性を強調した(Obrist, 1976)。生体が環境に対してほとんどコントロールをもたないような受動的対処の条件下では，心臓は副交感神経（迷走神経）の統制下におかれ，自己の活動が環境に影響を与える時のような積極的対処では，心臓の反応は交感神経系の統制下におかれるのである。

取り入れ-拒否にしろ，受動的対処と能動的対処にしろ，単に覚醒という概念を越えて心理学的により深い意味を心拍に与えるものであるが，最近では，心拍・血圧などの心臓血管系の反応を個別に取り扱うのではなく，心臓血管系の構造とそこから導き出される各反応間の相互関係にふみこんで評価を行っていくことの必要性も指摘されている(澤田, 1990)。HRについても，その反応を単独で評価するのではなく，血圧や末梢血管の抵抗や心拍出量などの関連する反応とともに，生体内で変化する血液の圧と流れの全体を血行力学的にとらえ直していくべきなのである。心臓血管系全体（心臓と血管からなる循環器系）の目的は，身体各組織からの代謝欲求を満たすことであり，そのために実際に中枢神経系が自律神経系を介して短期的に調節しているのは全身性の（動脈）血圧であると考えられる。このような観点からすると，中枢神経系はその時々の要求に見合った一定範囲内に血圧（平均血圧）水準を維持するために，各心臓血管系パラメータの調節を行っているのである(Julius, 1988；澤田, 1990)。すなわち，ストレスなり情動状態なりの個体に対する負荷の程度は，血圧により定量的に示されると考えられるが，HRは血圧調節のための一変数としてとらえるべきものとなる。

この点に関して，多少，詳しく各パラメーター間の関係をみていくと理解しや

すい。まず，平均血圧は，心拍出量（1分間に心臓から拍出される血液量）と末梢血管抵抗（血管側の抵抗）により表わされ，「平均血圧＝心拍出量×全末梢血管抵抗」の式が成り立つ。すなわち，血圧の変化はこれら両者のいずれか一方あるいは両方の変化によって起こる。さらに付け加えると，心拍出量は1回拍出量にHRを掛けたものである。ただし，1回拍出量は安静時と刺激負荷時でさほど変化しないことから，心拍出量の増減に主として寄与するのはHRといえる（澤田，1998）。このように，ストレス等の刺激に対する血圧の上昇は，おもに心拍出量（主としてHR）の増加によって起こるものと，末梢血管抵抗の増加によって起こるものの2種類があり，さらに重要なことはそのどちらのパターンが出現するのかは，刺激特性に規定されていると考えられる点である。このような血行力学的反応は，パターンⅠ対パターンⅡとして大別され分類されている（Schneiderman & McCabe, 1989；澤田，1990）。

どのようなストレス課題あるいは刺激状況が，それぞれの反応パターンを惹起させるのかに関する明確な枠組みについては今後に課題を残しているが，現在ひとつの分類次元として，いわゆる能動的対処対受動的対処が，おおむねパターンⅠ対パターンⅡに対応した行動タイプであると考えられている。前者は，防衛反応や能動的でしばしば動作を伴った，ある程度対処可能なストレス刺激等に対して，挑戦や競争を求められたり，評価されるといった事態であり，情動的混乱も伴うことがある。実験室的には暗算や反応時間課題，スピーチなどが考えられる。一方，後者は刺激に対して嫌悪性の監視や注目を続けたり，有効な対処方法がなくただ耐える，といった抑制的で動きのとりにくい受け身の事態を指す。騒音やストレスフィルムの呈示，寒冷昇圧などがこれにあたると考えられる。

さらに，これらの反応パターンの背後にあって調節を行っているのは主として自律神経系であり，具体的には心臓での迷走神経（副交感神経）活動と交感神経活動並びに血管での交感神経活動などである。心臓活動に注目すると，パターンⅠでは迷走神経系の抑制と交感神経系の亢進によりHRは増加する。パターンⅡでは迷走神経系活動が亢進してHRは減少傾向を示す。ただし，状況によっては同時に交感神経系活動が亢進することも考えられ，HRの減少は必ずしも一貫しない。

このように，HRはストレス刺激の性質によって増加も減少もし得るわけで，これまで報告されてきた，刺激に対するHRの多様な変化はこのように説明され得るわけである。ただし，この刺激に対する反応パターンは本来的に自律神経系を中心とする機序に由来するものである以上，刺激状況と反応の関係を正確にとらえていくためには，心拍だけでなく関連する心臓血管系の反応を総合的に評価すると同時に，心臓自律神経系（交感神経系および副交感神経系）の評価も行い

つつ詳細な比較検討が必要であろう (澤田, 1996；澤田・田中, 1997)。表3-2はこのパターン分類の自律神経系反応，心臓血管系反応，行動パターンについての概要を記述したものである。

　これまで精神生理学で取り上げられてきた心拍変化についての説明（定位反応 対 防衛反応，環境の取り入れ 対 環境の拒否，能動的対処 対 受動的対処）は，それぞれ異なる概念を用いて部分的に心拍の反応性を説明するものであり，おのおのその反応を誘発する刺激には多分に重なり合いをみせている，ととらえることができるだろう。

　さて，虚偽検出に話を戻すと，HR変化の機序をこのようにみた時，先に述べたような虚偽検出場面でのHRの反応をどのように解釈できるであろうか。ここでの質問に対するHR増加は，刺激による副交感神経系の抑制さらに交感神経系の興奮によるものであろう。そして裁決質問時に少なからず認められるHR減少反応は，それが刺激に対して迷走神経系の抑制されない（亢進）パターンⅡに対応した反応タイプであると解釈することができるかもしれない。犯人が裁決質問を呈示された状況を，対処不能な嫌悪性刺激の監視であるとみなすことはさほど無理のない解釈と思われるし，また裁決質問が他の質問に比べ，犯人にとっての情報の意味づけが異なることから，刺激に対する注意の要素が大きく影響したとも考えられるかもしれない。

　ただし，たとえこのような解釈が妥当であったとしても，HRの減少反応を裁決質問に対する特異的反応とすることにはいくつかの注意すべき点がある。ひと

表3-2　心臓血管系反応の2パターンと自律神経系反応および行動パターンの対応 (澤田, 1998を改変)

		パターンⅠ	パターンⅡ
自律神経系の調節	末梢血管	α及びβアドレナリン作動性交感神経活動の**亢進**	αアドレナリン作動性交感神経活動の**亢進**
	心臓	コリン作動性迷走神経活動の**抑制** βアドレナリン作動性交感神経活動の**亢進**	コリン作動性迷走神経活動の**亢進**
心臓血管系反応	血圧	平均血圧の**上昇**（主として収縮期）	平均血圧の**上昇**（主として拡張期）
	全末梢抵抗	増加あるいは減少 　骨格筋血管の**拡張** 　内臓・皮膚血管の**収縮**	**増加** 　骨格筋血管の**収縮** 　内臓・皮膚血管の**収縮**
	心拍出量	**増加** 　**心拍数増加** 　**心収縮力増加**	おおむね**減少** 　**心拍数おおむね減少** 　心収縮力不変
行動パターン		能動的・対処可能・防衛反応 挑戦，競争，評価場面・情緒的混乱	受動的・対処不能・嫌悪性監視あるいは注目
実験室的課題		暗算，反応時間課題，スピーチ	騒音，ストレスフィルム呈示，（寒冷昇圧）

つはここまでみてきたストレスに対する反応性のパターン分類の枠組みが明確ではないこと，さらに個体反応恒常性，すなわち反応パターンの個人差が考えられること，そしてHRに関しては状況によっては，パターンⅡ的反応でも増加（交感神経系の亢進）がみられるケースがあることなどから，必ずHRの減少が裁決質問で認められるとは限らないということであろう。このような点からも，より直接的な自律神経系活動の評価が重要となる。この自律神経系評価法の問題とも関連して，心拍を扱ううえではもうひとつの重要な現象である心拍変動について以下でふれておく。

4　心拍変動

　ここまで扱ってきたのは，刺激に対するHRの変化であったが，心拍は運動や精神的負荷に対して変化を示すばかりでなく，通常でも周期的な変動をみせている。一拍ごとのHRや心電図R波の間隔（R-R間隔あるいはIBI：inter beat interval）の変化の軌跡をみると，呼吸と連動したゆらぎがみられる。心拍は吸気に伴って加速し，呼気に伴って減速を示す（図3-4）。これは呼吸性不整脈（RSA：respiratory sinus arrhythmia）とよばれている。さらに詳しくみていくと，血圧調節系の活動と関連した約10秒周期のゆっくりとした変動も認められる。このようなHRのふるまいを心拍変動（HRV：heart rate variability）という。HRVの評価にはR-R間隔自体の変化を用いる他に，周波数分析を行う方法があり，上記の変動は異なる周波数をもつ2つの代表的な成分として現われる。呼吸周期と同期したRSAを示す高周波領域（HF）成分と，0.1 Hz付近にピークをもつ低周波領域（LF）成分であり，前者は副交感神経活動を反映し，後者は交感・副交感神経の両方の活動を反映しているといわれている (Akselrod et al., 1981)。

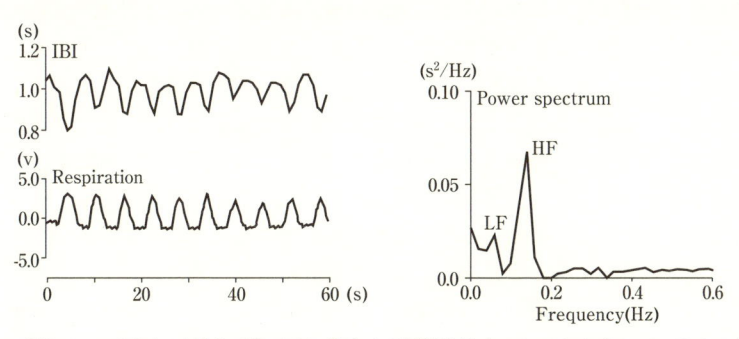

図3-4　安静ペース呼吸時の心拍と呼吸の反応（左）と周波数分析（FFT）によるパワースペクトル密度
心拍はIBIで示しているので減少するほど心拍は加速する。呼吸は＋方向の変化が吸気を示す。呼吸は10回／1分のペースで統制されており，呼吸周期に同期した0.17Hz付近にパワースペクトルのピークがみられる。

HRVは，それによりある程度自律神経系の活動レベルを評価することができると考えられることから，虚偽検出の領域においては，指標としての可能性があるとともに，心拍反応の解釈のために用いられることが期待される。最近では，虚偽返答時のHRVの変化について検討した研究もあり，裁決質問呈示時にHR減速とHF成分の振幅が最大となる例が多くみられたことが報告されている(廣田ら, 1998)。

　ただし，HRVのみから自律神経系活動を評価するには多くの留意点が存在するため，利用には十分な検討が必要である。その一つは，HRV，とくにRSAあるいはHF成分は本来，呼吸活動に依存したものであるため，呼吸の周期および振幅と密接に関係しており，正確な評価のためには呼吸を一定に統制するか，呼吸の変化を考慮した分析が必要となる(Grossman & Kollai, 1993)。そのため，呼吸の統制が困難な場合や，明らかに呼吸変化が認められる場合は問題となる。

　HRVに関して，虚偽検出場面でもう一つ注意しなければならないことは，HRの変化を扱う場合にも，HRVの影響を考慮する必要がある点であろう。ふつうの状態でも心拍が呼吸相に応じて一過性の変化を示すということは，虚偽検出状況で検討する一過性のHR変化の中にも，当然呼吸による影響が含まれている可能性があり，その点には常に注意を払う必要がある。虚偽検出場面では種々の呼吸変化が生起することが認められるため，とくに十分な注意が必要である。

5　虚偽指標としてのHRの可能性について

　これまでみてきたように，虚偽検出において単純なHRの加速方向の変化やその度合いは有効な指標とはならない。HRは一般に考えられている以上に，様々な要因によって左右され，複雑なパターンを示す。そのため，虚偽検出場面での心拍変化は，皮膚電気抵抗のように刺激に対する反応の大きさのみから判断することはできず，解釈はより複雑になる。しかし，逆にそのことは，ストレスや情動を始めとして，注意や認知のような心理的状態に関する情報が，その反応の中に含まれていることを意味する。心拍変化の機序や反応と行動パターンとの分類などが明確になりつつある現在，心拍を有効な指標として扱う可能性が出てきたといえるかもしれない。刺激に対する特異的反応がHRのみでも認められるのも確かである。ただし，既述のように心拍はあくまで心臓血管系反応の一部であり，さらにはその背景となる交感および副交感神経系活動の結果が表われたものであるため，それを内的心理過程の指標として扱うためにはこれら全体的な評価が必要となることも忘れてはいけない。

　しかしながら，虚偽検出の目的を内的過程の同定としてではなく，裁決－非裁決質問間の反応差異の識別のみに限ってとらえるのであれば，HRを単独で指標

topics 植物にも感情が！？
――バクスターによる観葉植物実験

　バクスター（Backster, C.）といえば，ウソ発見の世界では，ポリグラフチャートの「数量化判定法」や「ゾーン比較法」の導入によってその客観化に貢献し，さらにはポリグラファー養成学校においてみずから多くの実務家を養成してきた重要人物である。しかしながら今日彼の名は，むしろ超心理学ともいわれるべき分野で有名なものとなっている。そのきっかけとなったのは，1966 年に彼が実施したとされる観葉植物に対するポリグラフ実験である。

　1966 年 2 月のニューヨーク，とある深夜のこと，養成学校での講義準備をすすめていたバクスターは，ふとその部屋に置かれた観葉植物のフィランデンドロン（熱帯アメリカ産のサトイモ科のつる植物）の鉢に目を留めた。「そろそろこれに水をやる時間だが，根から葉っぱまで水が届くのにいったいどれくらいの時間がかかるのだろう？　ポリグラフ検査で使用する皮膚電気抵抗器を利用すればその時間が計れるのではないか？」。そこで彼はさっそくその鉢に水を注いだ後にポリグラフの側まで運び，1 枚の葉に皮膚電気抵抗を測定するための 2 つの電極を取り付けた。ポリグラフのスイッチを入れるとおもむろにペンが動き始めたが，驚くべきことにその形状はポリグラフ検査時に人から記録されるものとまるで同じものであった。この反応に興味をもった彼はさらにこの植物にストレスをかけてみることにした。まずはコーヒーの中に葉を浸けてみた。何も生じない。「あまり熱くないのか？」。そこでマッチの火で葉を燃やそうとした。とその瞬間，ポリグラフのペンは大きく振れた。まだマッチは取り出していない。「こいつは私の心が読めるのか？」実際にマッチを取り出すと 2 度めの大きなペンの振れ。そしてマッチの火を葉に近づけると 3 度めのペンの振れが観察された。バクスターはこの実験の後，ニワトリの受精卵や人間の精子を含む生体細胞などからも同様の反応を観察したといわれている。

　このような実験結果は「バクスター効果」として種々のメディアに紹介され，多くの科学者の注目を集めることになった。そこでアメリカ科学進歩学会は 1975 年の総会にバクスターを招待し，集まった会員の前で先の実験を披露するように要請したという。しかしながら残念なことに，これら人々の面前では植物が反応らしい反応をまったくみせなかった。さらにその後も多くの実験家によって追試が試みられてきたものの，これまでのところ成功例は報告されていない。

（古満）

として扱う問題点はかなり許容されてくるかもしれない。すなわち，非裁決質問との比較における裁決質問のストレス性，あるいは裁決質問に対する認知や対処の違いによって生じる差に限定すれば，HRはきわめて有効な指標となる可能性が大きい。個人差等の様々な要因もあるものの，少なくとも裁決質問で心拍変化の方向が非裁決質問とは異なるといった特異的反応が認められる場合には，それが有効な判別基準であると考えてよいであろう。もちろん，指標としての安定性を上げていくためには，可能な限り，関連指標を総合的に評価することが望まれる。

今後，よりいっそうの理論的背景の整備，また測定システムおよびデータ処理・分析方法の整備が必要となるだろうが，データの蓄積と詳細な検討がなされていけば，心拍反応は虚偽の指標としても，また虚偽検出の理論的背景の検証にも有効なものとなり得る可能性を有していると思われる。

3節 虚偽検出検査と被験者要因

精神生理学的虚偽検出検査（ポリグラフ検査）には，大きく分けるとGKT（Guilty Knowledge Test）とCQT（Control Question Test）という2種類の手続きがあるが，GKTとCQTは質問の様式，導かれる結論，背景となる仮説がまったく異なっている。虚偽検出検査に対する個人差の影響を検討する際にも，この両者を混同してはならない。この節では，わが国でより広く用いられているGKTを中心に，虚偽検出に及ぼす被験者要因に関する研究知見を紹介しよう。

なお，実験の被験者に関して，文中「有罪（群）」「無罪（群）」という語が使われているが，その意味するところは検出されるべき情報を有していて質問に対する否定返答が虚偽になるか，あるいはそのような情報を有していないので返答が真実になるかという，実験手続き上の操作的相違にすぎない。したがって，実際の犯罪行為への加担を示すものではないことに留意いただきたい。

1 動機づけの影響

ここでいう動機づけとは，有罪被験者による検出回避の動機づけを意味する。虚偽検出検査における検出回避の動機づけを実験的に再現することは難しい。大学等の実験室内で実施される虚偽検出検査の結果で，有罪と判定されようと無罪と判定されようと，被験者にとっては本質的に重要な意味をもたないからである。

先行研究の中には，試験や知能テストにおいて被験者の不正行為を誘発し，虚偽検出実験の材料とした報告もあるが (Balloum & Holmes, 1979 ; Ginton et al., 1982)，こうした手法には倫理上の問題が残る。

　虚偽検出における動機づけの影響の先駆的研究は，グスタフソンとオーン (Gustafson & Orne, 1963) である。彼らは36名の学生を被験者としてカードテストによる実験的GKTを行った。検査に先立ち，半数の被験者には「検査者から情報を隠し通せるのは知能が高く，感情をよくコントロールできる者だけである」という教示を与えた。こうした教示を与えられた被験者は検出回避の動機づけがなされると考えられた。皮膚抵抗反応（SRR：skin resistance response）の平均反応量によって呈示項目を順位づけし，裁決質問（被験者が実際に選択したカードを含む質問）の順位が1位であれば，その被験者は検出されたものとされた。その結果，動機づけ群は非動機づけ群に比べて，裁決質問への平均順位が高く，より検出されやすかった。また，動機づけ群では検出された人数がチャンスレベルを上回ったものの，非動機づけ群ではチャンスレベルとの間に有意差は認められなかった。すなわち，検出回避の動機づけが行われると，実験的カードテストでは検出されやすくなることが示されたのである。同様に，若松 (1976) およびエルアードとベヌ・シャハール (Elaad & Ben-Shakhar, 1989, 1997) も，教示によって被験者の動機づけを操作したところ，グスタフソンとオーンの知見を支持する結果を得たと報告している。

　しかし，検出回避動機づけの効果に対しては，否定的な知見のほうがむしろ多く提出されている。クーゲルマスとリーブリック (Kugelmass & Lieblich, 1966) では，警察の幹部候補生に対し，カードテストを昇任試験のひとつと位置づける教示によって検出回避の動機づけが操作されたが，非動機づけ群（機械の性能をテストするという説明が与えられた）に比べ，皮膚電気反射（EDA：Electrodrmal activity）による検出率は高くはならなかった。

　また，デビッドソンの研究では大規模な模擬犯罪が設定された (Davidson, 1968)。模擬犯罪実験というと，通常は犯行対象や方法，場所などがあらかじめ実験者の用意するシナリオで決められており，被験者はそれに従って行動するのみであるから，本質的にはカードテストと変わりはない。これに対し，デビッドソンの実験では大まかなルールだけが決められていて，犯行日時や場所，使用する凶器などは，被験者自身の選択に委ねられていた。被験者の動機づけの高低は，模擬犯罪の成功報酬額の相違によって操作された。犯行の詳細情報を裁決質問とするGKTでは，有罪群と無罪群，さらに未遂に終わった群をも含めて98％が正しく識別されたが，報酬額の高低は検出率に影響を及ぼさなかった。その他にも，グスタフソンとオーンの実験で使われた教示による動機づけ操作 (鈴木ら, 1970 ; Lieblich et al., 1974；Horvath, 1979；Furedy & Ben-Shakhar, 1991），金銭報酬による動機づけ操作（Beijk, 1980；Bradley & Rettinger, 1992）の研究が行われているが，いずれも動機づけの相違がGKTにおける裁決質問への反応や検出率に影響を及ぼさなかったと報告されている。

　被験者の名前が刺激として用いられたり，裁決質問の選定に被験者自身の意思決定過程が介在しているなど，検査結果が被験者にとって重要な意味があり，裁決質問ないしは虚偽検出検査そのものに対する被験者の関与性（involvement）が高い状況では，このような要因のほうが強く結果に作用し，動機づけの効果は消失するのかもしれない（鈴木ら, 1970；Lieblich et al., 1974；Gudjonsson, 1982b）。また，鈴木（1981）はカードテストの検出成績について，被験者の動機づけと検査に対する不安との間に交互作用が認められることを示している。以上の知見から，検出回避の動機づけと検出成績との関連は，他の検査状況に依存して変化するので，諸要因を総合した考察を必要としているといえよう。

2　パーソナリティとの関連

　虚偽検出とパーソナリティとの関連を検討した研究の多くはCQTによるものであり（たとえば, Waid et al., 1979；Bradley & Janisse, 1981），GKTにおける検出成績とパーソナリティの関連を取り扱ったものは多くはない。

(1) 外向性

　アイゼンク人格目録（EPI：Eysenk Personality Inventory）によって測定される外向性尺度と虚偽検出検査の検出成績との関連については，研究者間で異なる傾向が得られている。CQTに関する知見ではあるが，ブラッドレイとジャニス（1981）は，外向性尺度の高い被験者に比べて内向性者は刺激に対する閾値が低く，関係・対照質問のいずれにも反応してしまうため，誤判別がもたらされやすくなると述べている。これに対して，グッドジョンソン（Gudjonsson, 1982a）は，被験者の外向性と虚偽検出との関連は，呈示された刺激の性質によって相違すると反論している。実際，CQTではなく，カードテストパラダイムを用いた実験では，内向性者のほうが特異反応量（裁決質問と非裁決質問との反応量差）が大きくなることが示されている（Gudjonsson, 1982b；Gudjonsson & Haward, 1982）。しかしながら，スティラーら（Steller et al., 1987）は模擬犯罪パラダイムによる実験で，有罪群についてのみではあるが，外向性尺度とリッケン（Lykken, 1959）のスコアリング法による検出得点との間に正の相関を見いだしている。スティラーらの解釈によれば，中性的な刺激を用いるカードテストのような事態では，閾値の低い内向性者のほうが検出されやすいが，GKTでは，犯罪の内容に関わることがらが扱われるため刺激の有意味性がより高く，内向性者では裁決質問と非裁決質問との間に反応の差がみられなく

なると考えられる。また，本来，中性的と考えられる自伝的ことがらに対する虚偽返答を求めた実験で，外向性尺度の高い被験者のほうが検出率は高くなる傾向が見いだされている(Watson & Sinha, 1993)。

以上の知見を総合すると，外向性尺度と検出成績との関連は検査状況やデータの処理法によって異なるようであるが，少なくとも被験者の外向－内向次元での相違が検出成績に影響することは確かであるように見受けられる。

（2）不安

グッドジョンソン(Gudjonsson, 1982b)は，不安の尺度として被験者に緊張感の自己報告を求めたところ，極端に高い緊張感を報告した者に限ってカードテストの特異反応量が小さいという結果を報告している。しかしながら，アイアッコノら(Iacono et al., 1984)は，犯人の視線から撮影された仮想侵入窃盗のビデオを使用した模擬犯罪実験で，不安と検出成績には有意な相関は認められなかったと述べている。

ギーゼンとロリソン(Giesen & Rollison, 1980)は，一方の被験者には犯人としての文脈内で，他方の被験者には事件に無関係な文脈内で同一の項目を記憶させ，GKTでの検出成績を比較した。特性不安を測定して被験者を高不安群と低不安群に分け，裁決質問へのSRR振幅を比較したところ，犯人としての文脈で情報を呈示された群でのみ，高不安者は低不安者よりも裁決質問への反応が有意に大きかった。また，高不安者は検出回避を困難と評定しているほうが検出されやすいが，低不安者では難易度評定と検出成績に関連が認められない(鈴木, 1980)，日常生活での達成動機づけが高い者は高不安の場合には検出されやすくなるが低不安の場合には逆に検出されにくくなる(鈴木, 1981)といった実験結果も報告されている。これらの知見から，被験者の不安はGKTに独立に影響を及ぼすのではなく，他の変数との交互作用を示す要因として位置づけることができよう。

（3）神経症的傾向

グッドジョンソン(Gudjonsson, 1982b)は，健常者／人格障害者，男性／女性の4群24名ずつの被験者による実験を行い，パーソナリティ尺度とカードテストの検出成績との関係を調べた。その結果，健常者の女性でEPIの神経症的傾向尺度（N尺度）とカードテストの特異反応量との間に正の相関がみられたが，全体としては一貫した傾向が認められなかった。同様に，模擬犯罪におけるGKT検出得点と神経症的傾向には有意な相関がみられないという知見(Iacono et al., 1984)，検出率や皮膚コンダクタンス変化量と神経症的傾向の高低とは関連が認められないという実験結果(Watson & Sinha, 1993)が報告されている。

以上のように，少なくともGKTやそれに近いパラダイムに関する限り，神経

症的傾向と検出成績には関連が認められていない。

(4) 社会化

ウェイドら (Waid et al., 1979) は，実験的GKTにおいて検出された被験者と検出されなかった被験者とを比較し，前者に比べて後者は社会化尺度 (Gough, 1960) が低いことを見いだした。さらに，社会化尺度と皮膚伝導度反応（SCR：skin conductance response）の振幅に正の相関が認められたと報告している。彼らはGKTとCQTの結果をあわせて分析し，社会化尺度の低い者は検出率が低く，逆に社会化尺度の高い無罪者は誤検出が多いことを示した。社会化と虚偽行動の関係については，社会化の度合いが低い者はもともと虚偽行為に生理的覚醒が伴わないため虚偽行為が多くなる，あるいは逆に虚偽行為が多いから覚醒が伴わなくなると説明している。

一方，グッドジョンソンとハワード (Gudjonsson & Haward, 1982) は，グッドジョンソン (1982b) のデータの再分析を行い，3種類のカードテストにおいて一貫して特異反応量の大きい被験者と，それ以外の被験者とで社会化尺度の高低を比較したが，両者の間に社会化尺度の差はみられなかったと報告している。

(5) 精神病質

GKT検出成績と被験者の精神病質尺度との関連については，肯定的な知見は提出されていない。知能テストでの不正行為を誘発するという手続きにより，被験者にとってリアリティの高い実験的GKTを実施した結果では，ミネソタ多面人格目録（MMPI：Minnesota multiphasic personality inventory）の精神病質的逸脱尺度（Pd尺度）の高低とリッケンのスコアリング法による検出得点との間には関連が認められなかった (Balloum & Holmes, 1979)。同様に，アイアッコノら (Iacono et al., 1984) も，検出得点と精神病質との間に関連がみられないことを実験的に示している。

(6) マキャベリアニズム

対人関係において，目的のために他者を利用する傾向をマキャベリアニズムといい，Mach尺度 (Christie & Geis, 1970) により測定される。ジャニスとブラッドレイ (Janisse & Bradley, 1980) は，このMach尺度とGKT検出成績との関連を検討した。指標として瞳孔反応を用いたカードテスト実験により，Mach尺度が高い者はより冷静に自分の情動をコントロールできるので検出されにくいという仮説が検討された。その結果，瞳孔反応による検出率はチャンスレベルを有意に上回っていたが，Mach尺度の影響は認められなかった。

(7) その他

鈴木 (1975) は，わが国の虚偽検出検査実務者を対象に行った調査で，検査者からみて「陰気な」「怒りっぽい」と判断された被検査者の場合，「陽気な」「おとなしい」と判断された者に対する検査よりも，判定が容易ではないことを示している。実務場面では，被検査者のパーソナリティのみが検査結果に対して独立の効果をもたらすわけではなく，検査者や検査にいたるまでの処遇といった要因と交互作用を示すかもしれない。

3 人種の違い

人種の違いと虚偽検出結果との関連については，イスラエルの研究者グループが，近東系イスラエル人（モロッコ，イエメン，イラン，イラク等地中海方面出身者）と欧米系イスラエル人とを比較し，前者のほうが後者よりも裁決質問に対するEDA振幅が小さいことを示している (Kugelmass & Lieblich, 1966, 1968；Kugelmass et al., 1973)。また，ウェイドとオーン (Waid & Orne, 1981) は，米国生まれの学生を姓によって英国系，ドイツ系，アイリッシュ系，イタリア系，ユダヤ系，スコットランド系に分類して比較した結果，アイリッシュ系被験者のSCR振幅が，他のグループに比べて有意に低いという結果を得ている。

近年はわが国でも外国人による犯罪が増加している。しかも，アジア，南米，北米など様々な人種によって犯罪が行われ，彼らを被検者とする虚偽検出検査の機会も増えている。したがって，人種と検出成績との関連は今後も慎重に検討されるべき問題であろう。

4 性別の影響

GKTの検出成績における性別の影響は，過去の研究では一貫して否定されている。カトロウら (Cutrow et al., 1972) では，氏名や誕生日といった被験者の個人情報，眼前におかれた現金から任意の金額を抜き取って隠すという行為に関する情報，複数のカードから被験者が選択したカードという3種類の情報について，SCR，呼吸，心臓血管系反応，瞬目反射など9種類の指標により検出を試みた結果，いずれの指標を用いても検出成績に性差は認められなかった。その他にも，カードテストパラダイムや模擬犯罪パラダイムにおいて，被験者の性別間で検出成績に差がないことを示す実験結果が報告されている (Horvath, 1978, 1979；Beijk, 1980；Timm, 1982)。

グッドジョンソン (1982b) では，主として虚偽検出へのパーソナリティの影響を検討することを目的とした実験が行われているが，性別間で検出成績に有意差は認められなかった。しかしながら，裁決質問に対する反応量と複数のパーソナリティ尺度との相関は男女間で様相が異なっており，男性では外向性尺度および自

我コントロールと反応量との間に正の相関が認められ，女性では神経症的傾向と反応量との間に負の相関が認められたことから，性差とパーソナリティには交互作用が存在するのかもしれない。

5　年齢の相違による影響

被験者の年齢の相違がGKTに及ぼす影響については，いまだ検討されていない。リーブリック(Lieblich, 1971)は3～4歳児に対するGKTを実験的に行い，EDA振幅のS／N比および検出率が成人に比べて低いことを示しているが，被験者が低年齢すぎるため，他の年齢層を被験者とする実験との比較はあまり意味がないであろう。

この他に年齢の影響を扱った研究例として，わが国の虚偽検出検査実務者を対象とした実務検査の実態調査が行われている(鈴木, 1975)。その結果，被検者が検査者よりも年少である場合のほうが，結果の判定が容易である傾向が見いだされた。この結果は，年齢の若い被検者は生理指標の反応性が高く，また，年長の検査者は年下の被検者に対して心理的に優位に立てるためと解釈されている。

6　ラビリティ

ラビリティ（lability）とは，自発反応頻度または中性刺激に対する反応頻度として定義される。ウェイドとオーン(Waid & Orne, 1980)は，被験者のラビリティとGKTの検出成績との関連を実験的に検討した。彼らの実験では被験者にスパイの役を演じさせて暗号語を覚えさせるという事態が用いられ，刺激呈示後4.5秒の時点から，次の刺激の呈示開始までの間に発現したSRRを自発反応と見なし，その数をラビリティの測度とした。系列内で最大の反応が裁決質問に対して発現した場合をヒットとすると，ヒット数と自発反応数との間に正の相関が認められた。また，ヒット数が一定の値以上になった被験者を検出されたものと見なすと，検出された有罪被験者の自発反応数は検出されなかった有罪被験者より有意に多かった。さらに，同じ事態でGKTとCQTを併用した実験を行なったところ，無罪被験者の場合でも検出された者のほうが検出されなかった者より自発反応数が多かった。これらの結果は，ラビリティが高い者は正しく検出されやすい反面，無罪であるのに誤って検出される傾向もあることを示すものである。しかしながら，同様の実験ではGKTにおけるラビリティの効果は見いだされていない(Waid et al., 1981)。

ホーナマーンとオゴルマン(Horneman & O'Gorman, 1987)は，12種類のEDA測度に対して因子分析を行った結果，2つの因子を抽出し，皮膚伝導度水準と皮膚伝導度反応量をリアクティビティ（reactivity）の測度，反応頻度をラビリティの測度と

した．相関分析では，ラビリティ測度とカードテストおよび模擬スパイ事態でのGKTの裁決質問に対する特異反応量との間に正の相関が見いだされた．

また，特異反応量を目的変量，リアクティビティ測度とラビリティ測度を説明変量として重回帰分析を実施したところ，リアクティビティ測度だけでなく，ラビリティ測度も特異反応量の変動に関連していることが示された．

7 その他の要因

ブロック (Block, 1957) は，カードテストによる虚偽検出実験の結果から，被験者をEDA反応頻度の高い者（reactor）と低い者（nonreactor）とに分類し，いくつかの測度で示された知能程度を両者の間で比較した結果，有意差が認められなかったと報告している．これに対し，クーゲルマスら (Kugelmass et al., 1973) は，被験者の教育水準と検出成績との間に正の相関を見いだしている．彼らは教育水準の及ぼす影響を，学校教育によってひとつのことがらに集中する態度や，物事に対する一般的な認知の仕方が習得されるためと解釈している．この実験はベドウィン族を被験者とするものであるが，イスラエル警察の訓練生を被験者とした実験からも同様の結果を得たと報告している．国々によって教育情勢は異なるため，彼らの知見が一般化可能であるか否かは判断しがたいが，興味深い問題ではある．

ところで，虚偽検出実験の被験者はほとんどの場合が大学生であるが，実務検査では様々な被検者を対象とするうえに，呈示する刺激には複雑なものもあり，教育水準や知能により結果が影響を受けている可能性は十分に考えられる．被検査者の知的水準と虚偽検出の有効性との関連については，系統だった検討が加えられるべき問題であろう．

以上，GKTにおよぼす被験者要因について紹介した．これまでの知見を総合すると，性差が検出率に影響しないといえるほかは，明確な結論を下すことができない．たとえば，動機づけが高いと検出されやすくなるという実験結果がある一方で，動機づけの高低は結果に影響しないという報告もなされている．そこで，パーソナリティをはじめとした個人差要因の中で，少なくとも単独で検出に決定的な作用をなす要因はこれまでに発見されていないというのが実状である．このように，検出成績と個人差との間に明らかな線形関係が認められないことから，くり返し述べてきたように，他の変数との交互作用を考慮する必要がある一方で，GKTによる虚偽検出の正確性は，個人差要因に関してかなり頑健でゆるぎないものと考えられる．

topics バイオフィードバックの正しい用法

　バイオフィードバック（BF: biofeedback）は，精神生理学の応用分野として虚偽検出と並ぶ代表的なものである。BFの研究の歴史は虚偽検出に比べれば比較的新しいものであり，当初学問的論争をきっかけに実験室場面から始まり，その後臨床場面を中心とした応用分野へと発展してきている。BFとは，本来自分では知覚・制御しにくい生体の不随意な反応（心拍，血圧，体温，EDA等の自律神経系反応，脳波といった中枢反応，さらには呼吸活動や筋活動）の変化を知覚しやすい外部信号刺激に変換して，その情報を生体に与える（フィードバックする）ことにより，生体が自分自身の生理反応を随意的に制御できるように訓練していくものである。

　では，虚偽検出場面においてBF訓練を用いたとすると，質問に対してみずからの意志で生理反応を抑制するといったコントロールが可能になるのだろうか。これに対しては，次のようなことが考えられる。まず両者では対象としている生理反応の変化が異なる点である。虚偽検出場面で注目する反応は，主として質問に対する一過性で特有の反応であるのに対し，通常のBF訓練で目標とするのは，より持続的な反応である。BFは，過度に緊張した筋電位のレベルを下げる，皮膚温を上昇させるなどの，ある生理状態あるいはそれと関連した心理状態を作り出す方法を獲得するのには効果的であるが，刺激に対する定位性反応の出現を抑えるといった瞬時の反応制御には適していない。実際のBF訓練時でも，フィードバック（とくに負の）信号の呈示によって，一過性に制御が悪くなることもある。また，虚偽検出場面で自身の生理反応をフィードバックすることも，自己制御の助けとはならず，かえって反応生起を促進し虚偽検出を鋭敏にさせる可能性もある。それでも，訓練を積むことによって，一過性の反応に対する制御も可能になるかもしれないが，おそらく想定されるいくつもの質問パターンに対して数多くの訓練が必要となるだろう。さらに，ポリグラフでは多種類の生理反応を測定しており，それら複数の反応を制御しなければならない。呼吸など，比較的制御が簡単なものもあるが，同時にEDAや血圧など異なる反応モダリティをすべて制御するのは至難の業であろう。制御のしやすさという観点からいうならば，反応を抑制するよりも逆に生起させるほうが可能性が高いかもしれないが，それでは無実の証明にはならないだろう。結局，相当にBF訓練を積むことによって虚偽検出に打ち勝とうとすることは，現実的には労多くして功少なしといったところではないだろうか。

（小林）

4節 ウソ発見の原理とモデル

1 ポリグラフ検査への誤った認識

「あなたがAさんを殺害したのですか,と質問され,犯人であるにもかかわらず,イイエという虚偽の返答をすると,精神的に動揺してドキドキしてしまい,たちどころにウソがポリグラフによって検出される。しかしながら,心臓に毛の生えたような人にポリグラフは通用しないし,反対に気の小さい人は何を聞かれてもすぐにドキドキしてしまうから,ポリグラフ検査の結果は裁判では証拠として採用されたことがない……」。

こういったたぐいのことをごくあたりまえの事実のように記述している本をよく見かける（北里, 1999；守, 1999；リーバーマン, 1999）。GKTではこのような直接的な質問をしないし,ドキドキという表現に反して,裁決質問に対する心拍の変化は減速方向であるといわれている（第3章2節参照）。また,日本の裁判では数多くの証拠採用例があり,ポリグラフの検査結果が証拠にならないというのは,まったく誤った認識である。

ポリグラフ検査が科学的方法として正しく理解されなかった原因については,いくつか考えられる。たとえば,日本では現場でのポリグラフの使用が先行しているわりに,学会レベルでの研究発表が少なかったことも理由のひとつであろう。日本でポリグラフ検査が学会のシンポジウムのテーマになったのは,警察で実用が開始されてから40年近くも経過した1990年代後半のことである。それ以前は,実務の実施状況や,GKTという質問方法すら,心理学の専門家にはほとんど知られていなかったし,理論的問題について討議される場もなかったのである。したがって,「ウソをついたから」「ドキドキしたから」といった日常語による説明以外にきちんとした検査理論をもたなくても,手のうちを見せたくない閉鎖的社会では許容され,ポリグラフの検査者には精神生理学的な知識の獲得よりも,検査経験の積み重ねが求められてきたのである。

2 これまでの説明理論

(1) デービスが示した3つの仮説

デービス（Davis, R.C.）は1961年にそれまでに出された裁決質問に対する反

応の説明理論を3つの仮説に要約して紹介している (Davis, 1961)。

① 条件反応説

裁決質問は条件刺激となって，被検者が起こした事件の体験に結びついた情動反応を喚起するという考えである。この説によれば過去の体験が衝撃的であればあるほど，喚起される生理反応も大きくなるとされている。

しかしながら，デービス自身が指摘しているように，犯罪行為という体験を伴わない，実験室で行われるカードテストのような事態においても，裁決質問に対する反応は喚起されるので，条件反応説を支持することはできない。

② 葛藤説

質問に対しては真実を答えなければならないという気持ちと，虚偽の返答をしようという2つの相容れない意志が同時に生じる時，心の中には葛藤が起きて，その結果，特異な生理反応が喚起されるとする説である。被検者がウソをつこうとする動機づけが強いほど検出が容易になる (Gustafson & Orne, 1963) という現象を葛藤説によって説明できるといわれている。

しかしながら，この説に従えば，裁決質問に「ハイ」という真実の返答をさせた場合に葛藤は生じないから，生理反応も喚起されないはずである。ところが，実際には，肯定の返答を行った場合でも裁決質問に対する反応が起きる (Kugelmass et al., 1967) ということから，この説は支持されない。

③ 罰説

ウソをついた結果として罰を受けるのではないかという恐怖に伴って，生理的変化が生じるとする一種の情動説である。

条件反応説と同様，カードテストのように情動が関与しない実験的事態での検出を説明できないし，罰の代わりに報酬を与えるような条件下でも裁決質問に対する反応が生起することが確かめられているので (坂東・中山, 1999a；1999b)，この説も支持されない。

(2) 覚醒説

不安や発覚の恐怖といった情動と関連しない実験室のカードテストのような事態における虚偽検出を説明するために，オーンら (Orne et al., 1972) は，被検者が選択したカードと，それ以外のカードにおける「覚醒 (arouse) 効果」の違いをあげ，バーランドとラスキン (Barland & Raskin, 1973) は「覚醒価 (arousal value)」，ウェイドとオーン (Waid & Orne, 1981) は「覚醒特性 (arousal properties)」という表現で裁決質問に対する反応を説明しようとしている。しかしながら，本来，「覚醒」という語は単独の刺激に対する一過性の反応喚起に対して使われる語ではなく，「覚醒水準」といわれるように持続的なレベルで用いられる用語であり，最近の学術論文

ではGKTの説明理論として「覚醒」という表現は使われていない。

(3) 定位反射説

ソコロフ (Sokolov, 1963) が提唱した定位反射 (OR：Orienting Reflex) のうち，裁決質問に対する反応は信号刺激に対する成分であると，最初に明言したのはリッケン (Lykken, 1974) で，その後，多くの研究者が定位反射説を支持する見解を述べている (Bladley & Warfield, 1984；Gieson & Rollison, 1980；Horneman & O'Gorman, 1985；Raskin, 1979)。

(4) 二分化説 (Dichotomization theory)

イスラエルでは1960年代からGKTの研究が盛んに行われているが，ベヌ・シャハール (Ben-Shakhar, G.) らは，GKTという言葉よりも，情報検出という表現を好んで用いており，1980年以降は，虚偽検出よりもORの研究に興味の中心が移ったかのように，刺激の有意性と新奇性に関する基礎実験がくり返されてきた (Ben-Shakhar, 1994；Ben-Shakhar, et al., 1989；Ben-Shakhar et al., 1995；Gati et al., 1996)。彼らは，裁決質問の信号価と，非裁決質問で起きる慣れの般化の両面から，理論的説明を試みている。すなわち，ベヌ・シャハール (1977) は，裁決質問が信号価の高い刺激であることに加えて，GKTの質問系列が5問で構成されていたとしても，被検者にとっては裁決カテゴリと非裁決カテゴリに二分化されているにすぎず，非裁決質問は個別に区別して処理されているわけではないから，呈示頻度の大きい非裁決質問間では慣れの般化が起こり，結果的に非裁決質問に対する反応量は抑えられると説明されている（二分化説）。

ところで，二分化説では裁決質問と非裁決質問間では慣れの般化が生じないはずであるから，系列内のどの位置に裁決質問をおいても，それに対する反応量の差はないと考えられる。しかしながら，系列の初期に配置された裁決質問に対する反応は，系列の後半に置かれた裁決質問に対する反応を上回ることが明らかにされたため，二分化説は修正を余儀なくされた (Ben-Shakhar et al., 1989；Ben-Shakhar & Lieblich, 1982)。

(5) 中山のモデル

筆者 (中山, 1986) は，長期記憶に保存された犯行時の体験と質問内容の照合過程に注目し，有罪群では裁決質問が有意刺激となって定位反応を誘発すると述べた。さらに，実験に比べて実務事態で裁決質問に対する反応が顕著になるのは，検査事態全般に関わる被検者の動機づけが高く保たれていると述べて，これらの関連性をモデルで示した。

3 裁決質問に対する反応の発現モデル

裁決質問に対する反応の説明理論に関して，実務的応用が先行していた初期のころには，発覚の恐怖など，情動の作用が強調されすぎた傾向がある。しかしながら，情動根拠説は，カードテストのような実験的事態で生じる裁決質問への反応を説明できない点で，重大な欠陥があるといえよう。これに対してリードとインボー (Reid & Inbau, 1977) は，実験事態では刺激の覚醒価が強く作用するが，実務場面では発覚の恐怖の作用が上回るであろうと述べている。はたして，実験と実務で反応の発現機序を一元的に説明することは困難であるのだろうか。

また，裁決質問に対する反応を説明する際に，刺激の新奇成分に対する OR と，刺激の有意性に対する OR が混同して解釈されていたり (山村, 1995)，被験者自身の姓を裁決質問とするような場合に使われる自我関与性という語が，犯罪現場との関連性を判定する事態にまで拡大して用いられる (山村, 1997) など，一部に用語の混乱や誤用が認められる。

そこで，ここでは，GKT の反応喚起に関わる種々の要因を整理しながら，実務と実験事態における反応の発現機序について説明するために，新たなモデルを示すこととした。

図3-5は，大平 (1998) が示した感情の情報処理機構に関する考えをもとにして，筆者 (中山, 1986) の提案を加えた裁決質問に対する反応の発現モデルである。このモデルでは，GKT に特有な読み聞かせと動機づけの作用を加え，元のモデルには記述されているが，GKT にはあまり影響しないと考えられる処理資源の割り当てや前注意フィルターは，説明を簡略にするために取り除かれている。

認知心理学的観点からすれば，GKT は犯行内容についての一種の再認記憶検査である。通常の再認記憶の実験と大きく異なるのは，有罪群の被検者が犯行中にその内容を意図的に記憶しておこうとはしていないであろうということと，検査時には事件内容を決して積極的に想起しようとはしないであろうという点である。しかも，有罪群の被検者は，たとえ裁決質問を再認してもそれを正直に答えるわけではなく，むしろ平静を装いながら，すべての質問に否定の返答をくり返すのである。しかしながら，裁決質問を再認したことを隠し通そうとする被検者の意志とは無関係に，不随意的に生じる生理的変化によって，裁決質問を識別したかどうかを判定する手続きが GKT であるといえよう。

この事態は，仮説を検証するために，実験群・コントロール群を設けて行う通常の精神生理学の実験とも異なり，裁決・非裁決質問の呈示に対して得られた生理反応の測定結果からさかのぼって，当該被検者が有・無罪群のどちらに属するのかを推定しているのである。

このため，GKT の質問系列は，裁決質問が有罪群には識別可能で，無罪群に

4節 ウソ発見の原理とモデル

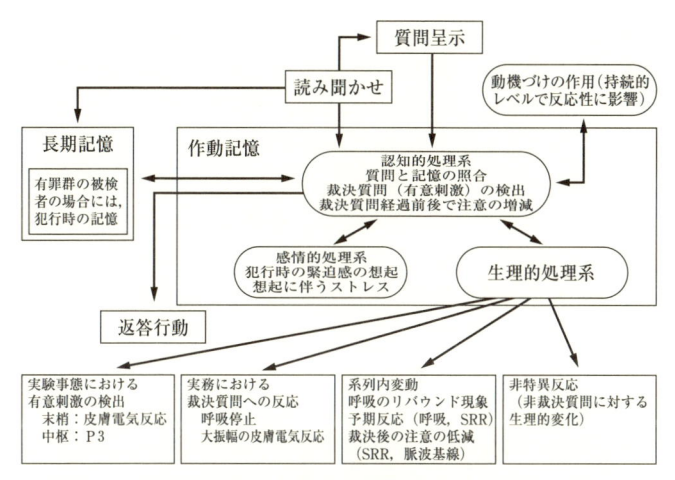

```
                                   質問呈示
                                      ↓
                     読み聞かせ               動機づけの作用(持続的
                        ↓                    レベルで反応性に影響)
    長期記憶      作動記憶        ↓
                             認知的処理系
     有罪群の被検              質問と記憶の照合
     者の場合には,            裁決質問(有意刺激)の検出
     犯行時の記憶             裁決質問経過前後で注意の増減

                       感情的処理系
                     犯行時の緊迫感の想起       生理的処理系
                     想起に伴うストレス

               返答行動

    実験事態における     実務における        系列内変動         非特異反応
    有意刺激の検出      裁決質問への反応     呼吸のリバウンド現象  (非裁決質問に対する
    末梢:皮膚電気反応   呼吸停止           予期反応(呼吸,SRR)  生理的変化)
    中枢:P3           大振幅の皮膚電気反応  裁決後の注意の低減
                                        (SRR,脈波基線)
```

図3-5　GKTにおける反応発現に関するモデル

は裁決質問を容易に推定できないように構成されることが必要となる。ここで，読み聞かせという手続きが重要となってくる。

(1) 読み聞かせの作用

実務の検査事態では，質問表ごとに，あらかじめ系列内のすべての質問が被検者に開示される。たとえば，窃盗の被害品についての質問表であれば，「ネックレス，イヤリング，ブレスレット，ブローチ，指輪」といった項目が，測定前に読み上げられるのである。また，図や写真，あるいは現物を呈示する際には，検査者が品物の特徴を説明しながら，実際にこれらを被検者に見せるという手続きが用いられる。これが読み聞かせである。

読み聞かせは，質問系列内の刺激の新奇性を低減させるための措置であるとともに，有罪群の被検者にあらかじめ裁決質問を発見させるうえでも重要である。すなわち，この段階で，具体的な犯行内容の記憶表象は，作業領域である作動記憶（短期記憶）に移されて，受動的な状態から活性化される。読み聞かせの際に，事件内容に一致すると被検者が確信できた度合いの高い裁決質問ほど，測定時点での明瞭な生理的変化が期待できる。

(2) 認知的処理系

実験者の口頭での質問呈示に対し，音素分析から語として知覚されるまでの分析を受けた後，認知的処理系で質問内容と犯行時の記憶の照合が行われる。実際には読み聞かせの段階で，どれが裁決質問であるかすでに明確になっているので，

この照合過程での被検者の課題負荷はきわめて小さく，あらたな処理資源は必要ないと推定される。そして，事件内容の記憶と呈示された質問が一致すると，生理的処理系で特異反応の出力が準備されるが，無罪群の場合には，裁決質問を識別できないので，生理的処理系から出力されるのは非特異性の反応でしかない。

また，裁決質問に「イイエ」あるいは「知りません」といった虚偽の返答をした結果として，特異な生理反応が喚起されるわけではないので，図3-5では返答行動から生理的出力系への作用は示されていない。

このほか，裁決質問経過前後の持続的水準における反応にも，認知的処理系は密接に関与していると考えられる。

(3) 感情的処理系

犯行内容の記憶は，時間的・空間的に特定可能なエピソード記憶である。

したがって，緊迫した犯行時の記憶を想起することは，感情の変化を伴うものであろう。たとえば，強姦しようとした女性に大声をあげられそうになったので，手で口をふさごうとしたところ，被害者に指をかまれてしまったというような事実には，物理的痛みを伴う。このような事象に関する質問の呈示は，有罪群の被検者にとって，犯行内容の想起とともに，その際に体験された情動も想起されるであろう。そこで，感情的処理系の作用として，生理反応を増幅するとともに，想起に伴う感情は認知的処理系にも作用するであろう。しかしながら，感情的処理系から生理的処理系への作用は，認知的処理系のように，系列内で裁決質問を検出した時に起きる直接的な作用ではなく，二次的な生理反応の増幅効果を有するにすぎないと考えられる。

(4) 生理的処理系

生理的処理系では，質問呈示時点で作用する認知的処理系によって，反応の質・量および種類が決定される。また，予期反応 (軽部, 1999) や，裁決質問経過後の注意の低減に伴う系列内での生理的変化も (Nakayama, 2000)，認知的処理系の影響を受けた生理的処理系の作用であると考えられる。

もとになった大平 (1998) のモデルでは，あらゆる部位からの皮質への投射をまとめあげ，ひとつにバインディングする機能を認知処理系の役割として位置づけられているようである。すなわち，認知的処理系と，感情的処理系や生理的処理系の関連についても，「今，自分はこれこれの感情を経験していて，生理的に興奮している」という認識を形成し，だからこそ，感情を経験し，興奮しているのが他人ではなくて自己だと知ることができると考えられているため，生理的処理系も作業記憶内に含められているようである。したがって，感情的処理系から生

理的処理系への直接的な作用は想定されず，認知的処理系を介して影響すると考えられている。本モデルもこの考えに従い，生理的処理系に及ぼす動機づけや感情的処理系の作用を，認知処理系を介するものとして図3-5に示した。

(5) 動機づけの作用

以上のプロセスは裁決質問の呈示に対する一過性の反応出力に関わるシステムであるが，このほかに持続的な水準で検査事態全般に影響する網様体賦活系のような作用を考える必要がある。実験事態に比べて，実務の事態で顕著な反応が認められるのは，有罪群の被検者が検査者を欺罔しようと強く動機づけられているためであろうと考えられる。動機づけの効果としては，犯行時の記憶と質問の照合を容易にするような作用はないものの，主として生理的出力系に対する反応の促進効果を有すると考えられる。一方，裁決質問経過後の系列内での変化として起きる皮膚電気反射（SRR：skin resistance response）の反応性低下や脈波の基線低下は，認知的処理系からの作用で質問呈示に対する注意が一次的に低減し，生理的反応性の水準が低下することによって起きる現象と推定される。

4 GKTの反応発現に関わる諸要因

(1) 反応の分類

①実験事態における裁決質問に対する反応（有意刺激に対するOR）

マルツマン (Maltzman, 1977) は，刺激の新奇性に対して生じるインボランタリーなORと，刺激の有意性に対して生じるボランタリーなORの2種類に分けてORを考察している。そして，ソコロフ (1963) 以来のOR理論について，刺激の物理的特性にのみ，基づくのではなく，ヒトに特有な高次の皮質活動をORの発現機序の枠組みに入れようとした。すなわち，過去経験・思考形態・言語・教示・文脈に関連して，皮質内での興奮領域である認知的構え（cortical set）が形成され，有意刺激にはボランタリーなORが発現すると述べている (Pendery & Maltzman, 1977)。

マルツマンの見解をGKTに適用すると以下のようになる。

「あなたがひいたカードについて尋ねます」「犯人の行為について尋ねます」という文脈を与えたうえで，測定前に質問を読み聞かせることにより，被験者は有意味な刺激と，無意味な刺激を区別する。そして，カードテストではカードの選択行為，実務場面では犯行という過去体験によって有意性が付与された裁決質問には，ボランタリーなORが発現する。換言すれば，実験事態でも実務事態でも，与えられた文脈の中で，被験者自身が有意刺激としての裁決質問を発見することが反応発現への要因として必要であり，発覚の恐怖のような情動が関与しないカ

ードテストでも裁決質問に系列内で最大の生理反応が喚起されるのはこのためである。

とくに，末梢系の指標に比べて短い潜時で生起するP3は，最も純粋に有意刺激の発見に関わる反応であると推定され(坂東・中山, 1998；平, 1998)，自律系のSRRに比べて感情的処理系や動機づけの影響は少ないと考えられる。P3を指標としてGKTの実験を行ったファーウェルとドンチンも，裁決事項に対するP3は，情動面よりも認知的な要因を反映する指標であることを強調している(Farwell & Donchin, 1991)。

②実務における裁決質問への反応

通常の精神生理学の実験では刺激を反復呈示し，測定した生理反応の平均値を比較しているが，実務のGKTではひとつの質問表について3，4回程度しか反復呈示せず，しかも視察で明らかな差が指摘できるほど，裁決質問に対する反応が明瞭でないと，事件内容の認識があるとは判定されない。それでも，実務事態ではSRRのみを指標とした場合でも，実験事態よりも顕著な変化が得られることが多い。これは，有意刺激としての裁決質問の発見という認知的処理系の作用（一次的作用）に加えて，実務では動機づけが高く保たれていることや，事件内容の想起に伴う不快感，すなわち，感情的処理系における二次的な生理反応の増幅作用が大きく関与しているためであろうと考えられる。

さらに，呼吸系の変化については，実務でいっそう顕著な変化が認められる。すなわち，裁決質問の呈示に対し，第2章3節に示した10～20秒も続く呼吸停止や，呼吸振幅の抑制，呼吸率低下，呼吸基線の上昇といった変化が実務では頻繁にみられるものの，実験事態では，呼吸停止のように極端な変化は，まず生じない。

ところで，実務の50事例の呼吸記録を分析した結果(中山, 1987)から，裁決質問に対する呼気時間の増加と，呼吸振幅の減少が最も信頼できる虚偽の指標であるとされている。裁決質問に対する呼気時間の増加は，コーエンら(Cohen et al., 1975)がストレス性の大きいフィルムの呈示は呼気時間の延長をもたらすとした報告と一致する。また，呼吸の一時的な停止は，寒冷昇圧刺激のように対処不能なストレス刺激に対して起こることが確かめられている(梅沢, 1999)。このような結果と，裁決質問に対する心拍の減速性の変化（第3章2節）をあわせて考えると，裁決質問に対する呼吸の変化も受動的ストレス刺激に起因する成分の可能性がある。

一方，虚偽検出事態と上記のストレス刺激に対する実験では，呼吸の分析期間や分析対象となる成分がかなり異なっている。たとえば，20秒程度の時間間隔で質問が呈示される実務のGKTでは，裁決質問に対する一過性の呼吸変化として数サイクル程度の波形が判定の対象となり，呼吸振幅の抑制と呼気時間の延長が重視されている。これに対し，ストレスフィルムや寒冷昇圧のような刺激を用

いる実験 (Boiten, 1998) では，数分間の刺激中の分時喚起量や平均呼気流量が測定され，結果としてもストレス刺激期間全体としては，過換気の状態を示すとされていることから，単純にこれらの実験結果を比較することができない。今後の検討が必要となるであろう。

③系列内の変化

第2章3節で示したように，GKTでは裁決質問に対する一過性の反応以外に，系列内の変化が重視される。これらの生理的変化には，認知的処理系の作用が大きく関わっている。すなわち，質問の呈示順序が明らかにされている場合，裁決質問の呈示直前に起きるのが予期反応 (軽部, 1999) である。また，裁決質問が呈示されるのは，系列内で1度限りであることを被検者が認識している場合には，裁決経過後の非裁決質問に急激なSRR振幅の低下，脈波基線の低下，呼吸のリバウンドが認められる（第2章3節参照）。これらの変化は認知的処理系の作用で，裁決経過後の質問呈示に対する注意が一時的に低下するために起きる現象と推定される。

（2）記憶の問題

図3-5に示したモデルにおいて，犯行時の記憶と質問内容の照合過程は，裁決質問に対する反応を生起させるうえで最も重要な部分である。

ここでは，質問内容やその呈示方法が生理反応に及ぼす影響について，検討してみよう。

①想起されやすさ

認知的処理系の照合過程で，有罪群の被検者が体験した事件内容と確実に一致すると判断できるような裁決質問であれば，顕著な生理的変化が喚起されるであろう。そのために，ポリグラフの検査者は，犯人であれば覚えているであろうと推定されることを優先して裁決質問を選択する。

それでは，具体的にどのような質問が想起されやすいのであろうか。たとえば，事前に用意された犯行用具（凶器や覆面）や，あらかじめ準備された犯行スクリプトに沿った行動は想起されやすいであろう。また，犯行場面で深い情報処理のなされた内容も想起しやすいであろうと考えられている (Nakayama, 2000)。たとえば，空き巣に入って，家の中を物色中に，家人が突然，帰宅し，玄関で鉢合わせをした。当然のことながら，家の中にいた被疑者を不審がる被害者に対して，とっさに「家の中からガスのにおいがしたので中に入りました……」と言い訳をしたとする。犯人にとって，家人の帰宅は犯行前に予測しなかったことであり，その場に対応するための追加の情報処理を，しかも緊急に行う必要がある。そこで，犯行時の処理が深いと考えられる言い訳の内容について質問すれば，裁決質問に顕

著な反応を期待できるであろう。

倉持ら (1999) によれば，想起されやすい事件内容は，事物名（被害品名・覆面や凶器の名前など）や，場所に関する質問（被害品の置き場所・死体の遺棄場所など）であり，一方，想起されにくいのは犯行日時・被害金額など，数字に関わる質問であると報告されている。

②手がかりの使用

被害品である財布の色・形・柄・大きさなど，言葉で特徴を説明しにくい事物については，同種の現物や写真を呈示することが有効である。また，犯行内容を具体的に想起するための手助けとなるように，現場周辺の地図（被害者方の位置に関する質問）・屋内の間取り図（侵入口・被害品の置かれた場所・死体の位置），被害品や現場に残された遺留品を写真などの視覚材料を用いて呈示することの有効性が確かめられている (中山・岩見, 1998)。

③質問間の類似性

裁決質問のめだちやすさは，系列内の非裁決質問にも依存する成分である。あまり質問が類似しすぎていると有罪群の被検者でも，裁決質問を識別できないかもしれない。このような理由から，等質等価ということにこだわらず，不自然にならない程度に，異質な非裁決質問を選択することが重要である。

また，被検者が被害者についてまったく知識のない場合と，ある程度，知っている場合とでは予備知識が異なるので，質問内容も変えなければならない。たとえば，札を抜き取られた財布を現物呈示する場合に，被害者が若い女性であることを知っている被検者に対しては，彼女らが好んで持ちたがるようなものの中から選ばなければならないが，被害者について何も知らされていない場合には，なるべく広範囲な種類の財布から非裁決質問を選ぶほうがよい (足立・山岡, 1985；桐生, 1996)。

(3) 感情的処理系の作用

①犯行体験の想起

空き巣に入った犯人が，家の中で財布を見つけたが，その場では中身を確認しないで上着のポケットにしまいこみ，自宅に持ち帰ってから，中に入っていた札を数えたとする。この場合，被害金額は，厳密には犯行時の記憶ではないし，このような質問をしても犯行中の緊張した気分は必ずしも蘇えらないかもしれない。

一方，空き巣に入ったところ，犯行中に家人が突然，帰宅したとか，強姦事件で被害者の口をふさごうとしたら指をかまれたという内容は，犯行前には予期しなかったことであろうし，犯人を非常にあわてさせたであろうという点でも，想起されやすい内容と考えられる。換言すれば，犯行中の生き生きとした体験であるからこそ，検査中に想起されやすいということにもなり，同じ事件の中でも準

備した裁決質問間で，反応の強弱が認められるのは，記憶とともによみがえる犯行時の感情が大きく影響しているためと考えられる。

また，現場に置き忘れた凶器や覆面用具を検査中に見せられることも，有罪群の被検者にとってはストレスを伴う刺激となろう。彼らは，自分に結びつくような証拠品を犯行現場に残したこと自体が，犯行スクリプトにはないミスであることを十分に認識しているであろう。その結果として，面前に遺留品を呈示されて関連性を質問されることは，相当な嫌悪刺激であり，思い出したくはないという不快な感情が，さらに生理的変化を促進するのではないかと考えられる。

② 中性刺激の選択

GKTでは，裁決質問も非裁決質問もそこに含まれる内容は，なるべく中性的であることが望ましい。たとえば，タブー語，恐怖関連語は，大きな振幅のSRRを喚起することが確かめられているように (Hare, 1973；Klorman, 1974；Klorman et al., 1975；Manning & Melchiori, 1974；Schwartz, 1971；Stelmack & Mandelzys, 1975)，本来，情動的な内容を含む裁決質問は，無罪群にとっても有意刺激となり，フォールスポジティブを生み出す要因となりかねない。とくに，強制わいせつ事件などの性犯罪では，犯人の行為に関する質問（「女の子の陰部に指を入れましたか」，「女の子にむりやりフェラをさせましたか」）自体に，情緒的な反応を喚起する作用があるので，これらは裁決質問としても非裁決質問としても，用いる場合には十分に内容を吟味する必要がある。

（4）誤判定の要因

① フォールスポジティブ

フォールスポジティブは，図3-5の認知的処理系の照合過程において，無罪群の被検者により，裁決質問が有意刺激であると判断された場合に起こる。その原因のひとつとして考えられることは，犯行という体験はないにしても，長期記憶の一般知識や，被検者自身の先行経験に照らし合わせて裁決質問が有意刺激となるケースであり，いまひとつは何らかの理由で，実際の裁決質問を知っている場合である。

たとえば，裁決質問だけが系列内でめだつような質問構成は不適切である。無罪群といえども，ただ漫然と検査を受けているわけではなく，一般的知識や個人的経験から，裁決質問を推定しているかもしれない。たとえば，「現金」や「財布」は被害品のプロトタイプであり，無罪群にも裁決質問として推定可能であるから，実務ではこれらを裁決として用いることはない。また，フォールスポジティブを回避するという意味では，裁決質問だけが高価な品物であってはならないし，個人の嗜好に関わるような質問も，なるべく避けることが望ましい。

さらに，すでに逮捕してある被疑者について，別の余罪事件でポリグラフ検査を実施する場合には，侵入口や目的物など，逮捕事実と共通する部分を避けて，異なる事実のみを裁決質問としなければならない。

また，犯人ではないけれども，ある程度，事件内容について聞いている，あるいは想像がつくという場合がある。しかも，そのようなことを自分から言うと，犯人として疑われるのではないかと被検者が勝手に心配して，検査前の面接では「何も知りません」と供述することがある。たとえば，会社のロッカーで同僚の財布が盗まれたとする。被検者が同じ職場の人間であれば，実際に被害金額をどこかで聞いて知っている場合もあろうし，そうでなくても日ごろの生活ぶりから，被害者の財布にどの程度のお金が入っているか見当がつくであろうから，あまり大きすぎる金額は非裁決質問としても不自然になる。

もっとも，事件内容を想起することそのものに不快感を伴う有罪群の場合と異なり，無罪群の被検者が裁決質問を推定できたとしても，これを隠蔽しようという意図も動機づけもないであろうから，裁決質問に対して顕著な反応が生じるとは考えにくい。実験事態では，裁決事項を知っている場合に，偶然レベルよりもフォールスポジティブが大きくなるという報告 (Bladley & Warfield, 1984) や，犯行内容を知っているだけでは裁決質問に対する反応は生じないという報告 (Bladley et al., 1996) もあるが，実務事態のフォールスポジティブ率は0.3% (Yamamura & Miyata, 1990) あるいはそれ以下 (仁塀・舘野, 1983) である。さらに安全を期するのであれば，適切なGKTの質問表をなるべく数多く準備することが必要となる。

②フォールスネガティブ

フォールスネガティブは図3-5に示した認知的処理系の照合過程で，有罪群が有意刺激としての裁決質問の発見に失敗した場合に起きる。フォールスネガティブを引き起こす要因には，被害者が被害金額などを間違って届け出ている場合（被害者要因），犯人が記憶違いをしている場合（被疑者要因），検査者が推定した裁決質問が実際には間違っていた場合（検査者要因），質問が類似しすぎていて裁決質問を識別できない場合（非裁決質問の干渉要因）の他，実験的研究では飲酒によって被験者の犯行時記憶が阻害されていることが，その原因としてあげられている (Bladley & Ainsworth, 1984 ; O'Toole et al., 1994)。実際に飲酒したうえでの放火事件の場合，「ぼうぼう燃えているのはおぼろげながら覚えているが，具体的に，何にどうやって火をつけたか思い出せない」ということもあるようだ。このようなケースでは，あまり細かすぎる内容は不適切で，なるべく大枠でGKTの質問を構成する他ないが，そもそもGKTは記憶の検査の一種であるのだから，犯行時の記憶がないなら，裁決質問に対する反応が得られないのも当然である。したがって，そのようなケースはフォールスネガティブと呼ぶよりも，GKTという手法を適

用すること自体に無理があるといえよう。
　ところで，実験事態で報告されているフォールスネガティブ率は16%とかなり高いが (Ben-Shakhar & Furedy, 1990)，実務では1%以下とされている (疋田, 1971; 仁堀・舘野, 1983)。

③判定不能

　図3-5に示したモデルの中で，動機づけの水準が不適切に低すぎたり，反対に高すぎたりすると判定困難になる場合がある。
　たとえば，カード検査の結果，被検者が引いたカードを正確に言い当てると，その後の検査では検出率が低下すると報告されている (Horneman & O'Gorman, 1985)。このような結果は一種のあきらめに伴う動機づけの低下と考えられる。実務場面でも，検査の前半には裁決質問に顕著な反応を示していたのに，後半になってあきらめたような態度になる被検者がいて，反応の出方が著しく鈍化する場合があるが，最初からまったくあきらめていて，反応が出ないというケースはほとんど考えられない。
　ところで，検査中に動機づけが高いのは有罪群の被検者ばかりではない。無罪群の被検者であっても，犯人と間違えて判定されないかという不安のために過度に緊張している場合がある。その結果，SRRの自発反射が頻発したり，きわめて不規則な呼吸がみられることがあり，持続的な反応水準が過度に高いと，生理反応の天井効果によって，質問間での反応差が判定不能に陥る可能性がある。このような場合には途中で休憩をとったり，ポリグラフ検査について十分な説明をしたりして，被検者をなるべく落ちつかせる処置が必要となる。

(5) 裁決質問の出現頻度と反応の慣れ

　GKTでは，系列内の非裁決質問が増加するほど，無罪群の被検者が，偶然，裁決質問に特異反応を発現させる確率は小さくなり，フォールスポジティブも起こりにくくなるはずである。しかしながら，実務では時間的制約もあって，非裁決質問の数が多いと，決められた時間内で実施できる質問表の数が限定されてしまう。そこで，裁決質問を系列の最初もしくは最後におくことなく，呈示位置を2から4番めに毎回，変化させることが可能となるように，1つの裁決質問と4つの非裁決質問で質問表が構成される。また，生理反応の系列内変動を検討するためにも，この程度の数の非裁決質問は必要である。
　図3-5のモデルでは質問の呈示頻度の効果について明らかにされていないが，裁決質問の呈示頻度が低い場合には，質問と記憶の照合過程で，「有意刺激ではない」と判断される確率が大きくなる。したがって，裁決質問の呈示頻度が下がるほど，裁決質問は顕著な刺激変化となって生理反応を増大させるのではないかと考えられる。このことに関連して，イスラエルの研究者は，裁決・非裁決質問

の慣れに差はないことを確認したうえで，系列内で相対的に呈示頻度の大きい非裁決質問間では，慣れの般化が生じるため，非裁決質問に対する反応が抑えられると述べている (Ben-Shakhar, 1977)。

しかしながら，慣れの般化を否定する実験結果も報告されている (中山・木崎, 1985)。また，GKTの反復回数について，実験事態では9-10系列 (中山・木崎, 1990 ; Lieblich et al., 1974)，実務では5-6系列の反復あるいは同一質問の3回連続呈示でも（第2章3節参照），裁決質問の検出が可能であると報告されている (Nakayama, 2000) ことから，裁決質問に対する反応は，かなり慣れが生じにくい成分であると考えられる。

5　GKTにおける反応喚起要因

実験事態ではカードの選択や模擬窃盗行動によって，また，実務事態では犯罪という過去経験によって付与された有意性がボランタリーなORを生じさせることが裁決質問に対する反応の根元的喚起要因である。そして，実験的事態に比べて実務で反応がいっそう，顕著になるのは，被検者の動機づけが高く保たれているためであろう。

実務のGKTでは，平易な言葉で，しかも，刺激語自体の本来の意味に，情動的内容を含まない中性語で質問系列が構成されていることが理想である。そして，質問呈示前に行う読み聞かせによって内容を十分に理解させるとともに，刺激語の新奇性をあらかじめ除去することが必要である。読み聞かせは，有罪群の被検者が，犯行時の記憶にアクセスし，事件内容と一致する裁決質問を自ら発見するという点できわめて重要であり，呈示された内容が事件内容と一致しているという被検者の確信度が大きいほど，顕著な生理的変化を期待できる。そのためには，記憶検索の手がかりを与えることも重要で，現場周辺の地図・屋内の間取り図・現場に残された遺留品の写真ないし現物といった視覚材料を用いることは有効である。視覚刺激の呈示は，口頭のみの質問呈示よりも，裁決質問に対する反応を増幅する作用があることが確かめられているからである (中山・岩見, 1998)。

ところで，実務場面で検査室に入ってくる被検者のほとんどが口にすることは，「今は緊張してドキドキしていますけど，大丈夫でしょうか」という言葉である。1年分の結果をおしなべて見ると，このうちの約半数が真犯人であり，残りの半数は事件に関連のない人たちである。真犯人はウソがばれないかと思ってドキドキしており，無実の人は犯人と間違われないかという不安からドキドキしていることであろう。そうすると，ドキドキしているだけでは，ウソをついているのか，正直に答えているのかは識別できそうにはない。実際のところ，検査中の心拍数をみると，無罪群の被検者でも，測定開始当初の心拍数は80拍以上あって (中山, 1986)，実験室実験の平均値に比べてかなり高くなっている。

しかしながら，我々は，そういった持続的な水準（tonic）でのドキドキの程度を指標としているのではなく，真犯人でなくては識別できないような裁決質問に対する一過性の（phasic）反応を，他の質問と比較して判定しているのである。しかも，何度か質問の呈示順序を変えて系列を反復し，視察でも十分に違いがわかるほど，顕著な反応差が一貫して生じる時にのみ，裁決質問に認識があると判定されるのであって，実験室実験のように平均値によるわずかな違いに基づいて判定が行われているわけではないのである。

このように，GKTでは認知的な情報処理過程を利用し，犯行時の記憶に基づく事件内容の認識の有無を検査しているのであって，質問に対して精神的に動揺したか否かを判定材料にしているのではない。したがって，「心臓に毛がはえたような人」でも，呈示された裁決質問が事件内容に一致すると認識していれば，顕著な反応が得られるであろう。

一方，犯行という先行体験をもたない被検者には，たとえ，検査結果に不安を抱いていたとしても，裁決質問の識別がそもそも困難であろうし，犯行を隠蔽しようという動機づけもないと考えられるため，誤って犯人と判定される可能性はきわめて小さいと推定される。いっそうの安全を期するためには，犯人にしかわからないような事象を裁決質問とする系列を，なるべく数多く準備することが望まれる。

topics 第24回国際応用心理学会議シンポジウム

　北アメリカの政府機関や警察のポリグラフ検査者は，実務場面でGKTが使用できないとして，CQTの検査を実施している。とりわけ，ミシガン大学のホーバス（Horvath,F.S.）や元国防総省のポリグラフ研究所長ヤンキー（Yankee,W.J.）らは，CQTが科学的方法でないと批判するトロント大学のフィルディ（Furedy,J.J.）らに対して，「犯罪捜査の現場がわかっていない」と反論している。一方，フィルディは，CQT使用禁止に同意を求めた書簡をアメリカ精神生理学会の会員に送るなど，実務家と研究者との間には深刻な対立がある。

　ところで，「GKTが犯罪捜査に使えない」とする北アメリカの常識に，痛烈な反証を突きつけたのは，1998年，サンフランシスコで開催された第24回国際応用心理学会議のシンポジウムであった。「科学的虚偽検出を志向して」と題したシンポジウムは，フィルディを座長として，アメリカのローゼンフェルド（Rosenfeld,P.），カナダのマクラレン（MacLaren,V.）とブラッドレイ（Bradley,M.），イスラエルのベヌ・シャハール（Ben-Shakhar,G.），そして，日本からは静岡県警科捜研の中山誠が参加し，4か国から6つの話題提供が行われた。

　ローゼンフェルドが事象関連脳電位，マクラレンとブラッドレイが末梢系の指標を中心とした実験的研究で得られた知見について報告して，GKTの実務応用への可能性を示し，フィルディは従来通りのCQT批判を展開した。ユニークであったのは，ベヌ・シャハールの研究で，裁決質問を数多く見つけられない実務場面では，同じ質問表を多数回くり返すことによって，フォールスポジティブが減らせるであろうという見解を示し，CQT一辺倒の北アメリカ式の方法をあえて批判せず，緩やかにGKTへ段階移行させるための妥協案を示した。

　しかしながら，最も注目を集めたのは，実際の犯罪捜査に対してGKTを主な方法とし，年間5000件前後の検査を行っている日本の現状に関する中山の発表であった。この発表は，様々な事件概要を示したうえで，それぞれに即したGKTの作成法を明らかにし，収集された検査記録についても詳細な説明がなされた。この発表に対する質問はGKTの実務場面における精度や，実施上の問題点に関することがほとんどであった。この中山の発表は，日本の犯罪捜査におけるGKT使用の現状を世界に知らしめるとともに，「GKTが犯罪捜査に使えない」とする北アメリカの常識をくつがえし，犯罪捜査へのGKT導入の契機となったイベントとして，深く歴史に刻まれることであろう。

（中山）

わが国の研究紹介 5　実際の犯行と伝聞の違い

福本純一・大浜強志

1．研究のねらい

　被検者の記憶を対象とした GKT（guilty knowledge test）によるポリグラフ検査では，犯罪に関係する情報（裁決質問）を認識しているか否かが判定される。ブラッドレイら(Bradley & Warfield, 1984)は，認識の方法にかかわらず，犯罪情報を有していれば，guilty と判定されるかどうかを皮膚抵抗反応（SRR：skin resistance response）を指標とした模擬窃盗実験で検討している。その結果，実際に犯行を行った群は，犯罪情報をもっているが犯行を行っていない群よりも検出得点が高いという結果であった。すなわち，実際に犯行を行った者と犯罪情報はもっていても実際に犯行を行っていない者とは，区別されるということが示唆されていると思われる。

　ブラッドレイらは，SRR のみを指標として実験を行っているが，実務においては，SRR の他にも呼吸や指尖容積脈波など複数の生理指標を用いて検査が行われる。本実験では，SRR，呼吸，指尖容積脈波を指標として用い，実際の犯行によって犯罪情報を認識した者と伝聞によって犯罪情報を認識した者の違いが，裁決質問の認識についての検出率および各生理指標の反応量にどのような影響を及ぼすかを検討した。

2．実験方法

　実験は，裁決質問の認識方法の違いを基準に，行動認識条件（実際の模擬窃盗行動を行う），伝聞認識条件（行動認識条件の被験者が行う行動について書かれた文書を読む），無知条件（裁決質問は知らされない）の3条件を設定した。各条件に割り当てられた被験者に欺瞞的動機づけを含む教示を行った後，ポリグラフ検査を実施した。

　検査は，バッファーを含む6質問刺激を1試行とし，計4試行行った。携帯型ポリグラフから取り出した反応は，A/D 変換した後，ポリグラフ解析ソフトにより計測・解析を行った。

3．実験結果

　複数指標の反応量を総合的に処理し，陽性・陰性を判定し，検出成績を比較した結果，行動認識条件群と伝聞認識条件群の間に統計的に有意な差は見られなかった。なお，無知条件群では，誤って認識ありと判定されたもの（誤陽性）は見

られなかった。

次に，標準化された裁決質問の平均反応量について分散分析を行った結果，呼吸速度においては，行動認識条件群と伝聞認識条件群との間に有意な差が見られたが，SRR振幅には差は見られなかった。これは，ブラッドレイらの実験と異なる結果であった（表1-5-1参照）。

表1-5-1 標準化された裁決質問の平均反応量

	行動認識	伝聞認識	無知
吸気速度	−.45 (.48)	−.22 (.43)	.05 (.50)
呼気速度	−.58 (.50) ＊	−.13 (.51)	.09 (.37)
SRR振幅	.47 (.20)	.24 (.40)	−.01 (.35)
脈波基線変化	−.07 (.67)	−.22 (.61)	.03 (.37)

（ ）内は標準偏差　　＊ $p<.05$

4．考察

このように，総合的な判定の結果からは，伝聞による認識でも陽性と判定される可能性があることが示唆され，現在実務検査で行われているように，検査前面接や質問前の読み聞かせ等で認識のないことを確認することが重要であるといえよう。

しかし，各指標ごとにみてみると，呼気速度では，両条件間に有異な差が見られた。生理指標間の相関構造の分析において，複数の反応発生系の存在が指摘されたこと (足立・鈴木, 1990) や，呼吸指標の検出精度がSRRを上回り，呼吸速度が最も高い検出率を示した結果 (足立・鈴木, 1991) などからも，呼気速度は行動による認識と伝聞による認識の差異を反映しているということが示唆される。

特異反応の生起には，裁決事項の認識方法の他にも再認時の文脈（認識している事項と質問されている事項との関連性）や検査時の動機づけなど複数の要因が関わっていると考えられることから，今後詳細な検討が必要であろう。

第4章
コンピュータがもたらす新たな展開

　コンピュータの進歩が心理学の諸分野の発展を加速させてきましたが，こうした状況はポリグラフ鑑定（検査）においても例外ではありません。第4章では，コンピュータを利用した新たな研究開発を紹介していきます。

　現行のポリグラフ鑑定では人間が生理反応を目で見て判定を行っていますが，この判定にコンピュータを導入する，いわゆる自動判定法の研究が1節と2節の主題です。自動判定の手続きは，ポリグラフ装置から転送されてきた生理反応をコンピュータ内で計測して数値化するステップと，計測値データを統計解析して判定結果を出力するステップに大別できますが，第1ステップの計測処理が1節に，第2の統計解析が2節にまとめられます。1節では，呼吸，皮膚電気，心拍反応の計測法といった自動判定の話題だけでなく，質問の呈示方法などを含めたポリグラフ鑑定全般にわたるコンピュータ利用の工学的基礎が紹介されます。2節では，統計解析による判定のロジックを論じますが，解析対象のデータは複数指標であるので，多変量解析が扱われます。一般に心理テストの有効性は，信頼性（テスト結果の一貫性）と妥当性（テスト結果の正確さ）によって評価されますが，自動判定の実現により，鑑定の信頼性さらには妥当性の向上が期待されます。

　コンピュータは新たな反応指標の開発にも貢献します。種々の生体現象の中でも脳波は，「心の座」である脳の情報処理に関わる神経活動を表わしますが，多くの雑音成分を含みます。しかし，コンピュータが脳波に含まれる有用な心の情報を，事象関連脳電位という形で分離することを可能にしました。こうした脳波・事象関連脳電位に関する研究開発が3節の主題です。事象関連脳電位は人間の認知情報処理の過程を反映するものとして，精神生理学をはじめ心理学の諸分野で注目されています。3節では，事象関連脳電位に基づくポリグラフ鑑定研究が網羅され，高精度の鑑定技法の実現と同時にポリグラフ鑑定における被験者の認知過程の解明に向けた動向が紹介されます。

1節 コンピュータによる計測技術

　コンピュータの小型化,高性能化が進むとともに生体計測法の研究が盛んになり,断層写真,心電図,脳波など医療分野でのコンピュータ診断が急速に広まっている(古川,1982)。

　現行のポリグラフ検査の判定は,検査者がチャート紙上に記録された生体反応の波形を視察によって判定している。この方法では検査者の経験,判定技術によって判定に差が生じる可能性がある。このような問題点を克服するために客観的計測法および判定法の研究が種々行われてきた(鈴木ら,1973；中山,1984,1987；足立・鈴木,1991a)。これらの研究成果を総合的に用いて,コンピュータで自動判定することが可能になってきた(足立・鈴木,1992；徳田,1993)。コンピュータ判定の実現により,客観的な判定が可能となり,信頼性を向上させることができると期待される。

　ポリグラフ検査の判定を自動化するためには,質問呈示法,ポリグラフ本体からのデータ取込法,指標の反応計測の手法,および判定に使用する反応指標の決定など,コンピュータ化に向けたハード面あるいはソフト面での諸技術が必要である。以下,これらの内容について述べる。

1　刺激制御

　ポリグラフ検査は,検査対象の犯行に関連する裁決質問と,犯行には関係のない複数の非裁決質問を質問刺激とし,各質問刺激を15～20秒の間隔で呈示する方法で行われている。こうした質問呈示を行う系列を複数回くり返す。ポリグラフ検査の質問(刺激呈示)は,口頭(聴覚刺激),あるいは図表(視覚刺激)を示しながら口頭で呈示する。

　最近,被験者にコンピュータで操作した画像を呈示する,視覚的な質問呈示を行う方法が開発されている。このシステムは,デジタルカメラやスキャナで取り込んだ図表,あるいはドローソフトを用いて作成した画像を,被験者の前に設置したＴＶモニタに映すものである(図4-1参照)。検査者が口頭で質問を行う聴覚的な刺激呈示に比べ視覚刺激を用いた方法は,ＴＶモニタの画像を注視することにより検査への集中度が向上し,効果的な検査ができる(中山・水谷,1988)。今後,このようなコンピュータによる刺激呈示法が,新しいポリグラフ検査の質問手法として取り入れられるものと考えられる。

　一方,コンピュータを含む脳波測定装置の進歩に伴って,人間の中枢神経系の

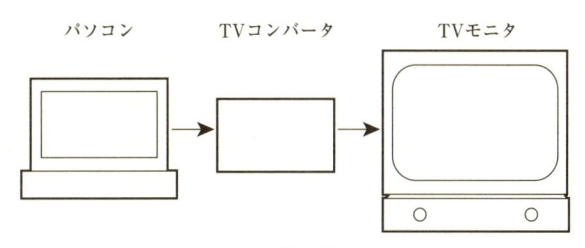

パソコン　　TVコンバータ　　TVモニタ

図4-1　画像呈示システム

活動である事象関連脳電位（ERP）が虚偽検出の有効な指標として注目されてきた(平, 1998)。ERP計測時の刺激呈示は，刺激の呈示時間，刺激間隔をコンピュータでコントロールして，音刺激あるいは画像刺激を呈示する方法で実施されている。刺激に対するERPは，背景脳波に埋もれて雑音のような波形であるが，コンピュータで積算平均することにより背景脳波が取り除かれ，刺激に対するERPが出現してくる。ERP計測分野でのコンピュータ活用は，波形分析とともに進歩している。

2　データの取込み

（1）装置

　日本のポリグラフ検査で一般的に使用されている機種は，ラファイエット社製ポリグラフ4チャンネル型（図4-2参照），あるいは5チャンネル型である。この装置は，電源部，入力部，増幅部で構成されており，コンピュータ入力用のアナログ出力端子が付属している。4チャンネル型のアンプユニットは，呼吸（胸部と腹部）および脈波測定のためのマルチファンクションユニット3チャンネル，皮膚電気活動（抵抗または伝導度反応）測定のためのGSRユニット1チャンネル，マーカーユニット1チャンネルで構成されており，5チャンネル型には，脈

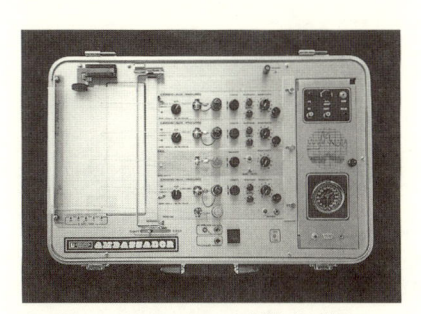

図4-2　ラファイエット社製ポリグラフ

波（上腕脈波と指尖脈波）測定用としてマルチファンクションユニットが2チャンネル組み込まれている。

呼吸運動は腹部と胸部に装着したチューブ内の空気圧変化が，マルチファンクションユニットで電気信号に変換される。皮膚抵抗反応は右手第2指および第4指に装着した電極間の抵抗変化が，GSRユニットで増幅されて電圧変化として取り出される。なお，抵抗変化を伝導度（抵抗の逆数）の変化で表示するユニットもあり，こうして表示された反応は皮膚伝導度反応とよばれる。上腕脈波は左腕上部に巻いたカフ内の空気圧変化がマルチファンクションユニットで電気信号に変換される。指尖脈波は第3指に装着した光電式脈波ピックアップにより検出した血流の変化が，マルチファンクションユニットで電気信号に変換される。マーカー信号は，スイッチを押すことにより9Vの電圧が取り出される。

（2）データの取込み

ポリグラフの出力端子から取り出される電気信号は，時間とともに連続的に変化するアナログ信号であるので，コンピュータに入力する前に有限な数値であるディジタル信号に変換する必要がある。アナログ信号をディジタル信号に変換することをAD変換，変換する装置をAD変換器という。アナログ信号をディジタル信号に変換することを標本化（サンプリング），振幅をディジタル量にすることを量子化とよんでいる。

サンプリング間隔を狭くするほど高周波成分を再現できるが，データ量が増大し処理時間が増加してしまい効率的でない。通常，呼吸波，皮膚抵抗反応のサンプリング間隔は100ms（10Hz），脈波，マーカーのサンプリング間隔は20ms（50Hz）程度で行われる。

コンピュータに取り込まれた波形データの分析には，ディジタル信号処理を利用した種々の解析法が応用できる。後述する高速フーリエ変換（FFT）や線形予測法（自己回帰モデル）がこれに該当する。

3　データの加工・分析

（1）雑音除去

波形データから雑音成分を除去する方法には，移動平均法と積算平均化がある。移動平均法は，信号に比べて周波数の高い雑音が混入している場合に，周波数の高い雑音を取り除き，信号を滑らかな波形にする手法である（図4-3参照）。その方法は，ある時点のデータを，その前後のデータの平均値で表わして平滑化するものである。

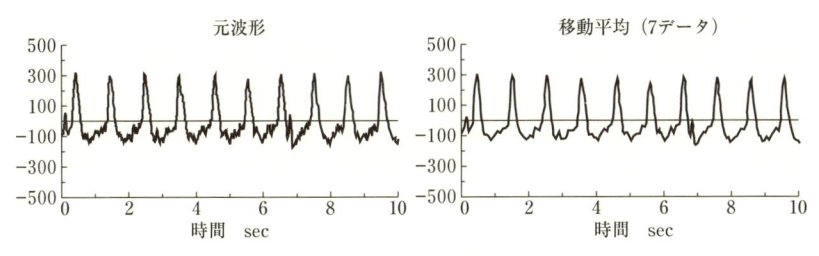

図4-3 脈波の雑音除去

　一方,積算平均化は,同一条件のもとでくり返し測定された多数の波形（たとえば,刺激に対するERP）を対象として,各波形の同一測定位置に対する平均化を行う方法である。

(2) ピーク検出

　コンピュータを用いて,波形のピーク検出を行うには,波形に沿って順次その傾き,すなわち直前の値との差分を調べ,極大値をとる位置を探せばよい。滑らかな波形であればこの方法によってピークを検出できるが,複雑な波形の場合にはピーク検出が困難であるので,雑音除去を行うと有効な場合がある。

(3) 周波数分析

　周波数分析の基本となる考え方は,フーリエ変換である。フーリエ変換は時間の経過とともに変動する波形を,周波数に関する情報に変換することである。ところが,フーリエ変換には膨大な計算量を必要とするため,そのままでの形では実際の処理には役立たなかった。そこで,フーリエ変換をコンピュータで短時間で行う,高速フーリエ変換（FFT）とよばれる手法が開発された (南, 1986)。FFTの開発によってコンピュータによる周波数分析が実用化され,パワースペクトルが容易に計算できるようになった。

4　反応計測

　現行のポリグラフ検査の判定は,検査者が質問刺激に対する指標の反応を選択的に目視で行っている。しかしながら,コンピュータで判定する場合にはどの反応指標が判定に有効であるかが重要な問題である。これらの問題点について,以前から多くの研究がなされている (山岡・鈴木, 1973；足立・鈴木, 1990；Nakayama & Yamamura, 1990；足立・鈴木, 1991b)。以下,コンピュータ判定に有用な反応指標の計測法について述べる。

（1）呼吸

目視による呼吸の判定は，質問呈示に対応する振幅の変化（抑制，ブロック）や周期の変化などに着目し，特異な反応であるかどうかを決めている。コンピュータ判定に有用な反応指標としては，目視で着目している振幅，周期時間に加え，吸気時間，ポーズ時間，呼気時間および呼吸速度などが取り上げられている（図4-4参照）。

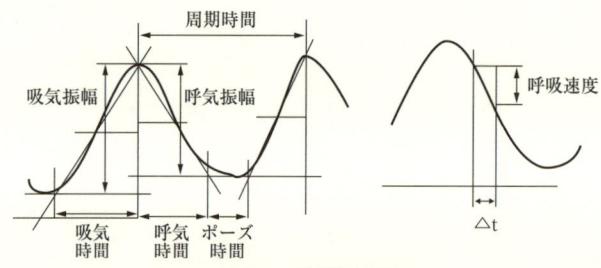

図4-4 呼吸波の計測

呼吸波の振幅については，吸気の最小値と最大値の差を吸気振幅，呼気の最大値と最小値の差を呼気振幅としている。呼吸の周期時間については，吸気時間，呼気時間，ポーズ時間および呼吸周期時間を計算する。すなわち，吸気振幅の1/2に達した吸気中の時点から吸気終了までの時間および呼気開始から呼気振幅の1/2に達するまでのそれぞれに2を乗じた値を吸気および呼気時間とし，周期時間から呼気時間および次の吸気時間を減じた値をポーズ時間とする。呼吸速度は呼吸波の垂直方向の移動距離を計測し，時間で除した値とする。

呼吸波形をコンピュータで計測する時，振幅，周期時間については，吸気・呼気完了時点に対応する呼吸波の極大，極小を検出するが，不規則な波形については上記の点を自動的に検出することが困難な場合がある。その点，呼吸速度はコンピュータによる計測が容易であるとともに，振幅，周期時間等の情報が含まれており，検出精度が優れている。

（2）皮膚抵抗反応

目視による皮膚抵抗（伝導度）反応の判定は，質問刺激に対応する波形の大きさや波形が頂点まで達する時間により，特異な反応であるかどうかを決めている。コンピュータ判定にも，波形の最大振幅や頂点時間は有用な反応指標である（図4-5参照）。最大振幅は，波形の立ち上り時点の値と返答後の最大値までの振幅を，頂点時間は，立ち上りから最大値までの時間間隔を計測する。

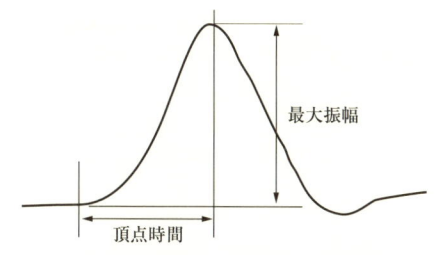

図4-5 皮膚抵抗(伝導度)反応の計測

(3) 脈波

目視による脈波の判定は，質問呈示に対応する基線（脈波の谷）や振幅の変化に着目し，特異な反応であるかどうかを決めている。コンピュータ判定にも基線の変化や振幅の変化は有用な反応指標として取り上げられている（図4-6参照）。基線の変化量は，質問呈示前の基線の平均値と質問呈示後の基線の平均値との差を計測する。振幅の変化量は，質問呈示前の脈波の平均振幅と質問呈示後の脈波の平均振幅との差を計測する。

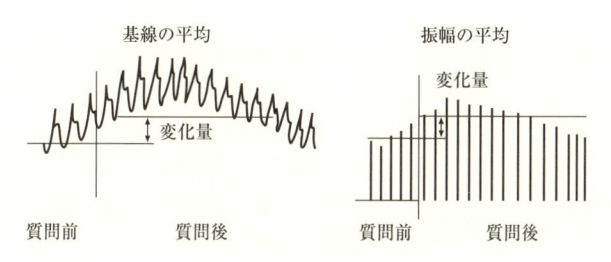

図4-6 脈波の計測

(4) 心拍

心拍の反応がポリグラフ検査で有効な指標であることは以前からいわれていた(渡辺・梶谷, 1973)が，目視で心拍の変化をとらえることは困難である。ところが，コンピュータでは瞬時心拍数を，脈波の頂点間の時間（t sec）を1拍ごとに計測し，この値の逆数で算出することができる。コンピュータ判定では，心拍数の変化量が反応指標として使用されている（図4-7参照）。心拍の変化量は，脈波の頂点間の時間間隔から心拍数を算出し，質問呈示直前の平均心拍数と質問呈示後の平均心拍数との差を算出する。

一方，心拍数の計測には，脈波を周波数分析して算出することもできる（図4-8参照）。脈波データをFFT分析してパワースペクトルを求め，パワースペクトル曲線の最大値を示す周波数から心拍数が計算できる(徳田, 1993)。

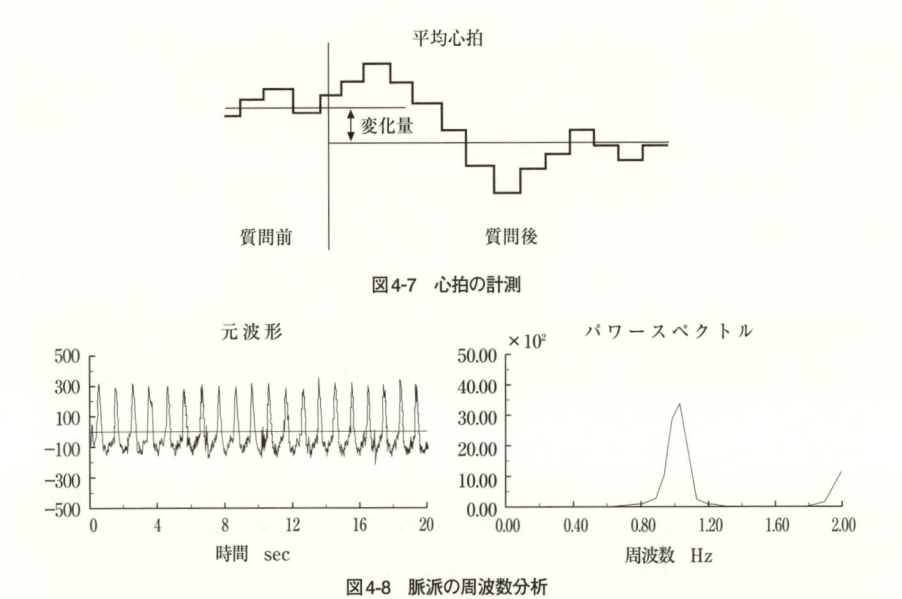

第4章 コンピュータがもたらす新たな展開

図4-7 心拍の計測

図4-8 脈派の周波数分析

ディジタル信号系列において，ある時点の値がそれ以前のいくつかの時点の線形結合で表わされるという数学モデルを仮定すれば，線形結合の係数を観測データから最小2乗法によって推定できる．係数が決まれば観測値の系列から次の時点の値を予測できるので，これを線形予測法（自己回帰モデル）という（城戸，1993）。この方法に基づいて，自己回帰モデルからの残差を心拍の反応指標とすることが提案されている（足立，1993）。その手法は次の通りである．

脈波の頂点間の時間間隔から，1秒ごとの心拍率を求め，質問刺激に対する心拍反応量を算出する．心拍率は3次の自己回帰過程に従うものと仮定し，質問呈示開始後15秒間の各秒における心拍率 y_t（$t = 1, 2, \cdots, 15$）を，それに先立つ3秒間の心拍率 y_{t-3}，y_{t-2}，y_{t-1} に基づいて予測する．すなわち，心拍率 y_t を $\hat{y}_t = \hat{\mu} + \sum_{j=1}^{3} \hat{a}_j (y_{t-j} - \hat{\mu})$ によって予測する．ただし，$\hat{\mu}$ は心拍率の平均値，$\hat{a}_j$ は自己回帰係数である．観測値 y_t の予測値 $\hat{y}_t$ からの偏差の和 $\sum_{t=1}^{15}(y_t - \hat{y}_t)$ をもって心拍の反応量とする．

5 データの保管

ポリグラフから取り出された計測指標（呼吸，皮膚抵抗反応，脈波）のデータを保管するには，音声とともにアナログ式データレコーダに記録しておき，事後に再生して波形の解析を行う．このデータ保存方法は，収録データを種々の分析法で分析検討する場合に有効であるが，コンピュータでただちに判定したい場合

topics 実験刺激としての自我関与刺激

　実務におけるGKTの裁決質問は，犯人が犯罪を行った際に記憶した内容である。そして，裁決質問に対する特異な生理反応は，自分が犯罪事実を認識している証拠となる。したがって，裁決質問は，罪を逃れようとする犯人にとって，きわめて有意味性の高い刺激となる。さらに，裁決質問の呈示は，犯人に犯行時の記憶を呼び戻させるとともに，それに対するウソの返答は良心の呵責や葛藤をも引き起こす可能性がある。

　一方，実験におけるGKTの裁決質問は，反社会的行動である犯罪の際に記憶した内容ではない。したがって，実験に参加する被験者にとっては，どうしても実務と比較して有意味性の低い刺激となる。たとえ，模擬窃盗犯罪や仮想スパイ犯罪のような工夫がされても，これらはあくまでも仮想の犯罪における体験である。そこでは，良心の呵責やウソの返答に対する葛藤も，大きな心的負荷として期待できない。また，成功報酬としての金銭や，動機づけを操作する教示効果も，実務場面に比べて明らかに低いといわざるを得ない。したがって，研究者は実験における裁決質問を選択する時，非常に頭を悩ませることになる。

　この問題に対し，裁決質問と非裁決質問の情報量の差異を検討する実験では，被験者にとってもともと自我関与の高い刺激を用いる場合が多い。たとえば，被験者の姓名，誕生日である。古くは，1968年にサッカレイ（Thackray,R.I.）とオーン（Orne,M.T.）が，裁決質問として自我関与刺激（姓・名・誕生日）と中立刺激（色・鳥・木）を用い，自我関与刺激の検出成績が優れることを報告している。同様に，1973年に山岡一信と鈴木昭弘は，裁決質問として自我関与刺激（姓）と中立刺激（数字）を用い，自我関与刺激の検出成績が優れることを報告している。また，自己姓は事象関連脳電位を指標とした実験でも，裁決質問として利用され，この分野の研究発展に貢献してきた（第4章3節参照）。

　このような工夫のもと，実験研究は実施されるが，実験と実務では状況に大きな差異があるから（たとえば，実務では自我関与刺激を裁決質問として呈示することはない），実験結果をそのまま実務へ適用できないとの批判をよく耳にする。しかし，実験研究の利点は，実務場面よりも厳密に変数を統制できること，被験者が有罪群か無罪群かを完全に把握できることにある。このような実験研究が，実務で出現する現象を科学的に証明したり，実務へ応用できる新たな手法の開発に不可欠であることは間違いない。

　　　　　　　　　　　　　　　　　　　　　　　　　　　　　　（平）

には向かない。

一方，ポリグラフから取り出された信号をAD変換器でディジタル信号に変換したデータを保管するには，RAMメモリあるいはハードディスクに記録し，波形の解析をする。このデータ保存方法では，ポリグラフ検査時の音声が保存できない。最近はコンピュータ周辺機器の進展とともに，膨大なデータを大容量の光磁気ディスク（MO）に保存することができるようになり，データの保存に便利になった。

2節 多変量解析による自動判定

前節に記されたように，ポリグラフ検査の判定をコンピュータによって自動化する方法の研究がなされている（徳田, 1993; Adachi, 1995）。自動判定の手続きは反応計測と統計解析の二段階に大別できるが，反応計測は前節でまとめられ，本節の主題は，計測を経た反応データを分析して，判定結果を出力するための統計解析法である。ポリグラフ・データは複数指標であるため，本節で扱われる手法は統計解析の中でも多変量解析に属するものである。

表4-1には，GKTによって得られた反応データの例を示す。これは「盗まれた物が何か」を尋ねる質問表に対するデータで，非裁決・裁決質問を被験者に呈示する系列を4回反復した結果である。実際には多くの反応指標が計測されるが，簡単にするため，表には各質問に対する2指標の反応計測値を示している。この節を通して表4-1の例を用いるが，より多指標で質問数や系列反復回数が異なるケースにもこの節の議論は一般化できる。さて，表4-1の判定データを統計解析して，被験者が「盗まれた物」を認識しているか否か，つまり，「陽性」か「陰性」かを判定することが我々の目的となる。この節を通して，上記のように，認識していることを「陽性」，認識していないことを「陰性」とよぶことにする。

なお，表4-1の各データは，各指標について元の反応計測値（素データ）を標準化して得られた標準得点である。ここで，標準化とは，全データつまり20個（5質問×4系列）の反応値の平均が0，分散が1となるように素データを変換する操作である（芝・南風原, 1990）。後述する解析法の中には，複数被験者のデータを用いる方法があり，被験者間の反応水準の差をなくすために，標準化の操作が必要となる。以下の議論では，データが標準化されていることを想定する。

表4-1　判定データの例
質問番号1～4は非裁決質問，⑤は裁決質問を表わし，X_1，X_2はそれぞれ，呼吸速度と皮膚伝導度反応の振幅を表わす。

系列	1		2		3		4	
指標	X_1	X_2	X_1	X_2	X_1	X_2	X_1	X_2
質問 1	− 0.76	0.84	− 0.11	− 0.12	1.38	− 1.21	1.82	0.83
2	− 0.77	0.43	0.42	− 1.24	0.62	− 0.90	1.86	− 0.47
3	− 0.16	− 0.17	0.21	− 1.25	− 0.44	1.30	− 1.04	1.49
4	− 0.46	− 0.58	− 0.29	− 1.36	0.58	0.36	1.20	− 1.06
⑤	− 0.55	0.73	− 0.83	2.07	− 0.44	− 0.39	− 2.24	0.70

1　集団準拠判定と個体内判定

　自動判定のための統計解析には，大別して2種のアプローチがある。ひとつは，前もって集積された複数被験者のデータを指針として，判定データを解析するものである (德田, 1993；Adachi, 1995)。複数被験者つまり集団のデータに準拠するという点から，これを集団準拠判定とよぶ。もうひとつは，目下の判定データだけを解析するもので (Adachi, 1995)，他の複数被験者のデータを利用しない点で，これを個体内判定とよぶことにする。以下，各アプローチの概略を記す。

　図4-9のAは集団準拠判定の概要を描く。Aの上の散布図は，表4-1の計20質問の反応値を，裁決・非裁決の質問別にプロットしているが，これらの判定データとは別の過去の集団データを利用する。集団データとは，すでに検査を受けた後，陰性か陽性が確認された複数被験者の検査データをまとめたデータベースであり，これをAの下の散布図に例示する。つまり，陰性・陽性別に複数被験者

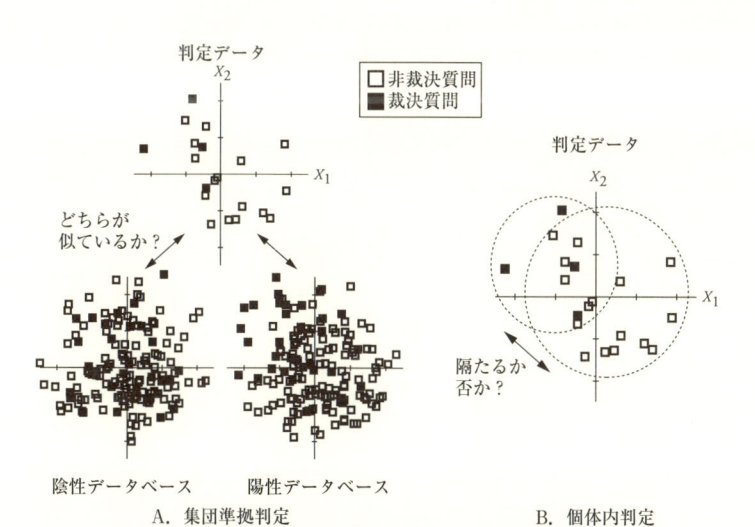

図4-9　各質問に対する反応値の散布図による判定手法のスケッチ
A．集団準拠判定　　　B．個体内判定

の反応値をまとめ,質問別にプロットしている。これらのデータベースと判定データを照合し,もし,判定データの反応値の分布が陽性データベースの分布に似ていれば陽性と判定し,逆に,陰性データベースの分布に似ていれば陰性と判定する。

図4-9のBは個体内判定の概要を描く。これは図4-9のAの上部と同じ判定データの散布図であるが,裁決・非裁決質問を区別して,反応値の点の群を線で囲っている。もし,被験者が陽性であれば,両質問間で反応の程度が異なるので,線で区別された2つのデータ群は十分に隔たるだろう。逆に陰性ならば,両質問に同程度の反応を示すはずなので,データ群には十分な隔たりはみられないだろう。したがって,両質問のデータ群が十分に隔たるか否かを判定する。

以上の説明だけでも統計解析の基本的着想の理解には十分であるが,いくぶん大雑把なスケッチである。以下では,統計的な考え方に即して議論を積み上げ,自動判定のために統計解析法を構成する筋道をたどる。

2 反応データの統計モデル

ここでは,GKTの基本仮定を統計的に表現していく。議論の途中で現われる数式の理解は必須ではないので,議論の流れに着目していただきたい。

GKTの判定の基礎には,次の2つの仮説がある。
①陰性仮説:被験者が陰性であれば,すべての質問に同程度の反応がみられる。
②陽性仮説:陽性であれば,裁決・非裁決質問の間で反応の出方が異なる。

以上の仮説を統計的に表現することが自動判定法の基礎となる。データの確率分布を考える統計学の流儀に従えば,両仮説は次のように言い換えられる。
①陰性仮説:被験者が陰性ならば,全質問に対する反応値は単一の確率分布に従う。
②陽性仮説:陽性ならば,裁決および非裁決質問の反応値はそれぞれ異なる確率分布に従う。

判定は,両仮説のいずれが判定データに妥当するかの判断に帰着される。しかし,この判断を数値に基づいて行うためには,仮説に現われる確率分布を特定する必要がある。そこで,確率分布の種類として多変量の正規分布(塩谷, 1990)を採用する。次に2変量の場合を取り上げ,正規分布の概要を記す(図4-10)。

図4-10のAの「山」は正規分布の確率密度関数の概観を例示し,Bは「山」を上から眺めた等高線を示している。2変量をベクトル $x=[x_1, x_2]'$ にまとめ(記号 $'$ は転置を表わす),円周率を π,指数関数を $\exp\{\ \}$ で表わすと,x の確率密度関数は,

$$f(x; \mu, \Sigma) = (2\pi|\Sigma|)^{-1} \exp\{-0.5(x-\mu)' \Sigma^{-1}(x-\mu)\} \qquad (1)$$

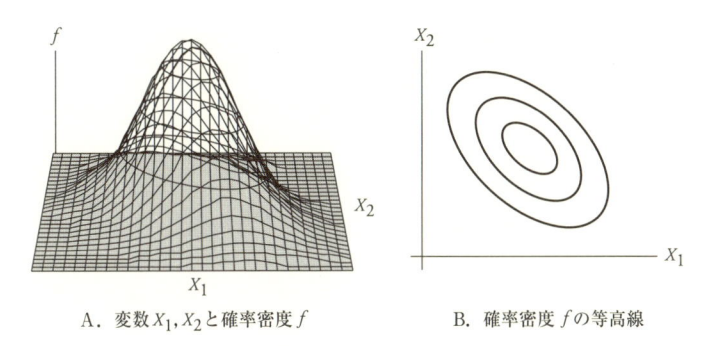

A. 変数 X_1, X_2 と確率密度 f　　B. 確率密度 f の等高線

図4-10　2変量正規分布の確率密度関数と等高線

と書ける。ここで，μ は母平均ベクトル，Σ は母共分散行列と呼ばれ，μ は正規分布の位置（確率密度の「山」の頂点の場所）を，Σ は分布の形状（「山」の裾野の広さなど）を定めるパラメータ（母数）である。(1) より，パラメータ μ，Σ が既知であれば，右辺に x の数値を代入して，確率密度が求められることが理解できよう。

以下，表4-1の5質問×4系列の判定データを取り上げ，第 j 系列の質問 i に対する2指標の反応値を $\boldsymbol{x}_{ij} = [x_{ij1}, x_{ij2}]'$ と表わす。この表記と前段の正規分布より，仮説は次のように具体化される（図4-11参照）。

①陰性仮説：被験者が陰性ならば，すべての反応値 $\boldsymbol{x}_{ij}$（$i=1, \cdots, 5$；$j=1, \cdots, 4$）は $\boldsymbol{\mu}_I, \boldsymbol{\Sigma}_I$ をパラメータとする正規分布に従う。

②陽性仮説：陽性ならば，裁決質問の反応値 $\boldsymbol{x}_{ij}$（$i=5$；$j=1, \cdots, 4$）は $\boldsymbol{\mu}_{GC}, \boldsymbol{\Sigma}_G$ をパラメータとする正規分布に，非裁決質問の反応値 $\boldsymbol{x}_{ij}$（$i=1, \cdots, 4$；$j=1, \cdots, 4$）は $\boldsymbol{\mu}_{GN}, \boldsymbol{\Sigma}_G$ をパラメータとする正規分布に従う。

ここで，$\boldsymbol{\mu}, \boldsymbol{\Sigma}$ に添え字をつけて各仮説の正規分布を区別しているが，I と G は Innocent と Guilty，C と N は Critical（裁決）と Non-critical（非裁決）の頭文字である。なお，陽性仮説では，パラメータ削減のため，分布の母共分散行列が非裁決・裁決質問間で等しい（ともに $\boldsymbol{\Sigma}_G$）と仮定している。

各仮説のもとで判定データが生じる確率密度を求め，その大小に基づいて仮説の妥当性を判断する方法が考えられる。ここで，判定データ内の各データ $\boldsymbol{x}_{ij}$ に対して，判定データをまとめた集合を $\boldsymbol{X} = \{\boldsymbol{x}_{ij}; i=1, \cdots, 5; j=1, \cdots, 4\}$ と表わす。各データ間の独立性を仮定すると，確率の定理より，データ集合 $\boldsymbol{X}$ が生じる確率密度は各データの確率密度の積に等しくなる。すなわち，陰性仮説のもとで判定データ（の集合）$\boldsymbol{X}$ が生じる確率密度は，$f(\boldsymbol{x}_{ij}; \boldsymbol{\mu}_I, \boldsymbol{\Sigma}_I)$ の掛け算，つまり

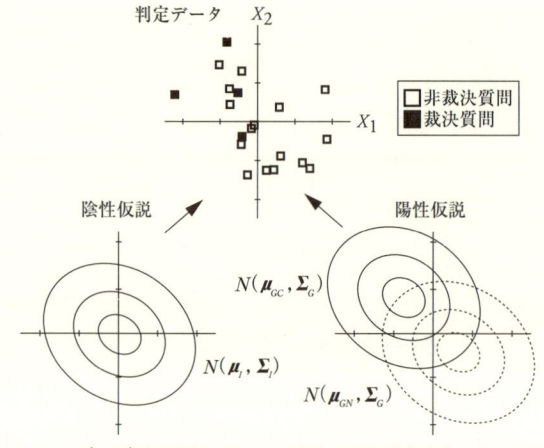

図の内容:
判定データ X_2、X_1
非裁決質問、裁決質問
陰性仮説 $N(\boldsymbol{\mu}_I, \boldsymbol{\Sigma}_I)$
陽性仮説 $N(\boldsymbol{\mu}_{GC}, \boldsymbol{\Sigma}_G)$、$N(\boldsymbol{\mu}_{GN}, \boldsymbol{\Sigma}_G)$

$N(\boldsymbol{\mu}, \boldsymbol{\Sigma})$は$\boldsymbol{\mu}, \boldsymbol{\Sigma}$をパラメータとする正規分布を表わす

図4-11　陰性仮説と陽性仮説

$$P_I = \prod_{i=1}^{5}\prod_{j=1}^{4} f(\boldsymbol{x}_{ij}; \boldsymbol{\mu}_I, \boldsymbol{\Sigma}_I) \tag{2}$$

と表わせる。陽性仮説では，非裁決・裁決質問の反応値の確率密度がそれぞれ $f(\boldsymbol{x}_{ij}; \boldsymbol{\mu}_{GN}, \boldsymbol{\Sigma}_G)$，$f(\boldsymbol{x}_{ij}; \boldsymbol{\mu}_{GC}, \boldsymbol{\Sigma}_G)$ であるので，Xの確率密度は，これらの積によって

$$P_G = \prod_{i=1}^{5}\prod_{j=1}^{4} f(\boldsymbol{x}_{ij}; \boldsymbol{\mu}_{GN}, \boldsymbol{\Sigma}_G) \times \prod_{j=1}^{4} f(\boldsymbol{x}_{5j}; \boldsymbol{\mu}_{GC}, \boldsymbol{\Sigma}_G) \tag{3}$$

と表わせる。(2)，(3)より，一連のパラメータ $\boldsymbol{\mu}_I, \boldsymbol{\Sigma}_I, \boldsymbol{\mu}_{GC}, \boldsymbol{\mu}_{GN}, \boldsymbol{\Sigma}_G$ の値が既知であれば，P_I，P_G（陰性，陽性仮説のもとで判定データが生じる確率密度）の値を求め，両者の大小判断に基づく判定ができる。しかし，実際にはパラメータは未知で，これらを何らかのデータから推定しておく必要がある。この推定用データの種類によって，次に記すように，判定法は集団準拠判定と個体内判定に分かれる。

3　統計モデルに基づく判定

集団準拠判定では前述のデータベース（図4-9のA）からパラメータを推定する。つまり，陰性仮説の $\boldsymbol{\mu}_I, \boldsymbol{\Sigma}_I$ は陰性データベースから，陽性仮説の $\boldsymbol{\mu}_{GN}, \boldsymbol{\mu}_{GC}$，$\boldsymbol{\Sigma}_G$ は陽性データベースから推定する。推定には最尤法とよばれる統計的原理(塩谷, 1990)を用いる。パラメータの推定値と判定データ $X=\{\boldsymbol{x}_{ij}\}$ を (2)，(3) に代入して P_I と P_G を求め，前者のほうが高ければ陰性，逆なら陽性と判定する。なお，P_I，P_G は陰性または陽性仮説のもとでデータ X が生じる確率密度で，いわば陰性か

陽性を条件としているが、逆に、X が所与のもとで（X を条件として）被験者が陰性または陽性である確率（事後確率）を考えることもできる。ベイズの定理によれば、被験者が陽性である事後確率は $Q_G = t_G P_G / (t_I P_I + t_G P_G)$、陰性である事後確率は $Q_I = 1 - Q_G$ と表わせる。ここで、t_I, t_G はそれぞれ陰性・陽性の事前確率（いわば検査前に見込まれる被験者の陰性・陽性確率）である。以上の事後確率に基づけば、P_I, P_G の大小比較による判定は、$t_I = t_G$ としたものと見なせる。

個体内判定法では、判定データ X から最尤法でパラメータを推定する。最尤法とは、確率密度をデータの関数ではなくパラメータの関数と見なし、それを最大にするパラメータを求める方法である。陰性仮説の (2) 式を例にすると、$X = \{x_{ij}\}$ の値を右辺に代入したうえで、右辺を最大にする μ_I, Σ_I を推定する。これらの推定値と X から P_I が得られる。同様に (3) 式右辺を最大にする $\mu_{GN}, \mu_{GC}, \Sigma_G$ と X から P_G が得られる。ただし、この方法で得られた P_I, P_G（これらは最大尤度とよばれる）には後者のほうが高くなるというバイアスがある。これを補正する代表的指標のひとつに AIC (赤池, 1976) があるので、この AIC の値の大小比較によって判定ができる。

以上のパラメータ推定用のデータの違いは、2種の判定法の長短に結びつく。被験者集団をまとめたデータベースからパラメータを推定し、判定データに適用する集団準拠判定は、集団と判定対象の被験者（個体）を同一視するもので、反応の個体差を考慮していないが、判定データだけを用いる個体内判定は個体差の問題とは無縁である。しかし、判定データだけという小さい標本から推定されるパラメータは不正確であり、個体内判定はいわば安定性に欠ける恐れがあるが、大きな標本（データベース）から推定を行う集団準拠判定はこうした問題を伴わない。この安定性の問題は実験評価でも示されている。筆者 (Adachi, 1995) は、質問を5系列反復した判定データに対して両判定法が同等の正判定率を示すものの、データの系列数が4、3と少なくなると、個体内判定の正判定率が低くなることを報告している。これは、系列数の多い場合は判定データだけでも満足な標本サイズとなるが、系列数が少ないと標本サイズが不十分となってパラメータ推定がいくぶん不正確になり、個体内判定の精度が低下することを示している。

4　判別分析と仮説検定

一般的な（多変量の）統計解析法との関連を記すため、前述の判定法を別の視点からみる。まず、確率密度の比の対数を $\lambda = \log(P_G / P_I)$ と定義する。対数は単調増加関数なので、P_I に比べて P_G が高いほど λ も大きくなる。このことから、この節では λ を陽性得点とよぶことにする。次に、判定データ（表4-1）に目を向け、4系列の裁決質問に対する反応値の平均から、4系列×4質問の非裁決質問

の反応値の平均を引いた値を反応差とよび,$z=[z_1, z_2]'(=\sum_{j=1}^{4}\mathbf{x}_{5j}/4-\sum_{i=1}^{4}\sum_{j=1}^{4}\mathbf{x}_{ij}/16)$で表わす。反応差 z は,非裁決・裁決質問間の反応の差違を表わす判定データの代表値であるが,式を展開すると,陽性得点 λ が反応差 z の関数として表わせる。

まず,集団準拠判定において,データベース内の各データの質問・系列数が判定データと同じと仮定し,さらに,陰性群と陽性群の母共分散行列は等しい($\Sigma_I = \Sigma_G$)と制約して,これらと $\mu_I, \mu_{GC}, \mu_{GN}$ の推定値を (2), (3) に代入すると,陽性得点 $\lambda = \log(P_G/P_I)$ は,各指標の反応差にウェイト w_1, w_2 を乗じた合計

$$w_1 z_1 + w_2 z_2 \qquad (4)$$

に,ある定数を加えたものに等しくなる。(4) は線形判別関数と呼ばれ,この大小によって z の分類を行う解析を線形判別分析という (Lachenbruch, 1975;柳井・高根, 1984)。つまり,集団準拠判定は一種の線形判別分析であることがわかる。徳田 (1993) は線形判別関数に基づく有用な自動判定法を構成して,その有効性を確認している。また,カーチャーとラスキン (Kircher & Raskin, 1988) によるCQT(対照質問法)の判定法も線形判別関数に基づく。

個体内判定では,パラメータの推定値を (2), (3) に代入すると陽性得点 λ が,

$$z' \Sigma_G^{-1} z \qquad (5)$$

の単調増加関数になり,(5) が大きいほど陽性の程度が高いことになる。(5) を一定倍した値はホテリングの T^2 分布に従い (塩谷, 1990),この分布に基づく仮説検定を判定に利用することもできる。なお,(5) を導くまでもなく,前節の議論から,個体内判定は,帰無仮説 $\mu_{GN} = \mu_{GC}$(裁決・非裁決質問間で母平均が等しい)

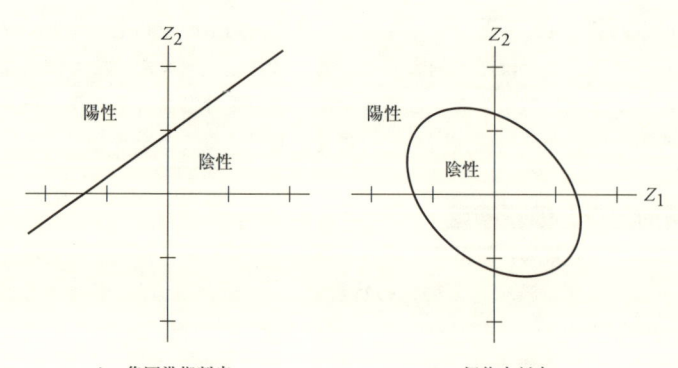

A. 集団準拠判定 　　　　　　B. 個体内判定

図4-12 反応差 Z_1, Z_2 に基づく陰性・陽性判定の境界

に対して，対立仮説 $\mu_{GN} \neq \mu_{GC}$ を検定する問題と同等であることは理解できよう．

以上より，集団準拠および個体内判定は，それぞれ (4) および (5) が一定値以上か否かで判定を行う手法と見なせ，これらの判定方式を描いたのが図4-12である．反応差 z は図4-12の座標の一点として表わされるが，集団準拠判定は，(4) を一定値に等しいとおくと直線の式が得られるので，図のAに示すように直線を境界として z がいずれの側に位置するかによって判定を行う方法と見なせる．一方，個体内判定は，(5) を一定とすると楕円の式となるので，図のBのように，z が楕円の内なら陰性，外なら陽性と判定する方法と見なせる．なお，集団準拠判定の境界直線がデータベースによって規定されるのに対して，個体内判定の境界楕円の形状（広がりや軸の方向）は判定データに依存して変わる．

5　ニューラルネットによる判定

ここまでの判定法はデータが正規分布に従うという仮定に依存するが，データ分布を特定種のものに限定しないノンパラメトリックな方法も考えられる．集団準拠判定に限定しても，判別分析には線形判別分析以外にいく種かのノンパラメトリック法があり (McLachlan, 1992)，自動判定に適用することができよう．

生体の神経回路のモデルであるニューラルネットに基づく判別分析 (豊田, 1996) も分布を特定しない手法で，これに基づく集団準拠判定が考えられる．この判定法では，図4-13のAに例示するネットワークに反応差 z を入力し，変換処理を経て出力された得点が一定値以上か否かで判定を行う．この図で矢印の×記号は右記したウェイトを乗じることを表わし，+記号はウェイトづけされた値を合計する処理を表わす．さらに○印の素子は，そこに入力された合計値を非線形変換し

A．ニュートラルネット　　　　B．線形判別

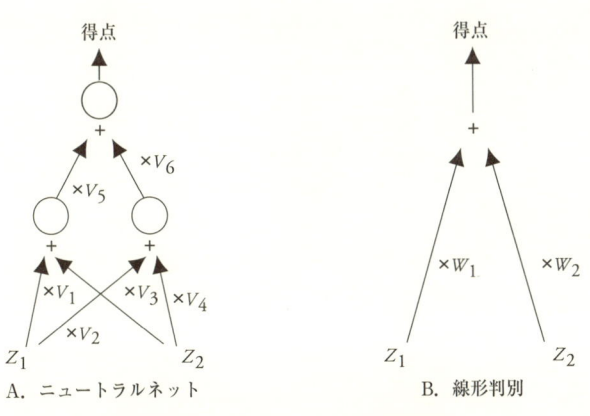

図4-13　ネットワークによる判定の概略

topics わが国のウソ発見器(ポリグラフ)の変遷

　わが国の科学捜査に最初に使用されたウソ発見器は，藤森聞一博士によって開発され，横河製作所が製品化した精神検流計であった（第2章1節参照）。ウソ発見器の代名詞でもあるポリグラフ（polygraph）は，「多く」という意味をもつ"poly"と，「記録するための器具」という意味をもつ"graph"を連結した言葉であるから，単一指標の精神検流計はポリグラフの範疇に入らない。

　したがって，わが国でポリグラフと呼べる最初の装置は，山越製作所のKYSポリグラフと竹井機器工業株式会社のTKKポリサイコグラフとなる。両装置は，精神検流計で測定していた皮膚抵抗反応に加えて，呼吸，脈波の3指標を測定することが可能であり，この両装置をもって初めてポリグラフと呼ぶことができる。竹井機器工業株式会社のポリサイコグラフは，改良を重ねてわが国の警察に長く採用され，昭和の時代までは主力機種として活躍した。

　なお，上記装置の写真が，小杉常雄・久我隆一編著「ポリグラフ検査研究」（株式会社ピー・エス・インダストリー）にすべて掲載されている。写真の状態もよく，貴重な資料であるため，興味のある方は是非一度ご覧いただきたい。

　さて，現在の主力装置は，アメリカのラファイエット社の携帯型ポリグラフである。最近は，コンピュータ入力用のアナログ出力端子が付属したE4型もしくはE5型（数字は測定可能なチャンネル数を表わす）が採用され，コンピュータによる自動判定を可能にしている。下の写真は携帯型ポリグラフE4型に，自動判定システムを搭載したノートパソコンを接続した例である。

（平）

た値を出力する。なお，一連のウェイトの最適値は，判定に先立ってデータベースから推定しておく。比較のため，図4-13のBには前述の線形判別分析による判定をネットワーク図で示すが，処理の簡潔さが理解できよう。線形判別では図4-12のAのように判定境界が線形であったが，複雑な処理を行うニューラルネットは非線形の判別境界を構成し，複雑な判別問題に対処できる。ただし，この複雑さ（正確にいえば，推定すべきパラメータが多いこと）が短所でもあり，線形判別に比べて，ニューラルネットによる判定の優越は認められないという実験評価の報告がある（足立，1995）。こうした評価と，計算の煩雑さや数値的な挙動の把握しにくさなどを考慮すると，現時点では，ニューラルネットによる自動判定は優れたものでないと思われる。

3節 究極の鑑定登場!?
―脳波によるウソ発見―

1 末梢から中枢へ

従来の犯罪捜査におけるウソ発見の指標は，呼吸，皮膚電気活動，脈波といった末梢神経系の活動である。これらの指標は，測定が容易であることに加え，意識的統制が困難で情動変化とも深い関係があるため，犯罪捜査におけるウソ発見として多大な貢献をしてきた。しかし，ウソ発見で生起する生理反応は，中枢での認知情報処理の結果に起因するため，末梢神経系から中枢神経系の指標が注目されるのは当然の成り行きと考えられる。

この中枢神経系を指標としたウソ発見の研究は意外と古く，すでに1939年にオーバーマン（Obermann, C.E.）が標準的なカードテストと仮想犯罪実験で報告している。まず，カードテストでは，被験者に別々の数字が書いてある5枚のカードから1枚を選択させ，そこに書いてある数字を記憶させる。その後，5つの数字を順次，口頭で質問して否定の返答を求め，返答後約20秒間の脳波を測定した。一般に，α波は閉眼安静時に顕著に出現し，考えごとや精神的動揺で減衰する。したがって，選択した数字にウソの返答をする時に，最大のα波減衰が認められると仮定し，α波減衰を基準とした視察判定を実施している。そして，5名の判定者が，90回のカードテストを個別に判定した結果，被験者の選んだ数字を正確に判定できたのは41.4回（判定者5名の平均）であった。

次に，仮想犯罪実験では，19名の被験者が，別々の仮想犯罪を描写した5枚

のカードから1枚を選択して，選んだカードに書かれた文章を読んだ後に検査を受けた。被験者が受ける質問は，5項目が被験者の選んだ仮想犯罪事実，20項目が他のカードに書かれた仮想犯罪事実である。この25項目は無作為な順序で質問された。カードテストと同じ5名の判定者が，25項目の質問に対する返答後約15秒間のα波減衰を視察で比較し，被験者がどの仮想犯罪事実を読んでいるかを判定した。その結果，正確に判定できたのは19名中9名（判定者5名の平均）であった。

このように両実験ともに，偶然確率を上回るものの，正判定率は50％以下にとどまり，実際の犯罪捜査への適用は困難であった。また，同じくα波減衰を視察判定した大西ら(1963)でも，カードテストの正判定は12名中2名のみであった。つまり脳波は，特定の事象に関係なく常に揺らいでいる自発的な電位であり，覚醒水準といった持続的な脳の状態を表わすのに適しているため，カードテストやGKTのような特定の刺激に対する情報処理過程の分析には適していないと結論できよう。これに対し，何らかの事象の生起に関連して出現する一過性の事象関連脳電位が，ウソ発見の有効な指標として登場してきた。

2　事象関連脳電位を指標とした研究

脳波に重畳して観察される事象関連脳電位は，通常数μVの電位であることから，数10μVの脳波に埋もれてしまい，視察で観察することが困難である。そこで，事象関連脳電位を指標とする場合，同じ刺激を反復呈示して，刺激呈示時点で時間軸をそろえて加算平均する処理を行う(沖田・諸富，1998)。その結果，脳波は刺激呈示とは無関係に出現しているので，加算に伴い上下への揺らぎが相殺し合って平坦化する。一方，刺激に対応して生起する電位活動は，一定の潜時をおいて一定の極性へ出現するため，加算することで電位が増加する。

このような加算平均処理によって得られた事象関連脳電位は，処理対象となる感覚刺激呈示以前から行動反応出力後にいたるまで連続的に記録されるという利点がある。さらに，各情報処理に対応する変化（成分）は，処理の順に，時系列に沿ってミリ秒単位で出現するため，その振幅や出現潜時，頭皮上分布，他の成分との時間的関係から，どのような情報処理過程の結果であるかを同定することが可能である。事象関連脳電位の計測には，コンピュータを含む医用計測装置の飛躍的な進歩が不可欠であり，これまでに蓄積されたデータは，脳機能の基礎研究を発展させるとともに，医療や障害者（児）教育の現場で応用されてきた(投石，1997)。その応用の機運はウソ発見にも現われ，有効な指標としてP3，随伴陰性変動（CNV：contingent negative variation），N400と呼ばれる電位が報告されている。

（1） P3を指標としたウソ発見

　サットンら (Sutton et al., 1965) が最初に報告したP3（P300）は，有意味 (meaningful) で稀 (rare) に呈示される刺激に対し，潜時約300-900ミリ秒（潜時は刺激間の区別が容易な時に短く，困難な時に長くなる）で出現する陽性電位である。P3は5-20μVと振幅が大きく，自動処理を含み随意統制が困難で (Lykken, 1998 ; Boaz et al., 1991)，情動よりも認知過程の指標 (Boaz et al., 1991 ; Farwell & Donchin, 1991 ; Rosenfeld et al., 1991 ; Allen et al., 1992) であることからウソ発見の指標に最も多く取り上げられている。

　また，P3を指標とする理由として，P3を測定する標準的オッドボール (oddball) 課題と，GKTの質問構成の類似性が指摘できる。標準的オッドボール課題とは，呈示頻度の低い刺激と高い刺激を無作為な順序で次々と呈示して，低頻度呈示刺激を標的として検出させる課題である。具体的には，1000Hzの短い音を20％，2000Hzの短い音を80％呈示し，1000Hzの音をカウントさせる。そして，P3は低頻度呈示刺激を首尾よく検出すると出現する。これをGKTの質問構成にあてはめてみると，裁決質問が低頻度呈示刺激，非裁決質問が高頻度呈示刺激となる。ここで非裁決質問は4種類あるので実際の出現率はおのおの20％となるが，犯罪に関連した質問というカテゴリーで判断すると裁決質問の出現率が20％，非裁決質問の出現率が80％となり，一種のオッドボール課題ということができる。P3振幅は呈示される刺激の出現確率に反比例し，被験者の課題への関連性に比例して生起する。したがって，裁決質問に対するP3振幅の増加は，被験者が裁決質問を事件に関連した刺激として認識している証拠となる。

　音成ら (1991) は，裁決質問として知人の顔写真1枚，非裁決質問として未知の顔写真9枚をCRTへ呈示し，画面を注視することだけを求めた。写真の呈示時間は300ミリ秒，呈示間隔は2000ミリ秒固定で，無作為な順序で各写真20回ずつ呈示した。この手続きは，被験者に標的を検出させる課題がなく，受動的課題と呼ばれ，複雑な課題を課すことができない被験者，課題遂行に非協力的な被験者に有効である。実験の結果は，裁決質問に対するP3振幅の増加が全被験者で得られ，受動的課題の有効性が確認された。

　ところで，音成らの視覚呈示による受動的課題は，被験者の負担が少ない反面，閉眼や視線をそらす方法による妨害に弱いという欠点がある。とくに，犯罪捜査では被験者が必ずしも協力的とは限らないため，呈示する刺激を注視させる工夫と，注視していたという確認が必要である。この問題点に対し，オッドボール課題によるウソ発見では，裁決質問と非裁決質問の他に，ボタン押し（もしくは，カウント）を求める標的刺激を呈示するのが一般的である。

　ファーウェルとドンチン (Farwell & Donchin, 1991) は，この裁決質問，非裁決質問，標的刺激の3刺激オッドボール課題で実験を行った。彼らは，20名の被験者に対

して，仮想スパイ犯罪を実行させ，犯罪に関連した単語（裁決質問），犯罪に無関連の単語（非裁決質問），検出を指定された単語（標的刺激）をCRTへ視覚呈示した。各単語の呈示回数は裁決質問24回，非裁決質問96回，標的刺激24回，呈示比率では裁決質問1/6，非裁決質問2/3，標的刺激1/6である。各刺激の呈示時間は300ミリ秒，呈示間間隔は1550ミリ秒固定，被験者の課題は標的刺激に対する右ボタン押しと標的以外の刺激に対する左ボタン押しである。仮想スパイ犯罪のシナリオは2種類あり，各被験者は2種類のシナリオのいずれかを実行し，裁決質問の呈示される有罪条件と，裁決質問の呈示されない無罪条件で検査を受けた。このような実験課題と条件のもとでは，被験者のP3に関して表4-2のような予測ができる。

表4-2　3つの刺激に対するP3仮説 (Farwell & Donchin, 1991)

刺激の種類	頻度	刺激の特徴	教示	刺激価	P3仮説
標的刺激	1/6	課題に関連 （犯罪情報に非関連）	右ボタン押し	低頻度，関連性あり	P3生起
非裁決質問	2/3	課題・犯罪情報 ともに非関連	左ボタン押し	高頻度，関連性なし	P3なし
裁決質問	1/6	犯罪情報に関連 （課題に非関連）	左ボタン押し	【無罪条件の場合】 高頻度，関連性なし （非裁決質問と区別 できない）	P3なし
				【有罪条件の場合】 低頻度，関連性あり	P3生起

　すなわち，標的刺激は低頻度で課題関連性があるので，有罪条件・無罪条件ともにP3が生起する。非裁決質問は高頻度で課題関連性がないので，有罪条件・無罪条件ともにP3は生起しない。これに対し，裁決質問は，無罪条件では非裁決質問と同等の処理を受けるためP3が生起しないのに対し，有罪条件では低頻度で犯罪情報として関連性をもつためP3が生起すると考えられる。そして，得られる波形としては，図4-14のように，有罪条件では裁決質問は標的刺激に類似，無罪条件では非裁決質問に類似すると予想される。
　上記仮説のもと，裁決質問に対するP3が，非裁決質問よりも標的刺激に類似している場合を有罪，標的刺激よりも非裁決質問に類似している場合を無罪とする基準で個別判定を行った結果，有罪条件では20名中18名，無罪条件では20名中17名，両条件合計すると40名中35名（87.5％）を正確に判定した。なお，標的刺激へのボタン押し課題は，被験者に呈示刺激への注視を義務づけ，反応時間とエラー数の結果は注視を裏づける資料となる。また，標的刺激に対するP3振

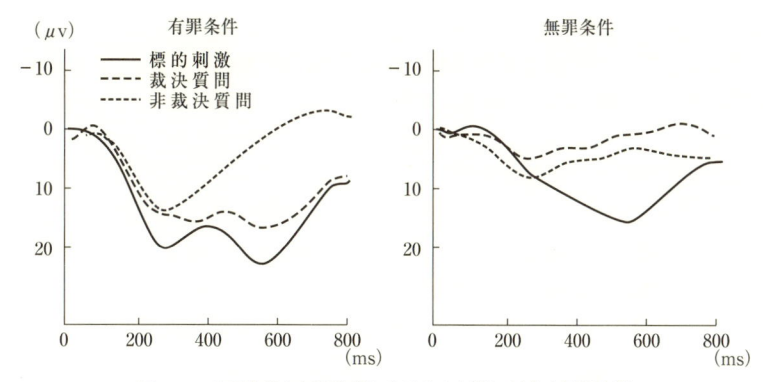

図4-14 有罪条件と無罪条件における3刺激に対する予測波形
(Wasserman & Bockenholt, 1989 より改変)

幅は，各個人の個別判定の"ものさし"となる。さらに，標的刺激に対するP3の生起は，裁決質問に特異反応がない場合，認識がないのか無反応者なのかを確定できなかった，従来のGKTの欠点を是正する利点をもっている。

わが国では，三宅ら (1986) が，3刺激オッドボール課題で実験している。彼らは，裁決質問を自我関与の高い自己姓，非裁決質問を4人の他者姓，標的刺激を植物名として，自己姓の隠匿を求めた。刺激は裁決質問20回，非裁決質問80回（4人の他者姓をそれぞれ20回），植物名を10回の計110刺激で構成し，CRTに無作為な順序で視覚呈示した。各刺激の呈示時間は 300ミリ秒，呈示間間隔は1000-1200ミリ秒（平均1100ミリ秒），被験者の課題は標的刺激である植物名に対するボタン押し反応である。その結果，8名中7名で裁決質問に対するP3振幅の増加が認められた。

なお，現在までに論文として報告され，有罪条件におけるP3の正判定率が確認できる8研究を表4-3にまとめた。P3による8研究の平均正判定率は88.2％であり，ベヌ・シャハールとフィルディ (Ben-Shakhar & Furedy, 1990) がまとめた末梢神経系を

表4-3 過去の8研究における有罪条件のP3による正判定率

研究	被験者数	正判定数	正判定率
三宅ら（1986）	8	7	87.5％
ローゼンフェルドら（1987）	10	9	90.0％
ローゼンフェルドら（1988）	7	7	100.0％
ローゼンフェルドら（1991）	13	12	92.3％
音成ら（1991）	9	9	100.0％
ファーウェルとドンチン（1991）	20	18	90.0％
ジョンソンとローゼンフェルド（1992）	17	13	76.5％
アレンとアイアッコノ（1997）	60	52	86.7％
8研究による平均正判定率	144	127	88.2％

指標とした10研究の平均正判定率83.9％を若干上回っている。現行の末梢神経系の指標との差はわずかではあるが，P3は情報処理過程に対応した意味づけが可能であるため，鑑定内容の高度化が期待できる。

(2) CNVを指標としたウソ発見

P3を指標としたウソ発見は，裁決質問と非裁決質問に対する認知要因，すなわち情報量の差異を対象としている。これに対し，CNVは，虚偽と真実の返答を判定する指標になる（平ら，1989）。

通常，CNVは先行刺激（S_1）と後続刺激（S_2）を一定時間間隔で呈示し，S_2に対して被験者に運動反応（R）を求める課題で生起する。その結果，S_1に対する誘発電位に続いて，S_1-S_2間に期待，意欲，動機づけ，注意等の心理的要因を反映した脳電位の緩徐な陰性変動が生じる（柿木，1980）。この S_1-S_2-R 課題を応用し，S_1で裁決質問もしくは非裁決質問を呈示し，S_2を合図に口答の否定反応を求めて，S_1-S_2間のCNVを指標とするウソ発見が可能となる。

松田ら（1990）は，このS_1-S_2-R課題をウソ発見に適用し，被験者にすべての質

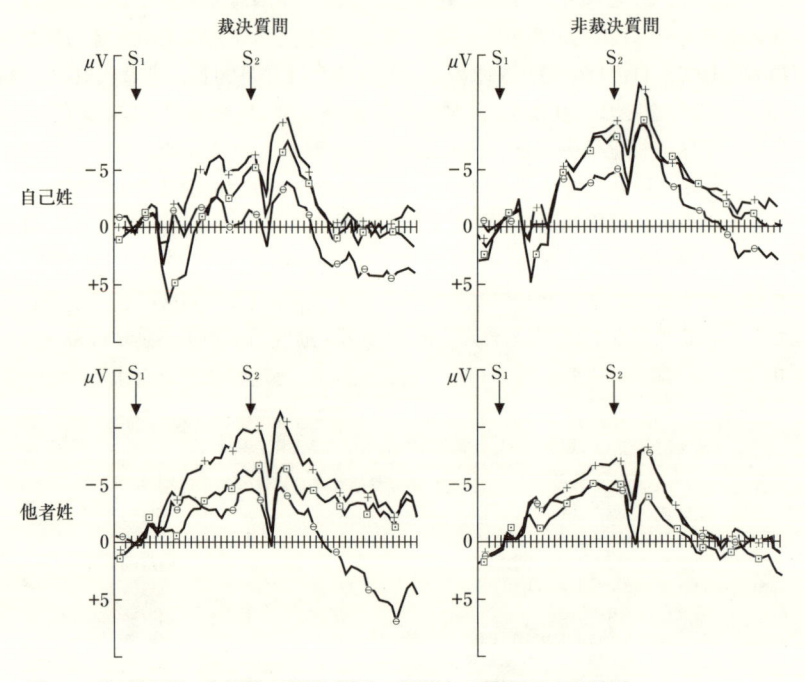

図4-15 姓（自己姓・他者姓）×質問（裁決・非裁決）の部位別のCNV波形 （松田ら，1990）
○がFz，＋がCz，□がPz

間に「イイエ」と否定の返答をするように教示した実験を行った。この実験では，裁決質問に自己姓と他者姓，非裁決質問に他者姓と自己姓を呈示する条件を設けた。そして，裁決質問と非裁決質問をS_1で呈示し，S_2（光刺激）を合図に否定の返答を求めた。図4-15は松田ら(1990)による，姓（自己姓・他者姓）×質問（裁決・非裁決）の4つの条件におけるFz，Cz，PzのERP波形である。図4-15の左上に示すように，自己姓を裁決質問とした条件で，S_1に対するP3の増加と，ウソの返答にともなうCNVの減少が認められた。すなわち，S_1-S_2-R課題による方法は，刺激の情報量の差異をP3，被験者のウソの返答をCNVで検出可能であることを示唆した。

また，平・松田(1998)は，写真画像を系列呈示する方法で，裁決質問呈示に伴う課題完了感がCNVに反映されることを見いだしているが，実験の詳細についてはわが国の研究紹介の研究例6を参照されたい。

(3) N400を指標としたウソ発見

N400は文脈の不一致により生じる成分である(Kutas & Hillyard, 1980)。文（たとえば，"すずめは／鳥で／ある"）を主語，目的語，述語の順に呈示し，主語と目的語との間に意味的なミスマッチがある場合（たとえば，"すずめは／魚で／ある"），目的語に対するN400が生起する(Katayama et al., 1987)。

同様の課題をウソ発見に応用し，犯人が検査を受けたと仮定してみよう。すると，犯行を正しく記述した文（たとえば，"犯行場所は／台所で／ある"）にはN400が生起しないのに対し，犯行と一致しない文（たとえば，"犯行場所は／居間で／ある"）にはN400が生起すると仮定できる。

このN400を指標としたウソ発見は，ボーツら(Boaz et al., 1991)が詳細に検討している。彼らは，被験者にアパートの台所を舞台とした，模擬強盗のビデオを鑑賞させた。そして，先行刺激の"犯行場所"に対して，後続刺激で"台所"と呈示した場合にはN400が生起しなかった。これに対し，後続刺激で"台所"以外の単語が呈示された場合にはN400が生起し，上記仮説を裏づけた。

以上，P3，CNV，N400を指標とした研究を紹介したが，この他にN2や準備電位も有効性が期待できる。なお，各研究の刺激構成，刺激呈示方法，被験者の課題，脳波の導出部位を比較する場合，筆者の著書(平, 1998a)に一覧表を掲載しているので参照されたい。

3　今後の課題と実務導入の効用

この節で紹介した実験研究からわかるように，事象関連脳電位を指標としたウソ発見の可能性はすべて見通しの明るいものである。しかし，実際の犯罪捜査で

事象関連脳電位を測定した報告は，兵庫県警察本部科学捜査研究所の三宅ら(Miyake et al., 1993)の一例のみである。

そこで，筆者は事象関連脳電位の実務導入をうながすため，総説「事象関連脳電位による虚偽検出」(平, 1998b)に，今後の課題と実務導入の効用について詳述したが，ここではその要点のみを記しておく。

まず，今後の課題は，実務でのデータ収集，測定方法およびブートストラップ法(Wasserman & Bockenholt, 1989)などを適用した統計的な個別判定基準の確立である。そして，実務導入で得られるのは，①鑑定の高度化，②正判定率の上昇，③客観性および信頼性の向上，④検出妨害工作（countermeasures）への対抗という効用である。しかしながら，事象関連脳電位によるウソ発見は，現行の末梢神経系によるウソ発見を否定するものではない。なぜならば，両者は測定する指標が異なるだけで，検査目的や検査の背景にある検出理論は同じだからである。また，人間の神経系は，単一の系から成り立っているのでもなければ，独立して機能しているのでもなく，相互に関連・影響し合っている。したがって，末梢か中枢かと限定せず，複数の生理活動を同時にとらえることが，究極の鑑定への近道だと思われる。

topics P300パラダイムのいろいろ

　頭皮上から記録した脳波を加算平均処理することによって得られる事象関連脳電位（ERP：event-related brain potential）の，最も代表的な内因性成分がP300である。ERPとしては大きな反応が安定的に出現することから，基礎実験に加え，臨床・応用場面での利用が盛んであり，脳波を用いたウソ発見場面でも最も有力なERPのひとつである（第4章3節参照）。

　P300は様々な事態で観察されるが，P300を惹起する最も典型的なパラダイムはオッドボール・パラダイムである。ここでは，1～2秒に1回の早さで刺激を呈示する。大部分は同じ刺激（標準刺激：たとえば1000 Hzの純音）であるが，時々（10～20％）ランダムに別の刺激（標的刺激：たとえば2000 Hzの純音）に置き換え，これに対してボタン押しを求める。この時，標的刺激に対するERP上に頭頂部で最大振幅を示すP300（P3b）が観察される（P300とは頂点潜時約300ミリ秒の陽性成分のこと）。P300の頂点潜時は刺激の弁別に要する時間を反映し，弁別が困難になると潜時が延長する。また，P300振幅は作業記憶活動を反映すると考えられており，標的の呈示確率が小さくなると振幅は増大し，同じ確率でも課題が困難になると振幅は減衰する。

　P300は聴覚だけでなく，視覚や体性感覚，嗅覚刺激でも生じる。また，純音だけでなく，単語や線画，写真といった複雑な刺激を用いても出現する。一般的には低頻度の刺激に対して反応を求めるが，とくに課題を課さない場合（受動パラダイム），P3bよりも潜時が短く，より前方に分布するP3aが得られる。

　標準刺激を呈示せず，標的刺激だけを2刺激の場合と同じタイミングで呈示する場合（1刺激パラダイム）でも，2刺激と同じP3bが得られる。課題や計測の簡便性から，弁別課題が困難な被験者の認知能力の評価や，2重課題法での応用が期待されている。2刺激パラダイムに，低頻度だが標的ではない別の刺激（非標的刺激）を加える3刺激パラダイムでも，標的刺激に対しては2刺激の時と同様のP3bが出現する。非標的刺激に対しては，刺激や課題文脈によって異なるP300が得られる。

　また，たとえば5つのカテゴリーに属する様々な名詞を各カテゴリー同じ確率でランダム順に呈示した場合，標的としたカテゴリー語に対してのみP300が出現する。標準や標的刺激といった弁別は刺激の物理特性の違いに限らず，被験者が刺激をどのように分類したかに対応するのである。

（片山）

わが国の研究紹介 6 　脳波でみるウソの世界

平　伸二

1．研究のねらい：CNVによる系列内変動の証明

　第4章3節では，P3がGKTの裁決質問の認識，CNVが虚偽の返答を反映する指標となることを述べた。これらはいずれも単一の裁決質問に対する情報量や，返答の効果を明らかにしたものである。

　ところが，実務の検査例（第2章4節）のように，裁決質問呈示を境とした系列内変動が頻繁に観察される。具体的には，裁決質問呈示まではすべての質問に対して皮膚電気活動が生起するのに，裁決質問後には皮膚電気活動が生起しないという現象である。また，呼吸曲線の乱れが，裁決質問呈示後の非裁決質問から，規則的で安定した曲線に復帰する現象も多くみられる。これらの現象は，犯行を隠匿し罰から逃れるには，裁決質問に生理反応を起こさないことが犯人の重要な課題となるため，裁決質問まで緊張・注意が持続した後，課題完了感が生じる結果と推定できる。

　一般に，事象関連脳電位による虚偽検出は，裁決質問と非裁決質問を多数回，無作為呈示しているため，裁決質問呈示に伴う課題完了感を検討することは不可能であった。そこで，筆者らは複数の刺激を短時間で系列呈示する連続監視課題を利用して，裁決質問呈示に伴う課題完了感を事象関連脳電位で検討することを計画した。

2．実験方法

　実験では，CRT上に左から風景写真1枚，女性の顔写真4枚，風景写真1枚の計6枚を横並びに配置した。CRT上の写真1枚の大きさは横22mm×縦25mm，全体で横132mm×縦25mmであり，色彩の効果を除くためモノクロ写真とした。被験者への呈示は，CRTの左から順番に，ネガ表示された状態からポジ表示し，次の写真のポジ表示とともにネガ表示に戻す方法を用いた。各写真の呈示時間は1枚めの風景写真（緩衝刺激）が300ミリ秒，2枚め以降が800ミリ秒ごとで，連続6枚の系列呈示に要する時間は4300ミリ秒となる。6枚の写真の呈示順序は実験を通じて一定で，被験者の課題は最後の風景写真に対するボタン押しである。そして，最初に裁決質問が含まれない無罪条件，次に裁決質問（被験者が選択した顔写真）が含まれる有罪条件を実施して，両条件間の裁決質問の有無による事象関連脳電位の差異を比較検討した。裁決質問となる顔写真の選択は，無罪条件終了後の休憩期間に，4つの茶封筒の中から1つの顔写真を

選ぶ方法で行った。そして，続く有罪条件では，選択した顔写真（4枚め，1900ミリ秒の時点で呈示）を脳波測定による分析によって検出されないように妨害することを求めた。

3．実験結果

図4-6-1は全被験者による無罪条件と有罪条件の加算平均波形であり，有罪条件において1900ミリ秒で呈示した裁決質問に対する陽性電位（P400，P500）の増加傾向と，ボタン押し前のCNVに有意な減少が認められた。このCNVの減少は，無罪条件で裁決質問を呈示しないのに対し，有罪条件で裁決質問を呈示することが原因と考えられる。つまり，無罪条件では，課題がボタン押しだけであり，ボタン押しへの注意・期待が高まるためCNVは増加する。これに対し，有罪条件では，裁決質問に対する検出妨害の課題もあり，裁決質問の呈示に対して検出妨害への課題完了感が生じて連続性が中断する。その結果，後続するボタン押しに対する注意・期待は分散され，CNVも単純に増加していない。

犯人の課題への方略を予測すると，単一の質問に対して個々に妨害を行うだけでなく，質問系列全体を意識しながら妨害していることは容易に想像できる。被験者は，個々の質問に対する情報量や返答以外に，GKTを系列として処理している。GKTの判定は，基本的には裁決質問と非裁決質問の比較であるが，被験者の課題への方略が課題完了感に伴う系列内変動を生起させる場合があることも，疑いのない事実だといえよう。

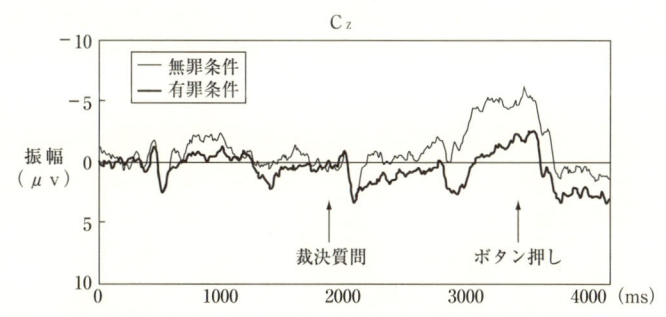

図4-6-1　写真の系列呈示における無罪条件と有罪条件の事象関連脳電位波形（Cz）

4．今後の展望と期待

このように，CNVはGKTの特異反応のメカニズムとして，刺激の認知要因と隠匿課題による心理的要因を中枢レベルで検証していく方法として有効である。また，事象関連脳電位の研究は，新たなパラダイムを作成し，そこに出現する成分を同定することで，様々なポリグラフ検査の方法を開発することや，ポリグラ

フ検査の検出理論の研究に有効な方法として期待されている。

　ところで，この研究は筆者が母校の広島修道大学で実施した。広島修道大学に心理学専攻が開設されたのが1973年。翌年，沼田キャンパスに移転し，通称「実験棟」に脳波検査室が完成して生理心理学の研究が本格的にスタート。研究初期には，事象関連脳電位，とくにCNVの基礎的研究が徹底して行われ，CNVの標準データを蓄積していった(柿木，1980)。このデータの蓄積は，うつ病患者の診断，バイオフィードバックトレーニングなどの臨床分野やスポーツ心理学の中でも幅広く応用されている(松田，1993)。

　それはCNVが，刺激呈示から被験者の行動出力までの情報処理過程を時系列的に検証することが可能で，とくに被験者の期待，意欲，動機づけ，注意といった高度な心理的活動の指標となるからである。したがって，臨床分野での応用と同じく，犯罪捜査の場面でも応用が進むことが期待される。

第5章
関連分野からの期待と提言

　警察の科学捜査に携わってきた編者らは，最新の心理学の研究成果がウソ発見のさらなる発展をうながすと考え，ウソ発見の現状と最新の研究成果を広く公表して，心理学全体からの総合的研究の活性化に取り組んできました。具体的には，1996年の日本生理心理学会第14回学術大会（関西学院大学）におけるシンポジウム，1997年から1999年までの日本心理学会におけるシンポジウムおよびワークショップの企画開催です。幸い，いずれの企画も会場に100名近い参加者を集め，大きな反響を得ることに成功しました。

　とくに，あらゆる領域の心理学者が参加する日本心理学会では，認知領域の研究者が最新の研究トピックスを紹介しながら，ウソ発見の検出モデルについて討論するという成果がみられました。また，法心理学者からは，心理学の常識である，人間の記憶や人間の評価における様々な誤謬（ごびゅう）の存在，あるいは被検者への人権上の配慮を常に念頭におくよう，厳しい指摘がなされました。しかし，その一方で，日本のポリグラフ検査が，心理学を学んだ研究員によってのみ実施されている現状，そしてその研究員が学会の場で広く現状を公開して，討論していく姿勢に高い評価が得られたのも事実なのです。

　この章は，日本心理学会のシンポジウムに参加した研究者が，おのおのの専門分野の知見をもとに，ウソ発見に対する意見，期待，要望，提言を行います。まず，1節では，認知心理学の立場から，ウソ発見の検出モデルに関する意見が述べられます。同じ再認課題でも，実験室をはるかにしのぐ犯罪捜査における検出成績の差異に大胆な仮説で迫っていきます。次に，2節では，最新の目撃証言の研究から，確信度と再認の正確さの関係がまとめられています。再認と確信度の知見は，ポリグラフ検査で最も重要な質問作成の標準化に，重要なヒントを与えるでしょう。3節では，ポリグラフ検査の法的地位に関する意見が，法学者の立場から論述されます。そして，ポリグラフ検査の法的地位を高めるためにどのような努力をすべきか，新たな検査技術を確立するために必要とされる法的基準が指摘されています。

　最後の4節は，ウソ発見に最も関連の深い生理心理学の研究者が，現状への意見とこれから解決すべき課題について語っています。

1節 ウソ発見から記憶研究への広がり

「ウソ発見」という呼称は，犯罪事実を巧みに隠蔽しようとする狡猾な犯罪者と，これを科学の力によって看破しようとする捜査官の息詰るかけひきを連想させる。しかし，実際の「ウソ発見」の現場は，どうもそれとは少し違っているようだ。虚偽検出の有力なパラダイムであるGKT（guilty knowledge test）は，犯罪者しか知り得ない事実（裁決項目）をダミー（非裁決項目）と混ぜて被疑者に呈示し，それらに対する生体反応の異同を検出しようとする。しかもこの時，通常被疑者はすべての項目に対して「知らない」「いいえ」と否定する。すなわち虚偽検出とは，犯罪遂行に伴う事件内容の「記憶」の有無を，行動的指標をあえて排除し（被疑者の答そのものは問題にしない），生理的指標を用いて判断しようとする営みに他ならない。

1　ウソと意識——潜在記憶と虚再認——

しかし，少し考えると，そこには多くのナゾが包含されていることが浮かび上がってくる。まず，「ウソをつく」とはどういうことであるかを，記憶における意識性の観点から表5-1のように6つの領域に分けて整理してみよう。GKTでは犯罪事実に関わる項目と無関連な項目が呈示される。すると，これは被疑者に再認（recall）を課していることになる。裁決項目とは実験室の記憶実験では実験者によって呈示し見聞きして経験した項目（旧項目と呼ぶ）に対応し，非裁決項目はテスト時に与えられるダミー（新項目と呼ぶ）に対応する。

いま，GKTによる検査で，ある質問項目について被疑者が「イイエ」と答え

表5-1　記憶の意識性からみた「ウソをつく」こと

	裁決項目（事実）	非裁決項目（事実でない）
意識性あり	領域1 顕在記憶 ＋意図的な隠蔽	領域4 偽りの記憶 ＋意図的な隠蔽
意識性なし・記憶痕跡あり	領域2 潜在記憶 ＋隠蔽の意図なし	領域5 潜在的偽りの記憶 ＋隠蔽の意図なし
記憶痕跡なし	領域3 符号化・検索の失敗 ＋隠蔽の意図なし	領域6 正しい否認 ＋隠蔽の意図なし

被疑者がGKTの「ウソ発見」検査において，事実である裁決項目と，事実と異なる非裁決項目のどちらにも「イイエ」と否定的な回答をした場合。

る場面を想定してみる。質問が事実（裁決項目）で，被疑者がそれを明白かつ意識的に想起している場合には，彼はウソをついていることになる（領域1）。通常「ウソ発見」が生体反応によって検出しようとするのは，この領域である。

しかし，ここで事実ではあるが，何らかの理由で被疑者がそれを意識できず，なおかつ記憶痕跡としては何らかの形で保たれている場合を想定してみる（領域2）。これは最近の記憶研究でいう，意識を伴わない潜在記憶（implicit memory）に相当する (Schacter, 1987)。潜在記憶は，意図的に先行経験を想起できない健忘症患者 (Brooks & Baddeley, 1976; Cohen, 1984など) や，高齢者 (Light & Singh, 1987; Park & Shaw, 1992など) などでもかなりの程度保たれることが報告されている。また，想起意識のある顕在記憶（explicit memory）と比べて，長期間にわたり保存されることが示されている (太田, 1988)。もし，この領域を生体反応によって検出することができるのならば，それは被疑者本人も知り得ない「無意識のウソ」を暴いたことになる。これに加えて，事実ではあるが，いかなる記憶痕跡も残っておらず，当然意識もされないという領域もあり得る（領域3）。犯罪現場のあまりにもささいな細部などはこれに相当するだろう。犯罪者自身が，それを符号化しないのであるから，この領域についてはウソを検出することはできない。こうした領域は検出の精度を落とすので，実務場面では検査項目に入れてはならないということになろう。

次に，非裁決項目に対する反応を考えてみよう。この項目は事実に反しており，当然被疑者はこれを符号化していない。それゆえに，被疑者が真犯人であろうとなかろうと，想起意識がなく，よって弁別的な生体反応は起こらないはずである（領域6）。ところが最近の記憶研究では，起きていないできごとをあたかも「体験した」ように思い出す「偽りの記憶（false memory）」という現象があることが主張されている (Loftus, 1997)。典型的な例では，精神的な問題を抱えて心理療法家を訪れた人が，過去に受けた性的虐待が原因であると診断を下される。本人はそんなことを覚えていないが，それは抑圧のためだとされ，催眠や精神分析的治療によって徐々に虐待の記憶が「回復」される。しかし，こうして回復した記憶によって親を訴えた事例のうちいくつかは，後の調査でそんな事実はなかったことが明らかになっている (Shapiro, 1993)。つまり，その患者は偽りの記憶をみずから作り上げてしまったのである。

ハイマンとペントランド (Hyman & Pentland, 1996) は，こうした偽りの記憶が，実験的に容易に作り出せることを示した。成人の被験者に，その親から取材した6歳ころのできごととして，実際にあったことと，実際にはなかった偽りのできごとを混ぜて伝え，これらのできごとを「思い出す」ように求めた。日をおいてこれを3回くり返すと，偽りのできごとを「思い出す」人は回を追って増え，最終的には40％にも達した。こうした偽りの記憶は，いったん形成されると実際の記憶

よりも強固に保存されることが明らかになっている (McDermott, 1996など)。

こうした事実は「ウソ発見」に対してある種の警鐘を鳴らす。つまり，逮捕され感情的に不安になっている被疑者は，取調べにおける意図的・非意図的な誘導により，犯罪に関するある種の事実を，自分が経験していないのに「知っている」かのように思い込むことがあり得るのである。これに対しては，読み聞かせ（第3章4節）で「知っている」と答えた場合に，検査をしないことでフォールスポジティブを防いでいるが，直接冤罪に結びつくので厳に警戒しなければならない。

その一方で，偽りの記憶は研究的な関心も引き起こす。このように，事実でなく記憶痕跡が存在しないことがらについても，本人が事実だと意識している場合には弁別的な生体反応は生じるのであろうか（領域4）？ PETなどの脳イメージング技術を用いた研究では，偽りの再認記憶が生じている時には，正しい再認時に働く部位に加えて眼窩上皮質などの活動が高まることが報告されている(Schacter, 1996 ; Schacter et al., 1996)。我々の脳は，それが本当は正しい記憶でないことを無意識に知っていて，警告を発しているのかもしれない。

また，こうした偽りの記憶が意識なしに，つまり潜在的に生じるかどうかはまったく検討されていない（領域5）。しかし，心理療法場面において，多くの患者は偽りの記憶を突然「思い出す」のではなく，徐々に時間をかけて作り上げていくことを考慮すると，偽りの記憶がはっきりと意識されるようになる前段階に，潜在的・無意識的に形成されてくるプロセスを想定することもできるように思われる。この段階の記憶を，生体反応で検出できるか否かも，興味深い問題である。

このようにみてくると，記憶とは，頭のどこかにしっかり保存してある情報にアクセスして引き出してくるという現象ではなく，様々な情報の断片や手がかりから想起するたびに再構築されるもののように思えてくる。「ウソ発見」は，そうした6つの領域の，どこを対象にしているのであろうか？ また，これらの領域を弁別することができるのであろうか？ いずれにしても，「ウソ発見」の妥当性を高めるには，人間の記憶の性質について精緻な研究を積み上げ，それに基づいた理論と方法を開発する必要があるだろう。

2 生体反応で記憶を評価する

GKTが成立するためには，記憶が生理的指標によって測定・評価できるということが前提になる。幸いなことに，近年の生理心理学的研究は，その前提を支持する知見を生み出しつつある。ここでは，GKTに直接関係する，再認記憶のみに限って述べることにする。

当然ながら記憶は中枢において営まれる活動であるから，中枢神経系の働きを直接評価できるような指標が最も有効であることになる。測定の簡便性などを考

えると，それは現時点では事象関連脳電位（ERPs：event-related brain potentials）であろう。ファン・ホッフら (Van Hooff et al., 1996) は，単語を聴覚的に学習させ，再認反応を求める条件，反応を求めずただ聞いている条件を設定してERPを測定した。すると，潜時500-1000msの陽性成分が頭頂有意に出現した（P300）。このP300成分の振幅は，反応を行うか否かにかかわらず，過去に学習した単語で大きかった。また，メクリンガーとマインスハウゼン (Mecklinger & Meinshausen, 1998) は，物体の形態またはそれが呈示された位置の再認を求める課題でERPを測定している。課題ごとに頭皮上分布は異なったが，いずれの課題でもP300が出現し，ダミーである新項目に比べて学習された旧項目で振幅が大きくなることが示された。さらに，単語の学習時に記憶テストの教示を行わず偶発的にテストしても，再認できた単語では潜時400-800msの陽性成分の振幅が大きくなった (Paller et al., 1988)。これらの実験事態は，GKTの検査場面とよく対応しており，こうした状況での再認をERPによって評価できる可能性を示唆している。

さらに最近では，先に言及した潜在記憶をERPによって評価しようという試みも行われている。単語を呈示して語彙決定課題（刺激が実在の単語か無意味綴りかを判断する課題）を課すとN400と呼ばれる陰性のERP成分を惹起するが，同じ単語をくり返し呈示することによりN400振幅は小さくなる（反復プライミング効果）。この時，先行して呈示される単語を視覚的にマスクして見えなくしても，ERPの反復プライミング効果が観測された (Schnyer et al., 1997)。マスクされた単語は主観的には意識することはできないが，潜在的に学習・記憶されており，後続処理に影響したのである。

捜査実務の「ウソ発見」で一般的に使われる，心拍，皮膚電気活動，呼吸などの指標が再認記憶自体を反映することを示した研究は少ない。たとえば，学習時における単語の処理水準の深さを操作すると，深い処理で符号化された単語は再認成績が優れると同時に，再認時の心拍率変動（HRV）が抑制されたことが報告されている (Vincent et al., 1996)。

このように，いくつかの生理的指標は確かに再認記憶を反映するようだ。生体反応により，表5-1の領域1および領域2と，領域6を弁別できるものと思われる。しかし，残念ながら一般にその精度はあまりよくない。まったく言語的反応に頼らず生理的指標のみで再認記憶を評価し得たという報告は現時点では少ないし，否定的な結果を報告する研究も少なくない。ところが実務場面での「ウソ発見」の検出率は非常に高いものだという（第2章5節を参照）。しかも，実験室とは異なり，実務場面ではERPは最近導入された新しい指標である。伝統的には，心拍，皮膚電気活動，呼吸など，末梢の自律神経系の指標が使用されてきた。記憶という高次の中枢活動を評価するには切れ味が悪そうな，こうした指標を使

って，なぜ優秀な検出成績をあげることができるのだろうか？

3 なぜウソが検出できるのか？——ウソ発見と感情——

　実務場面の「ウソ発見」と，実験室での再認記憶研究が最も異なっているのは，感情の関与である。実験室で被験者に与えられるのは，通常，中性的な単語や視覚刺激である。それ自体は被験者に何の感情も喚起しない。だが取調べ室の被疑者が検査されるのは生々しい犯罪事実に関する記憶なのである。容疑の軽重にかかわらず，そうした記憶の想起には不安，恐れ，緊張などの感情が伴うに違いない。たしかに，「ウソ発見」は，質問に対するウソの返答と，それに伴う情動の変化を検出しているわけではない。それは，返答の方向（「ハイ」と「イイエ」）を変えても，あるいはまったく返答をさせなくても，裁決項目への生体反応は弁別的に検出できるという事実から明らかである（第3章1節）。しかしながら，だからといって，「ウソ発見」にまったく感情が関与していないわけではない。

　「ウソ発見」が対象にしているのは，一般的な知識や常識などのいわゆる意味記憶(semantic memory)ではなく，いつ，どこで，というタグのついたエピソード記憶(episodic memory)である。そしてこの記憶にはほとんどの場合，何らかの感情的成分が伴う。そして，強い感情を伴う記憶は鮮明に保存されることはよく知られている (Christianson, 1992)。これは進化論的には，強い感情を誘発するような事象は，生体にとってポジティブな意味であろうとネガティブな意味であろうと重要であることが多いからだろう。つまり，感情誘発的な記憶がよく保存されるのは，将来同様な事象に遭遇した時に過去の経験を容易に想起し，よいものならば近づき，有害ならば避けるという，より適応的な行動をとるために違いない (たとえばLeDoux, 1996を参照)。生化学的には，感情経験時に多量に分泌される，アドレナリン，ノルアドレナリン，ドーパミンなどの神経伝達物質が広く中枢全体の活性化を高めて，処理効率を上げるというメカニズムが背後にあると思われる。こう考えてみると，実際の「ウソ発見」の成績がよいのは，ひとつには，感情によって強くかつ深く符号化され，容易に検索や想起ができる記憶を対象にしているからだといえる。だからこそ，強い生体反応が生じて検出が容易になるのであろう。

　それに加えて，ごく最近，感情的記憶の想起には，感情を経験した時に伴って生起する生理的な覚醒，つまり交感神経系の興奮が重要な役割を果たすという主張がなされるようになった。その契機となったのは1994年にNatureに掲載されたカヒルら (Cahill et al., 1994) の研究である。彼らは，感情を喚起するような物語と，中性的な物語を被験者に聞かせ，後にその再生を求めた。物語呈示の際，半分の被験者はプロプラノロールというβアドレナリン作動系を遮断する薬物が投与された。すると，薬物投与群では統制群に比べて，中性的な物語の記憶再生ではま

ったく差がなかったのに，感情的な物語の再生では有意な成績低下がみられた。中性的記憶では差がないので，この結果は薬物が知的能力や覚醒，注意などを低下させた影響ではない。彼らは，一般に感情的記憶の成績が優れるのは，交感神経系の興奮が符号化や検索を促進するためだと主張している。

　ファン・シュテグレンら (Van Stegeren et al., 1998) は，中枢内のβアドレナリン系レセプターを遮断する薬物（プロプラノロール）と，脳－血流関門を突破できず末梢のβアドレナリン系レセプターのみを遮断する薬物（ナドノール）を投与してこの効果を追試し，前者の薬物のみが感情的記憶を阻害することを示した。また，オキャロルら (O'Carroll et al., 1999) は，交感神経系の中心的な伝達物質であるノルアドレナリンがこの効果の責任物質だと考えた。そこで，中枢内のノルアドレナリン活動を亢進する薬物（ヨヒンビン）とこれを遮断する薬物（メトプロロール）を投与すると，偽薬を投与した統制群に比べて，前者では感情的記憶の促進が，後者では阻害が顕著にみられた。

　こうした事実は，感情的記憶において重要なのは，末梢の身体的な興奮そのものよりも，中枢内での身体的興奮の表象であることを示唆している。そしてその働きは，脳内のアラーム・システムともいうべき，ノルアドレナリン系によって担われていると考えられる。

　ここで推論をさらに一歩進めて，感情的な記憶の想起時には，強度の差はあるかもしれないが，それを経験した時と同種の生理的反応が生じ，それが検索をガイドすると考えられないだろうか。記憶の想起時に，エピソードと一緒に表象された身体反応も活性化され，それが下向して現時点の身体状態に影響を及ぼすと考えるのである。おそらく，想起時の生理的反応は意識できる部分と意識されずに影響する部分があるのだろう。そして前者は意識的に抑制するなどの統制が可能だが，後者には意識的な統制が及ばないのではないか。「ウソ発見」は，まさにこの現象を測定しているのではないだろうか。そう考えると，「ウソ発見」では直接中枢の働きを反映するわけでない自律神経系の指標が使用されるにもかかわらず，検出成績がよいことが理解できる。

4　記憶と感情の統合モデル

　筆者は，感情と認知の相互作用を説明するために，図5-1のようなワーキング・メモリを中心にすえた一種の概念モデルを提唱した (大平, 1997, 1998)。

　ワーキング・メモリとはバドリー (Baddeley, 1990) が提唱した概念で，外部から入力された情報や，長期記憶から検索された情報を一時的に保持しながら，それらの処理を行い，反応のプランを作成する機能をもったシステムである。いわば，「こころの作業場」であり，「意識の座」である。このモデルの特徴は，ワーキン

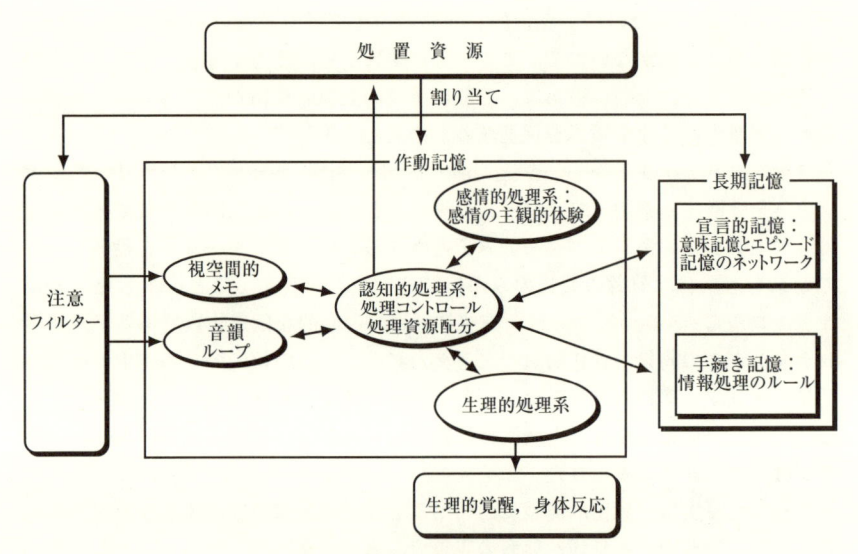

図5-1 感情の情報処理機構モデル

グ・メモリの中央実行系の中に，認知的処理システム，感情的処理システム，生理的処理システムが想定され，それらは互いに緩やかに連結されて影響を及ぼしあっていることである。これらのシステムは，解剖学的には前頭前野と大脳辺縁系の一部とのネットワークに存在していると言ってもよいだろう。

認知的処理システムでは，中枢のすべての領域で符号化された情報が投射され，それらを束ねて心理的現在の実感を作り出し，それに基づいて行動のプランを決定する。一般のワーキング・メモリ理論で対象とされているのはこのシステムの機能である。感情的処理システムは感情の体験が，生理的処理システムはそれに伴う生理的覚醒や身体的状態が表現される場である。ここで注意すべきは，感情的処理システムが個々の感情反応の指令を出したり，生理的処理システムが覚醒水準を直接コントロールしているわけではないということである。これらのシステムは，身体や中枢の様々な部分から入力される，感情や身体反応の情報を束ねて，その表象を作ることが中心的な機能なのである。我々は，皺眉筋が収縮しているとか，ノルアドレナリンが増加していると知覚するのではなく，「自分が今怒っている」と認識する。心拍が増加したとか，精神性の発汗をしていると思う代わりに「自分は興奮している」と感じる。感情的処理システムと生理的処理システムは，このようにまとまりのある，細部はある程度簡略化された，自己の感情のモデルを形成する場なのである。

これら3つのシステムは，目を閉じて何も考えないような安静時には，いわば

アイドリング状態にある。処理を行うためには，有限な処理資源を意図的に配分してやる必要がある。強い感情が起こり，自己の感情状態に注意を向けようとする場合には，認知的処理システムに割り当てる資源が減少し，熟慮的な思考ができなくなる場合もある。

　取調べの場でポリグラフにかけられた被疑者が経験する状況も，こうしたモデルに基づいて描き出すことができるだろう。多くの被疑者は不安や緊張により覚醒が高まった状態にあり，感情的処理システムや生理的処理システムの働きによりそれを自覚する。そうした状態は，交感神経の興奮を高めることにより，入力された検査項目の長期記憶からの検索を容易にする。この過程の一部がERPに反映される。同時に，その記憶に関連した身体反応が生起し，これが自律神経系の指標の変化として検出される。一方，感情的処理システムや生理的処理システムに処理資源が多く配分されるほど，認知的処理システムへの資源配分は減少するので，ウソを隠蔽するための内的な工作（いわゆるカウンターメジャーズ）が困難になる。以上はあくまで仮説であるが，「ウソ発見」を理論的に考察するための手がかりを提供できるのではないだろうか。

　最も重要なポイントは，犯罪事実に関連する記憶想起が自律神経系活動に変化をもたらす現象の理論的根拠だろう。ここでは，有名なダマジオ (Damasio, 1996) の「ソマティック・マーカー仮説」をもとに考えてみよう。

　たとえばギャンブルなどで，リスクを冒して賭けようとする時，体の中から湧き上がってくる，何ともいえない身体感覚を実感することはないだろうか？　ダマジオによれば，これがソマティック・マーカーの現われである。こうした感覚が中枢内，おそらく前頭前野に表象されることによって，リスクの存在を伝達し，実際に賭けるかどうかという意思決定を規定すると考えられている。人間の思考や意思決定は，必ずしも論理的演算のみによって行われているわけではなく，そうした感情的・身体的な処理に大きく影響されていると考えるのである。

　ベカラら (Bechara et al., 1999) は両側の扁桃体，または前頭前野の内腹側部（VMF）に損傷を受けた患者にギャンブル課題を課すことで，この仮説を検証しようとした。扁桃体は感情処理やその記憶の中枢，VMFは感情を体験し，知覚に意味をもたせる機能が存在すると考えられている部位で，いずれもソマティック・マーカーが高次の判断に影響するうえで重要な場所である。これらの脳損傷患者は，一般にリスクを冒すことをためらわず，かつリスキーな選択をする際に，健常者ならば観測される予期的な皮膚伝導度反応（SCR）を示さなかった。

　こうした作用は，「ウソ発見」事態でも同様に働くのではないだろうか。犯罪という自己にとって重要なできごとに関する刺激が呈示された時，それに関連する感情的な身体反応が自動的に検索・再現され，それが「マーカー」となって当

topics ウソ替え神事

　太宰府天満宮では正月の7日,七草の夜の酉の刻(午後6時ごろ),「ウソ替え」という神事が行われる。インターネットのホームページなどに掲載された情報を総合すると,以下のような内容となる。
　この日は,天満宮の楼門前の広い庭に,注連縄をはりめぐらした斎場が作られる。その中で,参拝客が境内で買った小さな木の鷽を持ち寄って,「替えましょう,替えましょう」と呼びつつ,それをどんどん交換していくのである。途中,神官のひとりが群衆に紛れ込み,金の鷽を流し始める。神事が終わった時に,金の鷽に当たると,幸運が授かるといわれているが,途中で金の鷽が巡ってきたことに気づいてもこれを止めてはならず,あくまで神様のおぼしめしにしたがって交換を続けなくてはならない。この神事は,鳥の「鷽」に,「嘘」を掛けたもので,「去年の悪しきはウソ(鷽)となり,まことの吉にとり(鳥)替えん」という意味がこめられているようだ。そのため,この日,手にした木鷽は持ち帰って自宅の神棚に上げられる。鷽は,天神様の使いといわれ,太宰府天満宮の本殿創建時には,これを助けたと伝えられている。
　ウソ替え神事は万治年間(1658年ごろ)にはすでに行われていたという記録が残っているが(百人一首一夕話,1833),文政3年(1820)になって蜀山人という人が,これを江戸でもやろうと,新しく鷽の形を木で作り,亀戸天神で売り始めたらしい。亀戸でのウソ替えは,太宰府より遅く,正月の24,25日の両日であるが,木鷽が授与されるのはこの両日だけで,ふだんはウソ土鈴が売られている。太宰府の木鷽は丈が低くずんぐりしているが,亀戸のはほっそりとしていて形が異なるようだ。

インターネットのホームページ参照
http://iris.hita.net/~city/kanok/nea/q17.htm
http://www.asahi-net.or.jp/~FJ9M-ISGR/e~f_usokae.html

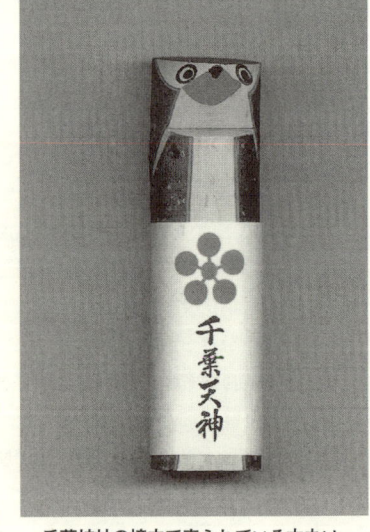

(中山)

千葉神社の境内で売られている木ウソ

人にその重要性を教えるのである。この過程は，その事実を隠蔽するかどうかとか，どのように返答するか，などの高次の認知過程とは独立に進行し，むしろ思考や判断などの認知に影響を与える。日常生活でとっさにウソをついたり，相手との微妙な駆け引きを行う際，熟慮する余裕なく反応を起こさねばならない。そうした場合に，ダマジオが言うような身体感覚のマーカーはある種の適応的な意味をもつのかもしれない。皮肉なことに，ポリグラフはまさにそのマーカーを検出して「ウソ」を見破るのではないだろうか。

5　結論：「ウソ発見」は美味しい

こうして検討してみると，「ウソ発見」は実務レベルだけにとどまらない興味深い研究テーマであることがわかる。それは，記憶という重要な精神活動について，認知心理学，生理心理学，神経科学，精神薬理学などの領域からのアプローチが交差するフィールドだといえよう。そもそも，「ウソをつく」という行為自体，高度な精神性に支えられたあまりにも人間らしい営みなのだ。ここには，未発見の興味深い現象がたくさん埋まっているに違いない。

これまで，とくにわが国では「ウソ発見」は警察関係者だけの研究テーマであった。あるいは，単なる生理心理学の応用の1事例だと受け取られてきた。しかし，この美味しい研究領域を警察関係者だけに独占させておくのはもったいない。様々な分野の基礎研究者の参入が期待される。

2節　記憶と確信
―質問作成のためのヒント―

1　人間の記憶

人間は誰でも自分の記憶について，それが正しいものと仮定して生活している。自分の記憶が信頼できなければ，生活そのものが成立しない。その一方で，自分の記憶について，意外なところで誤りに気づいたことがないだろうか。

いわゆる"覚え違い"や"勘違い"は，日常生活において，頻度の多少はあるにせよ，誰しも体験する現象である。覚え違えをしていた時に「どうして自分はそんな誤った記憶をもったのか」「誤っていたのにどうしてそんなに自信をもっていたのか」と反省しても，なかなか原因というものは明白にならない。

なぜこうしたことが生じるのだろう？

人間の記憶が，ビデオカメラのような「情報をありのままに記録している」性質のものではない，ということは考慮する必要がある。人間の記憶は，まず覚える段階で歪み，次に貯えられている段階で磨耗し，最後に思い出される段階で都合よく整形される。そうした心理学的な視点からは，人間の記憶に対して"厳密に正確な"情報の保持や再生は原理的に期待できない。意図的に「ウソをつく」という行為をなさずとも，真実とは異なった内容を本気で思い出すこともある。

にもかかわらず，人間は自分の記憶について強い自信をもっていることが多い。これは，日常生活においてはその程度の正確さでも十分だからであり，その成功経験によって「自分の記憶はあてになる」という判断が下されるためであろうと考えられる。時としてこの判断が裏切られることもあるが，しかし成功事例が圧倒的に多い場合には，あえて記憶の問題にはされないのがふつうである。

一方で，その記憶の正確さが重大な問題になる状況も存在する。たとえば，事件の関係者が犯人を目撃している場合，その記憶内容がどの程度信頼できるか否かが，その目撃が決定的な証拠となるか否かを左右する。こうした「目撃者証言」についての信頼性の問題は，ロフタス (Loftus, 1979) らによって研究されてきた。これによると，一般的に目撃者の証言の信頼性は低かった。この原因は，上記の記憶の3要素における様々な要因によって生じるものと考えられた。まず，事件の発生段階において目撃者（被害者と重複することもある）は冷静な情報処理を行えない状況に置かれることが多いため，情報が正確に記銘されない可能性が高い。保持期間も不定であり，場合によっては何年も前の情報を想起するように求められることもある。さらに，曖昧な記憶内容を再生・再認する際に，種々のバイアスがかかることも多い。

自分の記憶が正確であるか否かということを知るために，最もよい方法は答えを確認することである。しかし，上記のような目撃者証言の場合には，そもそも"正解"がわからない。そのため，自分の記憶の正確さについて，自分の記憶がどの程度「あてになる」のかを自分で評定することが必要となる。これを"主観的確信度"と呼ぶ。常識的には，主観的確信度と記憶の正確さとの間には正の相関関係があるはずである。すなわち，自分の記憶内容についての確信が増すほど，実際の記憶内容の正確さも上昇することが期待されるし，端的に言えば，「絶対に正しい」と自信をもって行った記憶の判断は，まず間違いなく正しいだろうと期待する。こうした状態のことを"キャリブレーションが良い"と表現する。しかし，前述のロフタスの研究によると，目撃者証言の領域においては，記憶の確信度と再認成績の間には必ずしも強い正の相関関係が存在せず，目撃者の主観的確信度は記憶の正確さとほとんど無関係であるということが示されていた。これは，目撃者が強い自信をもって自分の記憶を評価した場合においても，実際には

その記憶内容が誤っていることがあることを示唆している。このことは社会的な問題であると同時に，心理学的にもそのメカニズムの探索が必要である。

2節では，この"記憶内容の正確さ"と"記憶についての確信"との対応関係を取り上げる。なお，ここで取り上げる実験場面は，司法現場における目撃者認証の手続きとは乖離(かいり)した部分があると思われるが，これは人間の記憶の特性を検証するために行った，条件を統制した仮想的な状況として理解いただきたい。

2 記憶の確認方法

記憶を測定する方法の1つに，"再認判断"と呼ばれるものがある。これは，何らかの形で記憶情報として取り入れられたものについて，時間経過の後，もう一度その情報（ないしは偽情報）が呈示され「それが実際に呈示された情報だったか否か」を判断する手法である。

心理実験の場面においては，たとえば以下のようになる。最初に図形や言葉などの材料を被験者に示す（初期学習）。この時，被験者には「あとでテストがあるのでそのために覚える」という教示は出さないことが多い。そうした項目をいくつか呈示した後，ある程度の時間をおく（保持）。最後に，あらためていくつかの項目を呈示し，その項目が最初に呈示された項目の中に含まれていたのか否かを判断する（再認判断）。なお，この時，呈示項目の中に"学習時に見た項目（ターゲット）"と"学習時には見ていない項目（ディストラクタ）"の2種類がランダムに同数混ぜられるのがふつうである。この場合にはあらかじめ実験者によって正答は決定されているため，この手法によって，再認判断において人間がどの程度正解しているかという"正答率"を導くことができる。

司法場面においては，たとえば，ある事件の犯人を目撃（初期学習）した人が，後日（保持），警察署内で容疑者を確認する（再認判断）という事態に相当する。しかし，実験室内と異なり，ここでは正解というものがあらかじめ設定されているわけではない点については注意すべきである。

記憶の確認方法としては，この"再認法"以外に"再生法（取り入れた情報をそのまま表に出す）"が存在するが，目撃者証言の認証の場合にはこの方法は採用しにくいため，ここでは再認のみを取り上げる。

3 確信度評定

記憶内容自体の正確さを自分で判断することを，ここでは"確信度評定"と呼ぶ。これは，たとえばある記憶内容を想起した際に，その想起内容がどの程度正しいと自分で感じるのか，という内的感覚を数値で表現したものである。実験の手続きとしては様々な方法が想定できるが，簡便のために，ここでは以下のよう

な状況設定でこの確信度評定を利用する。

記憶の確認方法はすべて前述の再認判断であるものと仮定する。また，その回答時には項目は単独で表示され，その項目1つについて「あった」「なかった」のいずれかで判断を行う。すなわち，回答は事実上2肢選択である。

回答が2肢選択の場合には，ある項目についての判断でとり得る値は2通り（あった・なかった）しかない。そのため，その判断が実際に正しいかどうかの確率は，1/2である。でたらめに行ったとしても50％は正解できることになる。そこで，このような形式の再認判断の結果について，その結果が正しいと主観的に評定する最低の確率は50％であるとみなす。つまり，このような2肢選択の場合，自分の再認判断についての正しさを確信度評定する場合，その最低の数値は50％以下にはなり得ないものとみなしている。

一方で，最高の確信度を100％と設定する。これは自分の行った再認判断について，主観的に「絶対正しい」と感じている状態を示す。この最高確信度評定の100％と理論的最低確信度の50％の間を10％ずつに等分割し，50％から100％までの10％単位の"確信度スケール"を構成する。評定者は，この6段階のスケールの中で，自分の行った再認判断についての確信度がどの程度の強さに位置するのかを評定する。

4 確信度と再認成績の関連

実験室的な実験において，確信度評定と再認成績がどのような関連にあるのか，以下に示そう。

(1) 実験方法

実験は3つの場面からなる（図5-2）。第1場面では，初期学習課題（後の再認テストについては情報を与えていない状態で，項目を見る）を行う。この時，材料は心理学的な記憶実験でよく用いられる「無意味綴り（連想価31-35）」を利用した。これは，カタカナ2文字をランダムに組み合わせた材料であり，その中でほとんど日本語として意味をもたないものである（ラヘ・ニム等）。この事実上無意味な材料を利用することで，言語特有の意味的な処理を抑制した，単純な暗記的な記憶の様相をとらえることが可能であると期待している。なお，項目1つあたりの呈示時間は条件によって異なる。第2場面において，3分間の迷路課題を行う。これは記銘材料に干渉しないで保持時間を確保するために行った。第3場面は，最終再認判断課題，ならびに確信度評定課題である。ここでは，項目を1つずつ呈示し，おのおのについてまず再認判断（あった・なかった）を行う。次に画面が切り替わり，「今の回答の確信度はどの程度ですか？」という教示が

図5-2　実験手続き

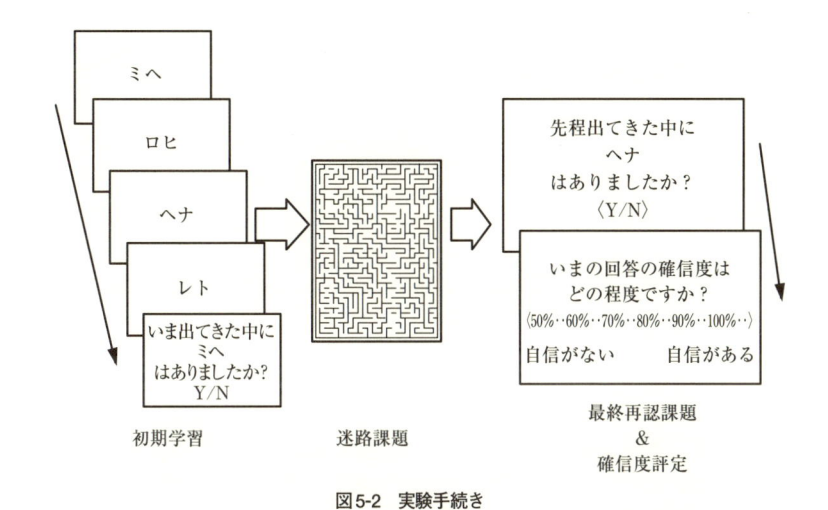

出る。この時，画面上には「50％（ほとんどでたらめ）」から「100％（絶対確実）」までの直線状のスケールが並び，被験者はこれらのいずれかを選択して押すように教示されていた。この時，判断までの制限時間を設ける場合と設けない場合とがあった。

　分析は，被験者の確信度評定スケールの各値ごとに取りまとめ，被験者を込みにしてその確信度評定における正答率を算出した（すべての実験において，有効被験者は40名以上確保されていた）。すなわち，擬似的に1人の平均的な被験者が多数回の再認判断と確信度評定を行ったものとしてとらえていた。これにより，各条件における確信度と正答率の対応関係を示したグラフが描かれた。

(2) 実験1

　被験者ははじめに36項目の無意味綴りの初期学習を各2秒間の呈示で行い，次に3分間の迷路課題を行った。最後に，36のターゲット項目と同数のディストラクタ項目をランダムに1つずつ呈示し，最終再認判断と，その判断についての確信度評定を連続して行った。それらの結果を，すべての被験者（これはどの実験においても40名以上）をまとめ，各確信度評定ごとに正答率を計算した。その最終再認判断の結果が図5-3に示されている。ここでは，初期学習時に実際に見ていたターゲット項目の正答率（「あった」と答えるのが正解）と，本当は見ていなかったディストラクタ項目（「なかった」と答えるのが正解）の正答率を別々に分けて表示している（以降のグラフも同じ）。

　ここで注目すべき点は，ターゲット項目の正答率分布と，ディストラクタ項目

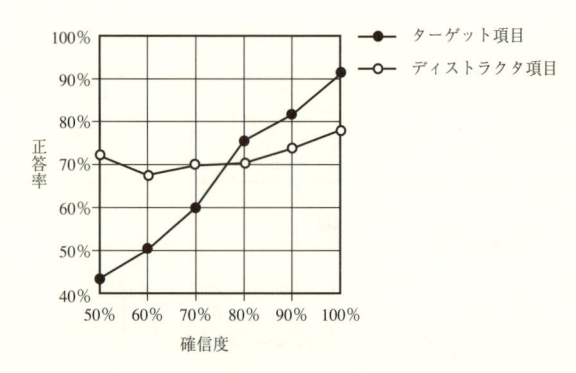

図5-3 実験1結果

の正答率分布の相違である。ターゲット項目は，記銘時に一度目撃している項目であり，これについては「あった」と回答することが正答となる。一方，ディストラクタ項目は記銘時には目撃していない項目であるため，「なかった」と回答することが正答となる。この両者の正答率の分布が大きく異なっている。ターゲット項目については，確信度が高くなるほど正答率も上昇しており，キャリブレーションがよい。一方，ディストラクタ項目は確信度と正答率が無関係であり，どの確信度レベルにおいても正答率が一定を示している。この現象については，その他の材料（単語項目，数字項目）についても同様の結果が得られており，偶然の現象ではないことが確認されている(Wagenaar, 1988；高橋, 1998)。

ここから，人間の記憶の確信度評定について，一度見ているターゲット項目についてはよいキャリブレーションを示すが，実際には見ていないディストラクタ項目については確信度と正答率の関係があてにならないことがわかる。

（3）実験2

実験2では，初期学習時の記憶痕跡が実験1に比べて弱い場合を想定した。これは，目撃者が一瞬だけしか相手を目撃していない場合を想定している。ここでは，実験1では2秒呈示であった項目を，0.5秒呈示に短縮した以外は実験1と同じ手続きを採用した。

結果（図5-4）として，ターゲット項目は実験1と同様によいキャリブレーションを示しているが，ディストラクタ項目については，確信度と正答率が無関係になったばかりではなく，むしろ確信度が高いほうが正答率が低くなっている。このことは，目撃者がほんの一瞬しか犯人を目撃していないような状況では，後から高い確信をもって犯人を判断した場合においても，その確信が必ずしも本当の目撃内容と結びつかない場合があること（冤罪の危険性が増加すること）を示

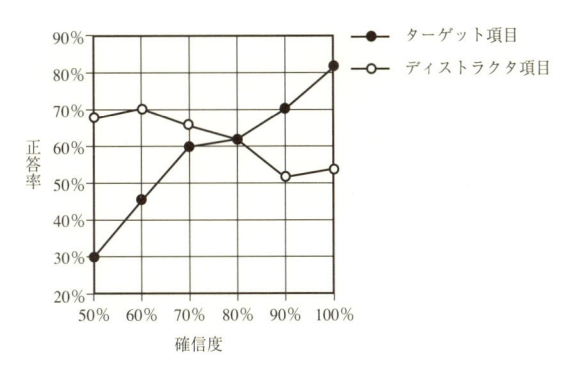

図5-4 実験2結果

唆している。

(4) 実験3

　実験1と同じ条件だが,同じ実験を2回くり返して行った。この時,材料を2分割し,1回めの実験でターゲット項目であったものの半分を,2回めの実験で同じくターゲット項目として採用し,残り半分をディストラクタ項目として採用した。

　ここでは「1回めにターゲット項目として学習され,2回めにもターゲット項目として学習された項目」と「1回めにターゲット項目として学習され,2回めにはディストラクタ項目として呈示された項目」の2回めの実験結果だけを示す。結果(図5-5)として,2回めの実験において,1回めにターゲット項目として呈示・判断された項目は,2回めには実際にはディストラクタ項目として呈示されている場合でも,「2回めのターゲット項目である」として誤って認知されやすいことがわかった。しかも,その場合に,そうしたディストラクタ項目につい

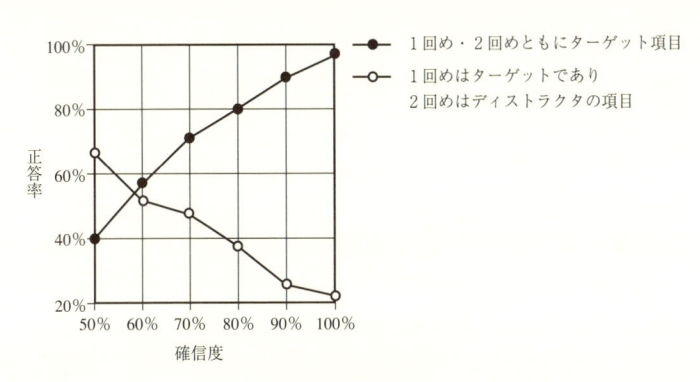

図5-5　実験3結果

ての判断は，確信度が高くなるほど誤りが多くなるという現象が明白に示された。

これは，目撃者が再認判断を行う際に，実際に起きた事件の時間ではなく，他の時間・場所における目撃を事件時のものと誤認してしまう可能性を示唆している。しかも，その場合においても確信度は高く，別な時間・場所の目撃であっても，それを強い確信をもって事件時のものとして認識する場合があることがわかる。

(5) 実験4

実験1と同様の条件だが，再認判断の際の時間的圧力（「できるだけ早く判断する」）を取り除き，項目呈示から再認判断まで，また再認判断から確信度評定までの間に意図的におのおの3秒の間隔を置いた。教示としては「自分の記憶から判断すること」を強調した。

結果として（図5-6），ディストラクタ項目においても確信度と正答率が比例傾向を示した。ただし，全体正答率自体は変化していない。

これは，「できるだけ早く判断する」という時間的圧力から逃れることで，ディストラクタ項目を判断する場合にも記憶情報から判断を行うことができるようになったのではないかと考えられた。反対に，時間的圧力がかかった状態では，被験者はディストラクタ項目について，何らかの誤った情報をもとにして判断を行っているのではないかと想定される。

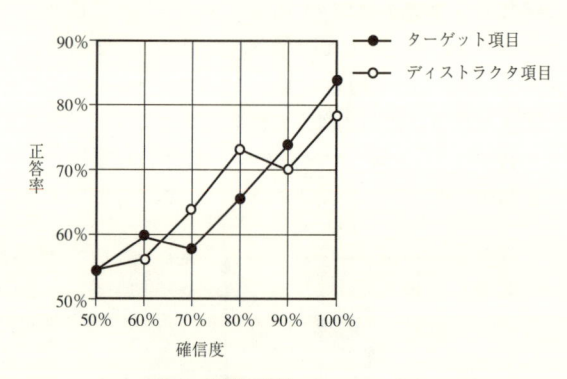

図5-6 実験4結果

5 確信度と再認成績の関連実験からの提言

これらの実験結果から考察を行う。

① **実際には見ていなかった対象の確信度評定は不安定である**

実験の中で，実際には見ていなかったはずの項目（ディストラクタ項目）についての判断は，確信度と比例しないことがある（実験1，2，3）。または，確

信度が高くなるほどむしろディストラクタ項目の正答率は低くなる場合もある（実験2，3）。これを目撃者証言の場面にあてはめると，実際には見ていないはずの人間を，強い自信をもって「見た」という判断を行う可能性があることを示唆している。とくに，目撃時の時間が短かったり曖昧だったりした場合にはその傾向が強くなる。また，実験とは別なところでその顔を見ている（マスコミ等）場合には，その目撃が事件時の目撃と混同されるおそれがあり，それによって見ていないはずの対象を強い自信をもって「見た」と虚再認する可能性がある。

②時間的圧力は誤った情報を利用した判断を促進させやすい

「できるだけ早く判断する」という教示のもとに行った判断では，瞬間的に行われる判断の根拠が誤っていることが多く，またこの誤った根拠が強い確信度評定と結びつき，キャリブレーションが悪くなる。一方，意図的に判断を遅らせた条件（実験4）の場合にはこうした傾向は消失ないし低下した。これは，遅延条件の被験者は，すぐに手に入る情報に飛びつかず，ある程度時間をかけて検索した記憶情報から正しく判断を行っていたためではないかと予想される。

6 記憶を確認するよい手続きとは

これらの実験から，人間の記憶を判断する場合に，どのような手続きが望ましいかを考察する。

①「わからない」判断の許容

曖昧な状態で判断を強制される場合，人間は無理に手がかりを探し出して判断を行う可能性が高い。そうした手がかりは必ずしも記憶情報と関連しているものばかりとは限らない。このため，判断を強制するのではなく，「わからない」という評定を許すことが望ましい。

②時間的圧力の除去

「できるだけ早く判断せよ」という時間的圧力は，場合によっては意図しない判断のバイアスを生じる可能性がある。したがって，判断はある程度の時間をかけて行う必要がある。またその際に「自分の記憶から判断する」という教示がある程度有効である。

③事前の情報暴露，ならびにくり返しテストの禁止

同じ材料にくり返し触れることで，その材料についての時間的手がかりが減少する。結果として，実際にはその時間には見ていないはずの対象を，誤って「その時間に見た」という判断が高い確信度を伴ってなされる可能性がある。したがって，判断の前には判断対象の情報の暴露を極力避け，また同一対象についての判断をくり返し行うことも避けるべきである。

以上のように，人間の記憶判断には判断している本人すら気づかない特性があ

topics ウソ発見に関連のあるわが国の学会

　1996年5月19日，関西学院大学で開催された第14回日本生理心理学会は，わが国のポリグラフ検査に携わる者にとって忘れることができない日となった。それは大会会長宮田洋先生企画，司会三宅進先生のもと，わが国で初めてのポリグラフ検査をテーマとしたシンポジウムが開催されたからである。これは日本生理心理学会が，生理心理学の応用分野として定着しているポリグラフ検査を高く評価した結果といえよう。さらに，犯罪捜査の現場でポリグラフ検査に携わる研究者が，ポリグラフ検査の現状と課題を広く公表して，様々な助言を仰ぎ，ポリグラフ検査のさらなる発展に寄与したいと思う熱い気持ちが融合した成果であった。『記憶のかけらを探して～「ウソ発見の生理心理学」』と題したこのシンポジウム後，大学関係者の興味は急速に深まり，多くの大学の研究室で新たなウソ発見の実験が開始されている。
　一方，心理学関係の最大の学会である日本心理学会でも，1998年の日本心理学会第62回大会で会員企画シンポジウム『記憶への扉を開ける～「ウソ発見」の理論と方法』が開催された。筆者は司会者としてこのシンポジウムに立ち会う幸運に恵まれたが，会場は犯罪捜査や生理心理学の関係者のみならず，認知心理学，社会心理学，法心理学に関係する人たちの参加があり，立ち見の参加者が出るほどの盛況であった。実際，学会の公式発表によると参加者数は162名，29の会員企画シンポジウム中の第2位であり，多くの研究者が関心をもっていることが確認された。そして，参加者の声として，このような活動の継続を切望する声が多く寄せられたため，今後はワークショップとして継続する予定である。
　シンポジウム以外にも，日本生理心理学会，日本心理学会ではポリグラフ検査の個人発表が毎年行われている。そのほか，日本犯罪心理学会，日本応用心理学会での発表も古くから行われている。また，わが国の法科学技術の進歩・発展をめざして，1995年に設立された日本鑑識科学技術学会は，きわめて広い範囲の学術領域から研究者が参加しており，法科学分野の研究における指導的役割を担うことが期待されている。ポリグラフ検査の研究の多くも，今後は日本鑑識科学技術学会の場で発展していくことであろう。
　そして，ここで紹介した学会は，それぞれ機関誌を発行しており，いずれの機関誌においてもポリグラフ検査の論文を見いだすことができる。

(平)

る。意識的なウソだけでなく，こうした自覚のない誤りが，実験室内ばかりではなく，我々の日常生活には数多く発生しているに違いない。今後こうした現象の認知的メカニズムを探ることが，ウソ発見研究に対しても有効な資料を提出することになるであろう。

3節 法学者からみたポリグラフ検査

　法学者は，ポリグラフをいかに評価しているのか。この質問に答えることはさほど容易なことではない。その理由は，ひとつには，そもそも法律家あるいは法曹界の意見といった統一的な見解が存在するわけではなく，現状では，判例や法学者の意見が，積極評価，消極評価に分かれているということにある。また，他のひとつには，ポリグラフを巡る議論も多くの論点を含み，一言で結論づけることが難しいこともある。後者の点に関しては，たとえば，①ポリグラフの検査結果はそもそも裁判で証拠として用いることができるのか，用いることができるとしてどの程度の説得力をもつのかといった証拠能力，証明力の問題のほかに，②ポリグラフ検査は供述証拠にあたるのか，非供述証拠なのか，供述証拠とした場合，黙秘権の適用対象なのか，③ポリグラフ検査は被検査者の同意なしにも実施し得るのか，同意が必要として同意の任意性はどのように確保するのか，④ポリグラフ検査結果告知後の自白の任意性をどのように評価するのか，さらには，⑤人の内心を調べるポリグラフ検査は質問如何によっては「思想及び良心の自由は，これを侵してはならない」とする憲法19条に反しないのか，といった問題も指摘されている (三井，1998；高井，1999)。これらの点に関して法律学上の見解は必ずしも統一されておらず，様々な議論が存在する。

　以上の問題はそれぞれ相互に関連性を有するものであり，分離して論ずることが難しい面もある。しかし，いずれの問題がより本質的かといえば，それはポリグラフ検査がそもそも裁判における証拠たり得るかを論じる①の問題点であり，②から⑤の問題はその運用にかかわる問題ともいえる。そこで，以下では，①の証拠能力，証明力の問題を中心に法律学上の議論を紹介し，それらをもとに今後のポリグラフ研究に対し，一人の法学者の視点からの提言を試みることにする。

1　判例の評価

　問題をポリグラフ検査結果の証拠能力，証明力に絞った場合も，前述のように

法律学上の見解は様々である。はじめに判例について見た場合も、裁判実務の代表的な見解ともいえる最高裁判所の判例は、証拠能力を肯定する見解を示している。しかし、地方裁判所や高等裁判所の判断を含めるならば、消極的評価も複数存在する。三井(1998)の整理によれば、ポリグラフの検査結果の証拠能力・証明力評価の流れは大きく3つの時期に区分できる。

第1期は1960年代に入ってポリグラフ検査が捜査実務において本格的に活用され始めた時期であり、判例の流動期である。この時期、判例の大勢はポリグラフの検査結果と要証事項との自然的関連性（必要最小限度の証明力を有すること）を認め証拠能力を認める傾向にあったが、なおいくつかの判例は証拠能力を否定していた。たとえば、東京地判昭40・3・30（下級裁判所刑事裁判例集7巻3号395頁）は検査結果の正確性に科学的承認が得られていないことを理由に、また、東京地判昭35・7・20（判例時報243号8頁）は他の専門家が事後的に検査記録を検討して前の検査結果を判断することが不可能なことを理由にそれぞれ証拠能力を否定している。

第2期は、1970年前後からの時期にあたる。この時期は、昭和43年にポリグラフ検査結果の証拠能力を肯定する最高裁判例（最決昭43・2・8最高裁判所刑事判例集22巻2号55頁）が登場することにより、検査書の証拠能力・証明力を積極的に解する傾向が強まった期間である。最高裁決定の前審となった東京高裁の判決は、被告人が検査結果回答書を利用することに同意したことを認定した後に「原審証人S（仮名）の供述に徴し、各書面はいずれも検査者が自ら実施した各ポリグラフ検査結果の経過及び結果を忠実に記載して作成したものであること、検査者は検査に必要な技術と経験を有する適格者であったこと、各検査に使用された器具の性能及び操作技術から見て、その検査結果は信頼性あるものであることが窺われる」として証拠能力を認めている。そして、この判断を前提に、最高裁は「ポリグラフの検査結果を、被検査者の供述の信用性の有無の判断材料に供することは慎重な考慮を要するけれども、原審が、刑訴法326条1項の同意のあった（中略）書面（ポリグラフ検査結果回答書等）について、その作成されたときの状況等を考慮したうえ、相当と認めて、証拠能力を肯定したのは正当である」とした。この最高裁決定と前後して、下級審判例は、検査結果の自然的関連性を認めるための要件として、①使用機器の性能、操作技術等からみて検査結果に信頼性が認められること、②検査者が検査に必要な技術と経験を有する適格者であること、③被検査者が検査を受けることに同意したこと、④回答書は自ら実施した検査の経過・結果を忠実に記載して作成したものであること、⑤被検査者の心身の状態が正常であること、などを指摘していた（東京高決昭41・6・30高等裁判所刑事判例集19巻4号447頁など）。

その後、第3期に入ると前記最高裁決定に従い証拠能力は肯定するものの、証明力を消極に解する判例が増える。たとえば、広島高判昭56・7・10（判例タイムズ

450号157頁）は，検査結果の証拠能力を肯定したうえで，証明力について，①13個中8個の質問で陽性反応をわずかに示しているにすぎない，②検査の質問項目に不適切なものがある，③陽性反応の中には信頼性に乏しいとされる皮膚電気反射だけが反応を示したものがある，などの理由からその証明力はかなり低いとの判断を示している。また，東京高判昭58・6・22（判例時報1085号30頁）は，検査日までに被告人らは事件の内容について相当な知識を得ていたと見られるので，現出した反応が虚偽を述べたことによるのか，あるいは，いわゆる連鎖反応にすぎないものかは的確に区別できないことから陽性の反応を使用できないものとしている。これらの判断に示されるように，今日，ポリグラフ検査結果の証拠能力は肯定されてはいるものの，証明力の判断に関してはいわば慎重期が続いているといえる。

2 学説の評価

　他方，学説のほうもポリグラフ検査結果の証拠能力を否定するもの，証拠能力は肯定するが証明力は低く解するもの，証拠能力を肯定し比較的その利用に好意的なものなど様々な説が存在する。証拠能力否定説の根拠は，①虚偽意識以外の原因による誤判定の可能性を否定できないこと，②皮膚電気反射記録器等の機器の正確性が確保されていないこと，③被検査者の身体的条件如何で多くのものが検査対象からのぞかれたり，容易に誤判断が生じること，④被検査者の錯誤を明らかにし得ないこと，⑤質問方法に関し対照質問法と緊張最高点質問法の間で有効性に争いがあり，その評価が定まっていないこと，⑥ポリグラフの正確性につき定説のないこと，などを指摘している（浅田, 1994）。とくに，最後の点に関しては，端的にウソをつく現象をチェックしたり，ウソつきとされた個人が実際にウソをついたと確認する方法がないことから，その判断の正確性を計測することができない点などが指摘されている（光藤, 1967）。また，証拠能力を肯定するが証明力の判断に慎重な見解は，検査記録の解釈が主観的なものになりやすく，他の専門家が前の検査を審査するのはきわめて困難である点などを指摘する（田宮, 1968；その他消極的見解として，半谷, 1970）。

　これに対して，ポリグラフの利用に比較的好意的な評価をなす学説は，適切な条件下で行われた実験の正確度は95％であるとの成果を引用している。さらに，一般に証拠能力が否定されているアメリカとは異なり，わが国においては陪審が存在せず，また機器の規格，検査技術の統一，鑑定人一般の信頼性においてもアメリカとは状況が異なる点を指摘する（山崎・内藤, 1963）。また，①わが国のポリグラフ検査は昭和46年に定められた「ポリグラフ検査取扱要綱」に従い，被検査者について身体的・精神的な障害の要件を設け適正な運用が計られている点，②上記要綱に従い，検査は，「心理学，生理学その他のポリグラフ検査を行うについ

て必要な知識および技術を修得したもの」が行っていること，③わが国では正確性に疑問があるとされる対照質問法からより正確であると評される緊張最高点質問法に重点が移りつつあることなどの指摘もある(久米, 1979)。そして最近では，わが国のポリグラフ検査は，アメリカでの実例と研究に教えを受けつつ，独自に高度の検査態勢が整備され，機器および技術そのものに対する信頼性は十分であるとする見解も示されている(米山, 1998)。

　さて，以上の法学者のポリグラフに対する評価をどのようにみるべきであろうか。ポリグラフを学術的に研究する本書の著者たちからすれば表面的な知識に基づく評価であり，批判の中には当を得ないものもあるように思える。たとえば，前記のポリグラフ批判者の中には，「ポリグラフ検査は，①意識的に真実を覆い隠そうとする（虚偽意識）と，感情に変化が起こり，②感情の変化は生理的変化を呈するから，逆に，生理的変化があれば感情の変化が確認でき，④その感情の変化は虚偽意識によるものと判定できる」といった理解のもと，被検査者が虚偽を真実と思い込んでいる場合や，その逆があること，虚偽を言っても感情に変化が生じない人や場合のあり得ることを指摘するものもある(浅田, 1994)。しかし，裁決質問に対する皮膚抵抗反応が回答者の「ウソをついた」という感情的動揺とそれに基づく生理的な反応ではなく，呈示された刺激に対する対処不能なストレス故に生じるといった結果は（第3章1節を参照），上記の批判が誤解に基づくことを示唆するものである。そのような点のほかにも，ポリグラフ検査結果の証拠能力を肯定した最高裁決定に対して，ポリグラフの利用支持者からさえ，緊張最高点質問法の質問構成が不適切であり，被検査者の体調不良を無視した可能性のあった検査結果であったとの批判が存在する(大西, 1982)。さらに，初期の判例や学説の批判に対しても，アメリカで多く用いられる対照質問法に対する批判をわが国の主流である緊張最高点質問法に対する質問にあてはめるものである，あるいは，両質問方法が混同されているといった指摘がなされている(大西, 1995, 1998)。

　しかし，それらかつての状況と異なり，今日では法学者の理解にも少々改善の兆しが見られる。というのは，最近ではポリグラフ検査の実際に関して実務家より少なからぬ紹介がなされ(たとえば，山岡・山村, 1982～1983；粕谷, 1996～1997)，法学者にとってもその実態が徐々に明らかになってきているからである。その結果，比較的最近発表された論文は，対照質問法と緊張最高点質問法の明確な区別をなし，さらに実務が緊張最高点質問法に重点を移していることを認識したものが多い。そして，そのような認識にたったうえで，犯行状況についての記憶が不鮮明で事実を喚起できなかった場合や，被検査者が犯行状況に関してテレビや関係者などから詳細な情報を得ている場合の質問構成の問題点を指摘するにいたっている(三井, 1998)。また，ポリグラフ検査結果につき証明力を消極的に解した前述の判例（広

島高判昭56・7・10）も先行した対照質問法の中に，後に行われた緊張最高点質問法の質問の際にも出てくる事項が含まれていた点を指摘するなど，理論的理解の一定程度の深化がみられる。

　これらの点を考えるならば，今日の状況は，少なくともかつてのようにアメリカにおける議論の直輸入であったり，科学的根拠に薄い知識をもとにしたものとは異なるものといえよう。その意味では，ポリグラフに対する議論は偏見の時期をすぎ，その科学的根拠に対する実質的な議論の段階にいたっているといえる。学説中にも，ポリグラフは，取調べ時における捜査官の「勘」の原理を科学的に利用し発展させたものであり，個人差の大きい「勘」の中身を少しでも目に見える形で客観化できたことは現代科学の成果であり，この技術の信頼性向上に向けてのいっそうの努力が必要であるという指摘や（白井，1991），「科学法則や科学技術は，当該分野の学会における間主観的な議論による検証・反証過程を通じて，淘汰され進展していくものである。ポリグラフ検査についても，わが国の学会の狭さと構成員の偏りを諸外国の研究者との積極的な交流等により克服して，このような議論が活発に行われ，科学性がさらに向上して，党派性への懸念が払拭されることを期待したい」（荒木，1992）といった将来に向けての期待も表明されている。

3　今後の展望と期待

　法学者の評価が外国の議論の単純な輸入や偏見に基づく段階を脱したとして，今後ポリグラフ検査が正当に評価されるためにはいかなる努力がなされなくてはならないのであろうか。法学者の議論の中にも実質的理解に基づく開放的な批判が増えてきてはいるが，いぜんとしてポリグラフ検査結果に全面的に依拠することに対する抵抗は大きい。前述のように判例も証拠能力は認めるものの，証明力に疑問を呈するのが最近の傾向である。それと同時に，ポリグラフ検査の技術もさらに発展し，呼吸，皮膚電気活動，脈波に加えて脳波や事象関連脳電位といった中枢神経系の活動による検査（平，1998）やコンピュータの自動判定（第4章を参照）といった法学者にとってさらに理解の難しい状況も出現しつつある。したがって，今後このポリグラフ検査に関する議論が実り多いものになるためには法学者と心理学者（ポリグラフを専門とする）との間のなおいっそうの相互理解が必要といえる。そこで，以下では，そのような相互理解のために必要と思われる点を，とくに法学者の視点からいくつかまとめてみる。

　ひとつは，学術的評価基盤の確立という点であろう。ポリグラフの専門家がいかに平明な言葉でその原理を説明しても，法学者にとってその理解は容易なものではない。もちろんそのような努力は決してむだなものではなく，法学者の共感を呼ぶための地道な努力といえよう。しかし，それと同時に重要なのは，より専

門知識を有する集団からその有効性に関する承認を得ることであろう。もちろんこのことは法律上証明力が認められるための絶対的要件ではない。かつて学説中には，「この種の機器と技術を持ってすれば，予測されたとおりの正確度を一般的に実現できる意味での信頼性が，この分野の専門家によって一般的に承認されていること」が証拠能力を認めるにあたっての要件であるとしたものがある (山崎・内藤, 1963)。この考えはアメリカにおける科学的証拠に対する「一般的承認 (general acceptance)」の要件を参考にしたものと思われるが，この要件自体がアメリカにおいてもすでに破棄されるにいたっている (詳細は, 小早川, 1998)。しかし，とはいえ，法学者が心理学や生理学の非専門家である以上，専門にかかわる批判は当該専門領域での議論をもとにせざるを得ないのも事実であろう。その意味で，かつての批判の多くが他国の専門家の批判の引用からなっていたのはいたしかたのないことである。それゆえ，法学者が信頼する専門家集団からの肯定的な評価を得ることが，ポリグラフ検査の地位を確立するにあたっては重要な要素といえる。そして，その際に注意すべきは，その専門集団がいかに学術的に開かれた集団であるかという点である。先に引用したように「わが国の学会の狭さと構成員の偏りを諸外国の研究者との積極的な交流等により克服」する必要性なども指摘されており (荒木, 1992)，必ずしも既存の専門団体に対する信頼性が確立されていない面もある。このような懸念を払拭するためには利害関係をもたぬ純粋に学術的評価を下すことができる団体からその精度に関する承認を得る必要があろう。そのためには，本書の刊行のようなポリグラフ技術の情報を学術研究の場に公開し，批判を仰ぐといった努力がいっそう重要なものとなろう。

　さらに，そのような原理的・理論的面での評価の確立と並んで重要なのは，実務面，運用面での評価の確立ということであろう。原理的にいかに優れた技術であっても運用にあたってそれが適切に用いられる保障がなければやはり人々には受け入れられないであろう。いかに良質のブランド品であっても，粗悪な模造品が多く出まわれば，その評価の維持が難しくなるのと同様，ポリグラフ検査も実務において均一にその高品位の技術が確保されて初めて信頼を獲得し得るものといえよう。すでにわが国の実務運用に関しては，検査装置自体の信頼性も高く，検査者に関しても科学警察研究所が基礎的な知識と技法を取得させるなどの努力をなしている点など，法学者からも高い評価がなされている (荒木, 1992；三井, 1998)。しかし同時に，今後の実務に関してもいくつかの改善点が指摘されている。たとえば，①対照質問法と緊張最高点質問法の混在を改め緊張最高点質問法に統一する，②検査内容の事後検証のために録音記録を採る，③ポリグラフ検査者の適格性を高めるために，科学警察研究所の講習においては基礎知識の習得のみならず実務研修を行う，といった指摘である (大西, 1995)。緊張最高点質問法に統一すると

いう点は，より的確な技術を利用するという意味でも，今後の議論のベースラインをそろえる意味でも重要なものであろう。また，実務研修を行うという点も，確立されたポリグラフ検査者の研修体制を実質的なものにするという意味でぜひ必要な点と思われる。そして，検査内容の録音記録という点はとくに強調されるべきであろう。検査内容を写実的に残すということは，事後検証を可能にするという意味でも大きな意義をもつと思われるが，それと同時に手続きの可視性を高めるという意味でも重要なものである。そして，今回は直接触れなかったが，ポリグラフ検査に対する同意やポリグラフ後の自白の問題などとの関わりなどからすれば，録音記録は同意段階からとられるべきであろう。適正なポリグラフ検査の実施に向けての努力は，それらがなされることそれ自体と並んで，そういった努力が可視的な状況におかれることも外部者にとって信頼の決め手となる点である。そのような開かれた検査の実施は，一時的には現状のポリグラフ検査の弱点を明らかにすることになるかもしれないが，開かれた場における批判の克服を通じてこそ，より高度なポリグラフ技術と周囲からの信頼に到達し得るものといえよう。そのような努力は単に捜査技術としてのポリグラフ検査ではなく，科学としてのポリグラフ検査の評価を勝ち取るためにも不可欠なもののように思われる。

　最後に，今後は，上記のようなポリグラフの理論面，運用面での改善の努力と並んで，それらの成果をいかに活用すべきか，という点を新たな視点から検討し直す作業もまた必要であろう。ポリグラフがかつて「ウソ発見器」といわれた時代には，犯人こそがウソをつくという意味で，ポリグラフは犯人発見のための手段として位置づけられていたといえよう（対照質問法にこのことがとくにあてはまろう）。しかし，ポリグラフがウソ発見のための器械ではなく，覚醒作用を通じて端的に事実認識を確認するものであるとしたならば，検出対象は虚偽意識に限定されない。むしろ検出される事実認識の有無は中立的な情報であり，それが虚偽か否か，あるいは，犯人しか知り得ない事実か否かは，他の状況や質問構成等を加味したうえでの解釈作業となる。そこでは「ウソをつく意図」から「純粋な認識」へといった証明対象の質的転換と検査結果評価の相対性がもたらされたともいえる。このことは，ポリグラフによって知り得る情報が正確に把握されたと当時に，従来の犯人発見という視点からはポリグラフが一歩退いた証明手段になったとも評価し得る。しかし，そのことは必ずしも消極的に評価されるべきことではなく，それは同時に「ウソ発見」以外の新たな利用形態を示唆するものともいえよう。今後は「ウソ発見」という影に惑わされ，いたずらに犯人発見の決め手となることに執着することなく，より広範な利用形態が模索されてしかるべきであろう。たとえば，犯人発見（犯罪事実の認識の確認）のためのポリグラフ利用だけではなく，捜査からの無実者の排除（犯罪事実の認識不在の確認，アリ

topics ウソ発見に関する図書 —海外編—

　海外のウソ発見に関する近年の図書としてまずあげられるのが，ベヌ・シャハールとフィルディ（Ben-Shakhar,G. & Furedy,J.J.）の"Theories and Applications in the Detection of Deception（Springer-Verlag）"（1990）である。彼らは，科学としての虚偽検出検査を第一とし，その膨大な研究レビューからGKTにおける認知要因の重要性を指摘している。また，GKT中心の日本を高く評価しているところも，この本をおすすめする理由のひとつである。O.J.シンプソン事件などを，ウソ発見の観点からタイムリーに言及しているリッケン（Lykken,D.T.）の"A Tremor in the Blood（Plenum trade）"（1998）は，1981年に発行された同書名の改訂版である。前書にはなかったが，今回は研究者や新聞記事などの写真も盛り込まれている（リッケンの論敵，ポリグラファー・ラスキンの眼光の鋭さに圧倒される）。マッテ（Matte,J.A.）の"Forensic Psychophysiology using the Polygraph"（1996）は，実務家のテキスト的書物である。2章の「歴史」は，ウソ発見研究者に必見である。非言語的行動を主な指標としてウソの研究を行ってるエクマン（Ekman,P.）の"Telling Lies"（邦題は『暴かれる嘘—虚偽を見破る対人学』誠信書房）（1985）には，ポリグラフ検査への言及と批判が出ているが，対照質問法中心の北アメリカのポリグラフ検査事情を日本に置き換えることは難しく，その批判もそのままあてはまらない。同様のことは，ゴールドバーグ（Goldberg, M. H.）の"The Book of Lies"（邦題は『世界ウソ読本』文芸春秋）（1990）の言及にもいえよう。

　さて，ウソ発見以外の本で最近評判になったものに，ペック（Peck,M.S.）の"People of the Lie: The Hope for Healing Human Evil"（邦題は『平気でうそをつく人たち—虚偽と邪悪の心理学』草思社）（1983）と，コートル（Kotre, J.）の"White Gloves"（邦題は『記憶は嘘をつく』講談社）（1995）がある。コートルの邦題は，実に言い得て妙である。これら以前の本をあげると（亀山純生『うその倫理学』大月書店参照），シラセ・ボク『嘘の人間学』，ヴァインリヒ『うその言語学』，ガーベル『虚偽意識』，バーワイズ・エチュメンディ『うそつき—真理と循環をめぐる論考』，ガードナー『奇妙な論理—だまされやすさの研究』，セネット『嘘とは何だろうか—或る寓話小説』……。世界には，「国際ウソ学会」ができてもおかしくないぐらい，本と研究者がいるようである。

（桐生）

バイ事実認識の確認)のためのポリグラフ利用も考えられるのではなかろうか。いかなる目的で,いかなる場面でこの科学的知識を利用するか,今後は正確な知識の共有のもと,法学者と心理学者のいっそうの議論が期待されよう。

4節 生理心理学の立場からみた虚偽検出 ─これまで,今,そしてこれから─

　生理心理学を専門領域としている立場から,精神生理学的虚偽検出検査,通称ポリグラフ検査について日ごろ考えていることをまとめてみる。まず生理心理学という学問について,その歴史とテーマを年代を追って概観しつつ,虚偽検出検査の位置づけなどを述べる。次いで今後本研究分野に求められることについて2,3提言をする。なお『新生理心理学』2巻6部 (三宅,1997) は,応用生理心理学の立場から虚偽検出検査について言及があるので,併せて読んでいただきたい。

1　生理心理学誕生期と虚偽検出研究

　生理心理学は,生理学的心理学(physiological psychology)と精神生理学(psychophysiology)という2つの研究領域に分けられる。生理心理学の長老スターン (Stern, 1964) によるこの有名な二分法は,実験操作上の区別である。すなわち,独立変数として心理・行動的要因を操作しつつ生理反応を従属変数とすれば精神生理学,逆に独立変数として生理過程を操作して心理・行動的変数を従属変数とすれば生理学的心理学としたもので,米国精神生理学会(SPR：Society for Psychophysiological Research)設立直後の1964年に,その機関誌'Psychophysiology'の第1巻1号に掲載されたものである。

　当時,精神生理学の例とされていた研究領域は,本書の主要テーマであるポリグラフを用いた虚偽検出の他に,睡眠脳波研究から生まれたREM睡眠,定位反応とその慣れ,生理反応の古典的条件づけ,自律反応の道具的条件づけなどであった。また生理学的心理学の例とされていたものは,脳破壊法や脳刺激法を用いた動物の学習行動の阻害研究や,行動薬理学的な研究であった。

　これらの研究領域をみると,当時の心理学は新行動主義心理学,すなわちS-O-R心理学が主流であったことがうかがえる。

2　生理心理学萌芽期と虚偽検出研究

　1960年代後半,生理心理学という学問領域は,まさに成長期にあった。米国

精神生理学会の活動が本格化し、その学会誌であるPsychophysiolgy誌の学術雑誌としての権威が急速に上がりはじめていた時である。

当時の生理心理学領域の主要な研究テーマは、大脳誘発電位を注意の指標にするための予備的研究、皮膚電気活動や心拍率、血圧、呼吸などの自律反応の慣れや古典的条件づけの研究、学習理論に関係した自律反応の道具的条件づけ研究などであった。これらの研究テーマは、当時の米国を中心とした行動主義心理学の中でも、とくに基礎研究領域の中枢であったといえよう。こうした基礎研究偏重の生理心理学にあっては、現実の社会問題解決のための応用的研究が脚光を浴びることはなかった。

そこで応用的生理心理学的研究のいくつかは、別の学会を創設したり、より高く評価される別の学会へと発表の場を代えていった。生理心理学の応用分野として設立されたバイオフィードバック学会はまさにその好例である。生体反応をフィードバックすることによって、自分の意志で自律反応を統制し、精神医学や心身医学の先進医療技術に仕上げようと、当時きわめて活発に研究がなされた。"Biofeedback and Self Control"という分厚い書物が毎年一巻出版され、精神医学の病棟に生理心理学の専門家が活躍しはじめたのもこのころであった。

本書の主要テーマである精神生理学的虚偽検出研究は応用色の強い研究テーマなので、当時の生理心理学会の中では決して居心地のよいものではなかっただろうと想像できる。こうした事情は、わずか2編の基礎的実験室的研究しかPsychophysiology誌上に掲載されなかった事実からもうかがえよう (Gustafson & Orne, 1965; Thackray & Orne, 1968)。とはいえ、生理心理学領域の応用研究の中では、虚偽検出研究が最も重要視されている。生理心理学の正書として名高いアンドレアッシ(Andreassi, 1980, 1995)の「心理生理学」では、初版(1980)でも3版(1995)でも、応用生理心理学の章の最初に記載されているからである。

一方1960年代後半から1970年代前半にかけては、心理学の世界に大きな改革の息吹が漂っていた。認知心理学の誕生である。コンピュータの情報処理過程に人の心の働きを見立てた研究手法である。感覚・知覚、記憶、学習、そして感情と、心理学の主要な研究テーマがことごとく認知心理学者の標的となっていった。こうした認知心理学ブームの波は、1970年代の生理心理学にも当然のごとく訪れ、研究パラダイムの大きな変革が余儀なくされることとなる。

3 生理心理学変革期と虚偽検出研究

1970年代に入ると、認知心理学者と生理心理学者の共同研究の流れが生まれた。そして旧来の生理心理学領域の用語や理論のいくつかは急速にひからびたものと化していった。

たとえば皮膚抵抗反応の慣れ現象について，ソコロフ (Sokolov, E.N.) の神経回路モデルを大胆に拡大解釈して，感覚貯蔵，短期貯蔵，長期貯蔵といった情報処理過程を含む適当なモデルをあらかじめ想定しておくことが求められた。そしてそのうえで，聴覚刺激の同定，符号化，長期記憶との照合，注意前過程の賦活，制御的注意過程の賦活あるいは注意資源の配分，判断過程の賦活，運動出力の選択，自動処理過程の賦活などなど，刺激と反応との間の個々の処理過程について，プログラミングの流れ図の要領で解説しなくてはならなくなってきた。また，個々の情報処理過程が，神経生理学者たちが現実に存在すると推定する神経回路に対応づけることができれば最良と考えられたことは疑いようがない。

このように1970年代に怒濤のごとく発生したこうした研究パラダイムの大きな変化は，事象関連脳電位を中心的な生理指標とした認知生理心理学 (cognitive psychophysiology) 研究を熟成し，1980年代に花を咲かせるにいたるが，この間の歴史は大著『新生理心理学』の1巻に詳しく記載があろう (宮田, 1998)。精神生理学的虚偽検出に関する基礎的研究はこの時代にラスキンらを中心としてなされ，今日の研究パラダイムができあがることになる (Cutrow et al., 1972; Barland & Raskin, 1975; Podlesny & Raskin, 1978; Raskin, 1978; Raskin & Hare, 1978; Waid et al., 1979; Dawson, 1980) が，詳細は本書の第3章4節で記載しているところである。

本書の主要な編者も，筆者と同じか少し若い世代の人々である。大学か大学院生時代に行動主義的な生理心理学を学び，さらに最新の認知心理学的な生理心理学の論文と格闘していたに違いない。そして科学捜査研究所に赴任してからは，現場実務としての精神生理学的虚偽検出を担当する傍ら，欧米の研究動向をにらみつつ，応用生理心理学の専門家として成長してきたのである。したがって，精神生理学的虚偽検出というきわめて実務的要請の強い検査方法の中に，現代の認知生理心理学的な考え方を持ち込むことに躊躇をしない。この点で，一世代昔の科学捜査研究所ポリグラフ担当者と一線を画するかもしれない。

4　現代の生理心理学と虚偽検出研究

生理心理学が学問として誕生して約40年がたった。成長する学問領域ならば当然のことだが，生理心理学という学問も，旧来の区分や定義では処置しきれなくなってきた。知識の量と質の変化はもとより，生体反応計測機器の性能の飛躍的な向上や，データ処理技術の進歩は計りしれない。こうした生理心理学的研究の基盤技術の進歩は，基礎的研究領域ばかりか応用的研究の進歩をも大きく加速することになった。すなわち，生体反応計測・評価技術の高度な自動化によって，応用研究のための敷居が低くなったからである。産業部門での生理心理学的応用的研究は，まさにこうした理由から急速に普及した。工学部や農学部出身の企業

研究者でさえ，ポリグラフを用いた応用生理心理学的研究をいともたやすく，簡単に実施するようになった。また工学出身の研究者たちは，神経生理学的あるいは，認知心理学的過程とは無関係に，純粋に工学的なセンスで心のモデルを作りあげたり，脳波α周波数パワーや心拍率変動率を用いてそのモデルを評価する。まさに他領域研究者による今までにない推論過程が生まれはじめたのである。

現代生理心理学の基礎研究とは，当該生体反応と刺激との数量的関係を，認知心理学と親和性のある「心のモデル」によって記述するというスタンスをとる。そして心のモデルで予測される過程の存在やその働き具合は，事象関連脳電位の頭皮上分布や，特定成分の潜時帯振幅から評価して，モデルの妥当性を証明する。認知過程は脳で営まれていると考えられるので，脳波や事象関連脳電位，脳磁図，PET（コンピュータ断層撮影），f-MRI（機能的核磁気共鳴）など脳内過程の種々の側面を画像解析技術を駆使して表現する研究手法が志向される。生理心理学の応用的研究とは，こうした基礎研究で得られた知見を用いて，刺激や環境，あるいは認知機能を客観的・他覚的に評価しようと試みることなのである。たとえば，事象関連脳電位の特定成分の振幅や心拍率変動係数を注意量の指標として，作業従事者の作業環境評価を試みる研究などはまさに応用生理心理学的研究である。これら基礎的研究と，応用的研究は欠くことのできない生理心理学の両輪である。互いに独自に発展することはあり得ず，常に双方が相互に作用しあって発展する。

前書きが長くなったが，本書のテーマである精神生理学的虚偽検出研究も，必然的にこのような心理学全般の学問的流行，いわゆるパラダイムシフトの波と無関係ではなかった。本書をみてもわかるとおり，これまでの精神生理学的虚偽検出研究は，実験室研究と事例研究とが釣り合いよくなされており，生理心理学研究にとって必要な両輪が機能していることが明らかである。また，1970年代以降の精神生理学的虚偽検出研究の多くは，より認知心理学的な考え方が支配している。

さらに本書で報告されている日本での研究の流れは，まさにこうした生理心理学の時代精神を反映しているといえよう。すなわち，精神生理学的虚偽検出は，容疑者が「ウソをつく時の心的緊張」を皮膚電気活動や脈波振幅などの変化から検出するのではない。第3章1節にも述べられているように，GKTの手続き上，容疑者は「ハイ」とも「イイエ」とも答えなくてよいので，ウソをついているのではない。ただ，検査官から呈示された犯行に関係する刺激と，容疑者が保有する長期記憶との照合過程において，皮膚電気活動や脈波振幅の乱れ（変化）が現われれば，記憶と照合したことを示す証拠となるというばかりである。記憶が保持されていたかどうかがこの検査で検出され，保持されるための前提条件である記銘（符号化）の存在が肯定され，さらには容疑事実の存在が推論できるという

わけである。こうした認知心理学的な心のモデルにしたがって，生体反応出現量の意味づけがなされているのが，今日の精神生理学的虚偽検出といえる。

以上，これまでの生理心理学の歴史との関係から，精神生理学的虚偽検出研究の発展史を概観してきたが，次に今後の研究の流れを生理心理学の立場から検討しよう。

5 応用生理心理学と虚偽検出

これからの生理心理学はどのように変化していくのだろうか。筆者は，今後ますます応用的研究が求められると考えている。それは生理心理学で測定されてきたほとんどの生体反応が，ますます簡単・安価に測定できるようになって，社会生活上の新たなニーズを満たすための応用研究が必要になると考えるからである。これは，電子体温計や電子血圧計などの普及をみれば明らかである。

耳の穴に挿入したプローブから数秒で体温が計測・表示できる電子体温計が子どものいる家庭に広く普及している。また自動的に血圧が測定表示され，複数回の記録が保存できる電子血圧計は，中高齢者の必需品にまでなっている。ジョギングに欠かせない腕時計タイプの脈拍計など，その測定機器としての進歩には舌を巻く。これら生体反応を計測する健康機器は，健康志向の強い人々から強いニーズがあれば，今後もますます小型軽量化し，性能も上がることは疑いようがない。販売量が増えれば廉価にもなる。精神生理学的虚偽検出に用いられる皮膚電気抵抗測定装置と類似の機械が，集中力訓練器として受験雑誌にＣＭが掲載されている。交感神経系の興奮がこれで計測できること，リラックスすると電気抵抗が高くなることなど基礎知識も広く普及が進んでいる。こうした商品の開発には，生理心理学が強く関係していることはあまり知られていないようだが，今後はますます関係が強化されると予測される。

生理心理学者が開発技術者に適格な情報を提供し，エレクトロニクス技術をさらに駆使すれば，脳波センサーと分析システムは手のひらサイズになる。事実筆者は，脳波や筋電図が測定可能な4チャンネルのポリグラフ，心電図1チャンネル，呼吸2チャンネル，皮膚温1チャンネルが同時に測定できる機器（RMA：remote multi amplifier）を開発したことがある (Yamada & Hattori, 1998)。既成の基本技術を使うので，大量生産で1台あたり数万円以内で作ることができる。このようにして，生体反応の測定技術は確実に一般化・大衆化するはずである。こうした一般化・大衆化は，科学の自然な発展であり是非はいうまでもない。生体反応の測定・評価技術は，専門家だけの特権ではなくなりつつあるのである。

では今後の精神生理学的虚偽検出研究はどう発展するか。3つの観点から今後を予測してみたい。まず第1にこれまでにない新たな生体反応の利用があげられ

る。次に検査プロトコル技術の高度化，そして最後に制度の問題である。

6 新たな反応指標の発見

　これまでの精神生理学的虚偽検出検査に用いられてきた生体反応は，数十年も前に統一規格が定められた呼吸曲線，脈波，皮膚電気活動の3種である。実験室での研究として，これら以外の生体反応が記録されたことはあっても，ほとんどの実務では上記3種の自律系末梢反応を測定する携帯型ポリグラフ装置が使われ，記録紙の上に残る波形を視察判定する方法が中心であると聞く。測定すべき反応はこれら3つで本当によいのか，機器の性能は現時点で満足できるものなのか，解析・分析を自動化できないか，など改良点はすぐに指摘できる。なおこれらのうち，検査結果の自動判定の問題については，近年解決の見通しが強いことが本書第4章で紹介されているので，ここでは触れない。

　筆者としては，少なくとも心電図と眼電図を計測してほしい。心電図からはR-R間隔を自動計測し，心拍率変化量や変動率を求めることができる。これらの指標は，脈波記録からも類似の分析が可能なので，必要とはいいきれないが，T波振幅の分析など心電図からしか得られない情報がある。眼電図からは眼球運動や瞬目（まばたき）が計測でき，虚偽検出場面での貴重な資料が提供されると予測できる(水谷, 1991, 1997)。あるいは検査中の被検者の顔面表情をビデオ撮影しておくのもよい。画像解析技術を工夫すれば，不随意眼球運動の出現や瞬目を自動的に検出することも可能である。検査場面のビデオ撮影は，検査が適性に実施されたかを証拠立てる意味でも，必ず記録されることが望まれる。

　また事情が許せば，生体反応を紙記録するだけでなく，デジタル保存しておくことが望まれる。これは，事後処理によって，より詳細な分析が可能だからである。たとえば呼吸波形の詳細な分析(中山, 1997)にはうってつけであろう。警察での取調べという特殊な環境での検査なので，脳波や事象関連脳電位(平・三宅, 1997)を利用することに大きな支障があるかもしれないが，ノイズを適切に処理する技術が実現すれば，利用可能かもしれない。

　眼球運動，瞬目，心拍率変化や変動率，呼吸波形，ならびに事象関連脳電位などの新たな生体反応を虚偽検出検査に適用する意義は，本検査の精度を上げることにほかならない。本検査を容疑者の記憶検査とみなせば，オッドボール課題を用いた事象関連脳電位（P 300）や自発性瞬目の測定が最も期待される。

　一方，こうした新しい生体反応に関する知識や問題点が広く世間に普及してしまうと，警察署内での精神生理学的虚偽検出検査の正確度が低下すると危惧する向きがあるかもしれない。なぜならば，これらの生体反応は随意的な動作によって計測を困難にすることが，意外と簡単にできてしまうからである。こうした事

態を回避するために，また新たな生体反応の開発が求められる。ウソを見つける側と，見つけられる側のイタチゴッコとなろうが，科学技術とはまさにそのようなものなのである。

7 検査プロトコル設計技術

　生体反応を測定するための技術の習得は，そうたやすくない。電極やプローブを生体に装着するためには，それなりの工夫が必要だからである。危害を与えないように，あるいは骨格筋運動によるアーチファクトをできるだけ少なくするための装着法や接し方などのほか，手続き上の種々の工夫がある。あるいは，電極の性質変化や，生体アンプの細かな設定値を理解すること，記録を解析する手続きや評価法の習得もあり，たいへんな技術体系であるに違いない。

　とはいえ，測定機器は日々新しくなり，操作は容易になる。自動解析装置（第4章1・2節）の改良も進むであろう。上記の生体反応測定・解析にまつわる技術も，いずれはたいした問題ではなくなるかもしれない。

　そうなれば，精神生理学的虚偽検出の担当者にとって，最も力を入れなければならない研修用件とは何か。自ら研鑽を積まなくてはならないこととはいったい何か。それは，検査に用いるプロトコルを設計する技術であろう。ＧＫＴのひとつに，口頭ないし画像によって質問刺激を呈示し，被検者は無言でただ刺激を受け，応答は求められないという方法がある。たとえばこの方法では，事件の内容の細部に関わる刺激語あるいは刺激図（写真等）の選択という内容設計や，どのような順序に呈示するかといった手続き設計，いくつかの質問セットのうちどれが最も重要かなど判定基準設計などが重要となろう。ＧＫＴによる質問プロトコル設計こそが，まさに検査担当者が励まなければならない研修用件なのである。

8 制度の改革

　現在わが国では，精神生理学的虚偽検出検査は，各都道府県警察の科学捜査研究所内で行われている。すなわち，警察ならびに検察側のみが利用する科学捜査技術である。弁護側が無罪を主張するために利用するものではない。しかし，精神生理学的虚偽検出検査が，人の記憶の存在を証明することのできる高度に科学的な検査であるならば，現行のシステムに不備があるといえないだろうか。検察側だけでなく，弁護側にも利用できる，中立組織としてのポリグラフシステムが提案できないだろうか。

　実際の精神生理学的虚偽検出検査の担当者は，担当刑事から得た資料はもとより，現場で得た印象や写真など膨大な客観資料を元に，経験と勘を駆使しつつ先述のＧＫＴによる質問プロトコルを作っている。プロトコル設計には長時間が必

要なはずだが，実際にはきわめて短時間のうちにこれを仕上げなければならない。まさに，神業・職人技芸的な仕事である。検査が終わり，犯人しか知り得ない事実により多く反応したと結果がまとまれば，当該容疑者が犯人である可能性が高いと依頼のあった担当刑事に報告する。報告を聞いた担当刑事は，容疑者に犯行を認めさせるべく，尋問をくり返すだろう。容疑者が自供をはじめたら，供述書通りに物的証拠の発見・確認作業に着手し，起訴事実立件のための科学的根拠を積み上げていく。

このようにおおざっぱに現行の精神生理学的虚偽検出検査の位置づけを概観すると，いくつかの問題点に気づく。ひとつは，こうした精神生理学的虚偽検出検査に対して，法曹界の一部でいまだ消極論や慎重論が存在することである（第5章3節に詳しい）。たとえば，精神生理学的虚偽検出検査が，供述を得るための仕掛けとして利用されている現状があり，精神生理学的虚偽検出検査後の取調べによる供述内容には疑問があるという解釈である（浅田，1994）。

こうした法曹界内部での精神生理学的虚偽検出検査の位置づけとは裏腹に，生理心理学的には，検査そのものの有効性，有用性に疑う余地はない。なぜならば，記憶発見検査とみなせば，当該質問プロトコルと生体反応の記録さえあれば，事後になって他の専門家が再分析することができるという意味で，再現性を確保した科学的検査といいきることができる。また，本検査が，犯罪に関係する重要な事実に関する記憶の有無を推測するという観点からみるかぎり，科学的根拠があるといえることを付け加えておく。

精神生理学的虚偽検出検査は，被検者の自供をうながすために実施されているとの誤解を払拭し，公判廷における証拠能力をより確固たるものとし，かつ証明力を高めるには，現行のシステムに手を入れざるを得ないのではないかと筆者は考えている。それは，本検査が都道府県警察内の科学捜査研究所に属している現状に問題があるのではないだろうか。むしろ警察から離れて，中立の立場で検査依頼を受注するシステムに変えてはどうかという提案である。検査担当者や本書の編者は，ともすれば刑事警察や検事側の立場で被検者（容疑者）をみている。一度逆の立場に立って，被検者（容疑者）を弁護側からみてみることも必要ではないだろうか。弁護側からの依頼によって，被検者の容疑を晴らすための真相究明検査へと改良するのである。そうなれば，精神生理学的虚偽検出検査という名称は，変わらざるを得なくなる。「精神生理学的真相究明検査」がいいか，もう少しおとなしく「精神生理学的記憶検査」にするかは今後議論が必要であろう。

topics ウソ発見に関する図書 —日本編—

わが国のウソ発見に関する図書として、まずあげられるのが、三宅進の『ウソ発見―研究室から犯罪捜査へ―』（中央公論社，1989）である。ポリグラフ検査の歴史的背景、現状、研究や理論がコンパクトにまとまっている。関連図書としては、山岡一信『ポリグラフ・逸脱の心理』（令文社，1989）、粕谷巧『ポリグラフ検査の実際』（立花書房，1999）、平伸二『表出行動とウソ発見の心理学』（多賀出版，1998）がある。多くの観点からウソにアプローチし、非言語的行動を手がかりとしたウソ発見に言及しているのが、渋谷昌三『人はなぜウソをつくのか』（河出書房新社，1996）である。「あなたはどんなウソつきタイプ？」とか「他人のウソにのりやすいか？」といった設問もあり、心理学専攻以外の方にも楽しめる。ウソ発見には直接言及しないが、ウソ現象に真摯に取り組んだ図書としては、仲村祥一・井上俊（編）『うその社会心理学』（有斐閣，1982）、折橋徹彦・杉田正樹『うその自己分析』（日本評論社，1999）、椎名健『人はなぜ嘘をつくのか』（ごま書房，1996）がある。とくに、ウソと自己との関わりを気負いなく綴っている折橋らの研究者としての態度に、大変好感がもたれる。ウソについての先駆的な本は、相場均『うその心理学』（講談社，1965）であろう。社会学、精神分析学の知見や記憶、生理からのウソへのアプローチもあり、「ウソ」が一筋縄ではいかないことを十分示した本といえる（なお、文中にポリグラフの写真が出ているが、これは現在使われていないタイプの器械である）。心理学者の本ではないが、ウソ発見の研究に欠かせぬ図書としては、哲学の領域から増原良彦『嘘つきの論理』（日本書籍，1979）が、倫理学の領域から亀山純生『うその倫理学』（大月書店，1997）が、論理学の領域から内井惣七『うそとパラドックス―ゲーテル論理学への道―』（講談社，1987）が、それぞれあげられよう。やや、毛色の変わったものとしては、河合隼雄・大牟田雄三『ウソツキクラブ短信』（講談社，1995）がある。ウソの楽しさを満喫させてくれるが、記載内容のどこにウソがあるのか見きわめなければならない、気の抜けない本でもある。117頁からの「ウソ文献」は、これからウソの研究を始める院生や学部生には試金石となる。自己の文献収集能力の正確性を試すことができるからである。

最後におすすめする日本の図書は、「本書」である。ウソ発見の心理学として、これほどまとまった上出来の本もないであろう。自信の一冊である。(^^;

（桐生）

わが国の研究紹介 7

「いかにも正解らしい」質問項目はシロをクロにしてしまうか？

横井幸久

1．目的

　精神生理学的虚偽検出検査法のひとつであるGKT（guilty knowledge test）は，捜査対象事件の詳細事実のうち犯人のみが知り得る情報を被検者が有しているか否かを推定する検査法である。GKTの実施に際しては，事実である項目（裁決項目）を含む質問を，事実とは異なる項目（非裁決項目）を含む複数の質問中に混在させて質問表を構成する。こうした質問表を数回くり返し呈示し，裁決質問に対し特異な生理反応が観察されれば，裁決項目を被検者が知っていると推定される。

　GKTでは，無実の被検者には裁決項目と非裁決項目とが識別できないことが前提となる。裁決項目が事実らしい内容である一方で非裁決項目が実際にあり得ないことがらとなっている質問表では，犯行に関与していない無実の被検者であっても裁決項目がいずれであるかを容易に推測することができる。こうした項目の事実らしさを，ここでは項目の蓋然性と呼ぶこととする。

　蓋然性の高い項目を裁決項目とすると，無実の被検者に対する検査において裁決質問に特異反応を認める誤り（フォールスポジティブ）が生じる恐れがあると考えられる。したがって，実務検査では項目間の等質性に配慮して質問表を作成しているが，蓋然性の高い項目を裁決項目として設定することによりフォールスポジティブが実際に引き起こされるか否かについて検討した研究はまだみられない。

　本研究の目的は，GKTによる虚偽検出で裁決項目の蓋然性の高さがフォールスポジティブをもたらすか否かを実験的に検討することである。

2．方法

　25名の被験者に，空巣狙い事件が発生したこと，被験者は無実であること，ポリグラフ検査で自分の無実が証明されるように努めることを指示したメモを読ませてから，空き巣狙いの被害品が何であったかについてのGKTを実施した。

　質問表に含まれた項目は，事前の調査で空巣狙いの被害品としての蓋然性が高いと評定された「指輪」，低いと評定された「テレビ」「ライター」「免許証」「ワープロ」であった。これらの5品目を「○○か知っていますか」という質問文にあてはめて5種類の質問文を作成し，「質問を開始します」という文を先頭に配置し

て質問表を構成した。こうして作成した質問表をCRT上に視覚的に呈示して被験者の皮膚抵抗反応（SRR：skin resistance response）を記録し，3試行を実施した。各質問に対するSRRは振幅の大小により試行内で順位づけ，1（最大振幅）から5（最小振幅）までの得点を付与した。

GKT終了後に，被験者には質問文に含まれていた5品目について，窃盗被害品としての蓋然性を「非常にありそう」から「まったくなさそう」までの7段階で評定することが求められた。

3．結果

上記実験の結果を表5-7-1に示す。被験者による蓋然性評定値は，「指輪」と他の4品目との間に有意差が認められた。したがって，「指輪」は被験者にとってとりわけ蓋然性が高い品目であったといえる。しかしながら，SRRの平均順位には品目間の有意差は認められなかった。また，5品目のおのおのを裁決項目とみなし，裁決項目の平均順位が最も小さな値をとった場合にフォールスポジティブが生じたものとして，フォールスポジティブ率を算出した。しかしながら，いずれの品目を裁決項目とみなした場合でもフォールスポジティブ率はチャンスレベル（20％）を有意に上回らず，「指輪」と他の4品目との間にも有意差は認められなかった。

以上の結果から，蓋然性の高い項目が裁決項目として設定されたとしてもフォールスポジティブが生じやすくなるという傾向は認められなかった。

表5-7-1 蓋然性評定値とSRR順位の平均およびフォールスポジティブ率

項　　目	蓋然性評定値	SRR順位	フォールスポジティブ率（％）
テ レ ビ	3.20	3.21	8.0
ラ イ タ ー	3.64	3.03	12.0
ワ ー プ ロ	4.12	3.08	24.0
免 許 証	4.88	2.81	36.0
指 　 輪	6.72	2.88	28.0

4．今後の課題

上記実験結果により，蓋然性の高い情報が裁決項目として設定されても，事件の詳細事実を知らない無実の被検者が裁決質問に特異反応を示す危険性は高くないことが示唆された。

しかしながら，本研究の結果を実務に一般化するためには，さらに検討すべき問題がいくつか残されている。まず，本研究では検出回避の動機づけを高める操作など，実務場面に近い状況の再現は行われていなかった。エルアードとベヌ・

シャハール (Elaad & Ben-Shakhar, 1989) は，被験者の動機づけが高められると裁決項目がより注意を喚起しやすくなり，特異反応が増大するとしている。裁決項目を知らなくても，動機づけが高いと蓋然性の高い項目がより被験者の注意をひきやすくなり，特異な反応を誘発するかもしれない。

また，本研究ではGKT実施前に被験者に呈示された情報量は少なかったが，実務場面では報道や取調べなどによって事件に関する詳細な情報が開示され，無実の被検者であっても犯行状況をかなり具体的にイメージすることが可能な場合も多い。検査対象事件に関して形成される文脈の詳細さがフォールスポジティブの発生率に及ぼす影響も今後検討すべき問題であると思われる。

さらに，本研究では質問項目の蓋然性に着目したが，これ以外の属性について裁決項目が非裁決項目と相違することも考えられる。リッケン (Lykken, 1998) は，被検者の（事件に無関係な）個人情報と合致している項目はより顕著な反応を生起させる可能性があると論じている。また，アイアッコノ (Iacono, 1995) は，裁決項目と非裁決項目との間でカテゴリー内での典型性に差がある場合（たとえば，果物の名前に関するGKT質問表で「リンゴ」など一般的な果物を非裁決項目，果物としてはやや特殊な「キウイ」を裁決項目とする場合）は裁決項目が非裁決項目に比べ意味的に突出し，無実の被検者でも裁決質問に特異反応が発現する恐れがあるとしている。GKTにおける項目間の等質性は，より多面的に検討される必要があろう。

終章

ウソ発見の現状と未来

　本書はウソ発見に関する学術的な教養書です。第2章ではウソ発見の実務的側面，第3章では理論的側面，第4章では最近の研究動向を詳しく紹介しました。また，これら犯罪捜査としてのウソ発見にとどまらず，ウソそのものの理解を深めるための第1章，ウソ発見の今後の発展に深い関連をもつ諸科学からの意見をまとめた第5章も設けました。

　この本書の構成は，わが国のウソ発見を取り巻く現状をよく反映しています。つまり，ウソ発見は犯罪捜査の一技法のみならず，ウソという人間行動の理解のために，社会心理学，発達心理学，臨床心理学から注目されたり，日常生活場面の記憶研究として認知心理学，法心理学から注目され始めています。このような現状は，科学捜査研究所でポリグラフ検査を担当する研究員が，学会発表や学会シンポジウムを通じて，広く学会員に情報を公開したことで，心理学の中でしだいに定着してきたものと思われます。

　「わが国の研究紹介」で取り上げたように，警察以外でもウソ発見の研究に取り組む研究者が出てきたのがよい例です。昨年の犯罪心理学研究には，警察関係者以外の研究者による，ウソ発見に関する原著論文がひさびさに掲載されました（軽部, 1999）。この論文以外にも，すでに投稿中の論文や，学会での研究発表も行われており，今後警察関係者以外の論文が増えてくることが予想されます。また，本書の刊行が，ウソに関連した様々な研究を大いに促進することは間違いないでしょう。

　さらに，諸外国の研究者は，guilty knowledge test（GKT）を犯罪捜査に導入しているわが国のシステムが，GKTの実務導入を世界へ広めるうえで，模範的役割を果たすと期待しています。

　終章では，このようなわが国のウソ発見を取り巻く現状と未来についてまとめてみることにします。

1　日本生理心理学会の評価

　1996年5月19日，関西学院大学で開催された第14回日本生理心理学会は，日本のウソ発見にとって非常に意義のある日となった。それは大会会長宮田洋氏企画，司会三宅進氏（当時ノートルダム清心女子大学）のもと，わが国で初めてのウソ発見をテーマとしたシンポジウムが開催されたからである（『記憶のかけらを探して―「ウソ発見」の生理心理学』，1996）。これは日本生理心理学会が，生理心理学の応用分野としてウソ発見を高く評価した結果といえよう。さらに，警察のポリグラフ検査者が，ウソ発見の現状と課題を広く学会員に公表して，様々な批判・助言を仰ぎ，ウソ発見の更なる発展に寄与したいと思う熱い気持ちが融合した成果であった。

　生理心理学会での高い評価は，『新生理心理学3巻』(山崎・藤澤・柿木, 1998)の末尾にある，「21世紀の生理心理学はどう変わる」（Pp.289-297）という題目の座談会にもよく表われている。その座談会の中から，ウソ発見に関する記述を引用してみる。

　　山田　次は，生理心理学という学問が，どのような形で社会に貢献しているか
　　　　　を議論していただきたいと思います。
　　大野　現在で最も役に立っているのは，警察で使われている精神生理学的虚偽
　　　　　検出，通称ウソ発見器でしょうか。
　　山崎　私も，そうだと思っています。この分野では本当に大変な貢献ですよ。
　　　　　だけど新美先生の時代から，GSRには限界があるという認識がありま
　　　　　した。
　　柿木　それで，いろいろな生体反応を使って虚偽検出に役立てようという試み
　　　　　が日本で始まった。
　　山崎　そういう動きは，日本発のインターナショナルなテーマです。
　　　　　　　　　　　　　　　＜中略＞
　　山田　ウソ発見器は生理心理学の重要な分野なのですが，このことについてご
　　　　　意見はありませんか。
　　柿木　もう少し生理心理学会が前面に出る必要があるでしょうね。
　　大野　大学で養成課程や講座を設けているところはないのでしょうか。
　　山田　あってもおかしくないですよね。精神生理学的虚偽検出学科とか。
　　山崎　ないですね（笑い）。マーケットは大きくないですよ。
　　山田　じゃあ，生理心理学会で認定士制度をつくるとか，講習会を開くという
　　　　　ことはできませんか。点数制や単位制にして，きちんとした認定をする
　　　　　とか。
　　柿木　それはいい考えですね。ぜひやりましょうか。
　　山崎　よいポリグラファー育成のための，非常に手っ取り早い方法ですね。そ
　　　　　れは成功すると思いますね。

山田　講習会の中身ですが，実務だけじゃなくて基礎的な学習項目中心にした方がいいでしょうね。

柿木　基礎訓練は絶対必要です。＜中略＞宮田先生がおっしゃったことですが，基礎をしておけば何とかなるということでしょうね。

山田　ウソ発見に関する研究にしても同様だと思います。きちんと基礎をやった人は，活躍しています。とてもすごい勢いを感じますね。

柿木　生理心理学会主催の講習会は，ぜひ基礎をみっちりやるようなものを入れましょう。

※上記出席者　柿木　昇治（広島修道大学人文学部教授）
　　　　　　　山崎　勝男（早稲田大学人間科学部教授）
　　　　　　　大野　太郎（法務省矯正局大阪拘置所）
　　　　　　　山田冨美男（大阪府立看護大学看護学部助教授）

引用の冒頭にあるように，生理心理学の中で社会に最も貢献している分野としてウソ発見があげられている。この高い評価は，昭和30年代からポリグラフ検査者として心理学を学んだ者を主に採用して養成したこと（第2章1節），そして，GKTを中心とした検査方法を確立して実践してきた（第2章2節）という，わが国独自のシステムがうまく機能した結果であろう。

ただし，この評価の上に安穏と座っていてはならない。座談会にもあるように，ウソ発見の技術向上のために，常に新たなテーマを持って研究を進める必要がある。また，ポリグラフ検査者の養成に関しても，生理心理学会がもっと前面に出て，資格認定制度や講習会を行うといった案も提出されている。もちろん，科学捜査研究所に採用されたポリグラフ検査者は，実務を開始する前に必ず科学警察研究所による研修（現行は90日間）を受けており，その中で生理心理学についても教養を受ける。しかし，警察内部だけの研修にとどまることなく，生理心理学会の協力が受けられるのであれば，中立さの観点からも歓迎すべきことかもしれない。

生理心理学の方法・理論を背景とするウソ発見が，生理心理学会の中で高い評価をこれからも受け続けるように，基礎知識を十分に身につけるとともに，学会の最新の動向に目を配りながら，応用できる方法・理論を取り入れていく努力が今後も必要である。

2　一般的偏見の払拭から関連諸科学との連携

生理心理学の中では高い評価を受けているウソ発見も，生理心理学以外の研究者には，その実体が正しく理解されていなかったように思われる。ところが，1997年から日本心理学会に場をかえて，ウソ発見に関するシンポジウム等を3年連続して開催したところ，いずれも100名近い学会員の参加があり，徐々にウ

ソ発見への理解が深まるとともに，生理心理学以外の研究者にも強い刺激を与えた。

たとえば，千葉大学の黒沢香氏は，1997年の日本心理学会で開催したラウンドテーブル・ディスカッションに参加した感想を，『日本の刑事裁判』(黒沢, 1998)の中で次のように紹介している。

> 誤判定の問題に関連して，米国のポリグラフ検査者に心理学の専門家があまりいないという問題点も指摘されている。
> 　その点，わが国の警察でポリグラフ検査を行っているのは，ほとんどが大学で心理学を専攻した人のようである。関西学院大学で開かれた昨年（1997年度）の日本心理学会大会では，ポリグラフ鑑定をテーマとしたセッションが開かれた。そこで強調されたのは，米国やカナダで普通に使用されている，いわゆる「うそ発見」という手法でなく，わが国で行われているのは，特定の事実について認識しているかどうかの心理鑑定であるということであった。つまり，「うそをついているかどうか」を検査するのではなく，犯人だけが知りうるような事実について質問されたとき，それが他の質問と異なった生理反応を引き起こすかどうかを検査するのである。GKTと呼ばれる，このやり方はたしかに従来の「うそ発見」法より論理的に優れている。しかし，GKT法だから客観的であると過信するのは危険である。誤判定がなくなるわけではないのだから。
> 　　　　　　　　　　　＜中略＞
> 　それから，私はポリグラフ検査は結局，自白強要の道具として使われているのではないかという疑問を率直に述べた。それに対し，取り調べに検査者が深く関わることはないし，現在は検査室が別に設けられるようになっており，取調室で検査を行うようなこともなくなっているという説明があった。すでに述べたように，一度取り調べを始めてしまえば，GKT法による正確なポリグラフ鑑定はできないし，鑑定者には第三者的立場が必要だから，少なくともポリグラフ検査者が自白強要に協力することはないようである。以上のように，わが国のポリグラフ検査の専門的水準や，鑑定の品質保証がどのようになされているのかを知ることができ，たいへん勉強になるセッションであった。
> 　もちろん，「犯人にしか知りえない事実」に関する質問が，どれだけ適切かつ妥当なものかは，現時点においてはそれを作成する検査者個人の力量と直感に依存している。まだ現状は科学というより芸術のようなものであろう。これをより信頼性のある作成法に変えていく努力が必要である。

黒沢氏は，心理学者の立場から正しい刑事裁判のあり方を追求し，目撃証言の研究で業績(Kurosawa, 1996)のある研究者である。そのような研究者でさえ，1997年のラウンドテーブル・ディスカッションに参加するまでは，ウソ発見の現状に触れるチャンスに恵まれることがなかった。これは警察内部の研究者が，ウソ発見の現状の公表に積極的でなかったことが大きな原因であろう。しかし，学会の場

で広く公表することにより，現行のポリグラフ検査が自白強要の道具であるといった偏見を払拭され，科学的な視点でウソ発見を認識しようとする立場に変わってきた。そのことは，引用の最後にあるように，刑事裁判に携わる心理学者として，現状のポリグラフ検査を過信するのではなく，GKTの核心の部分である質問作成法をより洗練させる努力が必要であるという，誠に的を射たアドバイスによく現われている。そして，このアドバイスは，警察内部のポリグラフ検査者を動かし，GKTの質問作成に関する調査研究も始まっている(倉持ら，1999)。

また，本書の執筆陣である社会心理学（第1章2節・4節），発達心理学（第1章3節），認知心理学（第5章1節・2節），法学（第5章3節）の研究者も，日本心理学会のシンポジウムへ参加して刺激を受けた方々であり，彼らとの交流研究が新たな展開を生むことは間違いない。

とくに，認知心理学と法学の研究者との交流は，ウソ発見の未来にとって重要な鍵を握っている。なぜならば，GKTは記憶に基づく再認検査であるから，認知心理学における記憶研究が貴重な資料を提供する。たとえば，第5章2節では，目撃証言の研究から，GKTの質問作成に留意すべき点として，被害者や目撃者から正しい犯罪事実を想起させる工夫が示された。すなわち，①誤誘導を避けるための「わからない」判断の許容，②「できるだけ早く判断せよ」という時間的圧力の除去である。被害者や目撃者から正しい情報を得ることが，GKTの質問作成法の前提であり，検査結果の妥当性に強い影響をもつ。この他にも，GKTのような詳細な内容は，情動的ストレスの強い犯罪場面の記憶であるため，犯人が記憶していないという批判(Kircher & Raskin, 1992)に対しても，認知心理学の記憶研究は反証の材料を与えてくれる。たとえば，ストレス下では，周辺にある些細な情報の記憶は抑制されるが，骨格となる中心的情報は促進されるという研究がある(Heuer & Reisberg, 1990)。この研究は，犯行の骨格情報（タオルを使って絞殺）や意図的行動（被害者の反抗を抑圧するために包丁を用意）などの中心的情報に関しては，ストレス下であるため強く記憶に残るという，上記批判とは逆の仮説を導き出す。現在，犯人であることが裁判で確定した被検者の記録が追跡調査されており，遠からずこの仮説に対する検証がなされよう。なお，ストレス下における記憶の抑制仮説と促進仮説の詳細については，越智(1997)を参照されたい。

一方，法学者との交流は，ウソ発見が犯罪捜査として利用され，最終的に裁判における鑑定としての意味をもつ関係上，避けて通ることはできない。最近，法学者による「ポリグラフ検査」(三井, 1998)と題する論文が雑誌に掲載された。わが国の検査者の資質，検査方法，検査装置から主な判例にいたるまで，非常に綿密にまとめられた労作である。この論文の最終項目，『6 ポリグラフ検査結果の証拠能力・信用性をどのように考えるべきか』では，「ポリグラフ検査結果につき

現在では，証拠能力を否定する判例はほとんどなく，判例の大勢は，一定の条件が整えば自然的関連性としての証拠能力を肯定するといってよい」と述べられている反面，「信用性の面でポリグラフ検査結果に対する慎重な対応ないし厳しい態度がうかがえるのはなぜであろうか」との疑問が提出されている。そして，その理由のひとつとして，「検査の科学性・正確性に対する疑問である。情動の発現による生理的変化と返答の真偽・事実認識の有無との結びつきの科学的原理はなお解明されていない」と記述してある。本書の第3章を読まれた方は，気づかれたと思うが，生理的変化を情動の発現のみで説明する理論は，現在のGKTの説明理論としては時代遅れである。これは警察内部の研究者が，法学者と積極的に交流してこなかったことの代償かもしれない。本書の第3章4節で示したモデルにあるように，少なくとも情動一辺倒の説明理論を脱却し，認知情報処理の枠組みの中で説明が行われている。つまり，被検者に質問が呈示され，裁決質問に対して犯人のみが犯罪情報であると再認する。裁決質問に対する再認は，被検者に有意味な情報として処理されるため，生理活動に定位反応を生起させることが明確となっている。一方で，自律神経系の変化と密接な関連をもつ情動成分（感情的処理系）も，モデルから排除されるものではなく，認知的処理系との交互作用で影響を与えている。本書が提起したGKTの検出モデルは，法学者へも影響を与え，ポリグラフ検査結果に対する信用性の向上にも貢献するであろう。

いずれにしても，今後のウソ発見の発展は，警察内部における実務データの蓄積と研究に加え，その成果を関連諸科学へ公表し，常に公平，中立，批判的視点で検証を受けるという連携が重要である。

3 研究成果の実務への応用

1970年までの研究は，測定指標，質問法，被検査者の条件，反応分析，面接法，法的問題に関する研究が多かった (鈴木, 1970, 1972)。これらのテーマは，今なお継続する重要な課題であるが，近年はコンピュータの急速な発展から，自動判定システム (Adachi, 1995)，事象関連脳電位 (平, 1998)，画像刺激装置 (石川・須川, 1997) に関する研究がクローズアップされてきた。これらの研究は，実験室レベルの範囲で検討が進められてきたが，自動判定システムがすべての科学捜査研究所に配布されたこと，脳波計が徐々に整備され始めたこと（科学警察研究所，山形県警，警視庁，神奈川県警，静岡県警，大阪府警，兵庫県警）から，今後は実務でのデータ収集が活発に行われ，実務データの分析が研究へフィードバックされ，将来的には鑑定の中に採用されていく方向にある。そのためには，すでに自動判定システム (岩見・辻, 1998)，事象関連脳電位 (Miyake et al., 1993) の実務データが学会誌に掲載されているように，学会での公表と承認が必要である。また，心理学や鑑識科学のみな

らず，法曹界での公表と承認も，犯罪捜査における鑑定としての地位を築くうえで重要である．今後，実務データの収集が，組織的に系統だって進められることが望まれる．

ところで，現在の各都道府県のポリグラフ検査者は，大学で心理学もしくは心理学の関連領域を学んでいる者を採用している．さらに，全国で約80名いるポリグラフ検査者のうち，約4分の1である21名が大学院修了者で，研究のためのトレーニング，研究者倫理の素養を兼ね備えた者が多い．また，科学警察研究所に附属する法科学研修所は，研究科として6か月間の国内研修制度と3か月間の在外研修制度を設けており，採用後の研究体制を支援している．もちろん，科学警察研究所には，生理心理学の分野の業績で博士号を取得した研究官が，自ら研究を実施するとともに各都道府県のポリグラフ担当者の研究指導を行っている．このような採用制度と研究制度は，諸外国の研究者も広く知るところであり(Ben-Shakhar & Furedy, 1990)，わが国のポリグラフ検査の現状に対する評価はきわめて高い．今後も，心理学を学んだポリグラフ検査者が，科学的方法で実験研究を行い，その成果を実務へ応用してデータを収集し，その分析からさらに研究を進め，現場で応用するという無限のくり返しが続くであろう．このような実務と研究の両立が，わが国の犯罪捜査におけるポリグラフ検査者の特徴であり，海外から注目されている理由でもある．

4 日本式鑑定の海外からの期待

最近，アイアッコノとリッケン(Iacono & Lykken, 1997)は，アメリカ心理学会（APA：American Psychological Association）とアメリカ精神生理学会（SPR：Society for Psychophysiological Research）の会員，それぞれ約200名に対して，ポリグラフ検査に関するアンケート調査を行った．ポリグラフ検査に関するアンケート調査は，過去にも実施されているが，彼らの調査で注目すべき点はポリグラフ検査の科学的信頼性をGKTとCQTに分けて調査したことである．その結果，ポリグラフ検査が心理学の理論に基づく科学的信頼性をもつと回答したのは，APA会員でCQTが30％に対してGKTが72％，SPR会員でCQTが36％に対してGKTが77％であった．この調査からわかるように，アメリカの心理学者の多くは，わが国で主役となるGKTの科学的信頼性を認めている．

そして，何よりもGKTを主とした日本の現状が，世界の指針となることに熱い期待が寄せられている．たとえば，日本心理学会（1997）のラウンドテーブル・ディスカッションに対し，カナダのトロント大学フィルディ（Furedy, J.J.）教授から電子メールで届いたコメントは，日本への期待をよく表わしている．

日本と北アメリカ，広くとらえるとイスラエルも含みますが，その主な差異はCQTとGKTという検査方法の違いにあります。北アメリカで使われているCQTという検査方法は尋問の一部であり，非科学的な側面を持っています。とはいえ，大部分の北アメリカの検査者は，大学で心理学を学んでいないため，仕方がないのかも知れません。　　　＜中略＞
　日本で使われているGKTは，妥当な生理心理学的検出法といえます。しかしながら，どのような状況で検査が実行できるのか，実際の判定率はどの程度なのか，といったことに関しては経験主義的な現場研究が主となっています。私は日本の警察のポリグラフ検査者が，生理心理学的虚偽検出を進歩させていく上で，世界でも特別な位置を占めていると思っています。日本の検査者は，他国の検査者と比較して非常によく教育を受けており，より研究志向的です。また，ポリグラフは犯罪捜査のみに利用され民間利用はされていません。さらに日本の検査者は，実験室研究のみならず，捜査遂行のための実務現場と密接な関わりを持っています。このように日本が生理心理学を独自の方法で応用していることを考えると，現場研究も含めた研究を推進していくことで，日本は世界に指針を与えることができます。これを進めていくためには，公平かつ批判的態度を持続することが必要でしょう。

　また，日本心理学会（1998）のシンポジウムに対し，イスラエルのヘブライ大学ベヌ・シャハール（Ben-Shakhar, G.）教授からのコメントも同様である。

　CQTは「あなたがこの事件の犯人ですか？」と直接質問する関係質問と，検査を受けている事件とは関係のない対照質問に対する生理反応の比較に基づいています。私だけでなく，リッケン，アイアッコノ，フィルディといった心理学者は，対照質問が厳密な意味でのコントロールの機能を果たしていないと考えています。
　　　　　　　　　　　＜中略＞
　一方，GKTと呼ばれるもうひとつの質問法は，有名な定位反応理論で説明できる科学的方法といえます。このGKTは，日本でのみ頻繁に犯罪捜査に使用されていますが，不幸にも西洋諸国は，日本の実績を学ぼうとせず，かたくなにCQTを使い続けています。
　今回のシンポジウムは，GKTの科学的原理とその応用について論議されます。話題提供のみなさんは，実務での豊富な経験を有するばかりでなく，GKTの研究においても多くの業績のある方ばかりです。私の願いは，このシンポジウムで論じられる，日本の犯罪捜査でのGKTに関する知見が世界中に広まることであり，それは今後とても重要なことだと思っています。

　さらに，日本心理学会（1999）のワークショップに対しては，アメリカのワシントン大学スターン（Stern, J.A.）教授から次のようなコメントが届いた。

われわれは，GKTが他の質問法よりもより確かな情報を提供することから，この方法が選択されるべきであることを知っている。したがって，最も信頼できるGKTの使用を推進する日本のポリグラファー達に祝意を表します。

　この他にも，このワークショップ当日の配付資料に添付されていたが，GKT提唱者であるアメリカのミネソタ大学リッケン（Lykken,D.T.）教授，あるいはカナダのニューブルンスウィック大学ブラッドレイ（Bradley,M.）教授からも，非常に強い関心を示すコメントが届いている。

　これらのコメントは，すべて企画内容を開催前に電子メールで送信して，その結果返信されてきたものである。その内容を見てわかるように，諸外国の研究者たちが，日本でGKTが科学的に運用されている実態を把握しており，日本で積み重ねられた実務の実績と研究成果を世界へ発信してほしいと考えていることである。コメントを寄せている研究者は，それぞれが学界の第一人者であることから，彼らの意見はしだいに海外へも浸透していくであろう。したがって，わが国のポリグラフ検査の実績は，海外からの注目を受けることになるであろう。科学の世界では海外の知見を日本に取り入れる傾向が多いが，犯罪捜査のポリグラフ検査に関しては，その逆転現象が起こるかもしれない。とくに，科学捜査が未だ定着していない国々に対して，積極的に指導的役割を担うことも国際貢献の一環といえるだろう。

　しかし，フィルディの「このように日本が生理心理学を独自の方法で応用していることを考えると，現場研究も含めた研究を推進していくことで，日本は世界に指針を与えることができます。これを進めていくためには，公平かつ批判的態度を持続することが必要でしょう」の最後の一文を肝に銘じ，批判的意見を排除することなく，関連諸科学と連携を取りながら科学的態度を保持していくことが重要である。

文献

第1章-1

ダカーポの記事　1999　それでもあなたはダマされる　ダカーポ，**425**，Pp.30-45.
Ekman,P.　1985　*Telling lies.* New York : W.W.Norton & Company.　工藤　力（訳編）　1992　暴かれる嘘—虚偽を見破る対人学　誠信書房
Goldberg,M.H.　1990　*The book of lies.* Bungeishunju Ltd.　岩瀬孝雄（訳）　1996　世界ウソ読本　文芸春秋
Gudjonsson,G.　1992　*The psychology of interrogations, confessions and testimony.* Wiley.　庭山英雄・渡部保夫・浜田寿美男・村岡啓一・高野　隆（訳）　1994　取調べ・自白・証言の心理学　酒井書店
Hare,R.D.　1993　*Without conscience : The disturbing world of the psychopaths among Us.* New York : Pocket Books.　小林宏明（訳）　1995　診断名サイコパス—身近にひそむ異常人格者たち　早川書房
石上善應　1988　NHK心を読む往生要集　日本放送出版協会
加藤正明・保崎秀夫・笠原　嘉・宮本忠雄・小此木啓吾（編）　1993　新版精神医学事典　弘文堂
河合隼雄・大牟田雄三　1995　ウソツキクラブ短信　講談社
桐生正幸　1990　単純図式投影法による「うそ」への接近　日本人間性心理学会第9回大会発表論文集
桐生正幸　1992a　図式投影法による2，3の試み　日本人間性心理学会第11回大会発表論文集
桐生正幸　1992b　犯罪捜査における罪種の研究（2）　犯罪心理学研究，**30**（特別号），34-35.
桐生正幸　1999　うその諸側面に対する2，3の検討　日本心理学会第63回大会発表論文集，431.
小林信彦　1997　現代＜死語＞ノート　岩波書店
工藤　力　1988　嘘の非言語的手がかり　教育と医学，**2**，142-148.
三宅　進　1989　ウソ発見—研究室から犯罪捜査へ—　中央公論社
水島恵一・上杉　喬　1986　イメージの人格心理学　誠信書房
村井潤一郎　1998　青年の日常生活における欺瞞　日本社会心理学会第39回大会発表論文集，136-137.
Ressler,R.K., & Shachtman,T.　1992　*Whoever fights monsters.* St. Martin's Press.　相原真理子（訳）　1994　FBI心理分析官—異常殺人者たちの素顔に迫る衝撃の手記—　早川書房
渋谷昌三・渋谷園枝　1993　対人関係における deception（嘘）　山梨医大紀要，**10**，57-68.
須藤武雄　1996　科学捜査マル秘犯罪ファイル　日本文芸社
高橋静男・渡部　翠　1996　ムーミン童話の百科事典　講談社
内井惣七　1987　うそとパラドックス　講談社
渡辺昭一　1999a　捜査心理学と犯人像推定：取調べと自供の心理（1）　警察学論集52（8），146-160.
渡辺昭一　1999b　捜査心理学と犯人像推定：取調べと自供の心理（2）　警察学論集52（9），197-215.
渡辺昭一　1999c　捜査心理学と犯人像推定：取調べと自供の心理（3）　警察学論集52（10），235-248.
渡辺昭一　1999d　捜査心理学と犯人像推定：取調べと自供の心理（4）　警察学論集52（11），177-192.
Wickler,W.　1968　*Mimicry in plants and animals.* London : George Weidenfeld and Nicolson Ltd.,　羽田節子（訳）　1983　擬態—自然も嘘をつく—　平凡社
米川明彦　1997　若者ことば辞典　東京堂出版

第1章-2

Bond,C.F.Jr., & Robinson,M.　1988　The evolution of deception.　*Journal of Nonverbal Behavior,* **12**, 295-307.
Bok,S.　1978　*Lying : Moral choice in public and private life.* New York : Pantheon Books.　古田　暁（訳）　1982　嘘の人間学　TBSブリタニカ
Coleman,L., & Kay,P.　1981　Prototype semantics : The English word LIE.　*Language,* **57**, 26-44.
DePaulo,B.M., Stone,J.L., & Lassiter,G.D.　1985　Deceiving and detecting deceit.　In B.R.Schlenker (Ed.), *The self and social life.* New York : McGraw-Hill.　Pp.323-370.
DePaulo,B.M., Kashy,D.A., Kirkendol,S.E., Wyer,M.M., & Epstein,J.A.　1996　Lying in everyday life.　*Journal*

of Personality and Social Psychology, 70, 979-995.
Ekman,P. 1985 Telling lies : Clues to deceit in the marketplace, politics, and marriage. New York : W.W.Norton & Company. 工藤 力（訳編） 1992 暴かれる嘘―虚偽を見破る対人学 誠信書房
Frank,M.G. 1992 Commentary : On the structure of lies and deception experiments. In S.J.Ceci, M.D.Leichtman, & M.E.Putnick (Eds.), Cognitive and social factors in early deception. New Jersey : LEA. Pp.127-146.
波多野完治 1976 子どもの心理 講談社
Hopper,R., & Bell,R.A. 1984 Broadening the deception construct. Quarterly Journal of Speech, 70, 288-302.
亀山純生 1997 うその倫理学 大月書店
桐生正幸 1999 うその諸側面に対する2，3の検討 日本心理学会第63回大会発表論文集, 431.
Kraut,R. 1978 Verbal and nonverbal cues in the perception of lying. Journal of Personality and Social Psychology, 36, 380-391.
Lewis,M. 1993 The development of deception. In M.Lewis & C.Saarni (Eds.), Lying and deception in everyday life. New York : The Guilford Press. Pp.90-105.
Miller,G.R., Mongeau,P.A., & Sleight,C. 1986 Fudging with friends and lying to lovers : Deceptive communication in personal relationships. Journal of Social and Personal Relationships, 3, 495-512.
Miller,G.R., & Stiff,J.B. 1993 Deceptive communication. Newbury Park, CA : Sage.
村井潤一郎 1998a 欺瞞的な発言内容に関する信念の構造 計量国語学, 21, 257-267.
村井潤一郎 1998b 情報操作理論に基づく発言内容の欺瞞性の分析 心理学研究, 69, 401-407.
村井潤一郎 1999 恋愛関係において発言内容の好意性が欺瞞性の認知に及ぼす影響 心理学研究, 70, 421-426.
大橋靖史 1996 供述分析の心理学 菅原郁夫・佐藤達哉（編） 目撃者の証言（現代のエスプリ350） 至文堂 Pp.172-179.
Sacks,O. 1987 The man who mistook his wife for a hat. Harper & Row. 高見幸郎・金沢泰子（訳）1992 妻を帽子とまちがえた男 晶文社
Sato,M., & Sugiyama,N. 1994 Lying. In S.C.Hayes, L.J.Hayes, M.Sato, & K.Ono (Eds.) Behavior analysis of language and cognition. Reno, NV : Context Press. Pp.165-180.
Stiff,J.B., & Miller,G.R. 1986 "Come to think of it..." : Interrogative probes, deceptive communication, and deception detection. Human Communication Research, 12, 339-357.
和田 実 1996 非言語的コミュニケーション 長田雅喜（編） 対人関係の社会心理学 福村出版 Pp.132-142.
Zuckerman,M., DePaulo,B.M., & Rosenthal,R. 1981 Verbal and nonverbal communication of deception. In L.Berkowitz (Ed.), Advances in Experimental Social Psychology, 14, 1-59. New York : Academic Press.

第1章-3

Astington,J.W. 1993 The child's discovery of the mind. Cambridge, MA : Harvard University Press.
Bussey,K. 1992 Children's lying and truthfulness : Implications for children's testimony. In S.J.Ceci, M.D.Leichtman, & M.Putnick (Eds.), Cognitive and social factors in early deception. Hillsdale, NJ : Erlbaum. Pp.89-109.
Ceci,S.J., & Bruck,M. 1993 Suggestibility of the child witness : A historical review and synthesis. Psychological Bulletin, 113, 403-439.
Ceci,S.J., Leichtman,M.D., Putnick,M., & Nightingale, N. 1993 Age differences in suggestibility. In D.Cicchetti & S. Toth (Eds.), Child abuse, child development, and social policy. Norwood, NJ : Ablex. Pp.117-137.
Chandler,M., Fritz,A.S., & Hala, S. 1989 Small-scale deceit : Deception as a maker of two-, three-, and four-year-olds' early theories of mind. Child Development, 60, 1263-1277.
Foley,M.A., & Ratner,H.H. 1998 Distinguishing between memories for thoughts and deeds : The role of prospective processing in children's source monitoring. British Journal of Developmental Psychology,

16, 465-484.
Foley,M.A., Harris,J.F., & Hermann,S.　1994　Developmental comparisons of the ability to discriminate between memories for symbolic play enactments. *Developmental Psychology,* 30, 206-217.
川上清文・高井清子　1993　子どもの嘘 (5)　日本発達心理学会第4回大会発表論文集, P.294.
Leekman,S.R.　1992　Believing and deceiving : Steps to becoming a good liar. In S.J.Ceci, M.D.Leichtman, & M.Putnick（Eds.）, *Cognitive and social factors in early deception.* Hillsdale, NJ : Erlbaum. Pp.47-62.
Lewis,M., Stanger,C., & Sullivan,M.W.　1989　Deception in 3-year-olds. *Developmental Psychology,* 25, 439-443.
Perner,J.　1991　*Understanding the representational mind.* MIT Press.
Peskin,J.　1992　Ruse and representations : On children's ability to conceal information. *Developmental Psychology,* 28, 84-89.
Peterson,C.C., Peterson,J.L., & Seeto,D.　1983　Developmental changes in ideas about lying. *Child Development,* 54, 1529-1535.
Piaget,J.　1932　*The moral judgement of the child.* London : Kegan Paul.
Polak,A., & Harris,P.L.　1999　Deception by young childrdn following noncompliance. *Developmental Psychology,* 35, 561-568.
Siegal,M., & Peterson,C.C.　1996　Breaking the mold : A fresh look at children's understanding of questions about lies and mistakes. *Developmental Psychology,* 32, 322-334.
Siegal,M., & Peterson,C.C.　1998　Preschoolers' understanding of lies and innocent and negligent mistakes. *Developmental Psychology,* 34, 332-341.
Strichartz,A.F., & Burton,R.V.　1990　Lies and truth : A study of the development of the concept. *Child Development,* 61, 211-220.
杉村智子・古野美和子・平木文子　1998　幼児の嘘つき行動に及ぼす他者認識の影響　福岡教育大学紀要, 47, 183-189.
Taylor,M., Esbensen,B.M., & Bennett,R.T.　1994　Children's understanding of knowledge acquisition : The tendency for children to report that they have always known what they have just learned. *Child Development,* 65, 1581-1604.
Wellman,H.M.　1990　*The child's theory of mind.* MIT Press.

第1章－4

Archer,D.　1980　*How to expand your S.I.Q. (social intelligence quotient)*　New York : M.Evans and Company,Inc.　工藤 力・市村英次（訳）　1988　ボディ・ランゲージ解読法　誠信書房
Buller,D.B., & Burgoon,J.K.　1996　Interpersonal deception theory. *Communication Theory,* 6, 203-242.
Burgoon,J.K.　1994　Nonverbal signals. In M.L.Knapp & G.R.Miller（Eds.）, *Handbook of interpersonal communicatioon. 2nd Ed.* Newbury Park,CA. : Sage.
大坊郁夫　1990　記号化と解読—欺瞞のコミュニケーションを中心として　大坊郁夫・安藤清志・池田謙一（編）　社会心理学パースペクティブ　第2巻コミュニケーションと人間関係—人と人を結ぶもの—　誠信書房　Pp.55-64.
DePaulo,B.M., Jordan,A., Irvine,A., & Laser,P.S.　1982　Age changes in the detection of deception. *Child Development,* 53, 701-709.
Ekman,P., & Friesen,W.V.　1975　*Unmasking the face : A guide to recognising emotions from facial clues.* Prentice-Hall. 工藤 力（訳編）　1987　表情分析入門—表情に隠された意味をさぐる　誠信書房
Feldman,R.S., Philippot,P., & Custrini,R.J.　1991　Social competence and nonverbal behavior. In R.S.Feldman & Rime,B.（Eds.）, *Fundamentals of nonverbal behavior.* Cambridge University Press. Pp.329-350.
Friedman,H.S.　1979　The interactive effects of facial expression of emotion and verbal messages on perceptions of affective meaning. *Journal of Experimental Social Psychology,* 15, 453-469.
O'Hair,H.D., Cody,M.J., & McLaughlin,M.L.　1981　Prepared lies, spontaneous lies, machiavelianism, and nonverbal communication. *Human Communication Research,* 7, 325-339.
Riggio,R.E.　1986　Assessment of basic social skills. *Journal of Personality and Social Psychology,* 51, 649-660.

Riggio,R.E., Tucker,J., & Throkmorton,D. 1987a Social skills and deception ability. *Personality and Social Psychology Bulletin*, 13, 568-577.

Riggio,R.E., Tucker,J., & Widaman,K.F. 1987b Verbal and nonverbal cues as mediators of deception ability. *Journal of Nonverbal Behavior*, 11, 126-145.

Rotenberg,K.J., Simourd,L., & Moore,D. 1989 Children's use of a verbal-nonverbal consistency principle to infer truth and lying. *Child Development*, 60, 309-322.

和田 実 1993 欺瞞者との関係が欺瞞と関連する行動についての信念に及ぼす影響 東京学芸大学紀要第1部門（教育科学）, 44, 239-245.

和田 実 1995 欺瞞時の非言語的行動 東京学芸大学紀要第1部門（教育科学）, 46, 119-126.

Zuckerman,M., DePaulo,B.M., & Rosenthal,R. 1981 Verbal and nonverbal communication of deception. In L.Berkowitz（Ed.）, *Advances in Experimental Social Psychology*, Vol.14. New York : Academic Press. Pp.1-59.

Zuckerman,M., Spiegel,N.H., DePaulo,B.M., & Rosenthal,R. 1982 Nonverbal strategies for decoding deception. *Journal of Nonverbal Behavior*, 6, 171-187.

第1章－5

Ben-Shakhar,G., & Furedy,J.J. 1990 *Theories and applications in the detection of deception.* New York : Springer-Verlag.

Hassett,J. 1978 *A primer of psychophysiology.* New York : W.H.Freeman and Company. 平井 久・児玉昌久・山中祥男（編訳）1987 精神生理学入門 東京大学出版会

飯島英太郎 1953 心理実験利用による犯罪捜査 科学と捜査, 6 (4) 科学警察研究所 Pp.43-52.

今村護郎（編）1970 講座心理学第14巻 生理学的心理学 八木 冕（監修）東京大学出版会

今村義正 1953 嘘発見の歴史 科学と捜査, 6 (3) 科学警察研究所 Pp.178-186.

Isaacson,R.L., Douglas,R.J., Lubar,J.F., & Schmaltz,L.W. 1971 *A primer of physiological psychology.* New York : Harper&Row. 平井 久・山中祥男・山崎勝男・小嶋祥三（訳）1973 生理心理学入門 誠信書房

Lykken,D.T. 1998 *A tremor in the blood uses and abuse of the lie detector.* New York : Plenum Press.

三宅 進 1989 ウソ発見 研究室から犯罪捜査へ 中央公論社

末永俊郎（編）1971 講座心理学第1巻 歴史と動向 八木 冕（監修）東京大学出版会

植松 正 1955 犯罪心理學 朝倉書店

渡辺尊巳 1969 ポリグラフ虚偽検出検出の統計的信拠性評価 犯罪心理学研究, 7 (1, 2) 日本犯罪心理学会 Pp.28-36.

渡辺尊巳・鈴木貞夫 1969 ポリグラフ虚偽検出技術の運用とその動向 犯罪心理学研究, 7 (1, 2) 日本犯罪心理学会 Pp.37-46.

山村武彦 1997 精神生理学的虚偽検出：ポリグラフ鑑定 柿木昇治・藤澤 清・山崎勝男（編）宮田 洋（監修）新生理心理学2巻 北大路書房 Pp.264-277.

第2章－1

赤松保羅・内田勇三郎・戸川行男 1934 精神電気反應の測定（第2回報告）フィロソフィア, 4, 251-265.

赤松保羅・内田勇三郎・戸川行男 1937 心理学教室報告—精神電気反射の問題（第3回報告）フィロソフィア, 7, 171-204.

赤松保羅・内田勇三郎・戸川行男 1938 心理学教室報告—精神電気反射の問題（第4回報告）フィロソフィア, 8, 157-175.

赤松保羅・内田勇三郎・戸川行男・宮田義雄 1939 心理学教室報告—精神電気反射の問題（第5回報告）フィロソフィア, 9, 195-211.

今村義正 1952 精神検流計による尋問技術 科学と捜査, 5, 124-132.

今村義正 1953 嘘発見の歴史 科学と捜査, 6, 178-186.

今村義正 1955 うそ発見検査に関する研究 犯罪学資料5号 警察庁科学捜査研究所

今村義正 1958 ポリグラフ技術に関する研究 犯罪学資料15号 警察庁科学捜査研究所

科学警察研究所 1965 ポリグラフ検査技術に関する研究 科警研資料第28号 科学警察研究所

早稲田大学心理学教室　1933　心理学教室報告―精神電気的反應の測定（第1回報告）　フィロソフィア，3，230-241.
早稲田大学心理学教室50年史編集委員会　1981　早稲田大学心理学教室50年史　早稲田大学出版部
山下素邦　1955　精神検流計に関する研究―嘘発見の科学的方法についての研究―　犯罪学資料第4号　警察庁科学捜査研究所

第2章-2

Adachi,K. 1995 Statistical classification procedures for polygraph guilty knowledge. *Behaviormetrika*, 22, 49-66.
足立浩平・山岡一信　1985　質問項目間の非類似性が情報の再認および虚偽検出に及ぼす影響　科学警察研究所報告法科学編，38，126-131.
Ben-Shakhar,G., & Furedy,J.J. 1990 *Theories and applications in the detection of deception*. New York : Springer-Verlag.
Craik,F.I.M., & Tulving,E. 1975 Depth of processing and the retention of words in episodic memory. *Journal of Experimental Psychology : General*, 104, 268-294.
Foresightの記事　1999　解剖日本の組織，科学警察研究所．Foresight　6, 106-109.
Gudjonsson,G. 1992 *The psychology of interrogations, confessions and testimony*. London : Wiley. 庭山英雄・渡部保夫・浜田寿美男・村岡啓一・高野　隆（訳）　1994　取調べ・自白・証言の心理学　酒井書店
東島　渉・木崎久和　1978　緊張最高点質問法における質問内容の評価　科学警察研究所報告法科学編，31，66-69.
小杉常雄・久我隆一　1998　ポリグラフ検査研究　ピーエス・インダストリー
桐生正幸　1991　虚偽検出における質問内容評価と裁決項目の記憶　科学警察研究所報告法科学編，44，67-72.
桐生正幸　1993　緊張最高点質問法における裁決項目と犯罪事実間の非類似性　科学警察研究所報告法科学編，46，6-10.
桐生正幸　1996　ポリグラフ検査に及ぼす犯罪事実と非裁決質問との関連性の影響　犯罪心理学研究，34，15-23.
桐生正幸　1999　事象関連電位による虚偽検出の基礎的研究　犯罪心理学研究，37（特別号），86-87.
倉持　隆・桐生正幸・中山　誠・横井幸久・大浜強志・岡崎伊寿　1999　GKTの質問作成に関する調査　日本鑑識科学技術学会学術大会発表要旨集，155.
Lykken,D.T. 1998 *A tremor in the blood*. New York : Plenum trade.
Matte, J.A. 1996 *Forensic psychophysiology using the polygraph*. New York : J.A.M. Publications.
三宅　進　1989　ウソ発見　中央公論社
三井　誠　1998　ポリグラフ検査　法学教室，209，90-96.
中山　誠・岩見広一　1998　図を用いた虚偽検出検査における呼吸の変動―呈示順序の効果―　日本心理学会第62回大会発表論文集，193.
中山　誠・水谷充良　1986　皮膚電気伝導反応の回復に及ぼす刺激項目の類似性と再認記憶の影響　科学警察研究所報告法科学編，39，139-145.
奥野　徹・八木昭弘　1998　被験者の表象と質問内容のずれが虚偽検出成績に及ぼす影響　日本鑑識科学技術学会誌，3，1-9.
Reid,J.E., & Inbau,F.E. 1966 *Truth and deception : The polygraph ("lie-detector") technique*. Baltimore : Williams & Wilkins.
佐藤達哉・尾見康博　1994　ポップとアカデミック　AERA Mook3 心理学が分かる　朝日新聞社　Pp.120-128.
須川幸治・石川正彰　1997　プレゼンテーションソフトを利用したポリグラフ検査の実務的検討　日本鑑識科学技術学会第5回学術集会発表要旨集　158.
須川幸治・石川正彰　1999　画像提示ポリグラフ検査システムの実用的改良　日本鑑識科学技術学会第5回学術集会発表要旨集，156.
鈴木昭弘・渡辺昭一・大西一雄・松野凱典・荒砂正名　1973　ポリグラフ検査者による検査記録図の判断について　科学警察研究所報告法科学編，26，34-39.
鈴木昭弘　1985　ポリグラフについて―その位置づけと現状―　栃木県警察医会会報，30，1-10.
鈴木昭弘　1986　虚偽検出検査　新美良純・鈴木二郎（編）　皮膚電気活動　星和書店　Pp.192-205.

豊田弘司　1998　記憶に及ぼす自己生成精緻化の効果に関する研究の展望　心理学評論, 41, 257-274.
TRIGGERの記事　1996　ウソ発見器―実は知っていることを発見する器械　TRIGGER, 8, 27.
上野忠宏・奥野 徹　1994　探索質問法における反応評価について　科学警察研究所報告法科学編, 47, 55.
山岡一信　1982　対照質問法検査記録の判定　科警研報告法科学編, 35, 44-47.
山岡一信　1989　ポリグラフ―逸脱の心理　令文社
山村武彦・木崎久和・山岡一信　1985　精神生理学的虚偽検出徴候課題に於ける対比対照質問法（PCQT）の実務的研究　科学警察研究所報告法科学編, 38, 16-24.
山村武彦　1999　ポリグラフ鑑定の現状分析　日本鑑識科学技術学会誌　A33.
渡辺昭一・鈴木昭弘　1972　虚偽検出検査の質問事項に関する一考察―質問内容が虚偽検出率に及ぼす影響―科学警察研究所報告法科学編, 25, 321-324.

第2章－3

足立浩平　1993　多変量解析による虚偽検出検査の自動判定　応用心理学研究, 18, 55-63.
Cohen,H.D., Goodenough,D.R., Witkin,H.A., Oltman,W.P., Gould,H., & Shulman,E.　1975　The effects of stress component of the respiration cycle. *Psychophysiology*, 12, 377-380.
軽部幸浩　1999　虚偽検出における判定指標としての刺激予期の可能性　犯罪心理学研究, 37, 14-21.
中山 誠　1987　裁決質問に対する呼吸抑制とリバウンド成分　科学警察研究所報告, 40, 32-37.
中山 誠　1997　呼吸曲線　宮田 洋（監修）　柿木昇治・山崎勝男・藤澤 清（編）　新生理心理学　第2巻　第24章　多様な虚偽検出法　末梢系　北大路書房　Pp.286-290.
中山 誠・木崎久和　1990　精神生理学的虚偽検出における質問の反復提示の有効性　心理学研究, 60, 390-393.

第2章－5

半谷恭一　1970　ポリグラフ検査　熊谷 弘他（編）　証拠法体系Ⅲ　伝聞証拠　日本評論社　Pp.240-247.
疋田圭男　1971　ポリグラフ検査の有効性　科学警察研究所報告法科学編, 24, 230-235.
平野龍一　1958　刑事訴訟法　有斐閣
久米喜三郎　1979　違法な科学捜査と自白　判例タイムズ, 397, 45-51.
仁瓶 康・舘野重之　1983　茨城県警察におけるポリグラフ検査結果の確認　科学警察研究所報告法科学編, 36, 43-45.
西本晃章　1980　ポリグラフ検査　刑事訴訟法の理論と実務　別冊判例タイムズ, 7, 340-343.
大谷直人　1981　ポリグラフ検査結果回答書の証拠能力　刑事訴訟法判例百選, 74, 144-145.
最高裁判所刑事判例集　1968　22, 389-401. 法曹会
坂本武志　1968　ポリグラフ検査結果回答書が刑事訴訟法第326条第1項の書面として証拠能力を認められた事例　最高裁判所判例解説刑事篇, 29-36. 法曹会
田宮 裕　1963　被告人・被疑者の黙秘権　日本刑法学会（編）　刑事訴訟法講座1　訴訟の主体・捜査　有斐閣　Pp.71-92.
田宮 裕　1971　ポリグラフ（うそ発見器）検査結果回答書の証拠能力　刑事訴訟法判例百選　別冊ジュリスト32
山崎 茂・内藤丈夫　1963　ポリグラフ検査回答書の証拠能力及び証明力　平野龍一・松尾浩也（編）　実例法学全集刑事訴訟法（新版）　青林書院新社　Pp.440-448.
山崎 茂・内藤丈夫　1977　ポリグラフ検査結果回答書（いわゆるうそ発見器検査回答書）の証拠能力及び証明力　平野龍一・松尾浩也（編）　刑事訴訟法　青林書院新社　Pp.428-435.

第2章－6

Ansley,N., & Beaumont,L.S.　1992　Quick Reference guide to Polygraph admissibility, licensing laws, and limiting laws, 16 edition. *Polygraph*, 21.
Ben-Shakhar,G., & Furedy,J.J.　1990　*Theories and applications in the detection of deception : A psychophysiological and international perspective*. New York : Springer-Verlag.
Forman,R.F. & McCauley,C.　1986　Validity of the positive control test using the field practice model. *Journal of Applied Psychology*, 71, 691-698.

Furedy,J.J. 1996 The north American polygraph and psychophysiology : Disinterested, uninterested, and interested perspectives. *International Journal of Psychophysiology*, **21**, 97-105.

Honts,C.R., Kircher,J.C., & Raskin,D.C. 1995 Polygrapher's dilemma or psychologist's : A reply to Furedy logico-ethical considerations for psychophysiological practitioners and researchers. *International Journal of Psychophysiology*, **20**, 199-207.

Iacono,W.G., & Lykken,D.T. 1997 The validity of the lie detector : Two surveys of scientific opinion. *Journal of Applied Psychology*, **82**, 426-433.

Lykken,D.T. 1978 The Psychopath and the lie detector. *Psychophysiology*, **15**, 137-142.

Lykken,D.T. 1979 The detection of deception. *Psychological Bulletin*, **86**, 47-53.

Lykken,D.T. 1998 *A tremor in the blood : Uses and abuses of the lie detector. (2nd Edition)*. New York : Plenum Press.

Matte,J.A. 1996 *Forensic psychophysiological using the polygraph : Scientific truth verification-lie detection.* New York : Williamsville.

Podlesny,J.A. 1993 Is the guilty knowledge polygraph technique applicable in criminal investigations? A review of FBI case records. *Crime Laboratory Digest*, **20**, 59-63.

Raskin,D.C. 1978 Scientific assessment of the accuracy of detection of deception : A replay to Lykken. *Psychophysiology*, **15**, 143-147.

Raskin,D.C., & Podlensny,J.A. 1979 Truth and deception : A replay to Lykken. *Psychological Bulletin*, **86**, 54-59.

第3章－1

坂東英輔・中山 誠 1998 P3による虚偽検出の研究―模擬窃盗による被害品の検出― 日本鑑識科学技術学会第4回学術集会講演要旨集, 137.

坂東英輔・中山 誠 1999a GKTにおける返答の効果について―返答内容を実験変数として― 日本心理学会第63回大会発表論文集 202.

坂東英輔・中山 誠 1999b 自発的な虚偽の返答が生理反応に及ぼす効果 生理心理学と精神生理学, **17**, 76.

Bladley,M.T., MacLaren,V.V., & Carle,S.B. 1996 Deception and nondeception in guilty knowledge and guilty action polygraph tests. *Journal of Applied Psychology*, **81**, 153-160.

Dawson,M.E. 1980 Physiological detection of deception : Measurement of responses to questions and answers during countermeasure maneuvers. *Psychophysiology*, **17**, 8-17.

Ellad,E., & Ben-Shakhar,G. 1989 Effects of motivation and verbal response type on pyschophysiological detection of information. *Psychophysiology*, **26**, 442-451.

Furedy,J.J., & Ben-Shakhar,G. 1991 The roles of deception, intention, to deceive, and motivation to avoid deception in the psychophysiological detection of guilty knowledge. *Psychophysiology*, **28**, 163-171.

Gustafson,L.A., & Orne,M.T. 1965 The effects of verbal responses on the laboratory detection of deception. *Psychophysiology*, **2**, 10-13.

Horneman,C.J., & O'Gorman,J.G. 1985 Detectability in the card test as a function of the subject's verbal responses. *Psychophysiology*, **22**, 330-333.

Jannise,M.P., & Bladley,M.T. 1980 Deception, information and the pupillary response. *Perception and Motor Skills*, **54**, 748-750.

Katayama,J., Miyata,Y., & Yagi,A. 1987 Sentence verification and event-related brain potentials. *Biological Psychology*, **25**, 173-185.

Kugelmass,S., Lieblich,I., & Bergman,Z. 1967 The role of "lying" in psychological detection of deception. *Psychophysiology*, **3**, 312-315.

光藤景皎 1968 ポリグラフ検査結果回答書について証拠能力が肯定された事例 判例タイムズ, **225**, 66-68.

中山 誠・木崎久和 1989 虚偽検出における質問文の形式の役割 科学警察研究所報告, **42**, 68-73.

中山 誠・水谷 充良・木崎 久和 1988 虚偽検出における遅延返答の効果 生理心理学と精神生理学, **6**, 35-40.

大川久次 1963 緊張最高点質問法による事実の認識と虚偽意識による生理反応の対比について ポリグラフ

資料　科警研資料21，1-4.
Skolnick,J.H.　1961　Scientific theory and sceintific evidence : An analysis of lie detection. *The Yele Law Reviews*, 70, 694-728.

第3章－2

足立浩平・鈴木昭弘　1991　生理指標間の虚偽検出精度の比較　応用心理学研究, 16, 33-43.
Akselrod,S., Gordon,D., Ubel,F.A., Shannon,D.C., Barger,A.C., & Cohen,R.J.　1981　Power spectrum analysis of heart rate fluctuation : A quantitative probe of beat-to-beat cardiovascular control. *Science*, 213, 220-222.
Graham,F.K., & Clifton,R.K.　1966　Heart-rate change as a component of the orienting response. *Psychological Bulletin*, 65, 305-320.
Grossman,P., & Kollai,M.　1993　Respiratory sinus arrhythmia, cardiac Vagal tone, and respiration. Within- and between-individual relations. *Psychophysiology*, 30, 486-495.
廣田昭久・佐野賀英子・渡辺昭一　1998　心拍変動に基づく虚偽検出の試み　日本鑑識科学技術学会第4回学術集会講演要旨集, p.136.
稲森義雄　1998　心拍の計測と処理　宮田　洋（監修）　新生理心理学第1巻　北大路書房　Pp.158-171.
Julius,S.　1988　The blood pressure seeking properties of the central nervous system. *Journal of Hypertension*, 6, 177-185.
Lacey,J.I.　1959　Psychophysiological approach to the evaluaton of psychotherapeutic process and outcome. In E.A.Rubinstein & M.B.Parloff（Eds.）, *Research in Psychotherapy*, Washington, D.C. : American Psychological Association.
Lacey,J.I., & Lacey,B.C.　1963　The visceral level : Situational determinants and behavioral correlates of autonomic response patterns. In P.H.Knapp（Ed.）*Expression of the emotions in man*. New York : Internatioal University Press.　Pp.161-196.
中山　誠　1984　虚偽検出事態における心拍率変容と予告刺激の効果　科学警察研究所報告, 37, 33-41.
Obrist,P.A., Webb,R.A., Sutterer,J.R., & Howard,J.L.　1970　The cardiac-somatic relationship : Some reformulation. *Psychophysiology*, 6, 569-587.
Obrist,P.A.　1976　The cardiovascular-behavioral Interaction? as It appears today. *Psychophysiology*, 13, 95-107.
澤田幸展　1990　血圧反応性―仮説群の構築とその評価―　心理学評論, 33, 209-238.
澤田幸展　1996　心臓迷走神経系活動　生理心理学と精神生理学, 14, 77-88.
澤田幸展・田中豪一　1997　心臓交感神経活動―収縮時相値の現状評価―　生理心理学と精神生理学, 15, 31-42.
澤田幸展　1998　血行力学的反応　宮田　洋（監修）　新生理心理学第1巻　北大路書房　Pp.172-195.
Schneiderman,N., & McCabe,P.M.　1989　Psychophysiological strategies in laboratory research. In N.Schneiderman, S.M.Weiss, & P.G.Kaufmann（Eds.）*Handbook of research methods in cardiovascular behavioral medicine*.　New York : Plenum Press. Pp.349-364.
渡辺昭一・鈴木昭弘　1972　虚偽検出検査の指標としての心拍反応に関する研究―擬似的虚偽検出事態における心拍反応の検討―　科学警察研究所報告, 25, 51-56.
渡辺昭一・梶谷万太郎　1973　虚偽検出検査の指標としての心拍反応に関する研究―実務検査事態における心拍反応の検討―　科学警察研究所報告, 26, 39-44.
渡辺昭一・山岡一信・竹野　豊・小杉常雄・粕谷　巧　1981　ポリグラフ検査の指標としての指尖容積脈波と心拍の検討　科学警察研究所報告, 34, 29-34.

第3章－3

Balloum,K.D., & Holmes,D.S.　1979　Effects of repeated examinations on the ability to detect guilt with a polygraphic examination : A laboratory experiment with a real crime. *Journal of Applied Psychology*, 64, 316-322.
Beijk,J.　1980　Experimental and procedural influences on differential electrodermal activity. *Psychophysiology*, 17, 274-278.

Ben-Shakhar,G., & Furedy,J.J. 1990 *Theories and applications in the detection of deception : A psychophysiological and international perspective.* New York : Springer-Verlag.
Block,J. 1957 A study of affective responsiveness in a lie-detection situation. *Journal of Abnormal and Social Psychology*, **55**, 11-15.
Bradley,M.T., & Janisse,M.P. 1981 Extraversion and the detection of deception. *Personality and Individual Differences*, **2**, 99-103.
Bradley,M.T., & Rettinger,J. 1992 Awareness of crime-relevant information and the guilty knowledge test. *Journal of Applied Psychology*, **77**, 55-59.
Cutrow,R.J., Parks,A., Lucas,N., & Thomas,K. 1972 The objective use of multiple psysiological indices in the detection of deception. *Psychophysiology*, **9**, 578-588.
Christie,R., & Geis,F.L. 1970 *Studies in Machiavellianism.* New York : Academic Press.
Davidson,P.O. 1968 Validity of the guilty-knowledge technique : The effects of motivation. *Journal of Applied Psychology*, **52**, 62-65.
Elaad,E., & Ben-Shakhar,G. 1989 Effects of motivation and verbal response type on psychophysiological detection of information. *Psychophysiology*, **26**, 442-451.
Elaad,E., & Ben-Shakhar,G. 1997 Effects of item repetitions and variations on the efficiency of the guilty knowledge test. *Psychophysiology*, **34**, 587-596.
Furedy,J.J., & Ben-Shakhar,G. 1991 The roles of deception, intention to deceive, and motivation to avoid detection in the psychophysiological detection of guilty knowledge. *Psychophysiology*, **28**, 163-171.
Giesen,M., & Rollison,M.A. 1980 Guilty knowledge versus innocent associations : Effects of trait anxiety and stimulus context on skin conductance. *Journal of Research in Personality*, **14**, 1-11.
Ginton,A., Daie,N., Elaad,E., & Ben-Shakhar,G. 1982 A method for evaluating the use of the polygraph in a real-life situation. *Journal of Applied Psychology*, **67**, 131-137.
Gough,H.G. 1960 Theory and measurement of socialization. *Journal of Consulting Psychology*, **24**, 23-30.
Gudjonsson,G.H. 1982a Extraversion and the detection of deception : Comments on the paper by Bradley and Janisse. *Personality and Individual Differences*, **3**, 215-216.
Gudjonsson,G.H. 1982b Some psychological determinants of electrodermal responses to deception. *Personality and Individual Differences*, **3**, 381-391.
Gudjonsson,G.H., & Haward,L.R.C. 1982 Detection of deception : Consistency in responding and personality. *Perceptual and Motor Skills*, **54**, 1189-1190.
Gustafson,L.A., & Orne,M.T. 1963 Effects of heightened motivation on the detection of deception. *Journal of Applied Psychology*, **47**, 408-411.
Horneman,C.J., & O'Gorman,J.G. 1987 Individual differences in psychophysiological responsiveness in laboratory tests of deception. *Personality and Individual Differences*, **8**, 321-330.
Horvath,F. 1978 An experimental comparison of the psychological stress evaluator and the galvanic skin response in detection of deception. *Journal of Applied Psychology*, **63**, 338-344.
Horvath,F. 1979 Effect of different motivational instructions on detection of deception with the psychological stress evaluator and the galvanic skin response. *Journal of Applied Psychology*, **64**, 323-330.
Iacono,W.G., Boisvenu,G.A., & Fleming,J.A. 1984 Effects of Diazepam and Methylphenidate on the electrodermal detection of guilty knowledge. *Journal of Applied Psychology*, **69**, 289-299.
Janisse,M.P., & Bradley,M.T. 1980 Detection, information and the pupillary response. *Perceptual and Motor Skills*, **50**, 748-750.
Kugelmass,S., & Lieblich,I. 1966 Effects of realistic stress and procedural interference in experimental lie detection. *Journal of Applied Psychology*, **50**, 211-216.
Kugelmass,S., & Lieblich,I. 1968 Relation between ethnic origin and GSR reactivity in psychophysiological detection. *Journal of Applied Psychology*, **52**, 158-162.
Kugelmass,S., Lieblich,I., & Ben-Shakhar,G. 1973 Information detection through differential GSRs in Bedouins of the Israeli desert. *Journal of Cross-Cultural Psychology*, **4**, 481-491.
Lieblich,I. 1971 Manipulation of contrast between differential GSRs in very young children.

Psychophysiology, 7, 436-441.
Lieblich,I., Naftali,G., Shmueli,J., & Kugelmass,S. 1974 Efficiency of GSR detection of information with repeated presentation of series of stimuli in two motivational states. *Journal of Applied Psychology*, 59, 113-115.
Lykken,D.T. 1959 The GSR in the detection of guilt. *Journal of Applied Psychology*, 43, 385-388.
Raskin,D.C. 1989 Polygraph techniques for the detection of deception. In D.C. Raskin (Ed.). *Psychological methods in criminal investigation and evidence*. New York : Springer Publishing Company. Pp.247-296.
Steller,M., Haenert,P., & Eiselt,W. 1987 Extraversion and the detection of information. *Journal of Research in Personality*, 21, 334-342.
鈴木昭宏 1975 ポリグラフ検査の面接，検査内容，検査環境および結果の利用の実態 科学警察研究所報告法科学編，28, 15-22.
鈴木昭宏 1980 実験的虚偽検出事態における不安と課題困難度の効果 科学警察研究所報告法科学編，33, 231-236.
鈴木昭宏 1981 実験的虚偽検出事態における不安，達成動機，皮膚電気活動の関連性 科学警察研究所報告法科学編，34, 153-159.
鈴木昭宏・山下素邦・渡辺昭一・渡辺尊巳 1970 実験的虚偽検出に関する二三の問題 科学警察研究所報告法科学編，23, 164-167.
Timm,H.W. 1982 Effect of altered outcome expectancies stemming from placebo and feedback treatments on the validity of the guilty knowledge technique. *Journal of Applied Psychology*, 67, 397-400.
Waid,W.M., & Orne,M.T. 1980 Individual differences in electrodermal lability and the detection of information and deception. *Journal of Applied Psychology*, 65, 1-8.
Waid,W.M., & Orne,M.T. 1981 Cognitive, social, and personality processes in the physiological detection of deception. In L. Berkowitz (Ed.), *Advances in Experimental Social Psychology*. New York : Academic Press. Pp.61-106.
Waid,W.M., Orne,M.T., & Wilson,S.K. 1979 Socialization, awareness, and the electrodermal response to deception and self-disclosure. *Journal of Applied Psychology*, 88, 663-666.
Waid,W.H., Wilson,S.K., & Orne,M.T. 1981 Cross-modal physiological effects of electrodermal lability in the detection of deception. *Journal of Personality and Social Psychology*, 40, 1118-1125.
若松 豪 1976 ポリグラフ検査における生理反応抑止の動機付けの効果 科学警察研究所報告法科学編，29, 99-106.
Watson,D.C.,& Sinha,B.K. 1993 Individual differences, social arousal and the electrodermal detection of deception. *Personality and Individual Differences*, 15, 75-80.

第3章-4

足立浩平・山岡一信 1985 質問項目間の非類似性が情報の再認及び虚偽検出に及ぼす効果 科学警察研究所報告，38, 3, 14-19
坂東英輔・中山 誠 1998 P3による虚偽検出の研究—模擬窃盗による被害品の検出— 日本鑑識科学技術学会第4回学術集会講演要旨集，137.
坂東英輔・中山 誠 1999a GKTにおける返答の効果について—返答内容を実験変数として— 日本心理学会第63回大会発表論文集 202.
坂東英輔・中山 誠 1999b GKTにおける返答の効果について—返答内容を実験変数として—日本心理学会第63回大会発表論文集 202.
Barland,G.H., & Raskin,D.C. 1973 Detection of deception. In W.F.Prokasy & D.C.Raskin (Eds.) *Electrodermal Activity in Psychological Research*. New York : Academic Press. Pp.417-477.
Ben-Shakhar,G. 1977 A further study of the dichotomization theory in detection of information. *Psychophysiology*, 14, 408-413.
Ben-Shakhar,G. 1994 The roles of stimulus novelty and significance in determining the electrodermal orienting response : Interactive versus additive approaches. *Psychophysiology*, 31, 402-411.
Ben-Shakhar,G., Asher,T., Poznansky-Levy.A., & Lieblich,I. 1989 Stimulus novelty and significance as

determinants of electrodermal responsivity : The serial position effects. *Psychophysiology*, 26, 29-38.
Ben-Shakhar,G., & Furedy,J.J. 1990 *Theories and applications in the detection of deception* : A psychophysiological and international perspective. New York : Springer-Verlag.
Ben-Shakhar,G., Gati,I., & Salamon,N. 1995 Generalization of the orienting response to significant stimuli : The role of common and distinctive stimulus components. *Psychophysiology*, 32, 36-42.
Ben-Shakhar,G., & Lieblich,I. 1982 The dichotomization theory fo differential autonomic responsivity reconsidered. *Psychophysiology*, 19, 277-281.
Bladley,M.T., & Ainsworth,D. 1984 Alcohol and the psychophysiological detection of deception. *Psychophysiology*, 21, 63-71.
Bladley,M.T., MacLaren,V.V., & Carle,S.B. 1996 Deception and nondeception in guilty knowledge and guilty action polygraph tests. *Journal of Applied Psychology*, 81, 153-160.
Bladley,M.T., & Warfield,J.F. 1984 Innocence, information, and the guilty knowledge test in the detection of deception. *Psychophysiology*, 21, 683-689.
Boiten,F.A. 1998 The effects if emotional behaviour on components of the respiratory cycle. *Biological Psychology*, 49, 29-51.
Cohen,H.D., Goodenough,D.R., Witkin,H.A., Oltman,W.P., Gould,H., & Shulman,E. 1975 The effects of stress component of respiration cycle. *Psychophysiology*, 12, 377-380.
Davis,R.C. 1961 Physiological responses as a means of evaluating infomtion. In A.D.Biderman & H.Zimmer (Eds.) *The manupulation of Human Behavior.* New York : Wiley. Pp.142-168.
Farwell,L.A., & Donchin,E. 1991 The truth will out : Interrogative polygraphy ("lie detection") with event-related brain potentials. *Psychophysiology*, 28, 531-547.
Furedy,J.J., & Ben-Shakhar,G. 1991 The roles of deception, intention, to deceive, and motivation to avoid deception in the psychophysiological detection of guilty knowledge. *Psychophysiology*, 28, 163-171.
Gati,I., Ben-Shakhar,G., & Avni-Liberty,S. 1996 Stimulus novelty and significance in electrodermal orienting responses : The effects of adding versus deleting of guilty knowledge. *Psychophysilogy*, 28, 163-171.
Gieson,M., & Rollison,M.A. 1980 Guilty knowledge versus innocent associations : Effects of trait anxiety and stimulus context on skin conductance. *Journal of Research in Personality*, 14, 1-11.
Gustafson,L.A., & Orne,M.T. 1963 The effects of heightened motivation on the detection of deception. *Journal of Aplpied Psychology*, 47, 408-411.
Hare,R.D. 1973 Orienting and defensive responses to visual stimuli. *Psychophysiology*, 10, 453-464
正田圭男 1971 ポリグラフ検査の有効性 科学警察研究所報告, 24, 230-235.
平 伸二 1998 事象関連脳電位による虚偽検出 日本鑑識科学技術学会誌, 3, 21-35.
Horneman,C.J., & O'Gorman,J.G. 1985 Detectability in the card test as a function of the subject's verbal responses. *Psychophysiology*, 22, 330-333.
軽部幸浩 1999 虚偽検出における判定指標としての刺激予期の可能性 犯罪心理学研究, 37, 14-21.
桐生正幸 1996 ポリグラフ検査に及ぼす犯罪事実と非裁決質問との関連性の検討 犯罪心理学研究, 34, 15-23.
北里信太郎 1999 騙す人の心理, 騙される人の心理 三笠書房
Klorman,R. 1974 Habituation of fear : Effects of intensity stimulus order. *Psychophysiology*, 11, 15-26.
Klorman,R., Wiesenfeld,A.R., & Austin,M.L. 1975 Automatic responses to affective visual stimuli. *Psychophysiology*, 12, 553-560.
Kugelmass,S., Lieblich,I., & Bergman,Z. 1967 The role of "lying" in psychological detection of deception. *Psychophysiology*, 3, 312-315.
倉持 隆・桐生正幸・中山 誠・横井幸久・大浜強志・岡崎伊寿 1999 緊張最高点質問法の質問作成に関する調査 日本鑑識科学技術学会第5回学術集会講演要旨集, 155.
Lieblich,I., Naftali,G., Shumueli,J., & Kugelmass,S. 1974 Efficiency of GSR detection of information with repeated presentation of series of stimuli in two motivational states. *Journal of Applied Psychology*, 59, 113-115.
Lykken,D.T. 1974 Psychology and lie detecotor industry. *American Psychologist*, 29, 725-739.
Maltzman,I. 1977 Orienting in classical conditioning and generalization of the galvanic skin response to

words : An overview. *Journal of Experimental Psychology : General*, **106**, 111-119.
Manning,S.A., & Melchiori,M.P. 1974 Words that upset urban college students : Measured with GSRs and roting scales. *The Journal of Social Psychology*, **94**, 304-306.
守　一雄　1999　よくできたウソの本　ベストセラーズ
Nakayama,M. 2000 Practical use of the concealed Information test for criminal investigation. In Murray Kleiner (Ed.), *The polygraph examiner's handbook*. New York : Academic Press. (In press)
中山　誠　1986　裁決質問の有意性と情報検出モデル　科学警察研究所報告，**39**，80-83．
中山　誠　1987　裁決質問に対する呼吸抑制とリバウンド成分　科学警察研究所報告，**40**，32-37．
中山　誠・岩見久一　1998　図を用いた虚偽検出検査における呼吸の変動—呈示順序の効果—　日本心理学会第62回大会発表論文集，193．
中山　誠・木崎久和　1985　精神生理学的情報検出における刺激有意味性と慣れの般化　科学警察研究所報告，**39**，6-12．
中山　誠・木崎久和　1990　精神生理学的虚偽検出における質問の反復呈示の有効性　心理学研究，**60**，390-393．
仁瓶　康・舘野重之　1983　茨城県警察におけるポリグラフ検査結果の確認　科学警察研究所報告，**36**，43-45．
大平英樹　1998　感情と認知の生理心理学　宮田　洋（監修）　山崎勝男・藤澤清・柿木昇治（編）　新生理心理学　第3巻　北大路書房　Pp.228-248．
Orne,M.T., Thackray,R.I., & Paskewitz,D.A. 1972 On the detection of deception -A model for the study of psychological effects of psychological stimuli- In N.S.Greenfield & R.A.Sternbach,R.A. (Eds.), *Handbook of Psychology*. New York : Holt Rinehart & Winston.Inc. Pp.743-785.
O'Toole,D., Yuille,J.C., Patrick,C.J., & Iacono,W.G. 1994 Alcohol and the physiological detection of deception : Arousal and memory influences. *Psychophysiology*, **31**, 253-263.
Pendery,M., & Maltzman,I. 1977 Instructions and the orienting reflex in "semantic conditioning" of the galvanic skin response in an innocuous situation. *Journal of Experimental Psychology : General*, **106**, 120-140.
Raskin,D.C. 1979 Orienting and defensive reflexes in the detection of deception : In H.D.Kimmel, E.H.Van Olst, & J.F.Orlebeke (Eds.), *The orienting reflex in humans*. New York : John Wiley & Sons. Pp.587-605.
Reid,J., & Inbau,F.E. 1977 *Truth and deception : The polygraph ("lie detector") technique*. Baltimore MD: Williams & Wilkins.
Liberman,D.J. 1999 Never be lied to again. St.Martin's Press　小田　晋（訳）　相手の本心が怖いほど読める　三笠書房
Schwartz,G.E. 1971 Cardiac responses to self-induced thoughts. *Psychophysiology*, **8**, 462-467.
Sokolov,E.N. 1963 Perception and the conditioned reflex. NewYork : Pergamon Press　知覚と条件反射　世界書院
Stelmack,R.T., & Mandelzys,N. 1975 Extraversion and pupillary response to affective and taboo words. *Psychophysiology*, **12**, 536-540.
Waid,W.M., & Orne,M.T. 1981 Cognitive, social and personality processes in the physiological detection of deception. In L.Berkowitz. (Ed.), *Advances in Experimental Social Psychology*, **14**. New York : Academic Press. Pp.61-105.
山村武彦　1995　ポリグラフ鑑定の実務的評価　判例タイムズ，**887**，31-38．
山村武彦　1997　精神生理学的虚偽検出：ポリグラフ鑑定　宮田　洋（監修）　柿木昇治・山崎勝男・藤澤清（編）　新生理心理学　第2巻　北大路書房　Pp.264-277．
Yamamura,T., & Miyata,Y. 1990 Developmental of the polygraph technique in Japan for detection of deception. *Forensic Science International*, **44**, 257-271.
梅沢章男　1999　呼吸に表現される情動　日本心理学会第63回発表論文集　S52．

第4章−1

足立浩平・鈴木昭弘　1990　虚偽検出における反応指標間の相関構造　科学警察研究所報告法科学編，**43**，55-58．

足立浩平・鈴木昭弘　1991a　判別関数の緊張最高点質問法への応用　科学警察研究所報告法科学編，44，139-141.
足立浩平・鈴木昭弘　1991b　生理指標間の虚偽検出精度の比較　応用心理学研究　16，33-43.
足立浩平・鈴木昭弘　1992　コンピュータによるポリグラフ検査の客観的判定　科学警察研究所報告法科学編，45，130-136.
足立浩平　1993　多変量解析による虚偽検出検査の自動判定　応用心理学研究，18，55-63.
城戸健一　1993　ディジタル信号処理　東京電気大学出版局
鈴木昭弘・渡辺昭一・大西一雄・松野凱典・荒砂正名　1973　虚偽検出におけるGSRの客観的分析　科学警察研究所報告法科学編，26，237-245.
徳山　豊　1993　ポリグラフ検査の自動判定システムの実用化の試み　科学警察研究所報告法科学編，46，22-26.
中山　誠　1984　虚偽検出事態における心拍率変容と予告刺激の効果　科学警察研究所報告法科学編，37，193-201.
中山　誠　1987　裁決質問に対する呼吸抑制とそのリバウンド成分　科学警察研究所報告法科学編，40，32-37.
中山　誠・水谷充良　1988　裁決質問に対する呼吸変化の検討　科学警察研究所報告法科学編，41，27-34.
Nakayama,M., & Yamamura,T.　1990　Changes of respiration pattern to critical question on guilty knowledge technique.　Polygraph, 19, 188-198.
平　伸二　1998　表出行動とウソ発見の心理学　多賀出版
古川俊之　1982　コンピュータ診断　共立出版
南　茂夫　1986　科学計測のための波形データ処理　CQ出版
山岡一信・鈴木昭弘　1973　虚偽検出指標としての生理的諸反応の検討　科学警察研究所報告法科学編，26，185-190.
渡辺昭一・梶谷万太郎　1973　虚偽検出検査の指標としての心拍反応に関する研究　科学警察研究所報告法科学編，26，191-196.

第4章-2

Adachi,K.　1995　Statistical classification procedures for polygraph tests of guilty knowledge.　Behaviormetrika, 22, 49-66.
足立浩平　1995　神経回路網モデルによる虚偽検出のコンピュータ判定　応用心理学研究，20，33-39.
赤池弘次　1976　情報量規準AICとは何か　数理科学，153，5-11.
Kircher,J.C., & Raskin,D.C.　1988　Human versus computerized evaluations of polygraph data in a laboratory setting.　Journal of Applied Psychology, 73, 291-302.
Lachenbruch,P.A.　1975　Discriminant analysis.　New York : Hafner.　鈴木義一郎・三宅章彦（訳）　1979　判別分析　現代数学社
McLachlan, G.J.　1992　Discriminant analysis and statistical pattern recognition.　New York : Wiley.
芝　祐順・南風原朝和　1990　行動科学における統計解析法　東京大学出版会
塩谷　實　1990　多変量解析概論　朝倉書店
徳山　豊　1993　ポリグラフ検査の自動判定システムの実用化の試み　科学警察研究所報告法科学編，46，22-26.
豊田秀樹　1996　非線形多変量解析 —ニューラルネットによるアプローチ—　朝倉書店
柳井晴夫・高根芳雄　1984　新版 多変量解析法　朝倉書店

第4章-3

Allen,J.J., & Iacono,W.G.　1997　A comparison of methods for the analysis of event-related potentials in deception detection.　Psychophysiology, 34, 234-240.
Allen,J.J., Iacono,W.G., & Danielson,K.D.　1992　The identification of concealed memories using the event-related potential and implicit behavioral measures : A methodology for prediction in the face of individual differences.　Psychophysiology, 29, 504-522.
Ben-Shakhar,G., & Furedy,J.J.　1990　Theories and applications in the detection of deception : A psychophysiological and international perspective.　New York : Springer-Verlag.

Boaz,T.L., Perry,N.W., Raney,G., Fischler,I.S., & Shuman,D. 1991 Detection of guilty knowledge with event-related potentials. *Journal of Applied Psychology*, 76, 788-795.
Farwell,L.A., & Donchin,E. 1991 The truth will out : Interrogative polygraphy ("lie detection") with event-related brain potentials. *Psychophysiology*, 28, 531-547.
平　伸二　1998a　表出行動とウソ発見の心理学　多賀出版
平　伸二　1998b　事象関連脳電位による虚偽検出　日本鑑識科学技術学会誌, 3, 21-35.
平　伸二・松田　俊　1998　画像刺激の系列提示による虚偽検出課題における随伴陰性変動（CNV）　心理学研究, 69, 149-155.
平　伸二・中田美喜子・松田　俊・柿木昇治　1989　事象関連電位（P3及びCNV）を指標とした虚偽検出　生理心理学と精神生理学, 7, 11-17.
Johnson,M.M., & Rosenfeld,J.P. 1992 Oddball-evoked P300-based method of deception detection in the laboratory II : Utilization of non-selective activation of relevant knowledge. *International Journal of Psychophysiology*, 12, 289-306.
柿木昇治　1980　脳の緩徐な電位変動（CNV）に関する生理心理学的研究　広島修道大学研究叢書, 第5号.
Katayama,J., Miyata,Y., & Yagi,A. 1987 Sentence verification and event-related brain potentials. *Biological Psychology*, 25, 173-185.
Kutas,M., & Hillyard,S.A. 1980 Reading senseless sentences : Brain potentials reflect semantic incongruity. *Science*, 207, 203-205.
Lykken,D.T. 1998 *A tremor in the blood : Uses and abuses of the lie detector.* New York : Plenum Trade.
松田　俊・平　伸二・中田美喜子・柿木昇治　1990　事象関連電位に対する自己名の影響〜事象関連電位（P3及びCNV）を指標とした虚偽検出（2）〜　生理心理学と精神生理学, 8, 9-18.
Miyake,Y., Mizutani,M., & Yamamura,T. 1993 Event-related potentials as an indicator of detecting information in field polygraph examinations. *Polygraph*, 22, 131-149.
三宅洋一・沖田庸嵩・小西賢三・松永一郎　1986　虚偽検出指標としての事象関連脳電位　科学警察研究所報告法科学編, 39, 132-138.
投石保広　1997　認知障害の生理心理学—ERPの臨床応用　宮田　洋（監修）　柿木昇治・山崎勝男・藤澤　清（編）　新生理心理学2巻　北大路書房　Pp.146-155.
音成龍司・黒田康夫・柿木隆介・藤山文乃・舘　勝　1991　視覚刺激による課題非関連性事象関連電位；電子スチル写真を用いた新しい刺激法の提案　脳波と筋電図, 19, 25-31.
Obermann,C.E. 1939 The effect on the Berger rhythm of mild affective states. *Journal of Abnormal Psychology*, 34, 84-95.
沖田庸嵩・諸富　隆　1998　事象関連電位　宮田　洋（監修）　藤澤　清・柿木昇治・山崎勝男（編）　新生理心理学1巻　北大路書房　Pp.104-123.
大西一雄・多田敏行・田中靖三　1963　脳波によるうそ発見についての基礎的研究　科学警察研究所報告, 20, 42-45.
Rosenfeld,J.P., Angell,A., Johnson,M., & Qian,J. 1991 An ERP-based, control-question lie detector analog : Algorithms for discriminating effects within individuals' average waveforms. *Psychophysiology*, 28, 319-335.
Rosenfeld,J.P., Cantwell,B., Nasman,V.T., Wojdac,V., Ivanov,S., & Mazzeri,L. 1988 A modified, event-related potential-based guilty knowledge test. *International Journal of Neuroscience*, 42, 157-161.
Rosenfeld,J.P., Nasman,V.T., Whalen,R., Cantwell,B., & Mazzeri,L. 1987 Late vertex positivity in event-related potentials as a guilty knowledge indicator : A new method of lie detection. *International Journal of Neuroscience*, 34, 125-129.
Sutton,S., Braren,M., Zubin,J., & John,E.R. 1965 Evoked potential correlates of stimulus uncertainty. *Science*, 150, 1187-1188.
Wasserman,S., & Bockenholt,U. 1989 Bootstrapping : Applications to psychophysiology. *Psychophysiology*, 26, 208-221.

第5章-1

Baddeley,A.D. 1990 *Human memory : Theory and practice.* London : Lawrence Erlbaum Associates.

Bechara,A., Damasio,H., Damasio,A.R., & Lee,G.P. 1999 Different contributions of the human amygdala and ventromedial prefrontal cortex to decision-making. *Journal of Neuroscience*, 19, 5473-5481.

Brooks,D.N., & Baddeley,A.D. 1976 What can amnesic patients learn? *Neuropsychologia*, 14, 111-122.

Cahill,L., Prins,B., Weber,M., & McGaugh,J.L. 1994 Beta-adrenergic activation and memory for emotional events. *Nature*, 371, 702-704.

Christianson,S-Å. 1992 Emotional stress and eyewitness memory : A critical review. *Psychological Bulletin*, 112, 284-309.

Cohen,N.J. 1984 Preserved learning capacity in amnesia : Evidence for multiple memory systems. In L.Squire & N.Butters (Eds.) *The neuropsychology of memory*. New York : Guilford Press. Pp. 83-103.

Damasio,A.R. 1996 The somatic marker hypothesis and the possible functions of the prefrontal cortex. *Philosophical Transactions of the Royal Society of London. Series B : Biological Sciences*, 351, 1413-1420.

Hyman,I.E.Jr., & Pentland,J. 1996 The role of mental imagery in the creation of false childhood memories. *Journal of Memory and Language*, 35, 101-117.

LeDoux,J. 1996 *The emotional brain : The mysterious underpinnings of emotional life*. New York : Simon & Schuster.

Light,L.L., & Singh,A. 1987 Implicit and explicit memory in young and older adults. *Journal of Experimental Psychology : Learning, Memory, and Cognition*, 13, 531-541.

Loftus,E.F. 1997 Creating false memories. *Scientific American*, September, 50-55.

McDermott,K.B. 1996 The persistence of false memories in list recall. *Journal of Memory and Language*, 35, 212-230.

Mecklinger,A., & Meinshausen,R.M. 1998 Recognition memory for object form and object location : An event-related potential study. *Memory and Cognition*, 26, 1068-1088.

Paller,K.A., McCarthy,G., & Wood,C.C. 1988 ERPs predictive of subsequent recall and recognition performance. *Biological Psychology*, 26, 269-276.

O'Carroll,R.E., Drysdale,E., Cahill,L., Shajahan,P., & Ebmeier,K.P. 1999 Stimulation of the noradrenergic system enhances and blockade reduces memory for emotional material in man. *Psychosomatic Medicine*, 29, 1083-1088.

大平英樹 1997 認知と感情の融接現象を考える枠組み 海保博之（編）「温かい認知」の心理学 金子書房 Pp. 9-36.

大平英樹 1998 感情と認知の生理心理学 宮田 洋（監修） 山崎勝男・藤澤 清・柿木昇治（編） 新生理心理学 3巻 新しい生理心理学の展望 北大路書房 Pp. 228-248.

太田信夫 1988 長期記憶におけるプライミング―驚くべき潜在記憶（implicit memory）― 心理学評論, 31, 305-322.

Park,D.C., & Shaw,R.J. 1992 Effect of environmental support on implicit and explicit memory in younger and older adults. *Psychology and Aging*, 7, 632-642.

Schacter,D.L. 1987 Implicit memory : History and current status. *Journal of Experimental Psychology : Learning, Memory, and Cognition*, 13, 501-518.

Schacter,D.L. 1996 Illusory memories : A cognitive neuroscience analysis. *Procedings of the National Academy of Science of the United States of America*, 26, 13527-13533.

Schacter,D.L., Reiman,E., Curran,T., Yun,L.S., Bandy,D., McDermott,K.B., & Roediger,H.L.3rd. 1996 Neuroanatomical correlates of veridical and illusory recognition memory : Evidence from positron emission tomography. *Neuron*, 17, 267-274.

Schnyer,D.M., Allen,J.J., & Forster, K.I. 1997 Event-related brain potential examination of implicit memory processes : Masked and unmasked repetition priming. *Neuropsychology*, 11, 243-260.

Shapiro,L. 1993 Rush to judgment. *Newsweek*, April, 19, 44-50.

Van Hooff,J.C., Brunia,C.H., & Allen,J.J. 1996 Event-related potentials as indirect measures of recognition memory. *International Journal of Psychophysiology*, 21, 15-31.

Van Stegeren,A.H., Everaerd,W., Cahill,L., McGaugh,J.L., & Gooren,L.J. 1998 Memory for emotional events : Differential effects of centrally versus peripherally acting beta-blocking agents. *Psychopharmacology*, 138, 305-310.

Vincent,A., Craik,F.I., & Furedy,J.J. 1996 Relations among memory performance, mental workload and cardiovascular responses. *International Journal of Psychophysiology*, 23, 181-198.

第5章-2

Loftus,E.F. 1979 *Eyewitness testimony*. Cambridge, MA : Harvard University Press. 西本武彦（訳） 1987 目撃者の証言 誠信書房
高橋 晃 1998 再認の正答率と確信度評定の関連について 心理学研究, 69, 9-14.
Wagenaar,W.A. 1988 Calibration and the effect of knowledge and reconstruction in retrieval from memory. *Cognition*, 28, 277-296.

第5章-3

荒木伸怡 1992 ポリグラフ検査 刑事訴訟法判例百選（第6版, ジュリスト別冊） 有斐閣 Pp.138-139.
浅田和茂 1994 科学捜査と刑事鑑定 有斐閣
半谷恭一 1970 ポリグラフ検査書 熊谷 弘ほか（編） 証拠法大系III：伝聞証拠 日本評論社 Pp. 240-247.
平 伸二 1998 事象関連脳電位による虚偽検出 日本鑑識科学技術学会誌, 3, 21-35.
粕谷 巧 1996～1999 ポリグラフ検査の実際①～⑫ 警察公論, 51 (10), 8-74; 51 (11), 75-80; 51 (12), 72-78; 52 (1), 95-99; 52 (2), 70-78; 52 (3), 64-73; 52 (5), 72-81; 52 (6), 108-117; 52 (7), 128-138; 52 (8), 94-104; 52 (9), 103-111; 52 (10), 96-104.
小早川義則 1998 ポリグラフ検査について－米連邦最高裁判例を契機に－ 名城法学, 48, 95-174.
久米喜三郎 1979 違法な科学捜査と自白 判例タイムズ, 397, 45-51.
三井 誠 1998 ポリグラフ検査 法学教室, 209, 90-96.
光藤景皎 1967 ポリグラフ・テストの法律問題 法律時報, 39, 95-101.
大西一雄 1982 最高裁判例となったポリグラフ検査内容の検討－実務家から法曹関係者へ－ 判例タイムズ, 464, 56-61.
大西一雄 1995 ポリグラフ検査の問題点－実務家の提言－ 判例タイムズ, 875, 41-47.
大西一雄 1998 ポリグラフ検査ここが問題：実務・判例・論文の不整合 刑事弁護, 16, 157-151.
白井万久 1991 ポリグラフ検査結果の証明力 判例タイムズ, 741, 56-61.
高井裕之 1999 ポリグラフ（良心の自由） 法学教室, 224, 12-15.
田宮 裕 1968 ポリグラフ（うそ発見器）検査結果回答書の証拠能力が肯定された事例 判例評論, 113, 43-46.
山岡一信・山村武彦 1982～1983 ポリグラフ検査における基本問題(1)～(5) 警察学論集, 35 (11), 144-160; 35 (12), 100-116; 36 (1), 140-158; 36 (3), 134-150; 36 (4), 115-133.
山崎 茂・内藤丈夫 1963 ポリグラフ検査回答書の証拠能力及び証明力 平野龍一・松尾浩也（編） 実例法学全集刑事訴訟法（新版） 青林書院新社 Pp.440-448.
米山耕二 1998 ポリグラフ検査 刑事訴訟法判例百選（第7版, ジュリスト別冊） 有斐閣 Pp.150-151.

第5章-4

Andreassi,J.L. 1980 *Psychophysiology : Human behavior and physiological response (1st Edition)*. New York : Lawrence Erlbaum, Associates, Oxford University Press.
Andreassi,J.L. 1995 *Psychophysiology : Human behavior and physiological response (3rd Edition)*. New Jersey : Lawrence Erlbaum, Associates, Publishers Hillsdale.
浅田和茂 1994 科学捜査と刑事鑑定 有斐閣 Pp.91-133.
Barland,G.H., & Raskin, D.C. 1975 An evaluation of field techniques in detection of deception. *Psychophysiology*, 12, 321-30.
Cutrow R.J., Parks, A., Lucas, N., & Thomas,K. 1972 The objective use of multiple physiological indices in the detection of deception. *Psychophysiology*, 9, 578-88.
Dawson,M.E. 1980 Physiological detection of deception : Measurement of responses to questions and answers during countermeasure maneuvers. *Psychophysiology*, 17, 8-17.
Gustafson,L.A., & Orne,M.T. 1965 The effects of verbal responses on the laboratory detection of deception.

Psychophysiology, 2, 10-3.
水谷充良 うそ発見とまばたき 1991 田多英興・山田冨美雄・福田恭介 (編) まばたきの心理学：瞬目行動の研究を総括する 北大路書房 Pp.206-244.
水谷充良 瞬目行動による虚偽検出 1997 宮田 洋 (監修) 藤澤 清・柿木昇治・山崎勝男 (編) 新生理心理学 2巻 生理心理学の応用分野 北大路書房 Pp.290-295.
三宅 進 1997 犯罪心理学・鑑識心理学への応用 宮田 洋 (監修) 藤澤 清・柿木昇治・山崎勝男 (編) 新生理心理学 2巻 生理心理学の応用分野 北大路書房 Pp.263-295.
宮田 洋 (監修) 藤澤 清・柿木昇治・山崎勝男 (編) 1998 新生理心理学 1巻 生理心理学の基礎 北大路書房
平 伸二・三宅洋一 多様な虚偽検出法 (中枢系) 1997 宮田 洋 (監修) 藤澤 清・柿木昇治・山崎勝男 (編) 新生理心理学 2巻 生理心理学の応用分野 北大路書房 Pp.278-285.
中山 誠 呼吸曲線 1997 宮田 洋 (監修) 藤澤 清・柿木昇治・山崎勝男 (編) 新生理心理学 2巻 生理心理学の応用分野 北大路書房 Pp.286-290.
Podlesny,J.A., & Raskin,D.C. 1978 Effectiveness of techniques and physiological measures in the detection of deception. *Psychophysiology*, 15, 344-59
Raskin,D.C. 1978 Scientific assessment of the accuracy of detection of deception : A reply to Lykken. *Psychophysiology*, 15, 143-147.
Raskin,D.C., & Hare, R.D. 1978 Psychopathy and detection of deception in a prison population. *Psychophysiology*, 15, 126-136.
Stern,J.A. 1964 Toward a definition of psychophysiology. *Psychophysiology*, 1, 90-91.
Thackray,R.I., & Orne, M.T. 1968 A comparison of physiological indices in detection of deception. *Psychophysiology*, 4, 329-339.
Waid,W.M., Orne,M.T., & Wilson, S.K. 1979 Effects of level of socialization on electrodermal detection of deception. *Psychophysiology*, 16, 15-22
Yamada,F., & Hattori,S. 1998 Computer assisted stress management system using psychophysiological responses. *Proceedings of Second International Conference on Psychophysiology in Ergonomics*, 36-37.

終章

Adachi,K. 1995 Statistical classification procedures for polygraph tests of guilty knowledge. *Behaviormetrika*, 22, 49-66.
Ben-Shakhar,G., & Furedy,J.J. 1990 *Theories and applications in the detection of deception : A psychophysiological and international perspective*. New York : Springer-Verlag.
Heuer,F., & Reisberg,D. 1990 Vivid memories of emotional events : The accuracy of remembered minutiae. *Memory and Cognition*, 18, 496-506.
平 伸二 1998 事象関連脳電位による虚偽検出 日本鑑識科学技術学会誌, 3, 21-35.
Iacono,W.G., & Lykken,D.T. 1997 The validity of the lie detector : Two surveys of scientific opinion. *Journal of Applied Psychology*, 82, 426-433.
石川正彰・須川幸治 1997 プレゼンテーションソフトを利用したポリグラフ検査 日本鑑識科学技術学会誌, 2, A32.
岩見広一・辻 典明 1998 KMSDDによる実務データの判定に関する考察1 日本鑑識科学技術学会誌, 3, A34.
軽部幸浩 1999 虚偽検出における判定指標としての刺激予期の可能性 犯罪心理学研究, 37, 14-21.
『記憶のかけらを探して―「ウソ発見」の生理心理学』 1996 生理心理学と精神生理学, 14, 96-100.
Kircher,J.C., & Raskin,D.C. 1992 Polygraph techniques : History, controversies, and prospects. In P.Suedfeld & P.E.Tetlock (Eds.) *Psychology and social policy*. New York : Hemisphere. Pp.295-307.
倉持 隆・桐生正幸・中山 誠・横井幸久・大浜強志・岡崎伊寿 1999 GKTの質問作成に関する調査 日本鑑識科学技術学会第5回学術集会講演要旨集, 155.
Kurosawa,K. 1996 System variables in eyewitness identification : Control experiments and photospread evaluation. *Japanese Psychological Research*, 38, 25-38.
黒沢 香 1998 心理学は裁判になにを貢献できるか 庭山英雄・下村幸雄・木村 康・四宮 啓 (編) 日

本の刑事裁判—21世紀への展望— 現代人文社 Pp.49-76.
Lykken,D.T. 1998 A tremor in the blood : Uses and abuses of the lie detector. New York : Plenum Trade.
三井 誠 1998 ポリグラフ検査 法学教室, 209, 90-96.
Miyake,Y., Mizutani,M., & Yamamura,T. 1993 Event-related potentials as an indicator of detecting information in field polygraph examinations. Polygraph, 22, 131-149.
越智啓太 1997 目撃者によるストレスフルイベントの記憶―仮説の統合を目指して― 犯罪心理学研究, 35, 49-65.
鈴木昭弘 1970 本邦における虚偽検出に関する研究の動向 科学警察研究所報告法科学編, 23, 353-376.
鈴木昭弘 1972 本邦における虚偽検出研究の動向(2) 科学警察研究所報告法科学編, 25, 74-85.
山崎勝男・藤澤 清・柿木昇治 1998 新しい生理心理学の展望 宮田 洋(監修) 新生理心理学3巻 北大路書房

わが国の研究紹介 1

Cutrow,R.J., Parks,A., Lucas,N., & Thomas,K. 1972 The objective use of multiple physiological indices in the detection of deception. Psychophysiology, 9, 578-588.
Fukuda,K., & Matsunaga,K. 1983 Changes in blink rate during signal discrimination tasks. Japanese Psychological Research, 25, 140-146.
福田恭介・山田冨美雄・田多英興 1990 分離試行パラダイムに基づく自発性瞬目の動向 生理心理学と精神生理学, 8, 47-54.
Fukuda,K. 1994 Analysis of eyeblink activity during discriminative tasks. Perceptual and Motor Skills, 79, 1599-1608.
福田恭介・松尾太加志 1997 キィー押し反応にともなう瞬目 福岡県立大学紀要, 6, 101-109.
水谷充良 1991 うそ発見とまばたき 田多英興・山田冨美雄・福田恭介(編) まばたきの心理学 北大路書房 Pp.206-211.
Ohira,H. 1995 Analysis of eyeblink activity during self-referent information processing in mild depression. Perceptual and Motor Skills, 81, 1219-1229.
Ohira,H. 1996 Eyeblink activity in a word-naming task as a function of semantic priming and cognitive load. Perceptual and Motor Skills, 82, 835-842.
大平英樹 1999 再認における過程分離手続きの処理メカニズム―反応潜時および瞬目による検討と3過程モデル― 心理学研究, 69, 449-458.
田多英興・山田冨美雄・福田恭介 1991 まばたきの心理学 北大路書房

わが国の研究紹介 2

Alpert,M., Kurtzberg,R.L., & Friedhoff,A.J. 1963 Transient voice changes associated with emotional stimuli. Archives of General Psychiatry, 8, 362-365.
Brenner,M., Branscomb,H.H., & Schwartz,G.E. 1979 Psychological stress evaluator : Two tests of a vocal measure. Psychophysiology, 16, 351-357.
Cestaro,V.L., & Dollins,A.B. 1996 An analysis of voice response for the detection of deception. Polygraph, 25, 15-34.
Janniro,M.J., & Cestaro,V.L. 1998 Effectiveness of detection of deception examinations using the computer voice stress analyzer. Polygraph, 27, 28-34.
牧 光男 1968 緊張最高点質問の質問時における裁決質問と非裁決質問の返答の声量変化について 科警研資料, 49, 92-97.
鈴木昭弘・渡辺昭一・竹野 豊・小杉常雄・粕谷 巧 1973 音声分析による虚偽検出の可能性 科学警察研究所報告, 26, 62-66.

わが国の研究紹介 3

Bradley,M.T., & Janisse,M.P. 1981 Accuracy demonstrations, threat, and the detection of deception : Cardiovascular, electrodermal, and pupillary measures. Psychophysiology, 18, 307-315.
中山 誠・水谷充良・木崎久和 1988 虚偽検出における遅延返答の効果 生理心理学と精神生理学, 6, 35-

40.

Reid,J.E., & Inbau,F.E. 1977 *Truth and deception : The polygraph ("lie detector") technique.* Baltimore : Williams & Wilkins.

鈴木昭弘 1986 虚偽検出検査 新美良純・鈴木二郎（編） 皮膚電気活動 星和書店 Pp.192-205.

渡辺昭一・鈴木昭弘 1972 虚偽検出検査の指標としての心拍反応に関する研究 科学警察研究所報告, **25**, 51-56.

わが国の研究紹介　4

梅沢章男 1998 呼吸活動 宮田 洋（監修） 藤澤 清・柿木昇治・山崎勝男（編） 新生理心理学 1巻 生理心理学の基礎 北大路書房 Pp.196-209.

梅沢章男 1999 呼吸に表現される情動 日本心理学会第63回大会発表論文, S52.

黒原 彰・寺井堅祐・竹内裕美・梅沢章男 1999 虚偽検出事態における呼吸中枢 timing と driving 機構の変容 生理心理学と精神生理学, **17**, 75.

Kurohara,A., Terai,K., Takeuchi,H., & Umezawa,A. 1999 Changes of the central respiratory drive and timing mechanisms in the detection of deception. Paper presented at the International Symposium on Respiration and Emotion, Tokyo.

Milic-Emili,J., & Grunstein,M.M. 1976 Drive and timing components of ventiration. *Chest,* **70** (Suppl), 131-133.

わが国の研究紹介　5

足立浩平・鈴木昭弘 1990 虚偽検出における反応指標間の相関構造 科学警察研究所報告, **43**, 13-16.

足立浩平・鈴木昭弘 1991 生理指標間の虚偽検出精度の比較 応用心理学研究, **16**, 33-43.

Bradley,M.T., & Warfield,J.F. 1984 Innocence, information, and the guilty knowledge test in the detection of deception. *Psychophysiology,* **21**, 683-689.

Bradley,M.T., & Rettinger,J. 1992 Awareness of crime-relevant information and the Guilty Knowledge Test. *Journal of Applied Psychology,* **77**, 55-59.

わが国の研究紹介　6

柿木昇治 1980 脳の緩徐な電位変動（CNV）に関する生理心理学的研究 広島修道大学研究叢書, 第5号

松田 俊 1993 人間の情報処理と生理心理学 多賀出版

平 伸二・松田 俊 1998 画像刺激の系列提示による虚偽検出課題における随伴陰性変動（CNV） 心理学研究, **69**, 149-155.

わが国の研究紹介 7

Elaad,E., & Ben-Shakhar,G. 1989 Effects of motivation and verbal response type on psychophysiological detection of information. *Psychophysiology,* **26**, 442-451.

Iacono,W.G. 1995 Offender testimony : Detection of deception and guilty knowledge. In N.Brewer, & C.Wilson（Eds.）, *Psychology and policing.* Lawrence Erlbaum Associates, Hillsdale.

Lykken,D.T. 1998 *A tremor in the blood.* New York : Plenum Press.

横井幸久 1999 Guilty Knowledge Test における質問項目の蓋然性の影響について 科学警察研究所報告法科学編, **52**, 99-103.

【執筆者一覧】

桐生　正幸	（編者）	1章編集／1章1節, 2章2節・4節, トピックス
村井潤一郎	（東京大学大学院）	1章2節
杉村　智子	（福岡教育大学）	1章3節
和田　実	（名城大学教職課程部）	1章4節
倉持　隆	（鳥取県警察科学捜査研究所）	1章5節
平　伸二	（編者）	2章・5章編集／2章4節, 4章3節, 終章, トピックス, わが国の研究紹介
今村　義正	（元科学警察研究所, 東海大学名誉教授）	2章1節
中山　誠	（編者）	3章編集／2章3節・6節, 3章1節・4節, トピックス
山岡　一信	（元科学警察研究所）	2章5節
小林　能成	（上智大学文学部）	3章2節, トピックス
横井　幸久	（愛知県警察科学捜査研究所）	3章3節, わが国の研究紹介
足立　浩平	（編者）	4章編集／4章2節
徳田　豊	（鳥取県警察科学捜査研究所）	4章1節
大平　英樹	（東海女子大学文学部）	5章1節
高橋　晃	（静岡大学情報学部）	5章2節
菅原　郁夫	（千葉大学法経学部）	5章3節
山田冨美雄	（大阪府立看護大学）	5章4節
松永　保子	（広島県立保健福祉大学）	トピックス
古満　伊里	（東亜大学工学部）	トピックス
福田　恭介	（福岡県立大学人間社会学部）	わが国の研究紹介
安木　博臣	（福岡県警察科学捜査研究所）	わが国の研究紹介
谷口　泰富	（駒澤大学文学部）	わが国の研究紹介
軽部　幸浩	（駒澤大学文学部）	わが国の研究紹介
黒原　彰	（福井県警察科学捜査研究所）	わが国の研究紹介
梅沢　章男	（福井大学教育地域科学部）	わが国の研究紹介
道広　和美	（関西新技術研究所）	トピックス
福本　純一	（山口県警察科学捜査研究所）	わが国の研究紹介
大浜　強志	（山口県警察科学捜査研究所）	わが国の研究紹介
片山　順一	（北海道大学教育学部）	トピックス

【編者紹介】

平　伸二（ひら　しんじ）

1959年　広島県生まれ
広島修道大学大学院人文科学研究科博士課程単位取得後退学　博士（心理学）
現在：東亜大学学術研究所助教授（元広島県警科学捜査研究所）

科学捜査研究所に入所後，「ウソ発見」は実際には科学的な「情報検出」であることを確認。この事実から犯罪捜査における検査に自信をもつ。情報処理をつかさどる大脳そのものを指標とした研究へと発展させ，脳波で見分ける新しいウソ発見法を発表し，マスコミから注目を浴びる。主著に「心理的時間」（共編著，北大路書房），「表出行動とウソ発見の心理学」（多賀出版）など。日本生理心理学会運営委員。

中山　誠（なかやま　まこと）

1957年　京都府生まれ
関西学院大学大学院文学研究科博士課程前期修了　文学修士
現在：静岡県警科学捜査研究所

日本で最も多くのウソ発見に関する論文を発表。カナダのトロントに研究留学し，国外のポリグラフ関係者とも親交が厚く，ウソ発見の海外事情にも詳しい。国際応用心理学会議でのシンポジストもつとめ，科捜研を代表する国際通の一人。主著に「新生理心理学2巻」（共著，北大路書房）など。また"The Polygraph Examinens Handbook"に日本の状況を分担執筆（米国アカデミックプレス社，2000年出版予定）。

桐生　正幸（きりう　まさゆき）

1960年　山形県生まれ
文教大学人間科学部人間科学科心理学専修退学（学位授与機構）　学士（文学）
現在：山形県警科学捜査研究所

ウソ発見だけでなく，犯人像を科学的に推定するプロファイリングや，最近何かと話題となっているストーカーの研究など，捜査心理学に関する幅広い研究を行い，数多くの論文を発表する。主著に「犯罪者プロファイリング」（共訳，北大路書房），「プロファイリングとは何か」（共編著，立花書房：印刷中）など。日本応用心理学会運営委員。

足立　浩平（あだち　こうへい）

1958年　大阪府生まれ
京都大学文学部哲学科心理学専攻卒業　博士（文学）
現在：甲子園大学人間文化学部助教授（元科学警察研究所）

ポリグラフで得られた生理反応を検査者が目で見て評価し判定する方法ではなく，数理統計解析に基づくコンピュータ判定システムの研究で特に活躍。専攻は心理統計学・行動計量学。研究テーマは，数量化法や多次元尺度法のモデルおよび判別分析の応用など，多変量データ解析の方法論。

ウソ発見
―犯人と記憶のかけらを探して―

2000年5月10日　初版第1刷印刷	定価はカバーに表示
2000年5月25日　初版第1刷発行	してあります。

編著者	平	伸 二
	中 山	誠
	桐 生	正 幸
	足 立	浩 平
発行者	丸 山	一 夫
発行所	㈱北大路書房	

〒603-8303　京都市北区紫野十二坊町12-8
電話　(075) 431-0361代
FAX　(075) 431-9393
振替　01050-4-2083

Ⓒ2000　制作／ラインアート日向　印刷・製本／創栄図書印刷㈱
検印省略　落丁・乱丁本はお取り替えいたします。

ISBN4-7628-2183-7　　　　　　Printed in Japan

関連図書

科学捜査のプロがドラマやミステリーでの華やかなイメージをぬぐい去り真実を伝える！

犯罪者プロファイリング

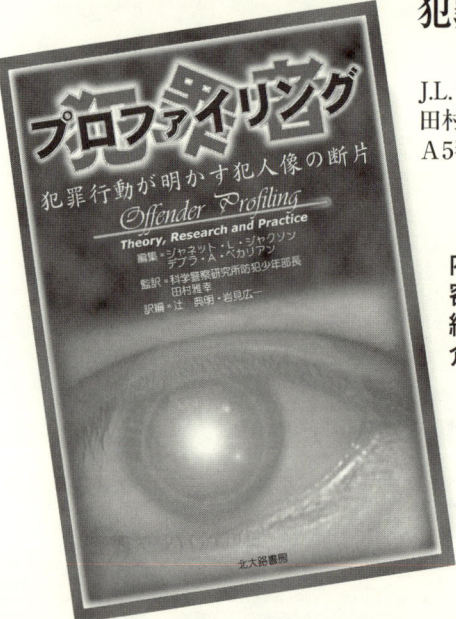

犯罪行動が明かす犯人像の断片

J.L.ジャクソン・D.A.ベカリアン　編集
田村雅幸（科学警察研究所防犯少年部長）監訳
A5判・254頁・定価（本体2200円＋税）

内容紹介

1章	犯罪者プロファイリングの役割
	犯罪者プロファイリングとは何か、その本当の姿を！
2章	発達と臨床という次元からみた犯罪
	犯罪者の心の闇に光をあてる！
3章	心理プロファイリングとパーソナリティ理論
	理論の選択がカギとなる！
4章	犯罪捜査における専門家の役割
	それは別の捜査視点を提供することだ！
5章	犯罪捜査の標準的ツールと犯罪者プロファイリング
	コンピュータによる捜査支援など。
6章	捜査側のニーズに対する支援
	捜査員は新たな支援を必要としている！
7章	犯罪者プロファイリング研究によるアプローチ
	プロファイリングは受け入れられるか？
8章	被害者供述と目撃者供述からの犯罪者プロファイルの予測
	システム化に必要なデータとは？
9章	地理プロファイリング
	犯人の心理地図にせまる！
10章	犯罪者プロファイリングの実用に向けて
	システムだけでは犯罪を解決しない！
11章	特定プロファイル分析
	データ精度の向上をめざせ！
12章	犯罪者プロファイリングの課題
	注目されるプロファイリングの光と影！
解説	あとがきにかえて
	日本でのプロファイリングの現状、21世紀の犯罪捜査など

犯人に到達する、犯罪捜査支援の切り札「プロファイリング」。本書は、日本の科警研・科捜研のメンバーが英国流プロファイリングの全容を紹介する。そこではプロファイリングをFBI流の単なる「犯人像の推定」とは考えず、「犯罪情報を行動科学の知見を用いて捜査支援に利用する技術」と捉えている。

本書全体のメッセージは、「"犯罪情報の捜査への戦略的活用"を進めよ。そうでなければ21世紀の犯罪捜査は破綻する」ということだ。日本での犯罪捜査の現状や課題についても言及し、注目されるプロファイリングの本当の姿をお見せする。